Karl Hermann Finger
Hirten- und Hütehunde

Achte den Hüter der Herde,
wenn du willst,
daß die Schafe
in Frieden leben.

Sokrates, 470–399 v. Chr.

Karl Hermann Finger

Hirten- und Hütehunde

Entstehung und Nutzung der Rassen und Schläge, ihre Haltung, Ausbildung und Leistungswettbewerbe

9 Farbfotos
110 Schwarzweißfotos
20 Zeichnungen

E.U.
VERLAG
EUGEN
ULMER

CIP-Titelaufnahme der Deutschen Bibliothek

Finger, Karl Hermann:
Hirten- und Hütehunde: Entstehung u. Nutzung d. Rassen u. Schläge, ihre Haltung, Ausbildung u. Leistungswettbewerbe/Karl Hermann Finger. – Stuttgart: Ulmer, 1988
ISBN 3-8001-7163-5

Wollgrasweg 41, 7000 Stuttgart 70 (Hohenheim)
Printed in Germany
Einbandgestaltung: Alfred Krugmann mit einem Foto von Hans Reinhard
Satz: Ungeheuer + Ulmer KG GmbH + Co, 7140 Ludwigsburg
Druck und Bindung: Friedrich Pustet, Regensburg

Dem Andenken meiner Frau, Ingeborg Finger,
gewidmet, die als engagierte,
sachkundige Mitarbeiterin die Fertigstellung
des Buches nicht mehr erleben durfte.

Zum Geleit

Ohne Hirten- und Hütehunde wäre die Weidewirtschaft und ihre Entwicklung zu den heute üblichen Nutzungsformen in den verschiedenen Erdregionen nicht möglich gewesen. Als treuer Begleiter und nützlicher Hütegehilfe hat der Hirten- und Hütehund im Leben des Menschen, und speziell des Schäfers, einen Rang erworben, der ihn zum unersetzlichen Arbeitskameraden werden ließ.

Dieses von einem in der veterinärmedizinischen und tierzüchterischen Wissenschaft ebenso wie in der Praxis erfahrenen Autor verfaßte Buch gibt uns nun eine umfassende Darstellung der Züchtung, Aufzucht und Ausbildung des perfekten Herdengebrauchshundes in allen Erdteilen. Die präzisen Erklärungen vieler Einzelheiten von der Züchtung bis hin zur vielfältigen Verwendung des Hundes an der Herde haben bisher gefehlt und werden dringend für die praktische Tierhaltung wie auch als Grundlage für weitere Forschungen gebraucht. Viele Schäfergenerationen haben ihre Kenntnisse und Erfahrungen nicht aufgeschrieben, sondern nur mündlich weitergegeben. Hier sind nun zahlreiche wertvolle Erkenntnisse gesammelt, kritisch durchdacht und verglichen sowie für die Praxis aufbereitet worden. Der aufmerksame Leser wird erkennen, wie viele Fehler in Züchtung und Ausbildung von Herdenhunden vermieden werden können, wenn der Mensch arteigenes Wesen und Verhalten in der ,,Hundewelt" berücksichtigt und daraus Konsequenzen zieht. So sehe ich in diesem Buch gleichermaßen interessante Lektüre für den Fachmann wie auch Lehrbuch für den Züchter und Ausbilder von Herdenhunden – auch für den Experten, der sicher manch wertvolle Anregung erhält.

Für die Schafproduktion – und nicht nur für die deutsche – ist dieses Buch ein wichtiges Hilfsmittel, frei gehütete und eingekoppelte Herden richtig zu warten, ruhig zu treiben und zu hüten, um sicheren wirtschaftlichen Erfolg aus der Schafzucht und -haltung zu erzielen.

Dietrich Stuhlmann
Vorsitzender der Vereinigung Deutscher Landesschafzuchtverbände e.V., Bonn

Vorwort

Unsere Vorfahren brauchten einige tausend Jahre, um Hirtenhunde – überall wo Schafherden existierten – den jeweiligen Situationen anzupassen. Für die Hütehunde Mitteleuropas geschah dies in den letzten kaum 400 Jahren. Beide Schäferhundtypen haben ihren Höhepunkt im Herdengebrauch mehr oder weniger lang überschritten. Trotz der zunehmenden Schnellebigkeit unserer Tage wird Altbewährtes immer wieder aktuell, auch wenn gleichzeitig Neues zaghaft zu entstehen beginnt. Den Hirten- und Hütehunden gebührt ein Denkmal, ehe das Gewesene ganz in Vergessenheit geraten ist und Koppelschafhunde auch bei uns überwiegen.

Ansporn und Vorbild wurden mir die Schaffarmer des McKenzie-Landes, eines alpinen Weidegebiets im Regenschatten der Südalpen auf Neuseelands Südinsel. Ihren treuesten Helfern, den Schafhunden, setzten sie unweit der Kirche zum Guten Hirten am Tekapo-See ein beeindruckendes, bleibendes Denkmal, das in der Welt einmalig sein dürfte. Ihr in Bronze gegossener Dank macht zugleich deutlich, welch hohen Anteil die Schäferhunde an der Erschließung unwirtlicher Regionen haben.

Abb. 1. Denkmal für „Haig", einen kurzhaarigen Border-Collie, am Tekapo-See auf der Südinsel Neuseelands.

Alten Traditionen der Gemeinschaft der Schafleute entspricht es, daß sie ihre »Poeten« anspornt und unterstützt. Trotz bereits 45jähriger Zugehörigkeit zur »Schaffamilie« waren die letzten drei Jahre für mich erneut ein diesbezüglich großes Erlebnis. Daher gilt mein herzlicher Dank zuallererst all den vielen Schäfern und Schaffreunden in Europa sowie in anderen Erdteilen. Sie haben keine Mühen und Kosten gescheut, um mir über Gespräche oder Briefe mit Rat und Tat zur Seite zu stehen. Stellvertretend kann ich hier nur einige nennen: N. Bruere, Palmerston N., O. Hahn, Buseck, H. Lesch, Frielendorf, W. J. Pryor, Canberra, H. Rolofsma, Christchurch, R. Rzepecki, Krakau, D. Torrel, Hopeland, R. Waßmuth, Gießen, u. v. a.

Besonderen Dank verdienen die ideellen Väter des Buches, Verlagsinhaber Roland

Ulmer, Zuchtleiter Eberhard Wilke sowie Lehrschäfermeister Heinrich Lesch und nicht zuletzt die Hauptleidtragende, meine sachverständige, geduldige Frau. Sie alle und Dr. Rainer Beuing haben mich unermüdlich beraten, sich um die Beschaffung von Bildmaterial bemüht und das Manuskript einer kritischen Durchsicht unterzogen.

Interesse, Geduld und Verständnisbereitschaft im Verlagshaus Eugen Ulmer ebenso wie bei den Tierfotografen Eva-Maria Krämer und Hans Reinhard waren letztendlich die entscheidenden Voraussetzungen zur Verwirklichung unseres Vorhabens. Die angenehme Zusammenarbeit und das ansprechend ausgestattete Ergebnis verdanken wir ihnen. Damit haben sie unsere Absicht unterstützt, möglichst vielen Lesern, von ihrem jeweiligen Standort aus, Zugänge zu einer der ältesten und den meisten verborgenen Form des Zusammenlebens von Mensch und Hund zu eröffnen.

Leihgestern,
Januar 1988 Karl Hermann Finger

Inhaltsverzeichnis

Einleitung

Weidetierhaltung erfordert weltweit seit eh und je und immer wieder aufs neue Anpassung an die Oberflächengestalt der Landschaft, an Klima, Bodenkultur, Wasserversorgung und Märkte. Einfluß haben darüber hinaus Siedlungsdichte und -formen sowie die Besitzverteilung und Betriebsstrukturen, nicht zuletzt und oft ganz entscheidend sind es auch politische Gegebenheiten.

Diese Vielfalt umweltbedingter und wirtschaftlicher Voraussetzungen, neben politischen Einflüssen, führten bei Rindern, Schafen und Ziegen, den hauptsächlichen Weidetieren, zur Entwicklung der verschiedensten Haltungssysteme und der am jeweiligen Standort geeigneten Rassen.

Schafhaltung ist das älteste und bisher am wenigsten geänderte Beispiel für eine erfolgreiche und artgerechte Herdenhaltung. Hier in Europa handelt es sich schon immer vornehmlich um namenlose, große Tierzahlen auf begrenzter Fläche, die seit mehr als 200 Jahren zumeist nur noch von einer Person betreut und gelenkt werden. Menschenhände oder -stimmen sind, einmal abgesehen von den Kleinhaltungen, heutzutage außerstande, eine Schafherde auf Wegen, Weiden und im Verkehr dichtbesiedelter Länder mit intensiver Landbewirtschaftung so zu leiten, daß kein Schaden an Pflanzenkulturen entsteht und kein Tier Schaden nimmt.

Herdengebrauchshunde entwickelten sich über Tausende von Jahren zu unersetzlichen Helfern von Schäfern, Rinder- und Ziegenhaltern. Ihre Aufgaben unterlagen ständiger Anpassung und waren genauso vielfältig und unterschiedlich wie die in der Welt praktizierten Haltungssysteme für Weidetiere. Erfolgreich entwickelte Formen des Schafhundeeinsatzes in speziellen Schafhaltungsgebieten sind möglicherweise irgendwann einmal eine wertvolle Hilfe, um in anderen Ländern die Anpassung an neue Gegebenheiten rascher zu bewerkstelligen. Hierzu soll das Buch einen Beitrag leisten, indem es den Blick über die heimischen Schafhürden wagt, ohne dabei das bei uns seit Generationen Bewährte und dessen Weiterentwicklung geringer zu achten.

Zahl und Inhalt der Schriften über Schafzucht und -haltung und ihre mehr oder weniger häufigen Neuauflagen sind ein Spiegelbild des wechselnden Interesses oder der notwendigen Anpassung an neue Entwicklungen. Das wichtigste Handwerkszeug des Schafhalters, der Herdenhund, fand dabei und in eigenen Darstellungen sehr viel weniger Beachtung. Unser Bestreben, diese Lücke zu schließen, entspricht der Tradition des Verlages ebenso wie den Anregungen zahlreicher in der Schäferausbildung tätiger Praktiker, die eine zeitgemäße Abhandlung über Zucht, Haltung und Ausbildung von Hüte- und Schafhunden seit langem vermissen.

Unter den in der Welt vorhandenen über 400 Hunderassen, von denen der internationale Rassehunde-Verband, die Fédération Cynologique International (FCI), Thuin (Belgien), etwas mehr als 300 registriert hat, werden ungefähr 70 als Schäfer- oder Treibhunde bezeichnet. Durch Verdrängung menschlicher und tierischer Räuber, Zunahme von Verkehrs- und Besiedlungsdichte sowie Intensivierung der Landwirtschaft haben sich die Anforderungen an die Hüte- und Treibhunde und ihre Aufgabenbereiche in den letzten beiden Jahrhunderten stetig und seit etwa 30 Jahren zunehmend verändert. Nur ein kleiner Rest der ehemaligen Schäfer- und Treibhunde kommt heute wirklich bei Schäfern und Landwirten in den Herden zum Arbeitseinsatz. Nur der Name ihrer Rassegruppe erinnert noch an die einstigen Züchter. Das ab Mitte vorigen Jahrhunderts angewachsene Interesse an der Rassehundezucht hat ihr Aussterben verhindert und sie zu Schutz-, Wach- und Haushunden werden lassen, die aber den Kontakt zu Rindern, Schafen und anderen Nutztieren weitgehend verloren haben.

Mehrheitlich werden diese Rassehunde als Begleittiere oder der Schönheit halber gehalten, konkurrieren auf Schauen, finden auf Übungsplätzen im Hundesport ihre Befriedigung und bewähren sich als wieder notwendig gewordene Wächter von Haus, Hof oder Fahrzeugen. Warum sollten nicht wenigstens einige von ihnen, die sich eignen, zu den ursprünglichen Aufgaben zurückfinden? Sie könnten mit den für die Koppelschafhaltung notwendigen Schafhunden, wie sie z. B. in angelsächsischen Ländern ausgebildet werden, sportlich konkurrieren.

Dazu wären im Gegensatz zu Ausbildung und Leistungsvergleich bei Hütehunden nur eine Handvoll Schafe erforderlich, die sich dazu noch durch Abweiden des Übungsplatzgeländes teilweise selbst ernähren und somit mehrfach nützlich machen könnten. Hierbei entstünden zugleich und ohne großen Aufwand weitere, passende Standorte für erhaltenswerte, seltene Landschafrassen.

Anhaltende Ausweitung der Koppelschafhaltung und steigende Nachfrage nach anspruchsvoller Freizeitgestaltung lassen hoffen, daß dieser in Mitteleuropa bisher wenig bekannte, aber auch für Koppelschäfer nützliche Hundesport zunehmend Freunde finden wird. Viele Nachkommen ehemaliger Schäferhunde und ihre Betreuer könnten so, ohne große Kosten, sehr viel Freude und Selbstbestätigung finden bei friedlichem Wettstreit in einer der ältesten und natürlichsten Aufgaben für unsere getreuen vierbeinigen Freunde.

Endlich erscheint es uns sehr wichtig, klarzumachen, daß Herdengebrauchshunde beruflich im Verlauf ihrer Entstehung eine alle verbindende Wesensart ausgebildet haben. Sie verlangt nach regelmäßiger, sinnvoller Beschäftigung und klaren Zuständigkeitsverhältnissen. Wer Antiautoritätsvorstellungen nicht zu relativieren vermag, sollte die Quälerei des Umgangs miteinander sowie die Gefahrenquelle für seine Mitmenschen so schnell wie möglich beenden, indem er einem alten alemannischen Spruch huldigt: »Hund verkaufen, selber bellen!«

Herdenhunde gestern und heute

Soweit wir inzwischen auf Grund von Knochenfunden wissen, gab es vor etwa 12000–14000 Jahren bei den Nahrung sammelnden und jagenden Bewohnern Europas bereits erste Haushunde. Im Vorderen Orient traten sie möglicherweise etwa 1000 bis 2000 Jahre danach und in Südamerika noch viel später auf. Bis zu der Domestikation weiterer Haustiere, früher im Nahen Osten und später in Europa, vergingen weitere Jahrtausende. Hierbei machten dann offensichtlich Schafe und Ziegen im Orient den Anfang.

Ob Schutzbedürfnisse oder Zwangslagen zur Bevorratung mit Nahrungsspendern bzw. mit Opfertieren für religiöse Riten Anstöße zur Domestikation gaben, wird nie mehr eindeutig nachweisbar sein. Sicherlich haben aber Neugier und der Hang zur Bequemlichkeit, wie bei allen menschlichen Aktivitäten, eine Rolle gespielt. Nach heutigem Kenntnisstand ist der *Wolf* mit seinen

Abb. 2. Zeit und Regionen der Domestikation unserer wichtigsten Haustiere nach Angaben von Röhrs (1980), ergänzt.

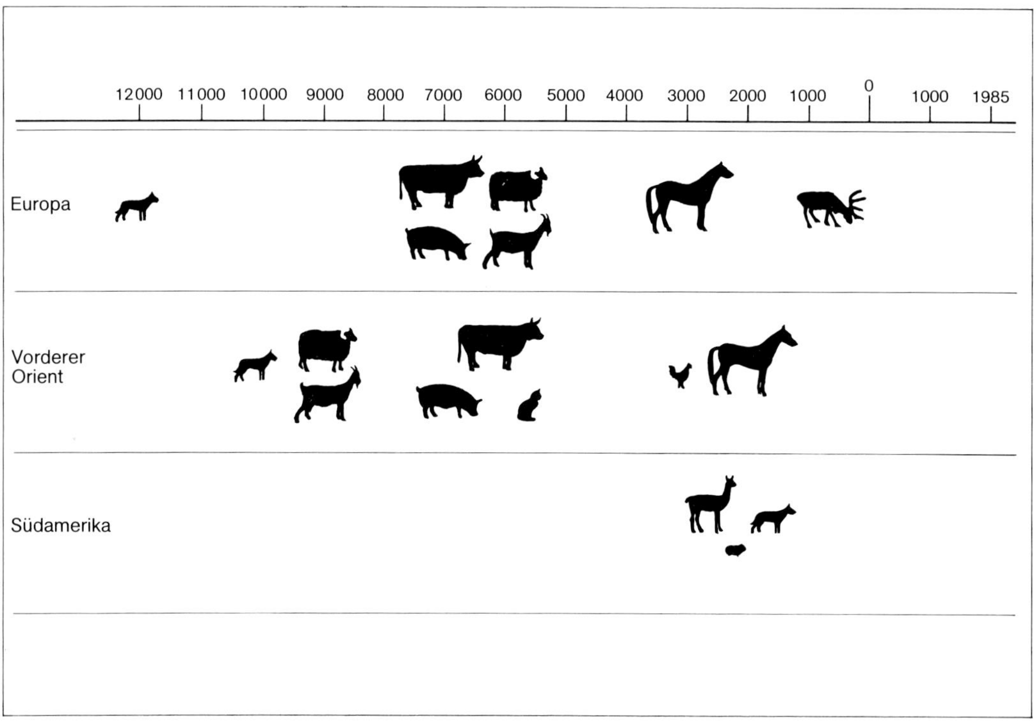

vielgestaltigen Varietäten der alleinige Stammvater unserer Haushunde (Herre und Röhrs 1973, Röhrs 1980, Trumler 1981 u. a.). Frühe Haushunde waren sicherlich sehr lange direkt selbst und erst später indirekt als Jagdgehilfen wichtig für die Fleischversorgung.

Da die sozialen Strukturen und Verhaltensweisen im Wolfsrudel denen in primitiven Menschengruppen sehr ähnlich sind und vom Geruch her keine Antipathien entstehen, war eine Annäherung beider begünstigt. Aufzucht erbeuteter oder verwaister Welpen an der Brust ihrer Betreuerinnen, war ein möglicher Weg zur Vertiefung der Beziehungen. Derart gezähmte Wildlinge haben als Beschützer von Wohnhöhlen und Lagerplätzen Übergänge zur Domestikation gefördert. Es wird noch sehr viel Zeit vergangen sein, bis der werdende Haushund den Schutzaufgaben bei Haustierherden, auch ohne »Selbstbedienung«, zuverlässig nachgekommen ist. Ebenso wie verwilderte Haushunde folgen auch unbeaufsichtigte Hunde im Zufallsrudel heute noch ungehemmt ihrem »angewölften« Trieb zu selbständiger Nahrungsbeschaffung.

Zu Beginn der Domestikation weiterer Haustierarten war dieser Beutetrieb sicherlich noch stärker. Deshalb ist anzunehmen, daß die neuen Herdenbesitzer ihre Schafe, Ziegen und Rinder erst einmal im offenen Gelände ohne Unterstützung durch Hunde zusammenhielten und beschützten. Ebenso wie zu biblischen Zeiten ist dies heute noch stellenweise, z. B. im Iran, anzutreffen. Ohne eine Aussicht, jemals direkt Beweise dafür zu erhalten, wäre es auch denkbar, daß die Domestikateure erst eine Zeit lang gute Erfahrungen machen konnten mit der Opferung eines Teils ihrer Herdentiere. Das so stetig gesättigte, heimische Wolfsrudel bewahrte dann sein Revier und damit »seine Herde« vor Übergriffen anderer. Wolfs- und Wildhundforscher haben nachgewiesen, daß begrenztes Beuteangebot die Größe der Rudel einschränkt. Stetige Versorgung verhindert die für Haustierherden gefährlichere Großrudelbildung über Reviergrenzen hinweg. Unsere Vorfahren der Frühzeit hatten das sicher längst beobachtet, um Nutzen daraus zu ziehen.

Abb. 3. Ein Camargue-Schäfer treibt seine Herde ohne Hund.

Je mehr sich die neue Herdenhaltung ins Grasland weitläufiger, unübersichtlicher Gebirgsregionen ausdehnte, um so stärker hatte sie unter den vielfältigen Beutegreifern zu leiden. Ohne ausdauernd aufmerksame und schnellfüßige Helfer waren die Hirten hier machtlos. Nutzung und Besiedlung der Hochgebirge war verbunden mit der Entwicklung der schon geraume Zeit mit den Menschen lebenden Haushunde zu wachsamen, verteidigungsbereiten Herdenbeschützern. Diese Gebirgs-Schutzhunde ermöglichten dann später den Hirten Mesopotamiens, dem in den Ebenen beginnenden Ackerbau in immer weiter von den Siedlungen entfernte Weidegründe auszu-

Abb. 4. Tibetdogge und Tibetterrier, möglicherweise die ältesten Hirten- und Hütehunde, gehören seit 3000 Jahren zu den Yakherden der zentralasiatischen Hochgebirge.

weichen. Vom Wert solcher Hirtenhunde konnten sich Schaf- und Rinderfarmer aus von Kojoten bedrängten Gebieten der USA erst unlängst überzeugen (s. Seite 99).

Im Verlauf der nachfolgenden 10 000 Jahre wurden die Schutzhunde zu immer unentbehrlicheren Gehilfen der Hirten, die nicht nur Beutegreifer abwehrten, sondern sich auch gegen menschliche Angreifer und Schafdiebe stellten. Postiert wurden sie gewöhnlich bis in die beginnende Neuzeit hinein, im Umkreis der Herde auf durch Felle und Futterstellen gekennzeichneten Lagerplätzen. Von Stephanitz-Grafrath (1914) berichtete Gleiches noch zur Jahrhundertwende aus Rußland und der Tiermaler Beckmann (1895) aus Spanien. Aus dieser Zeit stammt sicherlich der auch heute noch praktizierte Grundsatz, daß der Hund in der Regel den Schäfer beim Wandeln (Umkreisen) in die zu beschützende Herde einschließt. Hirtenhunde, von denen hier die Rede ist, waren starke Kampfhundnaturen, die als natürlichen Panzer sehr oft ein dichtes Zotthaar trugen. Stachelhalsbänder sowie kupierte Schwänze und Ohren sollten sie mancherorts weniger verletzbar machen.

Die dunkel gefärbte *Tibetdogge* (Abb. 83) mit typischer Ringelrute und Hängeohren, der große Herden- und Wachhund des tibetischen Hochlandes, sowie Hirten- und Kampfhunddarstellungen aus dem antiken Mesopotamien, aus Persien und vom westlichen Balkan können eine Vorstellung ihres Typs vermitteln. Albanerstämme brachten ihre vornehmlich weißen *Molosser,* stehohrig und langschwänzig, vor ca. 3000 Jahren aus Gebieten östlich des Kaspi-

Abb. 5. Ungarische Hirtenhunde bei der Herde auf der Pußta.

Abb. 6. Portugiesischer Schäferhund, Cão da Serra da Estrella, mit stachelbesetztem Schutzhalsband.

schen Meeres nach Griechenland, Illyrien und ins südliche Italien (Abb. 15). Beider Nachfahren sind uns von mit Landwirtschaft befaßten Schriftstellern in der Antike und bis in die beginnende Neuzeit als große, kurz-, stock-, rauh- oder zotthaarige *Schafrüden* beschrieben worden, die auch bei der Hetzjagd (Abb. 8) Verwendung fanden (Aristoteles 350 v. Chr., Columella 1. Jh.; Crescentius 1494, Gessner 1669, u. a.). Auf zahlreichen Bildern der zurückliegenden Jahrhunderte sind sie in ihrer Erscheinungsform sichtbar erhalten geblieben. Ihre Verwandtschaft zu den großen stock- oder zotthaarigen Schäferhunderassen ist unverkennbar.

Im Zuge der Weiterentwicklung lernten die – später zum Schutz des herrschaftlichen Wildes zumeist an der Leine geführten –

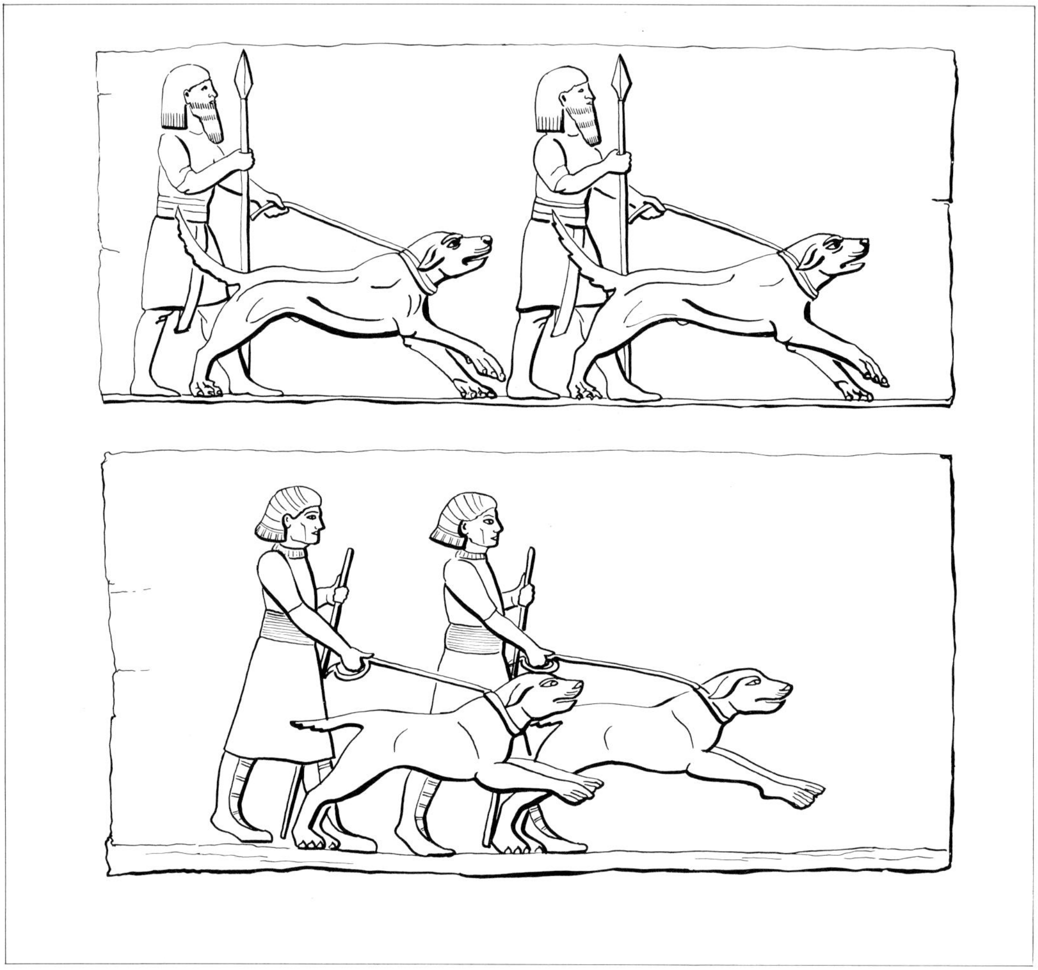

Abb. 7. Kampf- und Hirtenhunddarstellung aus Niniveh (etwa 650 v. Chr.), nach bekannten Wandreliefs zusammengestellt und ergänzt.

Hirtenhunde, da wo nötig, dann auch das Treiben der Herden zur Wasserstelle und auf neue Weidegründe. Je mehr Weidewechsel erforderlich war, um auch weniger günstige Gebiete und größere Weideflächen zu nutzen, um so beweglicher mußten die Hirtenhunde (Abb. 9) werden. Für derartige Treib- und Schutzhunde erwies sich ein geringeres Gewicht als wesentlich vorteilhafter. Die bei Albinos und wie bei allen Tierarten als Domestikationsfolge sich erhaltende weiße Fellfarbe erleichterte ihre Unterscheidung vom Raubwild, was vor allem dort wichtig war, wo die Hirten mit der Steinschleuder oder anderen Waffen ihre Herden verteidigten.

Für die große Zahl der Treibhunde bei Viehhändlern und Metzgern, die im Altertum und bis zum Beginn unseres Jahrhunderts aufgekaufte Tiere oft auf langen Märschen zu den Märkten begleiteten und beschützten, war weiße Fellfarbe weniger von Bedeutung. An sie erinnern u. a. heute noch der *Rottweiler,* die *Schweizer Sennenhunde*

Abb. 8. Rüdeneinsatz bei der Hetzjagd im 18. Jahrhundert.

(Abb. 67 bis 69 und Farbtafel Seite 83) und der *Bouvier des Flandres* (Abb. 27).

Solange sich in Europa das ackerbaulich genutzte Land der Dörfer noch nicht im Privatbesitz der Bauern befand und neben dem jährlich wechselnden Brachland auch noch großflächige Hutungen bestanden, wurden fast alle Haustiergattungen in der Vegetationszeit auf diesen Flächen ernährt. Auf Tierarten spezialisierte Hirten für Rinder, Schweine, Schafe, Ziegen und Gänse sowie in einigen Ländern auch für Esel und Pferde, sammelten jeden Morgen mit Gebrüll oder Hornsignalen ihre Schützlinge auf dem Gutshof oder im Dorf (Abb. 9), die sie, hinter der Herde gehend (Abb. 10), mit den Hirtenhunden über breite Graslandstreifen, die sogenannten Triften, auf die weitläufigen Hutflächen trieben.

Nachts kamen die Herden zum Schutz gegen zwei- und vierbeinige Räuber in Gebieten mit nicht zu großen Entfernungen zu den Weidegründen in Pferche am Rande der Siedlungen (Abb. 11) oder in die Ställe der

Abb. 9. Morgendliches Sammeln der Schafe für den Austrieb in einem deutschen Dorf um 1870. Der langstockhaarige Altdeutsche Schäferhund wehrt am Dorfteich.
Abb. 10. Schäfer und Hirtenhund des 17. Jahrhunderts beim Trieb hinter der Herde. Der Schafrüde trägt ein stachelbewehrtes Halsband und hat teilkupierte Ohren.

Besitzer. So geartete Tierhaltung war vor 40 Jahren beispielsweise noch in einigen Dörfern der Hochrhön oder in Polen für Rinder, Ziegen, Schweine und Gänse anzutreffen. Mit nachlassendem Gemeinschaftssinn und Ausbreitung der Koppelzäune, bei gleichzeitig propagiertem Umbruch des Grünlandes, verschwanden diese uralten Haltungsformen, die Hirten und die dazugehörigen Hirtenhunde aus den meisten Dörfern. Nur in den Hochgebirgen Europas blieb die sommerliche Almwirtschaft in reduzierter und abgewandelter Form für Rinder und Schafe erhalten. Die zuvor genannten Haustierpferche, wie sie, mit zunehmender Sicherheit, dann für Schafe als Nachtstall auf den zu düngenden, oft ortsfernen und schwer erreichbaren Feldern Eingang fanden, bewachten die am Schlafkarren des Hirten angeketteten Hunde (Abb. 14). Bei unseren heutigen Wanderschäfern hat der Wohnwagen den Schlafkarren und das Perlonnetz den Holzpferch abgelöst. Dem Schäfer wurde das Essen gebracht, oder er ging zu den Mahlzeiten frühmorgens und abends ins Dorf und trieb die Herde erst zur Winteraufstallung wieder zurück. Daneben be-

Abb. 11. Darstellung eines Wolfsüberfalls auf einen Schafpferch im 15. Jahrhundert.

stand schon immer der Herdenzug von den Winterweiden in Flußtälern und wärmeren Ebenen zu den Sommerweiden im Gebirge. Einige Wanderschäfer Süddeutschlands haben sich trotz zunehmender Erschwernisse noch nicht davon abbringen lassen.

Durch erhebliche Zunahme der Bevölkerung mußte der Ackerbau vom 18. Jahrhundert an intensiviert werden. Zugleich wurde durch die Bauernbefreiung die Zahl der Privatbesitzer vermehrt, und das Erbrecht bewirkte durch Realteilung eine Verkleinerung der Felder. Je mehr das Brachland und Teile der Hutungen mit den neu aufkommenden Nahrungs- und Futterpflanzen genutzt wurden, desto häufiger mußten die Schäfer ihre Herden auf Feldwegen und schmaler werdenden, abgeernteten oder mit Schaffutter eingesäten Feldern hüten. Die übrigen Tierarten hielt man in eingezäunten Weiden, wenn nicht regional ganzjährige Stallhaltung bevorzugt wurde. Für die Gänse verlief der Rückzug sehr oft wegen industrieller Textilproduktion und geänderter Waschgewohnheiten erst noch über die nicht mehr benötigten Bleichen, um dann später dem wachsenden Verkehr ganz zu weichen. Damit verloren, außer in Regionen mit Almbetrieb, viele alte Hirtenhundschläge nach und nach ihren Wirkungsbereich.

Mit Zunahme des engen Gehüts und der Verkehrswege in weiten Teilen Europas begann für die Schäfer die Notwendigkeit zur Selektion von wendigen, intelligenten Hütehunden. Hiervon berichtete bereits Buffon 1772. Da die breiten Vorgewende der Äcker entlang der Feldwege, die eine Zeitlang als Ersatz für bisherige Triften zum Trieb der Herden nutzbar waren, immer mehr zur Ausweitung des Hauptfruchtanbaues herangezogen wurden, mußten die Schafherden auf den schmalen grasbewachsenen Feldwegen in die Länge gezogen werden. Dies war leichter zu erreichen, wenn der Schäfer an der Spitze der Herde ging (Farbtafel Seite 65). Seine Hütehunde sorgten dahinter zu beiden Seiten des Weges dafür, daß die angebauten Feldfrüchte ungeschoren blieben und an Wegbiegungen oder Kreuzungen bzw. beim Einschwenken auf Felder oder an Brücken nur die Fahrspurbreite begangen wurde und kein Schaf zurückblieb.

Eine Herdenlänge von oft mehr als 100 Metern fordert vom Hütehund eine ganze Portion Selbständigkeit und gute Nerven, um so mehr, wenn für Fahrzeuge Platz zu schaffen ist. Bei windigem Wetter ist eine Verständigung mit dem agierenden Hund

Abb. 12. Hütehunde vom Typ des Mudi in der ungarischen Pußta.

dann nur noch über Sichtzeichen möglich und verlangt von ihm vermehrte Aufmerksamkeit in zwei Richtungen.

Unter dem Einfluß der geschilderten Haltungsumstände entwickelten sich in den verschiedenen Ländern Europas, in England viel früher als auf dem Kontinent, sehr ähnliche Hütehundtypen (Farbtafeln Seite 65 und Seite 149). Erst die im folgenden Kapitel beschriebene Zucht nach festgelegtem Standard schuf vergleichbare äußerliche Einheitlichkeit im Sinne der jeweiligen zeitbedingten modischen Schönheitsvorstellungen. Die nur unter erheblichen Umständen für den Nichtschäfer feststellbare Hüteveranlagung der Hunde und ihre Ausbildung geriet mehr und mehr in Vergessenheit, so daß es heute sehr viele schöne, aber zu allermeist für den rauhen, anstrengenden Allwetteralltag im Herdendienst unbrauchbare Rassehunde gibt.

Seit 86 Jahren unternimmt der Verein für Deutsche Schäferhunde (SV) dankenswert große Anstrengungen, um den auf Initiative von v. Stephanitz und mit dem auf ihn zurückgehenden Zuchtstandard entwickelten, modernen *Deutschen Schäferhund*, eine der besten Schutzhundrassen der Welt, soweit noch möglich als Herdengebrauchshund zu

Abb. 13. Einer der letzten Schäferkarren im Odenwald.

fördern und zu erhalten. In Zusammenarbeit mit Schäfervereinen und Schafzuchtverbänden werden alljährlich landesweit Schau- und Leistungshüteveranstaltungen (s. Seite 196) organisiert, die von der Bezirks- über die Landesebene bis zum Hauptleistungshüten mit den jeweils besten Schäferhunden führen. Neben dem SV-Bundesleistungshüten gibt es seit 1985 auch wieder ein Bundeshauptleistungshüten der Vereini-

Abb. 14. Der Border-Collie, ein vielseitiger Koppelschafspezialist aus Großbritannien.

Betriebsform	1973 Herden absolut	in %	Schafe absolut	in %	mittlere Herdengröße	1984 Herden absolut	in %	Schafe absolut	in %	mittlere Herdengröße
Standortgebundene Herden	1656	3,3	388567	42,9	235	1093	1,8	376740	29,5	344
Wander-Schafherden	1142	2,2	302738	33,4	265	1157	1,9	395912	31,0	342
Standortgebundene Haltungen	48053	94,5	215451	23,7	4,5	57539	96,3	501133	39,5	19*
Betreuungsformen (geschätzt)										
Selbsthütende Schafhalter	2004	3,9	433997	47,9	217	1761	3,1	588122	47,3	334
mit entlohntem Schäfer	811	1,6	250231	27,6	309	319	0,6	156700	12,6	491
Haltungen o. Schäfer	48036	94,5	222528	24,5	4,6	54274	96,3	499286	40,1	19*
Gesamt	50851	100	906756	100	–	56354	100	1244106	100	–

* bezieht sich nur auf die 20752 Haltungen mit mehr als 1 bis 4 Schafen

gung Deutscher Landesschafzuchtverbände. Hier behaupten die reinrassigen Deutschen Schäferhunde auch als Herdengebrauchshunde oft Spitzenpositionen, meist in harter Konkurrenz mit den sogenannten *Altdeutschen Schäferhunden* (Abb. 19, 21, 22 und Farbtafel Seite 84), ihren Vorfahren.

In einigen Klubs bzw. Vereinen der übrigen in Deutschland gezüchteten Schäferhunde anderer Herkunft gibt es mittlerweile Züchter, die gerne auf ähnliche Weise wieder Zugang zu Schafherden fänden. Durch den seit drei Jahrzehnten anhaltenden Strukturwandel in der deutschen Schafhaltung, der eine Verringerung der gehüteten Herden zugunsten zahlreich neu entstehender Koppelschafhaltungen brachte, wird die Verwirklichung derartiger Bestrebungen immer schwieriger. Dazu weisen die Statistiken der Vereinigung Deutscher Landesschafzuchtverbände (VDL) die in der Tabelle (S. 21) aufgeführten Zahlen auf.

In Gebieten mit anderen Strukturen der Kulturlandschaft, wie z. B. in weiten Teilen Schottlands und Englands, aber auch in Rußland und in Übersee bleibt der Schäfer nach wie vor hinter der Herde und läßt die Hunde vor sich arbeiten. Je weitläufiger das Gelände genutzt werden mußte, um so mehr stiegen die Schäfer auch in den Sattel. Der unter den angelsächsischen Gegebenheiten entstandene Schafhundetyp von der Qualität eines *Border-Collie* ist ein hochspezialisierter Profi, der sich auch auf Rinder und Pferde einarbeiten läßt und weltweite Verbreitung in den Graslandregionen erreicht hat. Sein Arbeitsbereich ist mit Groß- und Kleinkoppelhaltungen (s. Seite 209) verbunden und umfaßt, neben dem Treiben, oft im Team mit anderen Hunden, vornehmlich den Umgang mit Einzeltieren und Kleingruppen sowie deren Abtrennung und Fixierung am Ort.

Das »Gipsbett« eines Zuchtstandards und die formale internationale Anerkennung als Zuchtrasse erreichten den Border-Collie erst unlängst (England 1976, FCI 1978). Man kann nur hoffen, daß er damit nicht auch das Schicksal allzu vieler Mitglieder der anderen, schon seit 100 Jahren organisiert gezüchteten Schäferhunderassen teilen muß.

Hirten-, Treib- und Hütehundrassen

Überall in der Welt, wo genügend Futter für Haustiere auf Weideflächen nutzbar gemacht werden konnte, entwickelten sich früher oder später bevorzugte Hundetypen für die Herdenarbeit, wie dies zuvor (s. Kap. 2) beschrieben wurde. Neben allen möglichen Übergangsformen aus bisher nützlichen in neue brauchbare Typen, gab es schon immer die Suche nach dem Alleskönner oder dem hochgradigen Spezialisten für ganz bestimmte schwierige Arbcitsabläufc bei der Herdenbetreuung. Informationen dazu sammelten dankenswerterweise unter vielen anderen vor allem Beckmann (1895), Doehner (1944), Megnin und Sauret (1894), Studer (1901, 1905), v. Stephanitz (1914), Schmidt (1953) und Schneider-Leyer (1974). Daß sie nicht alle »Schafleute« waren, soll dabei nicht stören, obwohl man es an einigen ihrer Anmerkungen und Schlußfolgerungen allzu deutlich spürt.

Die Schäfer der zurückliegenden Jahrhunderte brauchten, genau wie die heutigen, zuallererst einen belastbaren, ausdauernd und zuverlässig arbeitenden sowie mit Schafen vertrauten Hund. Herkunft, Form und Farben spielten, wenn überhaupt, immer nur eine ganz nebensächliche Rolle. Ähnliche Verwendungszwecke prägten aber mit der Zeit vergleichbare Typen. Die dabei in den verschiedenen geographischen und klimatischen Gebieten der »Alten Welt« entstandenen Hundeschläge mit vergleichbarer Veranlagung wurden zunächst unter dem Namen ihrer Herkunftsregion bekannt.

Von Rassen bei Schäferhunden konnte erst dann die Rede sein, nachdem um die Mitte des vorigen Jahrhunderts das Interesse an organisierter Hundezucht entstand. Eine wesentliche Voraussetzung dazu war die Ausarbeitung von Beschreibungen und damit die Festlegung eines Zuchtzieles, wie es dies schon für andere Nutztierarten gab. Es geschah anfänglich im Rahmen von Ausstellungen, die in Deutschland ab 1863 (die erste in Hamburg bei einer landwirtschaftlichen Ausstellung) stattfanden und zunächst die Jagdhunde erfaßten, 1880 folgten dann die anderen Rassen. Später übernahmen die Zuchtvereine diese Aufgabe.

Bei der Festlegung mancher »Zuchtstandards« und vor allem in der Zuchtpraxis vergaß man allzuoft trotz inzwischen bestehender Richtlinien in den Zuchtordnungen die Wesensmerkmale als wichtigste Leistung eines Schäferhundes. Wenn modisch beeinflußte Ausstellungserfolge vor Gebrauchswert gehen und wenn die Schärfe höher zu bewerten ist als Umgänglichkeit, dann verlieren derartig selektierte Hundefamilien all das, was sie als ehemalige Herdengebrauchshunde so wertvoll gemacht hat. Traurige Folgen der Unterlassungssünden sind vermehrt zu beobachtende Verhaltensstörungen, zentralnervöse Anomalien und oft tragische Unfälle, vor allem bei Kindern mit schweren Verletzungen oder tödlichem Ausgang. Dies nicht selten mit Hunden aus unsachgemäßer Zwingerhaltung, die dazu beitragen, alle Schäferhunde in Verruf zu bringen.

Damit werden die Schäfer als die ursprünglichen Züchter dieser Rassen diskriminiert, ohne Möglichkeit, sich dagegen zur Wehr zu setzen. Die Schäfer können nur Hunde einsetzen, die zwar Fremden gegen-

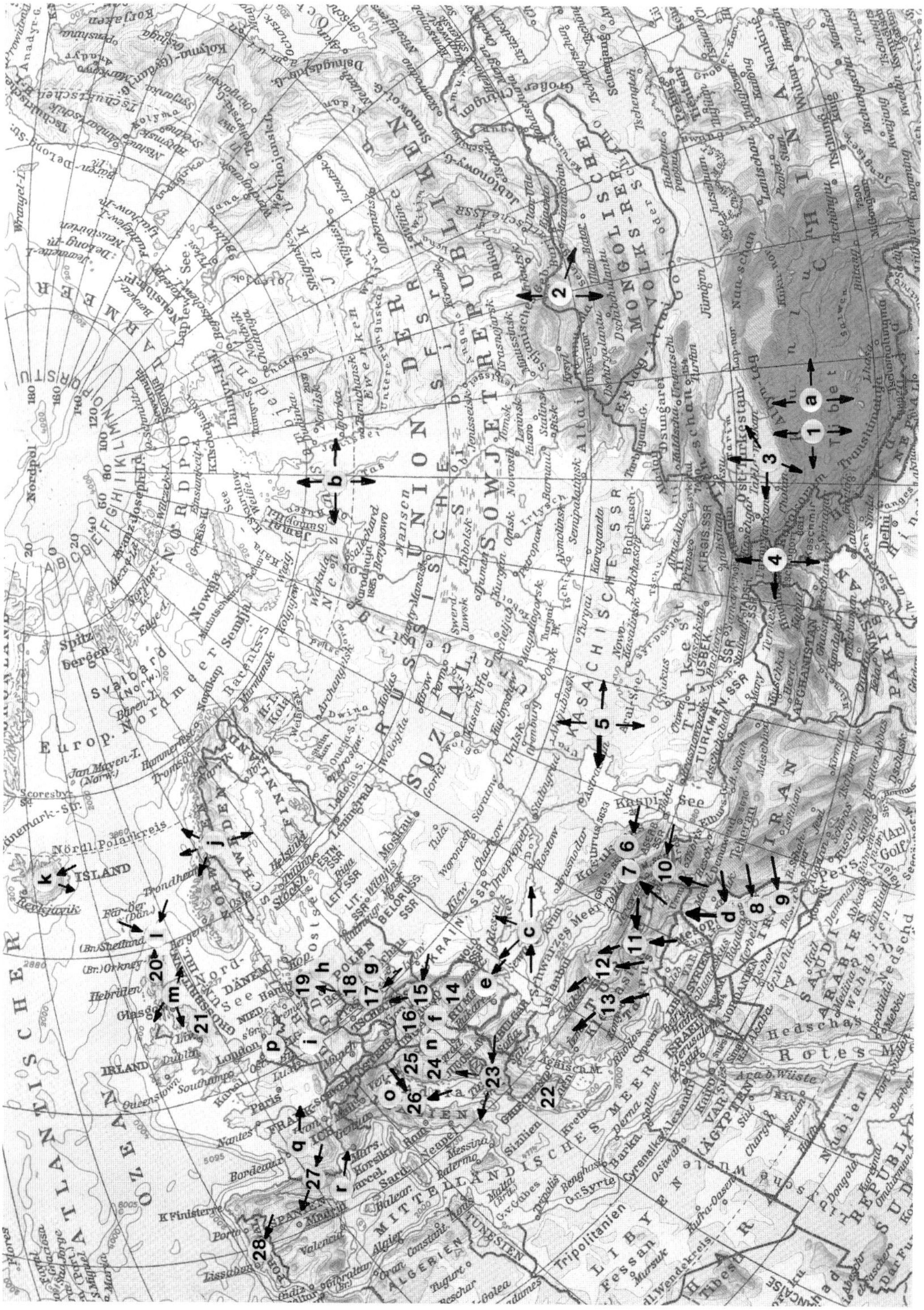

ATLANTISCHER OZEAN
Europ. Nordmeer
Nordpol
ISLAND
IRLAND
Reykjavik
Spitzbergen
Svalbard (Norw.)
Nowaja Semlja
Barents-S.
Kara-See
Jan Mayen-I. (Norw.)
Dänemark-Str.
Nördl. Polarkreis
Shetland
Orkney-I.
Hebriden
Glasgow
Dublin
London
Paris
Nantes
Bordeaux
Marseille
Madrid
Lissabon
Porto
Valencia
Balear.
Korsika
Sardin.
Rom
Neapel
Palermo
Messina
Sizilien
Malta
Algier
Oran
Tunis
TUNESIEN
ALGERIEN
Tripolitanien
Fessan
LIBYEN
Mursuk
Benghasi
Barka
Kairo
Alexandria
Assuan
Nubien
Tibesti
REPUBLIK SUDAN
MITTELLÄNDISCHES MEER
Ägäisch. M.
Rhodos
Istanbul
Schwarzes Meer
Kaspi. See
Krim
Odessa
Kiew
Rostow
Moskau
Leningrad
Helsinki
Tallinn
Riga
Stockholm
Trondheim
Bergen
SCHWEDEN
FINNLAND
NORWEGEN
POLEN
DÄNEM.
Nord-See
Ostsee
Archangelsk
Murmansk
Kola
Dwina
Perm
Kasan
Gorki
Ufa
Swerdlowsk
Omsk
Tomsk
Nowosibirsk
Krasnojarsk
Irkutsk
Baikal-S.
Jakutsk
Werchojansk
Lena
Jenissei
Ob
Taimyr-H.
Chatanga
Dudinka
Norilsk
Tiksi
Kolyma
Anadyr
Wrangel-I.
Tschuktschen-H.
Neusibirische I.
Laptew-See
Ostsibirische See
UNION DER SOZIALISTISCHEN SOWJETREPUBLIKEN
MONGOLISCHE VOLKS-REP.
KASACHISCHE SSR
KIRGIS. SSR
TURKMEN. SSR
USBEK. SSR
Aral-See
Balchasch-See
Taschkent
Alma-Ata
Samarkand
Buchara
Kabul
AFGHANISTAN
IRAN
Teheran
PAKISTAN
Delhi
Ganges
NEPAL
Tibet
Lhasa
Transhimalaja
Tarim
Ost-Turkestan
Kaschgar
Urumtschi
Altai
Tienschan
CHINA
Lantschou
Peking
Mukden
ISRAEL
Jerusalem
SYRIEN
IRAK
Bagdad
Basra
JORDANIEN
SAUDI ARABIEN
Nedschd
Hedschas
Mekka
Pers. Golf
Rotes Meer
Ar. d. Wüste
Nördl. Wendekreis
1
2
3
4
5
6
7
8
9
10
11
12
13
14
15
16
17
18
19
20
21
22
23
24
25
26
27
28
a
b
c
d
e
f
g
h
i
j
k
l
m
n
o
p
q
r

über reserviert, aber ein zuverlässig ausgeglichenes und freundliches Wesen haben. Heftige Jagdleidenschaft und übermäßige Schärfe machen die Hunde unbrauchbar für den heutigen Herdendienst. Deshalb sollten auch für alle Nichtherdengebrauchshunde die Wesensmerkmale das allerwichtigste Selektionsmerkmal sein, damit der Umgang mit ihnen gefahrlos möglich ist.

Daraus sollte sich eigentlich ergeben, daß bei der nachfolgenden Darstellung der Schäferhunderassen, die hier nach Länderherkunft aufgeführt sind, neben den Einsatzarten die Wesensveranlagung im Vordergrund steht. Leider geben aber die wenigsten der von der Federation Cynologique Internationale (FCI) registrierten und vom Herkunftsland aufgestellten Rassestandards dahingehend befriedigende Auskünfte.

Es werden nachfolgend auch *Schutzhunde* aufgeführt, die unter derzeitigen Gegebenheiten auf den ersten Blick nicht ohne weiteres den *Herdengebrauchshunden* zuzuordnen sind. Da aber mit zunehmender ökologischer Einsicht die Probleme des Zusammenlebens der Herden mit den zur intakten Umwelt gehörenden Beutegreifern nicht mit Gift, Fallen oder Abschuß lösbar sind, muß auch an die alten Schutzhunde erinnert werden (s. Seite 14). Sie haben in der Geschichte der Herdenhaltung durch Menschen diesen Erwerbszweig überhaupt erst ermöglicht und den Hirten sehr viel länger gedient als die Hütehunde heutiger Formen und Rassen (s. Seite 19).

Seit Beginn der organisierten Rassehundzucht gibt es in allen europäischen Ländern Klagen, daß sich die Schäfer mit ihren Hunden daran nicht ausreichend beteiligen. Dabei werden ihre außergewöhnlichen Arbeitszeiten, die Feiertage und Wochenenden einschließen, meist übersehen. Hier und in der Dominanz der an Standard und Ausstellungswesen orientierten Vorstellungen von Nichtschäfern liegen die Gründe für häufige Abstinenz. Das erklärt auch, warum es bisher noch keine organisierte Zucht für *Altdeutsche Schäferhunde* gibt. Mit Zunahme von Freizeit für Nichtschäfer und von eigener Berufstätigkeit der Schäferfrauen wird das noch schwieriger. Es sei denn, schäfereigene Organisationen und Ausbreitung von Koppelhaltung für Schafe könnten eine Änderung herbeiführen.

Abb. 15: Vermutliche Ausbreitung der wichtigsten Herdenhundtypen Eurasiens.

Hirtenhunde:

1 **Tibet-Mastiff**
2 Chow-Chow
3 Mittelasiat. Owtscharka
4 Pamir Owtscharka
5 **Albaner Hirtenhund**
6 Kaukas. Owtscharka
7 Transkauk. Owtscharka
8 **Ku Assa**
9 **Ku Mund Ur**
10 Kurdischer Hirtenhund
11 Kangal
12 Akbasch
13 Karabasch
14 Carpatin
15 Kuvasz
16 Komondor
17 Cuvac
18 Podhalanski
19 Pommerscher Hütehund
20 Collie-Hunde
21 Bobtail
22 Spartaner
23 **Molosser**
24 Šarplaninač
25 Krašky Ovčar
26 Maremmano-Abruz.
27 Pyrenäen-Berghunde
28 Portugies. Hirtenhunde

Hütehunde:

a **Tibet-Terrier**
b **Lajka**
c Südruss. Owtscharka
d **Puli**
e Mioritic
f Puli
g Nizinny
h Pommerscher Pudel
i **Altdeutscher Schäferhund**
j **Wikinger Herdenhund**
k Icelandhund
l Sheltie
m Border Collie
n Hrvatški Ovčar
o Bergamasker
p Belgisch-Niederl. Hütehunde
q Französische Hütehunde
r Catalan

Schäferhunde in Deutschland

Der Deutsche Schäferhund

Ab 1899 entstand der Deutsche Schäferhund als Rasse, aus verschiedenen vornehmlich west-, mittel- und süddeutschen Schäferhundschlägen (Abb. 18 bis 22 und Farbtafel Seite 84). Letztere in loser Beziehung zu französischen Schäferhunden (s. Seite 42) während der bis 1878 anhaltenden Herdenmärsche aus Mittel-, Süd- und Westdeutschland zu den Schlachthöfen von Paris. Stehohr und wolfsgraues Pigment brachten nord- und mitteldeutsche Hunde ein. Die in den Schäfereien heute noch anzutreffenden Reste der ursprünglichen Hütehunde werden als *Altdeutsche Schäferhunde* bezeichnet. Sie konkurrieren weiterhin mit ihren »berühmten Nachfahren« bei den Herden und im vergleichenden Hütewettkampf (s. Seite 196).

Anläßlich einer Hundeausstellung am 22. April 1899 in Karlsruhe mit Beteiligung einheimischer Hütehunde wurde der »Verein für Deutsche Schäferhunde« (SV) gegründet. Er hat sich unter der langjährigen Führung seines ersten Vorsitzenden Max von Stephanitz-Grafrath aus kleinen Anfängen stetig zu einer der größten Hundezuchtorganisationen der Welt entwickelt. Über 80 000 Mitglieder und 1,6 Millionen Zuchtbucheintragungen sind eine stolze Bilanz. Am 20. September 1899 wurden die Rassebeschreibung aufgestellt und kurz darauf das erste Zuchtbuch eingerichtet. Die erste Eintragung erfolgte für den Rüden »Horand von Grafrath«/SZ 1, der mit 61 cm Schulterhöhe, hervorragender Figur und edlem Kopf bereits fast das Zuchtziel verkörperte. Wenn auch schlecht erzogen, entsprach seine Wesensveranlagung schon den heute noch gültigen Vorstellungen. Ein vom Glück begünstigter Anfang für die neue Rasse.

Abb. 16. Deutsche Schäferhunde der Spitzenklasse bei Hütewettbewerben.

Abb. 17. Deutscher Schäferhund an der Seite einer Herde Schwarzköpfiger Fleischschafe.

Fast in allen Staaten der Erde wurden Züchterorganisationen gegründet. Viele von ihnen schlossen sich in der Weltunion der Vereine für Deutsche Schäferhunde (WUSV) zusammen.

Ergänzend zu dem hier und im vorigen Kapitel bereits Gesagten soll für die inzwischen weltweit bewährte Schutz-, Wach- und Herdengebrauchshundrasse, die auch den Blinden zur Verfügung steht, der unter Nr. 166 bei der FCI registrierte Standard in wenig gekürzter Form dargestellt werden. Diese, auf Vorschläge der Herren v. Stephanitz und Meyer zurückgehende, Rassebeschreibung bedurfte lediglich weniger Ergänzungen, die bis heute nur viermal erforderlich waren. Es fehlt aber nicht an Bestrebungen einzelner, gewissen zeitbedingten Schönheitsaspekten, z. B. bestimmter Farbgebung oder Beinstellung Vorrang zu verschaffen. Auch Vorstellungen aus anderen Ländern bleiben sicherlich nicht ohne Einfluß. Für die erfahrene Alte-Garde der HGH-Züchter wird es immer schwerer, die für den Herdengebrauch erforderlichen Beurteilungsgrundsätze in der Zucht- und Bewertungspraxis durchzusetzen.

Die Rassekennzeichen des Deutschen Schäferhundes

1. Allgemeine Erscheinung: Der Deutsche Schäferhund ist etwas über mittelgroß, mit wünschenswerten Ausmessungen etwa zwischen 60 bis 65 cm bei Rüden, zwischen 55 bis 60 cm bei Hündinnen; Über- oder Unterschreitungen mindern den Gebrauchs- und Zuchtwert. Er ist leicht langgestreckt, kräftig und gut bemuskelt. Das Verhältnis von Höhe zur Länge und die Stellung und Lagerung der Gliedmaßen (Winkelung) sind so aufeinander abgestimmt, daß ein weit raumgreifendes, ausdauerndes Traben gewährleistet ist. Er verfügt über ein wetterfestes

Haarkleid. Eine gefällige Erscheinung ist anzustreben, **doch darf die Gebrauchstüchtigkeit des Hundes dadurch nicht in Frage gestellt werden.**

Der dem Rassebild entsprechende Deutsche Schäferhund vermittelt dem Beschauer ein Bild urwüchsiger Kraft, Intelligenz und Wendigkeit, bei dem in wohlproportionierter Abgewogenheit nirgends zuviel und nirgends zuwenig ist. Die Art, wie er sich bewegt und benimmt, muß unschwer erkennen lassen, daß in einem gesunden Körper ein gesunder Geist wohnt und somit die körperlichen und geistigen Voraussetzungen geschaffen sind, die es ihm ermöglichen, bei größter Ausdauer jederzeit als **Gebrauchshund** einsatzbereit zu sein. Bei überschäumendem Temperament muß er führig sein, sich jeder Situation anpassen und die ihm zugedachten Arbeiten willig und mit Freude ausführen. Er muß Mut und Härte zeigen, wenn es gilt, sich, seinen Führer oder dessen Hab und Gut zu verteidigen; er muß auch freudig angreifen, wenn sein Führer dies wünscht, muß aber ansonsten ein wohl aufmerksamer, jedoch ein angenehmer Hausgenosse sein, fromm zu seiner vertrauten Umgebung, vor allem zu Kindern und anderen Tieren und unbefangen im Verkehr mit anderen Menschen; alles in allem ein harmonisches Bild natürlichen Adels und Achtung einflößender Selbstsicherheit.

2. *Winkelung und Gangwerk:* Der Deutsche Schäferhund ist ein Traber. Sein Gangwerk läuft somit in diagonaler Fußfolge ab, d. h. er setzt immer in entgegengesetzter Richtung zum Hinterlauf auch den Vorderlauf auf. Seine Gliedmaßen müssen deshalb so aufeinander abgestimmt, d. h. gewinkelt sein, daß er ohne wesentliche Veränderung der Rückenlinie seine Hinterläufe bis zur Mitte des Körpers vorschieben und mit der Vorhand genauso weit ausgreifen kann. Beim richtigen Verhältnis von Höhe zur Länge und entsprechender Laufknochenlänge ergibt sich ein raumgewinnendes Gangwerk, das flach über dem Boden ablaufend den Eindruck müheloser Vorwärtsbewegung vermittelt.

3. *Wesensart und Charaktereigenschaften:* Nervenfestigkeit, Aufmerksamkeit, Unbefangenheit, Wachsamkeit, Treue und Unbestechlichkeit sowie Mut, Kampftrieb und Schärfe sind die hervorstechendsten Eigenschaften eines reingezüchteten Deutschen Schäferhundes. Sie machen ihn in vorzüglicher Weise zum Gebrauchshund im allgemeinen, insbesondere zum Wach-, Begleit-, Schutz- und Hütehund geeignet.

4. *Kopf:* Der Körpergröße entsprechend, ohne plump zu sein; in der Gesamterscheinung trocken, zwischen den Ohren mäßig breit. Stirn, von vorn und von der Seite gesehen, nur wenig gewölbt. Ohne oder nur mit schwach angedeuteter Mittelfurche.

Der Fang ist kräftig, die Lippen sind straff, trocken und gut anschließend, der gerade Nasenrücken verläuft nahezu gleich mit der Verlängerungslinie der Stirn. Gebiß sehr kräftig, mit den Schneidezähnen scherenartig scharf übereinandergreifend, nicht über-, noch weniger vorbeißend. Die Ohren sind mittelgroß, am Grunde breit, hoch angesetzt, sie werden stehend getragen und sind, in scharfer Spitze auslaufend, nach vorn gestellt. Kippohr ist unerwünscht. Gestutzte Ohren und hängende Ohren sind zu verwerfen. Welpen und Junghunde lassen mitunter bis zum vierten, sechsten Monat, zuweilen noch etwas länger, die Ohren hängen.

Die Augen sind mittelgroß, mandelförmig, etwas schrägliegend und nicht vortretend, Farbe möglichst dunkel, und zeigen lebhaften und verständigen Ausdruck.

5. *Hals:* Kräftig, mit gut entwickelten Muskeln, mittellang, ohne lose Kehlhaut oder Wamme. In der Erregung aufgerichtet, sonst gerade getragen.

6. *Rumpf:* Brust tief, aber nicht zu breit. Rippen weder flach noch tonnenförmig. Bauch mäßig aufgezogen. Rücken einschließlich Lende gerade und kräftig entwikkelt, zwischen Widerrist und Kruppe nicht

zu lang. Die Rumpflänge soll das Maß der Schulterhöhe übertreffen. In der Gesamtlänge kurze, hochläufige oder quadratische Hunde sind zu verwerfen. Lenden breit und kräftig. Kruppe lang und nicht abfallend.

7. Rute: Buschig behaart, sie reicht mindestens bis zum Sprunggelenk und bildet am Ende, wenn auch unerwünscht, bisweilen einen seitlich abgebogenen Haken. In der Ruhe in sanftem Bogen herabhängend getragen, wird sie in der Erregung und Bewegung stärker gebogen und gehoben, doch soll die Hebung nicht über die Senkrechte hinausgehen. Die Rute darf daher auch nicht gerade oder geringelt über den Rükken gelegt werden. Künstlich gestutzte Ruten sind zu verwerfen.

8. Vordergliedmaßen: Schulterblatt lang und schräg gestellt, flach anliegend und nicht vorgelagert. Der Oberarm schließt sich in etwa rechtem Winkel an. Er muß wie die Schulter gut bemuskelt sein. Unterarm, von allen Seiten gesehen, gerade. Fesseln fest, aber nicht zu steil. Ellenbogen weder abstehend noch angedrückt.

9. Hintergliedmaßen: Keulen breit, mit kräftigen Muskeln. Oberschenkel ziemlich lang und von der Seite gesehen schräg zum entsprechend langen Unterschenkel stehend. Sprunggelenk sowie Hintermittelfuß kräftig und fest.

10. Pfoten: Rundlich, kurz, gut geschlossen und gewölbt. Sohlen sehr hart. Nägel kurz und kräftig, zumeist von dunkler Farbe. Wolfsklauen finden sich manchmal an den Hinterläufen. Da sie meist gespreizten Gang verursachen, auch Verletzungen der Läufe herbeiführen können, sind sie bald nach der Geburt zu entfernen.

11. Farbe: Schwarz, eisengrau, aschgrau, entweder einfarbig oder mit regelmäßigen braunen, gelben bis weißgrauen Abzeichen, auch mit schwarzem Sattel, dunkelgewolkt (schwarzer Anflug auf grauem oder lichtbraunem Grunde mit den entsprechend helleren Abzeichen), die sogenannte Wolfsfärbung, die Urfärbung des Wildhundes. Kleine, weiße Brustabzeichen sind erlaubt. Das Grundhaar, die Unterwolle, ist außer bei schwarzen Hunden immer leicht gefärbt. Die endgültige Färbung der Welpen ist erst nach Durchbruch des Deckhaares bestimmbar.

12. Behaarung: a) der *stockhaarige* Deutsche Schäferhund: Deckhaar möglichst dicht. Das einzelne Haar gerade, harsch und fest anliegend. Kopf einschließlich des Ohrinnern, Vorderseite der Läufe, Pfoten und Zehen kurz, Hals länger und stärker behaart. An der Rückseite der Vorder- und Hinterläufe verlängert sich das Haar bis zur Vorderfußwurzel oder bis zum Sprunggelenk, an den Keulen bildet es mäßige Hosen. Die Länge des Haares ist verschieden, auch finden sich infolge der verschiedenen Haarlängen reichlich Zwischenformen. Zu kurze, maulwurfartige Behaarung ist fehlerhaft.

b) Der *langstockhaarige* Deutsche Schäferhund: Das einzelne Haar ist länger, nicht immer gerade und vor allem nicht straff am Körper anliegend. Besonders im Ohrinnern, hinter den Ohren, auf der Rückseite des Unterarmes und meistens in der Lendengegend sind die Haare erheblich länger, sie bilden mitunter Ohrbüschel und Fahnen ab Ellenbogen bis Mittelfuß. Die Hosen an den Keulen sind lang und dicht. Die Rute ist buschig mit leichter Fahnenbildung nach unten. Langstockhaar ist, da nicht so wetterfest wie das normale Stockhaar, nicht erwünscht, bei noch genügender Unterwolle jedoch noch zur Zucht zugelassen.

c) Der *langhaarige* Deutsche Schäferhund: Das Haar ist erheblich länger als beim langstockhaarigen Hund und scheitelt sich zumeist auf dem Rücken. Unterwolle ist nur in der Lendengegend oder überhaupt nicht vorhanden. Bei langhaarigen Deutschen Schäferhunden finden sich häufig Engbrüstigkeit und schmale, überstreckte Fangbildung. Da die Wetterfestigkeit und auch die Gebrauchstüchtigkeit beim langhaarigen Schäferhund erheblich herabgemindert ist,

Abb. 18. Westerwälder Altdeutscher Kuhhund, auch Harzer Fuchs genannt, beim Schafehüten.

darf er zur Zucht nicht mehr verwendet werden.

13. Fehlerhaft: Alle Gebrauch, Ausdauer und Leistungsfähigkeit beeinflussenden Mängel, im besonderen dem Geschlecht nicht entsprechendes Gepräge und schäferhundwidriges Wesen, wie Teilnahmslosigkeit, Nervenschwäche und Überreizung, Scheu, ein- oder doppelseitiger Kryptorchismus, die beide von Ankörung, auch Ausstellungsbewertung ausschließen, mangelnde Lebenskraft und Arbeitsfreudigkeit, weiche oder schwammige Konstitution und Gehaltmangel, stärkere Farbenverblassung. Albinotische Hunde (d. h. Kakerlaken mit völligem Pigmentmangel, wie rote Nasenkuppe usw.) dürfen ebensowenig angekört oder auf Ausstellungen bewertet werden wie *Weißlinge* (d. h. nahezu bis reinweiße Hunde mit schwarzer Nasenkuppe). Ferner Maßüber- und -unterschreitungen, Kümmerformen, hochläufige und zu kurze Gesamterscheinung, zu leichter oder zu plumper Bau, weicher Rücken, steile Stellung der Gliedmaßen sowie alle die Geräumigkeit und Ausdauer des Gangwerkes beeinträchtigenden Mängel. Weiter zu kurzer, stumpfer, zu schwacher, spitziger oder überstreckter, kraftloser Fang, Vor- oder Überbeißen und andere Gebißmängel, namentlich schwaches oder angegriffenes Gebiß. Schließlich zu weiche, zu kurze oder zu lange Behaarung und fehlendes Grundhaar (Unterwolle), hängende und dauernd schlecht getragene Ohren, gerollte, geringelte wie überhaupt schlecht gehaltene Rute, gestutzte Ohren und Rute, angewölfte Stummelrute.

Wegen der grundsätzlichen Bedeutung für alle Schäferhundrassen sei an dieser Stelle zitiert, wie v. Stephanitz den Schäferhundausdruck beschrieben hat:

»Was *Schäferhundausdruck* heißt, läßt sich mit Worten nicht lehren, aus ihnen nicht lernen. Der rechte Ausdruck, die Ausstrahlung der Schäferhundseele, muß am Hunde erfaßt werden . . . Bei kurzer Gebäudemusterung ist davon freilich nicht alles zu erkennen möglich. Immerhin gibt auch sie Anhaltspunkte, aus denen auf den Kern geschlossen werden kann. Schon aus der Art, wie der Hund steht und sich bewegt, läßt sich erkennen, ob er Leben, Blut und Nerv hat. Das kann für den Gebrauch manchen Gebäudemangel ausgleichen, denn auch der bestgebaute Hund taugt nichts, wenn ihm der innere Ansporn fehlt, sein Letztes herzugeben. Die Gänge müssen also, ohne Rücksicht auf Wetter und gehabte Anstrengungen, frisch und federnd sein, das Wesen straff, keck und furchtlos, aufmerksam und geweckt, aber nicht quecksilbrig und spielerisch, weich oder gar scheu. Die beste Auskunft gibt das Mienenspiel des Hundes und gibt das Auge mit seiner Umrahmung. Das Auge soll nicht Bosheit und Tücke, nicht ungebändigte Wildheit, aber auch nicht Schläfrigkeit, Schlappheit oder gar Furcht ausdrücken. Klar, dreist, offen, aber zurückhaltend soll der Schäferhund den Beobachter ansehen. Sein Auge soll nicht verschlagen, laurig oder in feiger Angst den Blick des Beschauers meiden. Ohrenspiel und Rutenhaltung, die Gesamthaltung des Hundes, sein Verhalten gegenüber Menschen und Hunden, gegenüber unerwarteten Erscheinungen oder Vorgängen lassen neben dem Ausdruck des Auges den erfahrenen, seelenkundigen Beobachter recht deutlich erkennen, wes Geistes Kind er vor sich hat.«

Abb. 19. Stockhaariger Altdeutscher Schäferhund.

Abb. 20. Pommerscher Schafpudel im Neustädter Moor (geschoren).

Altdeutsche Schäferhunde

Zum Hüten von Schafen befähigte Herdengebrauchshunde verschiedener Schläge entwickelten sich landschaftsgebunden aus den Beständen der zotthaarigen Schafrüden unter Einbeziehung der ehemaligen *Hovawarts*. Im Verlauf der letzten 300 Jahre wirkten dabei auch Hütehunde anderer europäischer Länder mit. Dabei wurde ohne formale züchterische Festlegung, ausschließlich zur Erhaltung der im Umgang mit Herdentieren bewährten Hüteveranlagung selektiert. Im Handbuch der Schafzucht und -haltung (Doehner 1941/44) sind in einem knappen Herdenhundkapitel des 3. Bands neben dem Deutschen Schäferhund der *Schafpudel* und bodenständige Hütehunde als beabsichtigte Zuchtschwerpunkte aufgeführt. Allein der Pommersche Schafzuchtverband erwähnt im 2. Band seine Fachschaft, die sich mit der Zucht des *Pommerschen Hütehunds,* des *Hütespitz* und der *Schafpudel* befaßt hat. Dieses nur zum Teil erhalten gebliebene und von vielen Schäfergenerationen geschaffene, wertvolle genetische Kapital ist eine beachtenswerte Kulturleistung, ohne die der *Deutsche Schäferhund* nie in so kurzer Zeit mit der ihm eigenen Qualität entstanden wäre. Bedauerlich ist

Abb. 21. Zotthaariger Altdeutscher Schäferhund bei einer sächsischen Langwoll-Merinoherde.

Abb. 22. Rauhhaariger Altdeuscher Schäferhund.

Abb. 23. Altdeutsche Schäferhunde in drei Felltypen kurz vor Ende des vorigen Jahrhunderts.

andererseits, daß eine geordnete züchterische Weiterentwicklung der *Altdeutschen* nie zustande kam. Der oft beklagte Mangel an konsequenter, fach- und gebrauchsgerechter Ausbildung besteht fort. Und noch immer kommen zu viele unfertige und schlecht veranlagte Hunde zum Einsatz, weil oft vergessen wird, rechtzeitig die Nachzucht zu planen und auszubilden (s. Kap. 4).

Äußerliche Unterscheidungsmerkmale der *Altdeutschen* sind neben der unter 60 cm bleibenden Schulterhöhe vor allem die Behaarungsart sowie bei Ähnlichkeit zu anderen Rassengruppen gegebenenfalls eine dementsprechende Bezeichnung. Deshalb werden sie, immer noch in erster Linie nach ihrem Felltyp, manchmal in Verbindung mit der Herkunftsregion, benannt. Auch die Fellzeichnung, vor allem als »Tiger« oder »Gelbbacke«, wird gerne hinzugesetzt.

Interessanterweise herrschte im Süden unseres Landes sowie in Frankreich und Spanien noch bis Anfang des Jahrhunderts der Glaube, daß doppelte Afterkrallen Zeichen für hervorragende Hüteveranlagung seien.

Kurzhaarigkeit, wie sie doggenartige Hirtenhunde, so z. B. die französischen *Mâtins* bzw. italienische *Mastinos* aufwiesen, fand bei den deutschen Hütehunden keinen Eingang. Aus diesen ehemaligen Beschützern der Schafherden entwickelten sich eigenständige Schutz-, Begleit- und Wachhundrassen, die auch als Treibhunde bei Viehhändlern und Metzgern noch eine Weile Dienst taten, wie z. B. unser *Rottweiler*.

Stockhaarige mit viel, meist ungleich langem (3 bis 5 cm) kräftigem, schlichtem Deckhaar, das über einer dichten Unterwolle fest anliegt, an Kopf, Ohren und Extremitäten kürzer und ohne Unterwolle ist.

Ab der zweiten Hälfte des vorigen Jahrhunderts wurden sie zur Grundlage der vom SV organisierten Rassezucht des *Deutschen Schäferhundes* und anderen gleichen Behaarungstyps (Abb. 25, 56, 79). Als in Hüteleistung und Körperbau verbesserter Rassehund hat er diesen Typ der Altdeutschen im Herdengebrauch inzwischen weitgehend verdrängt.

Lang-Stockhaarige haben etwas längeres Deckhaar (5 bis 10 cm). Es ist nicht immer ganz gestreckt und liegt dem Körper, bzw. der mehr oder weniger reichlichen Unterwolle nie fest an. Kurz ist es meist noch an Kopf, Ohrenaußenseite und Teilen der Extremitäten (vorne und unten), erheblich länger oft am Innenohr, im Nacken und an den Rückseiten der oberen Extremitäten sowie fast immer am Langschwanz. Herdengebrauchshunde dieses Felltyps (Abb. 9) kann man häufiger antreffen.

Wie in der Rassebeschreibung des Deutschen Schäferhundes unter 12 b) angemerkt ist, wird für derartige Behaarung die Wetterfestigkeit beanstandet. Daher ist sie bei der Körung auch nur mit ausreichender Unterwolle für die Zuchterlaubnis zulässig. Dies sollte auch bei der Auswahl von *Altdeutschen* Beachtung finden.

Erfolgreiche Schläge des Felltyps waren in Pommern der weiße *Hütespitz* und der *Pommersche Hütehund,* ein Verwandter der *Tatrahunde.*

Langhaarige zeigen am ganzen Körper 10 bis 14 cm langes, anliegendes Deckhaar, das dünn und weich ist. Dazu gehört oft reiche Befederung an Läufen und Schwanz sowie mäßig bis stärkere Ausbildung von Kragen und Behosung. Bei auffälliger Scheitelung entlang der Rückenlinie fehlt oft die Unterwolle oder ist nur im Lendenbereich angedeutet. Langhaarige regnen leicht ein und sind deshalb nicht sehr beliebt. Derartige Erfahrungen, vor allem aus der Anfangszeit des Deutschen Schäferhundes, haben dazu geführt, daß der SV schon lange Tiere des beschriebenen Felltyps nicht mehr ört (s. Seite 31). Neben körperlichen Mängeln im Bereich von Brust und Fang sind es auch Veranlagungen zu mangelnder Wetterfestigkeit und mindere Gebrauchstüchtigkeit, die Anlaß zum Zuchtverbot gaben. Vor 100 Jahren war die Einkreuzung von *Collies* große Mode. Es könnte sein, daß das damals am Fehlen von Wehrtrieb und Griff gescheiterte Experiment in Haarkleid und Fangform noch länger nachwirkt.

Rauhhaarige fallen durch ein mehr oder weniger drahtiges bzw. harsches Mittellanghaar (5 bis 6 cm) auf. Das Haar steht ab, bildet Wirbel und bedeckt den ganzen Körper auf wechselnd dichter Unterwolle. Am Kopf und im Mittelfußbereich ist es meist etwas kürzer, ausgenommen nur die Augenbrauen und der manchmal vorkommende kleine Bart vorn am Fang. Haben Deckhaar und Unterwolle genug Dichte, sind Rauhhaarige wetterharte, pflegeleichte Burschen. Sie haben sich seit langem im Herdendienst vieler europäischer Länder (Abb. 25, 30) bewährt und sind noch heute recht oft zu sehen. Manch süddeutscher Schäfer nennt sie liebevoll *Rauhbärtel.*

Ursprünglich wurden allein **Zotthaarige** als *Altdeutsche* bezeichnet. Sie verkörpern den Typ des Übergangs von den alten Schutzhunden, den *Schafrüden,* zum Hütehund. Ihr Vorkommen war in den Gebirgsregionen, wo das Raubwild die Haustierherden länger gefährdete als im Flachland, besonders häufig. Den Zotthaarigen im Hannoverschen wurde nachgesagt, daß sie in verwandtschaftlicher Beziehung zum *Bobtail* und zum *Polnischen Niederungs-Hütehund* stünden (v. Hagen 1935). Ebenso erinnern die *Schafpudel* Pommerns (Abb. 20) und anderer Regionen an den einstmals regen Herdenhundaustausch bei Schaftransporten über die Grenzen hinweg. Ihr Felltyp ist gekennzeichnet durch langes, krauses Rauhhaar auf dichter Unterwolle mit Neigung zum Verfilzen. Auch der ganze Kopf ist mit diesem Kraushaar besetzt. Dem strubbeligen Aussehen entspricht der in

Süddeutschland schon lange übliche Rufname *Strobel*.

Obwohl ihre Haltung nicht die einfachste ist, da sie leicht verschmutzen und im Winter mit Schnee und Eis behängt sind, ist ihr Anteil im Herdengebrauch immer noch recht groß.

Westerwälder oder **Siegerländer altdeutsche Hirtenhunde** (*Westerwälder* oder *Siegerländer Kuhhund*) waren als Helfer der Kuhhirten einstmals weitverbreitet und entstammen den gleichen Schlägen wie die *Altdeutschen Schäferhunde.* Besonders im hohen Westerwald, auf den dortigen Niederwald-Haubergen und den zaunlosen Weiden des Siegerlands und im Harz kam der zuverlässig arbeitende, intelligente Hund bei den kleinbäuerlichen Rinderherden der Gemeinden zum Einsatz. Auch nach 1945 waren Herden mit 300 bis 500 Kühen in diesen Regionen noch keine Seltenheit. Die oft mehr als 60 Besitzern gehörenden Tiere wurden täglich vom Kuhhirten mit seinen zwei Hunden morgens nach dem Melken, oft zusammen mit einem Bullen, ausgetrieben. Die Hunde hielten die Herde auf der Weide zusammen, sorgten für Ruhe und Ordnung und brachten sie zur Abendmelkzeit wieder in das Dorf. Damit blieb den dortigen Bauern die in den Nachbargebieten übliche Hütearbeit mit der betriebseigenen Kleinherde sowie die Anschaffung und Unterhaltung von Weidezäunen erspart. Seitdem die Landwirtschaft in den genannten Gebieten zunehmend unrentabler und damit die Kuhherden immer kleiner wurden, mußte der letzte Westerwälder Kuhhirte 1980 den Dienst beenden. Damit stand auch dieser Hundeschlag vor dem Aussterben.

Der rotbraune, schwarz gezeichnete Hund, im Harz nannte man ihn *Fuchs,* trägt ein langes Stockhaar und ist von mittlerer Größe. Auf Grund seiner hervorragenden Veranlagung macht die Ausbildung keine Schwierigkeiten. Sein sicherer Griff, der mit dem des australischen *Heeler* vergleichbar ist, zielt auf die Fessel und verursacht keinen Schaden. Deshalb konnte er sich inzwischen auch bei Schafen (Abb. 18) und als zupackender Wächter und Beschützer bewähren. Herr Stahl aus Arborn im Westerwald ist seit Jahren bemüht, den Westerwälder Kuhhund zu erhalten. Dies dürfte auf Grund der jüngsten Entwicklung der europäischen Rinderhaltung nur noch im Einsatz bei Schafen oder als wachsamer Begleithund Aussicht auf Erfolg haben. Denkbar ist, daß wir mit dem Westerwälder Kuhhund, als *Deutschem Fuchs,* bereits einen brauchbaren Grundstock für den neu zu entwickelnden deutschen *Koppelschafhund* besitzen. Es ist höchste Zeit, hier züchterisch aktiv zu werden (s. Seite 229).

Der **Rottweiler** ist, abgesehen vom später entstandenen *Riesenschnauzer,* die einzige ursprünglich erhalten gebliebene alte Treibhundrasse unseres Landes. Da Viehhändler und Metzger, für die er und ähnliche Schläge im Norden und Westen Deutschlands in erster Linie arbeiteten, meist viel Bargeld bei sich trugen, wurden schon seit Jahrhunderten von derartigen Hunden beste Schutz- und Wacheigenschaften gefordert. Diese Eigenschaften erleichterten dem Rottweiler, der 1895 von Beckmann nicht mehr beschrieben wurde, da durch Verlagerung der Viehtransporte auf die Eisenbahn sein Aussterben bevorstand, den Übergang zum viehlosen Alltag als Begleit-, Wach- und Sporthund. Über seine Abstammung wird, wie bei vielen Hunderassen, gestritten. Römische Militärhunde vom Molossertyp und Schläge der alten Rüden können dabei aber sicherlich als Vorfahren nicht ausgeschlossen werden. Dazu war die Stadt Rottweil, eine römische Gründung, lange genug Sammel- und Verteilerplatz von Viehherden, die ursprünglich aus Italien, später aus Ungarn und Frankreich mit Treibhunden dort anlangten.

Der Zuchtstandard strebt einen kraftstrotzenden Hund mit Hängeohren, schwarzem, mittellangem, derbem Stockhaar und kurzer Unterwolle an. Kennzeichnend ist

Abb. 24. Der Rottweiler, eine alte Treibhundrasse.

Tab. 1. Im Gebrauch als Hirten-, Treib- oder Hütehund entstandene Rassen.

Zumeist nach heutiger Einsatzmöglichkeit, von der FCI in der Kategorie I als Schäfer-, Wach-, Dienst- und Gebrauchshunde registriert. (* = nicht registriert)

Land	Hirtenhunde	Land	Treibhunde	Land	Hütehunde
	(Molosser)				
BR	Fila Brasiliero	B	Bouvier des Ardennes	B	Belgische Schäferhunde:
F	Chien des montagne	DK	Broholmer		Groenendael, Tervuren
	des Pyrénées	D	Rottweiler		Malinois, Laekenois
	(Mâtin)		(Riesenschnauzer)		(Schipperke)
GB	Old English Sheepdog		Westerwälder Kuhhund	D	Altdeutscher Schäferhund*
I	Cane da Pastore	F/B	Bouvier des Flandres		Deutscher Schäferhund
	Bergamasco	GB	Lancashire Heeler*	SF	Lapinkoira
	Cane da Pastore		Welsh-Corgi-Cardigan		Lapinporokoira
	Maremmano-Abruzzese		Welsh-Corgi-Pembroke		

Tab. 1. Im Gebrauch als Hirten-, Treib- oder Hütehund entstandene Rassen. (Fortsetzung)

Zumeist nach heutiger Einsatzmöglichkeit, von der FCI in der Kategorie I als Schäfer-, Wach-, Dienst- und Gebrauchshunde registriert. (* = nicht registriert)

Land	Hirtenhunde	Land	Treibhunde	Land	Hütehunde
YU	Šarplaninač	CH	Appenzeller Sennenhund	F	Berger de Beauce
	Kraški Ovčar		Berner Sennenhund		Berger de Brie
	Hrvatški Ovčar		Entlebucher Sennenhund		Berger de Picardie
PL	Owczarek Podhalanski				Berger des Pyrénées
P	Cão da Serra de Aires	AUS	Australien cattle dog		a) á museau normal
	Cão de Serra da Estrella		(Heeler)		b) á face rase
	Cão d. Castro Laboreiro				Berger du Langùedoc*
	Rafeiro do Alentejo	US	Catahoula Leopard dog*		Berger Labrit*
CH	Gr. Schweizer Sennenhund			GR	Berger Spartiate*
R	Ciobanescul Carpatin*			GB	Bearded Collie
	Siebenbürger Hirtenhund*				Border-Collie
E	Mastin de los Pireneos				Collie a) langhaarig
CS	Mastin epañol				b) kurzhaarig
TR	Slovensky Čuvač				Cumberland Sheepdog*
	Akbasch*				Shetland Sheepdog
	Kangal*			IS	Iceland dog
	Karabasch*			NL	Hollandse Herdershond
SU	Kurdischer Steppenhund*				Schapendoes
	Kaukasischer Owtscharka			N	Norske Buhund
	Transkaukas. Owtscharka*			PL	Polski Owczarek Nizinny
	Mittelasiat. Owtscharka				Tatra-Pudel*
H	Pamir Hirtenhund*			R	Banater Pudel*
	Komondor				Mioritic*
	Kuvasz			S	Lappländsk Spets
					Västgötaspets
				E	Perro de Pastor Catalan
ET	Armant				P. d. P. de los Pireneos*
MA	Aidi				Ca de Bestiar
RC	Tibet-Mastiff (Tibetdogge)			SU	Nordruss. Samojeden Lajka
	Banjara-Mastiff*				Karelische Lajka
	Bisten*				Südrussischer Owtscharka
	Bothia* (Himalayan-Mastiff)			H	Mudi
	Kanawar*				Puli
	Kinauri-Kutta*				Pumi
	Nepal dog*				
	Poligar*			AUS	Kelpie
IL	Canaan dog			RC	Tibet-Terrier
IND	Alangu*				(Chow-Chow)
	Koochi*			IND	Dhangari*
	Rayalayam*				Patti*
	Sindhi-Mastiff*				Vikhon*
NIP	Hokkaido (Ainu)			US	(Amer.-Canad.
	Kishu (Kyushu)				Schäferhund)*

ferner klar abgegrenzter, satt rotbrauner Brand an Fang, Backen, Kehlgang, Vorbrust und Läufen sowie über den Augen und unter dem angewölften oder kupierten, starken Kurzschwanz. Die Größe liegt für die Rüden von 60 bis 68 cm und für Hündinnen von 55 bis 63 cm. Die FCI hat den Standard unter Nr. 147 registriert, züchterisch vertritt ihn der Allgemeine Rottweiler-Klub e. V. im VDH.

Belgische Schäferhunde

Hundefreunde in Belgien befaßten sich 30 Jahre früher als die Kollegen in Deutschland erstmals intensiver mit ihrem »Herdershound«, für den 1868 die erste Beschreibung von Rassekennzeichen erfolgte. Seinerzeitige Hütehunde der dortigen Schafherden entsprachen nach Typ, Ausdauer, Härte, Hütetrieb und Gelehrigkeit den Anforderungen, wie sie sich überall in Europa aus der Herdenarbeit ergaben. Nur waren sie damals mit 50 bis 55 cm Schulterhöhe und 20 kg Gewicht noch kleiner als die heutigen Tiere der organisierten Zucht.

Der belgische Tierarzt und Kynologe Prof. Reul versammelte am 15. 11. 1891 eine große Zahl von Besitzern mit über 100 im Land gezogenen Schäferhunden zu einer Schau und zur Bestandsaufnahme. Dabei erklärte er ihnen seinen aus langjähriger Erfahrung entwickelten Idealtyp und empfahl nur Hunde gleicher Haarvarietät miteinander zu paaren, ohne Berücksichtigung der Farbe.

Damals fanden sich drei Haartypen: langstockhaarig, kurzhaarig und rauhhaarig in den Farbem Schwarz (zumeist Langhaar), Braun bis Beige (zumeist Kurzhaar) und Grau (zumeist Rauhhaar). In der folgenden wechselvollen Zuchtgeschichte dieser international als eine Rasse behandelten, belgischen Schäferhunde (FCI-Nr. 15) erfolgte oft tendenziell, wie auch heute wieder, die 1920 entstandene Zuordnung von Haartyp und Farbe zu den folgenden vier Schlägen:

Groenendal mit schwarzem Langhaar;
Tervueren mit mahagonirotem Langhaar, schwarzem Anflug und dunkler Maske sowie andersfarbige, die von fahlem Gelb, Beige bis hin zu dunkelstem Grau aufweisen können;
Malinois (auch *Mechelaar*) mit mahagonirotem Kurzhaar, schwarzem Anflug und Maske (reines Schwarz ist unerwünscht);
Laekenois (auch *Laekense*) mit dunkelaschgrau und mahagonifahlrotem Rauhhaar.

Nicht alle Landesverbände halten sich streng an die in Belgien 1973 beschlossenen Bestimmungen und lassen auch Schlagkreuzungen sowie andere Farbvarianten, vor allem grau und wildfarbig zu. Für die BRD wird die Rasse im VDH vertreten vom Deutschen Club für Belgische Schäferhunde e. V. Nachfolgend sind in gekürzter Form die wesentlichen Kennzeichen des Rassestandards (FCI-Nr. 15) herauszustellen, wobei Ähnlichkeiten zum Deutschen Schäferhund beim *Malinois* und zu sogenannten Altdeutschen Schlägen beim **Laekenois** unverkennbar sind.

1. Gesamterscheinung: Ein mittelgroßer, quadratischer, gut proportionierter, eleganter und dennoch robuster Allwetterhund und ausdauernd trabender Langläufer. Harmonische Erscheinung, hochgetragener Kopf und lebhafter, intelligenter Gesichtsausdruck sollen den Eindruck einer stolzen Arbeitsrasse vermitteln. Dazu gehören als wichtigste Wesensmerkmale die durch Konsequenz, Durchsetzungsvermögen und Übersicht gekennzeichneten Hütefähigkeit und Qualitäten eines aufmerksamen Wach- und unerschrockenen Schutzhundes, der dazu ein treuer Beschützer und Begleiter von Kindern ist. Größe: ♂ 62 cm, ♀ 58, Toleranz − 2 und + 4 cm. Gewicht: nicht festgelegt, aber etwa 28 bis 32 kg.

2. Körperbau: Der Kopf ist trocken und ohne übermäßige Gesamtlänge und -breite, Schädel und Fang etwa gleichlang und

a b c d

Abb. 25. Der Belgische Schäferhund in vier Haarformen, die seit 1891 planmäßig gezüchtet werden. a) Groenendal, b) Tervueren, c) Malinois, d) Laekenois.

gleichmäßig verjüngt, aber nicht spitz, zum schwarzen Nasenschwamm, mit offenen Nasenlöchern, auslaufend. Der Stirnansatz ist mäßig. Die straffen, fest anliegenden und gut pigmentierten Lefzen erlauben keinen Einblick auf die unpigmentierte Mundschleimhaut. Mandelförmig werden die Augen von am Rand schwarz gezeichneten Lidern umgeben, die bei brauner Farbe und schwarzer Pupille dunkel und lebhaft wirken sollen. Die Ohren sind hochangesetzt, dreieckig und straff aufrecht getragen. Das regelmäßige, kräftige weiße Scherengebiß soll vollständig sein, ein Zangenbiß (die Schneidezähne treffen aufeinander) wird toleriert, da ihn die Schäfer bevorzugen.

Bei ganz leicht gebogenem Nacken wird der längliche, gut bemuskelte Hals mit allmählicher Schulterverbreiterung, aber ohne Wamme, aufrecht getragen. Die kräftige

Vorhand zeigt ausgeprägte Vorbrust, schräge lange Schulter und betonten Widerrist bei tiefer, aber relativ schmaler Brust. Der Oberarm liegt gut an und ist kräftig bemuskelt, der Unterarm gerade und lang. Die runden, eher kurzen, gut gewölbten Pfoten zeigen geschlossene, gebogene Zehen mit dunklen, starken Krallen.

Kennzeichen am Rumpf sind der Widerristhöhe entsprechende Länge eines geraden, breiten Rückens mit leicht abfallender Kruppe und harmonischen Übergängen. Die Bauchlinie ist nach hinten mäßig aufgezogen. Die Nachhand soll mächtig, aber ohne Schwere sein mit breiter und starker Oberschenkelbemuskelung. Bei tiefliegendem, genügend gewinkeltem Sprunggelenk ist der Unterschenkel lang und breit. Am starken, kurzen Hintermittelfuß sind Afterkrallen unerwünscht. Pfoten wie vorne, leicht oval, mit kräftigen elastischen Ballen.

Die mittellange Rute ist in Verlängerung der Rückenlinie stark am Ansatz, leicht gebogen bis zum Sprunggelenk hängend, in Aktion wird sie leicht angehoben, aber nicht gerundet oder geknickt.

3. *Behaarung:*

a) *Langhaar:* sehr kurz an Kopf, Ohraußenseiten und Unterfüßen, abgesehen von Befederung vorn, ansonsten lang und glatt mit Ausbildung deutlicher Halskrause, Mähne und Hose *(Groenendal, Tervueren)*.

b) *Kurzhaar:* sehr kurz an Kopf, Ohraußenseiten und Unterfüßen, ansonsten, abgesehen von leicht verlängertem Haar am Kragen, Hinterkante der Keulen und Rute, am restlichen Körper gleichmäßig kurz *(Malinois)*.

c) *Rauhhaar:* das überall ca. 6 cm lange, derbe, rauhe Haar soll struppig sein, ohne an Augen, Fang und Rute buschig oder am Hals länger zu werden. Angedeuteter Bart ist unerwünscht (*Laekenois*). Farbzuordnung zum Haartyp ist typisch für die Schläge (s. dort), weiße Abzeichen an Hals und Zehen sind erlaubt.

4. *Fehler:* Abgesehen von den allgemeinen anatomischen Abweichungen an Gebiß, Rumpf, Extremitäten und Rute werden u. a. Farbabweichungen, Depigmentierung und verfeinertes sowie verformtes Haar gemaßregelt.

Wer an belgische Schäferhunde denkt, sollte den kleinen **Schipperke** (FCI-Standard-Nr. 83) nicht vergessen. Er wirkt wie ein stark verkleinerter *Groenendal,* hat Stehohren, einen Zangenbiß und bringt bei ca. 30 cm Schulterhöhe in seinem größten Schlag nur 6 bis 9 kg auf die Waage. Schwanzlosigkeit ist die Regel, sie kann angeboren sein oder durch Kupieren entstehen. Sein Name läßt zwei Deutungen zu. Aber auf Grund mancher Aspekte seines Verhaltens kann vermutet werden, daß er wirklich einmal in den flämischen Provinzen Belgiens als Schäferhund tätig war und nicht nur als Schiffsbegleiter bekannt wurde, wie dies ein Teil der Fachleute herausgefunden haben will. Dagegen spricht auch nicht, daß die unkupierte Rute, nach Art der Spitze, aufgerollt getragen wird, sind doch Hütespitze schon seit langer Zeit und bis in unsere Tage als Helfer der Schäfer tätig.

Sehr kleine Hirten- und Hütehunde mit 9 bis 12 kg gab es schon immer; zum Schafe-

Abb. 26. Der aus Belgien stammende Schipperke.

Abb. 27. Bouvier des Flandres, ein erfolgreicher Ochsentreiber aus den französisch-belgischen Grenzgebieten.

hüten befähigen nicht viele Pfunde, sondern Beweglichkeit, Intelligenz und »Schafverstand«. Was die Schäfer am Schipperke stören müßte, ist dagegen seine Jagdleidenschaft auf alles Kleingetier, die er als passionierter Rattenfänger schon vor Jahrhunderten auch im Wettkampf unter Beweis gestellt hat. In Westdeutschland betreut die Rasse der Verband Deutscher Kleinhundezüchter e. V.

Ebenfalls aus Belgien stammt der **Bouvier des Ardennes** *(Ardenner Kuh- oder Treibhund),* der mehr wie ein rauhhaariger Schäferhund aussieht und in seiner Heimat mangels Beschäftigung selten geworden ist. Er soll früher ebenfalls bei Schafherden eingesetzt worden sein; sein unter Nr. 171 von der FCI registrierter Standard ist (1984) noch nicht endgültig anerkannt. In der BRD betreut ihn inzwischen der Deutsche Bouvier-Club von 1977 e. V.

Eine besondere Bewandtnis hat es mit dem hier weiterhin zu erwähnenden Treibhund, um den es Streit zwischen zwei Ländern gab. Die FCI hat ihn elegant gelöst, indem, wie in weiteren drei Fällen, auch für diese Rasse beide Länder verantwortlich gemacht werden. Der Club der Bouvier des Flandres e. V. und der Deutsche Bouvier-Club v. 1977 e. V. bemühen sich in der Bundesrepublik um ihn.

Der franko-belgische **Bouvier des Flandres** (FCI-Standard-Nr. 191) kommt aus dem Grenzgebiet beider Länder und ist, wie der Name außerdem sagt, ein lange genutzt gewesener »Ochsentreiber«. Seit Schlachttiere nicht mehr zu Fuß zu den Schlachthöfen gebracht werden, fand der gutmütige, kräftige Hund, der oft mit unserem *Riesenschnauzer* verwechselt wird, Verwendung beim Militär, im häuslichen Wachdienst und als interessanter Begleithund.

Französische Schäferhunde

Solange deutsche Schäfer noch im Herbst mit Schlachtschafen herdenweise, vornehmlich durch das Rheintal, die Burgundische Pforte und dann westlich der Vogesen nach Norden zogen, um mit den inzwischen angefleischten Tieren im Frühling den Markt von Paris zu erreichen, bestanden enge Beziehungen auch zu den Hütehunden der französischen Schäfer. Sie boten fast die gleiche Vielfalt, wie sie heute noch unsere *Altdeutschen* aufweisen. Damals gab es sogar eine deutsche Schäferschule in Nancy. Als 1878 Frankreich die Lebendeinfuhr von Schafen stoppte, schliefen die professionellen Beziehungen sehr schnell ein, und der französische »Berger« geriet in Vergessenheit. Es ist dem Club Berger des Pyrénées e. V. und dem Club für französische Hirtenhunde e. V. zu danken, daß sie im VDH dafür sorgen, daß die Bergers auch bei uns wieder Fuß fassen. Interessanterweise führt letzterer Club die hier landesweit benutzte »Schäferschippe« als Wappen. Ergänzend dazu sind zwei weitere Rassen, der *Pyrenäen-Berghund* und der *Bouvier des Flandres* zu nennen, die nachfolgend Erwähnung finden.

Abb. 28. Siegelmotiv des Deutschen Clubs für französische Hirtenhunde.

Mit der Wiedereinführung französischer Schäferhunde sind heute in erster Linie die Begleit- und Ausstellungshundezüchter befaßt. Es ist schon ein besonderer Reiz, sich mit derart urwüchsigen, selbstbewußten und zuverlässigen Hunden anzufreunden, die noch so direkt alle guten Eigenschaften des Herdengebrauchshundes zeigen, einschließlich Beschäftigungsdrang, Autoritätsverständnis und Reserviertheit Fremden gegenüber. Vielleicht ist es ihr Vorteil, daß man sie im Gegensatz zu anderen Schäferhunderassen nicht gleich in großer Zahl in die Städte zu anderem Gebrauch geholt hat. Und dies, obwohl die ersten bereits 1863 ausgestellt und ab Ende des 19. Jahrhunderts züchterisch bearbeitet wurden. Beachtenswert ist, daß für den »Berger« voll ausgebildete, möglichst doppelte Afterkrallen an den Hinterläufen gefordert oder bevor-

Abb. 29. Im Flachland Frankreichs ist der kurzhaarige Beauceron beheimatet.

Abb. 30. Berger de Picardie.

Abb. 31. Schäferhund aus der Brie in Frankreich, ein naher Verwandter zahlreicher europäischer Schäferhunde mit langem Zottelhaar.

zugt werden; außerdem sind Scherenbiß, schwarze Nasenschwämme und aufgebogenes Rutenende obligatorisch.

Der **Berger de Beauce** *(Beauceron)* ist ein Flachlandschäferhund, der 1863 diesen Kunstnamen anläßlich einer Ausstellung erhielt, und unter Nr. 44 bei der FCI registriert ist. Ein unermüdlicher Arbeitshund, der sich inzwischen auch außerhalb der Schäfereien durch hervorragende Leistungen Anerkennung verschafft hat. Familien, die Ansprüche an einen selbstbewußten, intelligenten Hund stellen und in der Lage sind, seine nicht minder großen Schäferhundeforderungen zu erfüllen, werden ein folgsames, treues »Familienmitglied« erleben.

Der imposante, große Hund ist lang, mit guten Übergängen, gut bemuskelt und starkknochig. Die Stehohren werden vorzugsweise kupiert. Über grauer Unterwolle wächst ein glatt anliegendes, kräftiges 3 bis 4 cm langes Deckhaar von schwarzer oder grauschwarzer Farbe, jeweils mit rotem Bund. Größe: ♂ 67 cm, ♀ 65 cm (−2, +3 cm); Gewicht: nicht festgelegt, ca. ♂ 40 bis 50 kg, ♀ 35 bis 45 kg.

Der **Berger de Brie** *(Briard)* entstammt alten langhaarigen Landschlägen, denen er sehr ähnlich ist und die bereits im 13. Jahrhundert beschrieben wurden. Diese Vorfahren fanden vornehmlich im Flachland Verwendung.

Sein Standard hat bei der FCI die Nr. 113. Als unermüdlicher, temperamentvoller Langläufer wirkt er elelgant und geschmeidig. Ein tüchtiger, sensibler Herdengebrauchshund, der bei liebevoller Zuwendung zum gutmütigen Kameraden wird.

Auf kräftig gebautem Körper wächst überall ein langes (über 7 cm), trockenes

Abb. 32. Der Berger des Pyrénées, rauhhaarig mit Bart. Es gibt ihn auch ohne Bart.

Haar mit wenig oder ohne Unterwolle, im Griff vergleichbar mit Ziegenhaar, das am Fang je einen Schnauz- und Kinnbart und an der Rute eine wehende Fahne bildet. Außer weiß sind alle reinen Farben zugelassen, dunkler am Ohrbehang und aufgebogenen Rutenenden. Das langbehaarte, hochangesetzte Stehohr wird kupiert. Größe: ♂ 62 bis 68 cm, ♀ 56 bis 64 cm. Gewicht: nicht festgelegt, etwa 30 bis 40 kg.

Berger de Picardie *(Picard)*. Bei diesem nordfranzösischen Allwetter-Herdengebrauchshund sind die Vorfahren sicherlich die gleichen, wie bei den vielen Rauhhaarschlägen in der Hand europäischer Schäfer, die schon im Mittelalter bekannt waren und durch Darstellungen (Abb. 10) sicher überliefert sind. Da man seine Veranlagung zu höchstem Gebrauchswert zu schätzen gelernt hatte, störte sein weniger gefälliges Aussehen die wenigsten. Das gilt auch heute noch bei seinem Weg in den Hausstand, der selten durch Liebe auf den ersten Blick zustande kommt. Durch seine große Anpassungsfähigkeit erleben Besitzer und Züchter seines neuen Lebensraumes kaum Enttäuschungen. Sein Standard ist bei der FCI unter Nr. 176 aufgeführt.

Dieser stabile, mittelgroße bis große Hund fällt auf durch sein rauhes, buschig struppiges Haarkleid. Hoch und breit angesetzt ist das an der Spitze leicht gerundete Stehohr, kürzer behaart als Kopf und Körper. Es wird nicht kupiert. Seine Farben sind in reiner Ausfärbung oder in Mischung grau, graublau, schwarz-grau, grau-rot und rotblond; weiße Zehen und ein Brustfleck sind erlaubt. Größe: ♂ 60 bis 65 cm, ♀ 55 bis 60 cm. Gewicht: nicht festgelegt, etwa 20 bis 35 kg.

Abb. 33. Französischer Pyrenäen-Berghund.

Berger des Pyrénées, ein kleiner, trittsicherer Gebirgsschäferhund aus den Almregionen der zentralen Pyrenäen, wo er schon seit Jahrhunderten sich im unübersichtlichen Gelände zu sehr selbständiger Aufgabenerfüllung in der Herdenbetreuung, auch bei Ziegen, Rindern und Pferden, entwikkelt hat. Dieser lebhafte, einsatzfreudige, kluge Bursche ist wachsam, abwartend bis mißtrauisch und treu, muß aber konsequent und liebevoll erzogen werden. Fütterung und Pflege sind wenig aufwendig. Zum Begleithund wurde er erst, als das französische Militär ihn im Ersten Weltkrieg einsetzte.

Sein robuster, kleiner Körper wirkt fast quadratisch und ist, je nach Felltyp des Schlages, die bei der FCI unter der Standard-Nr. 138 (á face race) bzw. Nr. 141 (langhaarig) geführt werden, von halblangem oder langem fast glattem oder leicht gewelltem, derbem Haar gleichmäßig bedeckt. Seine Augenregion ist immer offen. Die breitangesetzten, langbehaarten Hängeohren werden meist durch Kupieren zum Stehen gebracht. Es sind alle Farben, bis auf Weiß, erlaubt. Größe: ♂ 40 bis 48 cm, ♀ 38 bis 46 cm; Gewicht: nicht festgelegt, ca. 9 bis 18 kg.

Ergänzend zu erwähnen sind hier noch zwei Schäferhunde, die dem kleinen Pyrenäenhund sehr ähnlich sind. Der **Berger du Languedoc,** auch **Farou** genannt, stammt aus Südfrankreich, der **Labrit** ist ein Hütehund aus dem Südwesten Frankreichs. Beide sind als Ausstellungshunde noch nicht bekannt geworden.

Der **Chien de Montagne des Pyrénées** *(Pyrenäen-Berghund)* ist, wie die anderen ähnlich genutzten Rassen, Nachfahre sehr früh schon, z. B. in Sumer (Palfalvy 1967, s. Seite 81) oder später im römischen Reich (Columella 1. Jh.), nachgewiesener, großer Herdenschutzhunde. Ob nun aus Asien nach Europa wandernde Völker (Goten, Magyaren u. a.) ihre Hirtenhunde mitbrachten und auf ihrem Weg hinterlassen haben, phönizische Händler oder die Römer sie aus dem Vorderen Orient in ihrem Herrschaftsbereich verbreiteten, bleibt ungeklärt. Sehr wahrscheinlich haben sie uns auf allen drei Wegen immer wieder erreicht. Jedenfalls handelt es sich um einen sehr alten Hirtenhundtyp, der überall gleichzeitig mit kleineren Hütehunden, wie dem zuvor beschriebenen, genutzt wurde. Ihre Aufgaben waren vornehmlich in Bewachung und Schutz der Herden gegen Beutegreifer (s. Seite 13) und als Leittier für die Herde in unwegsamem Gelände zu sehen. Schon die Römer setzten sie auch im Objektschutz für private und militärische Zwecke ein. Nach Wegfall der Gründe für den Herdengebrauch ermöglichte ihr umgänglicher Charakter einen wenig problematischen Wechsel zu Haus, Hof und Verwaltung, sehr bestimmte Erziehung vorausgesetzt.

Unter der FCI-Nr. 137 wird der *Pyrenäen-Berghund* als ein großwüchsiger, langer, muskulöser Hund beschrieben, der trotzdem elegant wirken soll. Der relativ zum Körper eher kleine Kopf trägt in Augenlinie angesetzte, dreieckige und abgerundete Hängeohren. Das üppige Haarkleid ist flach, ziemlich weich und von weißer Farbe. Hellgelbe und verschieden schattierte graue Flecken an Kopf, Ohren, Rutenansatz und wenige am Rumpf sind nicht fehlerhaft. Größe: ♂ 70 bis 80 cm, ♀ 65 bis 72 cm; Gewicht nicht festgelegt, ca. 45 bis 55 kg je nach Statur.

Hirten- und Hütehunde Großbritanniens

England ist nicht nur die Wiege vieler Schafrassen, sondern auch die einiger sehr bekannter, weltweit verbreiteter Schäferhunde. Hier hatte man schon früh begriffen, daß die Schafhunde ein wahres Geschenk für die Menschheit sind (Hartley 1967). Wie hätten die Angelsachsen ohne sie die schier endlosen Graslandregionen der Welt für Schafe und Rinder nutzbar machen können? Auch diese Rassen, nur zum Teil als echte Hütehunde entstanden, sind ein Spiegelbild der Entwicklungen, die sich in den letzten drei Jahrhunderten in der Schafhaltung abgespielt haben. Wobei sich ändernde Anforderungen züchterisch auf den britischen Inseln immer früher umgesetzt wurden, als auf dem Kontinent, zumal der Wolf dort viel eher verschwand als auf dem eurasischen Festland. Im VDH werden diese Rassen vom »Club für Britische Hütehunde« e. V. betreut.

Der **»Old English Sheepdog«** oder *Bobtail* ist einer der ältesten (FCI-Nr. 16) und gehört zum Typ der bei der Herde stationierten Schutz- und Treibhunde. Aus undefinierten uralten Gebrauchshundebeständen entwickelt, ist seine nahe Verwandtschaft zu den mehr oder weniger lang- und zotthaarigen Schafrüden des Kontinents unbestreitbar. Wie diese genetischen Beziehungen entstanden sind, wird ungeklärt bleiben. Schon seit mehr als 100 Jahren zum Begleit-

Abb. 34. Bobtail, der Altenglische Schäferhund im Ausstellungskleid.

Abb. 35. Bearded Collies im schottischen Hochland, einer geschoren. Sie sind verwandt mit den Zotthaarigen vom Festland.

hund geworden, zeigt der *Bobtail* noch heute die Veranlagung zum »Wandeln« und zum Zusammenhalten der Herde, was auch immer dazu als Ersatz herhalten muß. Auch sein im Namen angesprochener Stummelschwanz blieb erhalten. Einst zur Verminderung von Kampfverletzungen bevorzugt, später als Gebrauchshunde-Ausweis für die Steuerbewertung, wurde der Schwanz meist kupiert, sofern ein Stummel nicht angewölft war. Traurig ist es, daß in 110 Jahren aus dem pflegeleichten Allwetter-Gebrauchshund, in der Hand der Stammbaum- und Standardzüchter, ein extrem pflegeaufwendiges, überreich behaartes Ausstellungstier gemacht wurde.

Im Sinne des zuvor Gesagten ist der heutige Zuchtstandard für Schafhalter von weniger großem Interesse. Andererseits spricht das Bild seiner Gesamterscheinung und seines Wesens für die Richtigkeit und Güte der Selektion, wie sie von den seinerzeitigen, professionellen Benutzern betrieben wurde. Noch heute ist er ein kräftiger, gedrungen wirkender, leicht überbauter Hund mit elastischem Galopp und charakteristischem Paßgang im Schritt und Trab. Er wird in allen Grau- und Blautönen auch meliert, mit oder ohne weiße Abzeichen, außer braun oder gelb getönt, zugelassen. Sonstige Kennzeichen sind kleines Hängeohr und Scherenbiß. Die sehr selbstbewußte, oft reservierte Hundepersönlichkeit gilt als gutmütig, kinderlieb und zuverlässig wachsam, ohne deutliche Angriffsfreude oder Jagdtrieb zu besitzen. Sein Gebell hat einen scheppernden, eigenartig hohl klingenden Beiklang, der einem Schutzhund früherer Zeiten sicher dienlich war. Eine weitere Besonderheit ist das bevorzugte »Glasauge«. Größe: im Schnitt 56 cm, männlich größer, weiblich kleiner; Gewicht: nicht festgelegt, ca. 35 bis 40 kg.

Heutige **Bearded Collies** gehen höchstwahrscheinlich auch auf die alten *Highland Sheepdogs* (auch *Bearded Sheepdog* oder *Highland Collie)* und damit auf die gleichen Schutz- und Treibhundbestände Schottlands und Englands zurück, denen auch der zuvor genannte *Bobtail* entstammt. Sein Standard wurde 1912 aufgezeichnet, aber die damaligen Schäfer zeigten wenig Neigung, ihre Hunde registrieren zu lassen. Bis zum Beginn der 40er Jahre war der *»Beardie«* fast ganz verschwunden. Erst zwischen 1944 bis 1950 gelang es Frau Willison der Rasse, mit einem zufällig in England zusammen gekauften Zuchtpaar, zu neuem Start zu verhelfen. 1964 entstand dann der heute gültige Zuchtstandard (FCI-Nr. 271), durch Revision des seinerzeitigen. Er besiegelte damit die Entwicklung vom Herdengebrauchshund zum ausstellungsgeeigneten Begleithund. Noch immer braucht das Energiebündel sehr viel Bewegung und stellt inzwischen weitaus höhere Ansprüche an die Fellpflege.

Ein langer, schmaler Körper wird von, auf dichter, weicher Unterwolle ruhendem, hartem, derbem und langem Deckhaar völlig verdeckt. Am hochangesetzten Hängeohr und auf der Nase wachsen verlängerte Haare, wobei letztere den namengebenden Bart prägen. Mit oder ohne weiße Abzeichen an Pfoten, Schwanzspitze und Vorhand reichen die Farben von sämtlichen Braunschattierungen bis zu Schiefergrau und Schwarz. Größe: ♂ 52 bis 55 cm, ♀ 50 bis 53 cm; Gewicht: nicht festgelegt, ca. 25 bis 30 kg; Scherenbiß. Der liebenswerte, intelligente Hund hat seine Beziehungen zum Schaf noch nicht ganz verloren, mit Langeweile weiß er nicht fertigzuwerden, und für das Dasein eines Schafhundes in Etagenwohnungen eignet er sich absolut nicht.

Collies und Verwandte

Bis zu Beginn des 19. Jahrhunderts waren die *Collies* ausschließlich Arbeitsschläge Nordenglands und Schottlands, die sich besser für dortige Hüte- als für Schutzarbeit eigneten. In Tierhaltungs- und anderen Wörterbüchern des ausgehenden 18. Jahrhunderts und bei zeitgenössischen Autoren wurden diese noch immer sehr vielgestaltigen Schäferhunde, bei den etwa 50 Jahre zuvor eingeführten *»Schwarzkopfschafen«* Schottlands (auch *Coalleys* oder *Black-faced Sheep* genannt) gebraucht und als *Coalley-dogs* oder *Coally-dogs* bezeichnet. Beckmann (1895) zeichnet die dann schon *Collie* genannten schottischen Schäferhunde nach eigener Beobachtung vor Ort, mit breiterem Schädel und seitlich anliegendem Kippohr bei der Lang- und Kurzhaarvariante. Interessant ist ein weiteres Blatt von ihm, das den mehrfach, auch 1888 in Frankfurt ausgezeichneten Langhaar-Champion »Eclipse« darstellt. Er sieht dem heutigen *Border-Collie* mit stehendem Kippohr und knapper Behaarung ähnlicher als modernen *Collies* mit ihren schmalen, langen Schädeln und der langen Behaarung.

Mit der ersten Ausstellung eines *Langhaar-Collie* 1870 in Birmingham begann das Interesse an Zucht auf Schönheit, das sich in erster Linie dieser Variante annahm. Dabei gelang es den britischen Züchtern sehr schnell, den heute bekannten Typ zu erreichen. *Kurzhaar-* und *Border-Collie* blieben vorerst bei ihren Schafen und paßten sich neuen Aufgaben im Rahmen entstehender Koppelhaltungssysteme an. Alle Collies haben sich ihr Interesse für Schafe erhalten und neigen kaum zum Wildern.

Langhaar-Collies erfreuen sich schon sehr lange anhaltender Beliebtheit. Trotz einer intensiven und ausgedehnt medienforcierten Modephase haben sie offensichtlich nicht in vollem Umfang die allzuoft traurigen Folgen für derartig beglückte Rassen erleben müssen.

Früh schon hat sich der sehr intelligente Hund, der dazu noch als außerordentlich schön und elegant empfunden wird, mit dem ihm angeborenen Herden- und Hüteinstinkt modernem Leben angepaßt. Dabei kommt er als idealer Familienhund mit Menschen genauso gut zurecht, wie vorher mit den Schafen. Auch in Deutschland fand er bald Freunde, bis 1901 gab es schon 200 Eintragungen im Collie-Zuchtbuch (FCI-Nr. 156). In einzelnen Fällen ist er immer mal wieder und auch heute noch als Hütehund bei Schafherden, sogar in Deutschland, gesehen worden. Kreuzungen haben sich bei uns nicht bewährt, da Wehrtrieb und Griff nicht genügen.

Abb. 36. Lang- und Kurzhaar-Collies, dargestellt vor der Jahrhundertwende von Beckmann.

Abb. 37. Langhaar-Collie Eclipse, vor 100 Jahren ein Spitzentier, das mit 55 cm Schulterhöhe heutigen Border-Collies sehr ähnlich sieht.

Abb. 38. Langhaar-Collie, 100 Jahre nach Beginn seines Begleithundeschicksals.

Deshalb sollte hier kurz auf seine Rassekennzeichen, die sich, abgesehen vom Fell, mit denen der Kurzhaarform decken, eingegangen werden. Im Gesamteindruck wird ein kräftiger, aktiver, wohlproportionierter Hund mit würdevoller, ausgeglichener Erscheinung gefordert. Von vorn und von der Seite gesehen gleicht der Kopf einem gut abgestumpften, gut geschnittenen Keil mit glatten Außenlinien, bei flachem Schädel. Der langgestreckte Fang hat einen Scherenbiß. Die Nase des Hundes ist unabhängig von der Fellfarbe immer schwarz. Augenfarbe ist dunkelbraun und wird bei Blue-merls durch Blau oder Blaugefleckt ersetzt. Zwei Drittel des Ohres stehen aufrecht, die Spitze ist nach vorn unter die Horizontallinie gekippt. Für die Rumpflänge sollte das Maß etwas größer sein als für die Schulterhöhe. Ausgesprochen trocken werden die gut bemuskelten Teile des Körpers und der Extremitäten gefordert. Größe: ♂ 56 bis 61 cm, ♀ 51 bis 56 cm; Gewicht: ♂ 20 bis 30 kg, ♀ 18 bis 25 kg. Die Behaarung ist zweischichtig und gut anliegend; auf einer dichten Unterwolle ein straffes, hartes Deckhaar, das reichlicher an Mähne, Halskrause und Rute, sowie als Befederung an den Läufen, angelegt ist. Erlaubte Farben sind Gelb-weiß, Dreifarbig und Blue-merle mit jeweils weißen Abzeichen, aber ohne Pigmentflecken. Der Gang sollte geschmeidig, ziemlich ausgreifend, leicht und mühelos erscheinen, wie dies für einen Hütehund zu fordern ist. Letzteres gilt auch für seine relative Reserviertheit Fremden gegenüber.

Der **Kurzhaar-Collie** war lange Zeit nur in Einzelexemplaren zu sehen; inzwischen steigt das Interesse an ihm (FCI-Nr. 296). Manche glauben, daß er noch intelligenter sei als sein langhaariger Bruder (weil er länger im Herdendienst stand?). Farbschläge und Standard, abgesehen vom Behaarungstyp, sind die gleichen wie zuvor für den Langhaar-Collie beschrieben.

Für den **Sheltie,** den *Shetland-Schäferhund*, waren Schafe, Rinder und Ponys der im Norden Schottlands liegenden Inseln gleichen Namens die Arbeitswelt. Nach deren Erfordernissen in einer rauhen Umwelt richtete sich ihre Selektion. Die den kleinen, dort zu betreuenden Nutztieren angepaßte Größe hat sich über viele Jahrhunderte entwickelt. Damals spielte der Rassebegriff noch keine Rolle und für züchterisch verwertbare Aufzeichnungen bestand kein Bedarf. Deshalb wird, abgesehen von wiederholten Einkreuzungen schottischer Langhaar-Collies, die sicherlich erfolgte Beteiligung anderer, nordeuropäischer Hundeschläge weiterhin spekulativ bleiben.

Wesentliche Teile des Sheltie-Standards (FCI-Nr. 88) sind mit dem der Collie vergleichbar. Große Mühe haben die Züchter mit seiner Größe, die 38 cm nicht überschreiten darf, bei einem Gewicht von ungefähr 10 bis 18 kg. Neben den drei Colliefarben sind Schwarz-Weiß und Braun-Weiß er-

Abb. 39. Kurzhaariger Collie, dreifarbig.

Abb. 40. Weltweite Geltung als Schafhund erreichte der Border-Collie, nachdem vor 90 Jahren mit „Old Hemp" neue Zuchtlinien entstanden.

laubt. Der quirlige Hund ist sehr anhänglich und braucht auch als Haus- und Begleithund viel fordernde Beschäftigung.

Border-Collies (Abb. 14) werden seit 80 Jahren, als Arbeitshunde, von der Internationalen Gesellschaft für Schafhunde (International Sheep Dog Society) betreut. Herkunft und Alter der Rasse sind aus den schon mehrfach erwähnten Gründen ebenso strittig wie bei allen Schäferhunden. Nicht

Abb. 41. Shelties sind mit 38 cm Schulterhöhe die kleinsten der Collies.

zu bezweifeln ist aber, daß mit sich ausbreitender Einkoppelung von Schafherden die allmähliche Änderung der Tätigkeiten von Schäfern besser darauf eingestellte Hunde erforderte. Daß bei der Auswahl solcher Tiere zuallererst auf vorhandene Bestände, die z. B. im Grenzgebiet zwischen England und Schottland zur Verfügung standen, zurückgegriffen wurde, entspricht Vorgängen, wie sie zu allen Zeiten, auch heute noch, üblich sind. Körper- und Rassetyp oder gar Farbe spielen dabei keine Rolle, wenn der Hund das leistet, was dem Schäfer erlaubt, seine Arbeit zu bewältigen. Vielleicht brachten Tiere, die bereits ihre Bewährung bei kleinen Rinderherden hinter sich hatten, bessere Voraussetzungen mit als Hunde mit Erfolgen bei bis dahin auf weiträumigen Hutflächen oder im Feld betreuten Schafherden.

Tierzüchter in aller Welt, allen voran die Engländer z. B. mit ihrem Vollblutpferd, haben immer wieder zeigen können, daß konsequente Auswahl nach einer klar definierten und beharrlich kontrollierten Leistung die Typfrage von ganz alleine löst. Genau das haben Schäfer weltweit schon immer und britische Schäfer mit ihrem Border-Collie auch sehr erfolgreich getan. Damit schufen sie, nach den Schutz- und Treibhunden für weiträumige Hutflächen und dem Hütehund für große Märsche auch im Verkehr und immer enger werdende Weidegelegenheiten, den Schafhund für den Klein- und Großkoppelbetrieb ebenso wie für Almwirtschaft. Er übernimmt im für Großherden erforderlichen, auch oft frei und ungeleitet arbeitenden Hundeteam seinen Part, ohne aggressive Anwandlungen.

Dieser Schafhund braucht alle guten Eigenschaften seiner Vorgänger und nichts, auch kein Wild, darf ihn von seiner Aufgabe ablenken. Vor allem aber muß er in der Lage sein, auf der Weide kleine Gruppen oder einzelne Schafe abzusondern und an vorgegebener Stelle zu fixieren, ohne dabei den Rest der weitgestreut grasenden Herden unruhig zu machen oder sie, wie seine Vorgänger es auch heute noch mit Leidenschaft betreiben, auf einem Haufen zusammenzutreiben. Auch im Schafhof (Schafring, Sortieranlage) unterstützt er die Handhabung und separiert oder fixiert Einzeltiere. Überall in der Welt, wo Angelsachsen Rinder und Schafe als Siedler hingebracht oder neue standortgeeignetere Nutztierrassen entwickelt haben, ist der Border-Collie einer ihrer wichtigsten Helfer. Dabei hat er seine große Anpassungsfähigkeit unter Beweis gestellt und gezeigt, daß er noch manches dazulernen konnte, was ihm in Schottland nicht abgefordert worden war.

Da ein für diese Rasse Äußerlichkeiten beschreibender Zuchtstandard nur eine Summe von Allgemeinplätzen ergibt, versagen wir uns die Kurzfassung der am 27. Juli 1976 genehmigten und 1978 von der FCI (Nr. 279) anerkannten Rassebeschreibung für den etwa um die 53 cm großen und demzufolge annähernd 18 bis 23 kg schweren Hund. Wenn auch die Internationale Gesellschaft für Schafhunde sich mit der Betonung des Gebrauchswertes durchsetzen konnte, aber jetzt ihre Zustimmung für Ausstellungsbeteiligung von Border-Collies gab, deren Eltern bei ihr registriert sind, so müssen wir dennoch befürchten, daß auch diese Rasse nunmehr dem Weg so vieler vor ihr nicht mehr ausweichen kann.

Die Welsh Corgis

Bei ihnen handelt es sich um zwei Kleinhunderassen (was der Name Corgi ausdrückt) aus Wales aller Wahrscheinlichkeit nach, verschiedenen Urkunden zufolge, alter Herkunft. Manche ihrer gemeinsamen Äußerlichkeiten kann auf später erfolgten Kreuzungen untereinander oder mit eingeführten kleinen Wikingerhunden beruhen. Im Verlauf der Entwicklung haben sie sich auch als Viehtreiber und Hütehunde, ebenfalls bei Schafen bewährt und sind noch heute auf mancher Farm anzutreffen. Auch ihnen ist seit der Jahrhundertwende das Schicksal nicht mehr im alten Stil und Umfang benötigter Arbeitshunde nicht erspart geblieben. Es sind die Lieblingshunde der englischen Königin. In Deutschland wurden die stehohrigen, dunkel- oder bevorzugt glasäugigen Corgis erst 1958 zur Weiterzucht importiert.

Der **Welsh-Corgi-Cardigan** (FCI-Nr. 38) ist der Ältere, Größere, Schwerere und soll, nach englischen Quellen, schon vor der Zeitrechnung mit den Kelten auf die britischen Inseln gekommen sein. Er trägt eine der Fuchslunte ähnliche Rute und erinnert im Körperbau an den Teckel, seine Stehohren sind abgerundet. Größe: 30 cm an der Schulter; Gewicht: ♂ 10 bis 12 kg, ♀ 9 bis 11 kg.

Den **Welsh-Corgi-Pembroke** (FCI-Nr. 39) brachten, wie behauptet wird, flämische Weber nach Wales, es sollen auch Beziehungen zum schwedischen *Västgötaspets* (Abb. 59) bestehen. Bei diesem kleinen Schlag kann die Stummelrute angewölft sein, zumeist muß sie am vierten Lebenstag kupiert werden. Die Stehohren sind leicht zugespitzt. Größe: 25 bis 30 cm an der Schulter; Gewicht: ♂ 9 bis 11 kg, ♀ 8 bis 10 kg.

Diese eigenwilligen Hundepersönlichkeiten brauchen eine sehr konsequente Erzie-

hung und Führung, sie nehmen jede Betätigung freudig an und zeigen starken Trieb zum Bewachen. Deutlich personenbezogen ziehen sie es vor, Einzelhunde zu bleiben. Angenehm ist, daß sie von Wildfährten nicht angezogen werden.

Ergänzend ist noch der **Lancashire Heeler** zu erwähnen. Er ist ein wenig bekannter Treibhund ähnlicher Größe wie die zuvor genannten, mit kurzer Behaarung und auffallend langen, weitgestellten Stehohren. International wurde er bisher noch nicht registriert.

Hirten- und Hütehunde der Iberischen Halbinsel

In Portugal und Spanien mit ihrer sehr alten Schafzuchttradition, die ganz Europa und die Welt seit 1723 nachhaltig beeinflußt hat, werden immer noch viele Herden gehütet. Mit importierten Hochzuchtmerinos übernahmen andere Länder auch Erfahrungen aus dort üblichen Haltungssystemen und einzelne der dazu bereits hoch entwickelten Schäferhunde. Auf dem Kontinent haben größere Tiergruppen damals noch zu Fuß, von Hunden begleitet, den Besitzer gewechselt. Ein Austausch von zur Zucht geeigneten Hunden erfolgte sicherlich auch zu dieser Zeit noch wechselseitig. Obwohl direkte Beziehungen schon sehr lange nicht mehr bestehen, sollten Schäferhunderassen ebenfalls aus dieser Region Erwähnung finden, damit die vielfältigen kulturellen Beziehungen auch für den Bereich der Hirtentradition nicht ganz in Vergessenheit geraten.

Für vier der seit der Antike durch phönizische, römische und später arabische Einflüsse entstandenen vielen Hundeschläge,

Abb. 42. Welsh-Corgi-Cardigan.

Abb. 43. Welsh-Corgi-Pembroke.

Abb. 44. Der Lancashire Heeler, ein weiterer kleiner Treib- und Hütehundschlag.

Abb. 45. Cão da Serra de Aires.

die zur Arbeit mit Viehherden, besonders Schafen, geeignet waren, wurden die Rassebeschreibungen schon sehr früh bei der FCI (noch vor Nr. 100) registriert. Weitere folgten später erst.

Der Typ dieser Hunderassen macht deutlich, daß auf der Iberischen Halbinsel für die Schafherden eine Abwehr von Beutegreifern länger als in vielen Gebieten Mitteleuropas erforderlich war. Die weit in die Geschichte zurückreichenden, weltweiten Verbindungen beider Länder und die Wechselbeziehungen untereinander und mit dem übrigen Europa, bis nach Rußland hinein, haben für vergleichbaren Gebrauch auch hier sehr ähnlich geartete Hundeschläge entstehen lassen. Die Doggen- bzw. Mastifftypen finden im VDH Betreuung beim Club für Molosser e. V., alle anderen haben noch keinen größeren Interessentenkreis.

Der **Cão da Serra de Aires** *(Portugiesischer Schäferhund aus dem Aires-Gebirge)* ist ein kleiner, hängeohriger Schafpudel ohne Unterwolle oder Flaum, dessen glattes Langhaar sich wie Ziegenhaar greift. Am Hinterlauf sind einfache oder doppelte Afterkrallen erlaubt. Ein intelligenter Hüte- und Treibhund auch für Pferde, Rinder und Schweine. Angegebene Größe: ♂ 42–48 cm, ♀ 40–46 cm; Gewicht: ca. 12–18 kg. Wie bei vielen Schäferhunden, wird auch über seine Abstammung spekuliert, wobei der französische *Briard*, dem er ähnlich sehen kann, als ehemaliger Kreuzungspartner bei einigen Kynologen Erwähnung findet (FCI-Standard-Nr. 93).

Der **Cão da Serra da Estrella** *(Portugiesischer Hochgebirgsschäferhund aus dem Estrella-Gebirge)* stammt aus der Bergregion nordöstlich von Lissabon. Ein großer, sehr kräftiger Schutzhund im Molosser-Mastifftyp mit Hängeohr und, je nach Schlag, langem oder kurzem, kräftigem Deckhaar, meist grau oder schwarzweiß gefleckt sowie dichter, weicher Unterwolle. An den Vorderläufen sind 1–2 Afterkrallen zulässig. Ein charaktervoller, energischer und zuverlässiger Arbeiter, der Fremden gegenüber bissig sein kann. Größe ♂ 65–72 cm, ♀ 62–68 cm; Gewicht: ♂ 40–50 kg, ♀ 30–40 kg. Es besteht kaum Zweifel, daß diese Rasse schon sehr lange in ihrer Herkunftsregion beheimatet ist. FCI-Standard-Nr. 173.

Der **Cão de Castro Laboreiro** *(Portugiesischer Schäferhund aus Laboreiro)* stammt aus einem Dorf gleichen Namens wie das Bergland im äußersten Nordwesten Portugals und gilt ebenfalls als sehr alte Rasse, die im Wolf-Mastifftyp steht. In der Ursprungsregion immer noch häufig vorkommend, wird er als Schutz- und Wachhund bei Schafen und Rindern verwendet. Sein ca. 6 cm langes Kurzhaar ist dick, hart, widerstandsfähig und üppig am ganzen Körper, ohne Unterwolle. Neben den hochangesetzten Hängeohren ist der gestreckte Hals bemerkenswert. Afterkrallen können einfach oder doppelt vorkommen. Größe: ♂ 56–70 cm, ♀ 52–57 cm; Gewicht: ♂ 30–40 kg, ♂ 20–30 kg. Es wird diesem Hund edles Verhalten, trotz rustikalem Aussehen, nachgesagt. Fremden gegenüber ist er abweisend, sein mit tiefen Tönen beginnendes Bellen endet recht eigenartig in hoher Tonlage. Standard-Nr. 170 bei der FCI.

Abb. 46. Cão da Serra da Estrella.

Abb. 47. Der Fila Brasiliero ist ein Nachkomme europäischer Doggen und Bluthunde, der sich als Wächter von Hof und Herden bewährt hat.

Abb. 48. Katalanische Schäferhunde stehen in verwandtschaftlicher Beziehung zu zahlreichen europäischen Schäferhundschlägen.

Der **Rafeiro do Allentejo** *(Portugiesischer Hirtenhund aus der Provinz Allentejo)*, ein Molossertyp, erhielt seinen Namen nach der 200–500 m hoch gelegenen Region Allentejo im Südosten von Lissabon. Der außerordentlich kräftige Hund ist halblang bis kurz, gleichmäßig verteilt und glatt behaart, meist zweifarbig gestichelt, gestromt oder gescheckt mit weiß. Sein Kopf ist bärenartig breit und sitzt auf einem kurzen, sehr tiefen Hals, der in eine mittelstarke Wamme übergeht. An den Hinterbeinen sind 1–2 Afterkrallen zulässig. Größe: ♂ 66–74 cm, ♀ 64–70 cm; Gewicht: ♂ 40–50 kg und ♀ 35–45 kg. Der im Schutz- und Wachdienst bewährte Hund hat einen schwerfälligen, rollenden Gang, ist aber aufmerksam und arbeitsfreudig. Sein Standard wurde von der FCI unter der Nummer 96 verzeichnet.

Der **Fila Brasiliero** (Abb. 47) *(Brasilianischer Schutz- und Wachhund)* steht ebenfalls im Molossertyp und geht auf Kreuzungen mit portugiesischen und spanischen Kampfhunden zurück. Er ist ein unbestechlicher, kräftiger Wächter und Herdenhund für Weiderinder, der unter Nr. 225 von der FCI für Brasilien registriert ist.

Im Nordosten Spaniens entstand der **Perro de Pastor Catalan** (Abb. 48) *(Katalanischer Schäferhund)*, der zu Hause als *Gos d'Atura* bekannt ist und den es dort auch kurzhaarig *(Gos d'Atura cerda)* gibt. Er geht auf die gemeinsamen Vorfahren aller langhaarigen Hütehundrassen zurück, dies um so mehr, da seine Heimat als Durchgangsgebiet schon immer in regem Austausch mit anderen Regionen Europas stand. Entsprechend der starken Viehhaltung dieser Provinz, entwickelte der leicht gebaute katalanische Schäferhund sich zum vielseitigen Hütespezialisten bei Schafen, Rindern und Pferden. Sein langes, schöngewelltes Haarkleid ist seidig entlang der Wirbelsäule und an Läufen und Pfoten. Afterkrallen hinten sind die Regel. Seine Färbung ist eine Mischung aus schwarzen oder rotbraunen Haaren mit weißen. Größe: ♂ 45–50 cm, ♀ ca. 2 cm weniger; Gewicht 18–16 kg. Die Rute kann lang sein, Kupieren und Schwanzlosig-

Abb. 49. Spanische Pyrenäenhunde haben gemeinsame Vorfahren mit den anderen großen Hirtenhundrassen.

Abb. 50. Spanische Pyrenäen-Schäferhunde sind Hochgebirgsspezialisten.

Abb. 51. Spanische Mastiffs haben sich vielseitig bei den Herden, bei der Jagd und als Wächter bewährt.

keit sind erlaubt. Sein Standard ist bei der FCI unter Nr. 87 hinterlegt.

Der **Ca de Bestiar** auch *Perro de Pastor Mallorguin (Mallorkinischer Schäferhund)* ist ein meist gestromter, kurzhaariger Hund (es gibt ihn auch langhaarig) mit 58 cm Schulterhöhe, dessen Standard erst vor kurzem von der FCI unter Nr. 321 veröffentlicht wurde.

Mit dem **Mastin de los Pireneos,** auch *Mastiff von Navara* oder *Mastiff von der Léun* genannt (*spanischer Pyrenäenmastiff*) besitzt Spanien einen im Südteil der Pyrenäen entwickelten Verwandten der großen, weißen, aus dem Orient stammenden stockhaarigen Schäferhunde. Das beim *Pyrenäenberghund* (S. 45 und auf S. 81) Gesagte gilt auch für ihn und den nachfolgenden *Spanischen Mastiff.* Sein am mächtigen Kopf hängendes, kleines, breit und tief angesetztes Ohr ist spitz auslaufend und meist pigmentiert. Er darf einzelne (meist je 2 symmetrische) goldene oder graue Flecken an Kopf und Rumpf haben. Ebenfalls sind Afterkrallen bzw. sogenannte 6. Zehe am Hinterfuß erlaubt. Größe: ♂ 70–80 cm, Gewicht: ♂ 55–70 kg, Hündinnen etwas weniger. Ein vielseitig verwendbarer Wach- und Schutzhund, der mit der Standard-Nr. 92 von der FCI registriert wurde.

Wie überall in der Welt, gibt es auch auf der spanischen Seite der Pyrenäen neben dem zuvor beschriebenen Schutzhund, den leichteren Hütehund. Dieser **Perro de Pastor de los Pireneos** *(Spanischer Pyrenäenschäferhund)* hat manche äußerliche Gemeinsamkeit mit den Hütehundschlägen in den französischen Pyrenäen ebenso wie im übrigen Europa. Nur begrenzt zum Herdengebrauch vermehrt, laufen sie alle Gefahr, bei weiterem Rückgang gehüteter Schafherden in Vergessenheit zu geraten.

Der **Mastin español,** *Spanischer Mastiff* wird im Ursprungsland auch als *Mastiff von der Mancha* oder *Mastiff der Estremadura* bezeichnet. Dieser Molossernachkomme hat länger als seine Verwandten Mitteleuropas Schutzdienst bei den Herden verrichtet. Oft wurden ihm Rute und Hängeohren gekürzt, um Verletzungen durch Kämpfe mit Beutegreifern zu ersparen. Er trägt ein weiches Stockhaar in verschieden Farben. Sein Körper soll robust und vierschrötig wirken, am Hinterfuß trägt er Afterkrallen. Größe und Gewicht: Rüden 65–70 cm bei 50–60 kg, Hündinnen gewöhnlich kleiner und leichter gebaut. Heute ist er mehr als Wach-, Zug- und Armeehund eingesetzt. Die FCI hat seinen Standard unter der Nr. 19 veröffentlicht.

Italienische Schäferhunde

Dank der bereits zur Römerzeit weit entwickelten Landbewirtschaftung, ihrer Beziehungen zur antiken Welt und des Einflusses der *Molosser* besitzt Italien eine mindestens ebenso vielfältige Hirtenhundpopulation wie andere europäische Länder (Farbtafel Seite 149). Züchterisch bearbeitet, bis zur Anerkennung durch die FCI, sind aber nur zwei der klassischen Hirtenhunderassen, wie sie allenthalben, vor allem in den Gebirgsregionen, noch nebeneinander vorkommen.

Cane da Pastore Bergamasco *(Bergamasker Schäferhund)*, ein äußerlich dem *Briard* ähnlicher, starker, mutiger Hütehund, der in reinrassiger Form selten geworden ist. Früher brachte der ausdauernde Läufer italienische Schafherden auf die Sommerweide ins Engadin, wo man noch einige der intelligenten Bergamasker vorfindet. Solange es Beutegreifer im Gebirge gab, wurde er auch mit sehr viel dichterem, längerem Fell gezüchtet. Inzwischen wird ein weiches, nicht ganz so langes Zotthaar gefordert; gelegentlich sind auch schon stockhaarige anzutreffen. Die Farbe ist unigrau oder fleckig in allen Schattierungen bis zum Schwarzgrau, auch mit rötlicher Tönung und bis zu einem Fünftel weißen Flecken. Einfarbig schwarz ist nur wenn es matt ist zugelassen, einfarbig weiß dagegen nicht.

Sein darüber hinaus zu sehr Einzelaspekte festlegender, umfänglicher Standard (FCI-Nr. 194) geht von einem im Quadrat stehenden Rahmen aus. Eine massive Vorhand soll sich harmonisch in das Gesamtbild einpassen, zu dem ein langer Kopf mit 50 % Schädelanteil bzw. Breite gehört. Zweidrittel des behaarten Ohres kippen nach vorn. Die Rute ist im letzten Drittel aufgebogen.

Abb. 52. Bergamasker Schäferhunde gehören zur Gruppe der zotthaarigen Hütehunde Europas.

Afterklauen, Glasauge und sonstige Pigmentmängel sind Fehler. Größe: ♂ 58–62 cm, ♀ 54–58 cm; Gewicht: ♂ 32–38 kg, ♀ 26–32 kg.

Cane da Pastore Maremmano-Abruzzese *(Maremmen-Abruzzen-Schäferhund)*, ein immer noch von den Schäfern gezüchteter Hirtenhund, auf den das voll zutrifft, was beim *Pyrenäen-Berghund* gesagt wurde. Die zu einem Rassenamen zusammengefaßten beiden Schläge sind beheimatet in der Toskana, der Emilia, den Marken, den Abruzzen, in Apulien und in Latium, wo sie sich neben dem Herdendienst auch als Wachhunde bewähren. Sehr detailliert und umfangreich wurde die Rassebeschreibung (FCI-Nr. 201) abgefaßt, die diesen Hirtenhund als großwüchsig mit starkem Körperbau, gleichzeitig als majestätisch und elegant kennzeichnet. Zu seinem rustikalen Aussehen gehören Robustheit, Mut und ein intelligenter Ausdruck; sein Charakter soll gutmütig sein. Die Behaarung ist üppig, lang und rein weiß; Abweichungen davon sind unzulässig; Nasenspiegel, Krallen und Schleimhautränder tragen schwarzes Pigment.

Sein Körper steht im rechteckigen Rahmen. Der Kopf mißt ca. vier Zehntel der

Widerristhöhe und ist etwa halb so breit wie lang, die dreieckigen, dünn und kurz behaarten Ohren hängen, hochangesetzt, direkt am Kopf; nur Hunde im Herdengebrauch dürfen kupiert sein. Die Körpermasse ist gleichmäßig, mit guten Übergängen, verteilt und wird von einem kräftigen Fundament getragen. Stark gewelltes Haar, helle oder glasige Augen, abweichende Ohrhaltung, Afterkrallen und Kurzschwanz sind zu beanstanden. Größe ♂ 65–73 cm, ♀ 60–68 cm; Gewicht: ♂ 34–35 kg, ♀ 30–40 kg.

Jugoslawische Schäferhunde

Der westliche Teil des Balkans war bereits vor 3000 Jahren das Ziel vom Kaspischen Meer (Abb. 15) kommender Albanerstämme. Sie brachten ihren Hirten-, Wach- und Jagdhund mit, der zu den Vorfahren einiger Rassen gehören dürfte. Nach seiner Herkunftsregion und dem Namen des Stammes seiner Züchter wurde er als *Molosser* bezeichnet. Sein Lebensraum erlebte davor und danach die Einflüsse zahlreicher weiterer Kulturen. Das heutige Jugoslawien hat aus der Variation seiner überkommenen Herdengebrauchshunde nur drei Rassen züchterisch soweit entwickelt, daß sie die FCI-Anerkennung erreichten und auch in anderen Ländern Liebhaber fanden. Hier fördert sie der Jugoslawische Hirtenhund-Klub der BRD e. V.

Šarplaninač *(Jugoslowenski Ovčarski Pas-Šarplanina)*, der *Illyrische Schäferhund* stammt aus Istrien, dem Gebiet der ehemals römischen Provinz an der Adria und geht auf alte Hirtenhundschläge zurück, die aus dem Orient kommend, von den Menschen und Klimagegebenheiten der Region umge-

Abb. 53. Der Maremmen-Abruzzen-Hund, ein weiterer Verwandter der großen weißen Hirtenhunde.

Abb. 54. Der jugoslawische Šarplaninač ist erst seit 1970 in Deutschland zu sehen, ein Jedermanns-Hund darf er nicht werden.

formt wurden. Mit Übernahme in Polizei und Armee wird er seit 1956 planmäßig gezüchtet, in die BRD kam er 1970. Ein mutiger Hirtenhund, der sehr energisch werden kann, sich vor Raubzeug nicht fürchtet und nur einem Herrn gehorcht. Fremden gegenüber ist er mißtrauisch, sein Biß wird gefürchtet. Wegen seiner Schärfe muß die Zahl der Halter begrenzt bleiben. Seine Rassebeschreibung ist von der FCI unter Nr. 41 veröffentlicht.

Der Körper bildet ein kurzes Rechteck bei mittlerer Größe und starkem Knochenbau. Ein langer, breiter, flach gerundeter Schädelteil, wenig Stop und längenbegrenzter, sehr kräftiger Fang mit schwarzem Nasenrücken kennzeichnen den Kopf, der hochangesetzte V-förmige Hängeohren trägt. Breit und tief ist die Brust, kräftig und gerade das Fundament. Afterkrallen werden entfernt. Die Ringelrute wird in Bewegung auf den Rücken gehoben. Größe: ♂ 60–70 cm, ♀ 60–66 cm; Gewicht: im Schnitt 40–55 kg.

Das mehr als 10 cm lange Haarkleid ist dicht und regelmäßig verteilt, über einer ebenfalls dichten Unterwolle. Zugelassene Farben sind hell oder dunkles Eisengrau, ebenso weiße Flecken an Vorderbrust und Pfoten, aber nicht erwünscht. Haut und Schleimhäute zeigen dunkle Farbe. Unerwünscht sind helle Augen sowie weiße, gelbe oder braune Haare.

Krašky Ovčar *(Schäferhund aus dem Karstgebirge)*. Seine Heimat sind die baumlosen Hochflächen des Kalkgebirges im Nordwesten des Landes. Hier haben die Schäfer sich, sehr wahrscheinlich aus den gleichen orientalischen Hundeschlägen, denen auch der *Šarplaninač* entstammt, einen

Abb. 55. Schäferhunde aus dem jugoslawischen Karstgebirge sind bei uns bisher kaum bekannt geworden.

Hütehund geschaffen, wie er zu ihnen und ihrer Landschaft paßt.

In vielem ist er dem *Illyrischen Schäferhund* ähnlich, wenn er auch den stark behaarten Schwanz niedriger und immer gestreckt trägt und seine Hängeohren weniger hoch angesetzt sind. Sein Brustumfang ist größer, und die Kruppe fällt deutlicher ab. Die Behaarung am Kopf ist kurz, die dunkle Maske von hell- bis sandgrauen Haaren umgrenzt. Das Fell ist eisengrau, dunkler an Widerrist und Vorderseite der Läufe, mit unmerklichen Übergängen zu helleren Tönen an Bauch und Pfoten. Größe: Idealmaße ♂ 57 cm, ♀ 54 cm; Gewicht: ♂ 30–40 kg, ♀ 25–35 kg.

Sein Temperament ist mäßig lebhaft. Ein angenehmer, folgsamer Begleiter, der mutig, kaum bissig, wachsam sowie unbestechlich und mißtrauisch gegenüber Fremden ist. Unter der Nr. 278 wird der Standard von der FCI dokumentiert.

Hrvatški Ovčar *(Kroatischer Schäferhund).* Eine eigenständige Rasse, die mutmaßlich ähnliche Vorfahren hat wie die beiden anderen jugoslawischen Schäferhunde. Er zeigt starken Hütetrieb und ist zugleich ein ausgezeichneter Wächter. Der knapp mittelgroße Hund steht im Rechteck, ist allseits am gerundeten Rumpf, Oberarm und Oberschenkel gut bemuskelt. Die mäßig gewinkelten Läufe sind trocken. Mit etwas längerem Schädelanteil ist der Kopf konisch geformt, die unkupierten dreieckigen Ohren stehen aufrecht und sind wie Kopf und Läufe kurz behaart. Wenn der Stummelschwanz nicht angeboren ist, wird er auf 4 cm Länge gekürzt; in der Erregung trägt ihn der Hund aufgerichtet. Größe: 40–50 cm für beide Geschlechter; Gewicht: nicht festgelegt, unter 25 kg.

Auf dichter Unterwolle liegt ein zonal unterschiedlich langes (7–14 cm), zart gewelltes bis gekräuseltes, aber niemals wolliges Deckhaar von schwarzer Farbe. Länger ist es auf dem Rücken, als Befederung an Rute und Läufen und als Hose. Weiße Flekken sind nur an Kehle, Vorbrust und im Brustbeinbereich erlaubt. Ausgerüstet mit deutlichem Schutzinstinkt, ist der Hund durch Lebhaftigkeit, Aufmerksamkeit und gute Auffassungsgabe ausgezeichnet. Die FCI gab den Standard unter der Nr. 277 bekannt.

Schäferhunde der Niederlande

Die Niederlande hatten, ebenso wie andere Länder Mitteleuropas, in Zeiten, da es dort noch, vor allem in den Provinzen Drenthe und Brabant, große Schafherden gab, ihre eigenen Schäferhunde entwickelt. Für sie waren Hüteeigenschaften im schon immer dicht besiedelten Land von vorrangiger Bedeutung. Auch hier begann man Ende des vorigen Jahrhunderts, die wertvollen Eigenschaften der Schäferhunde zur Entwicklung von Gebrauchshunderassen nutzbar zu machen. Zwei Spezialclubs bemühen sich in den Niederlanden mit Erfolg um Erhaltung und Weiterentwicklung der beiden von der FCI registrierten Rassen. In Westdeutschland hat sich neuerdings der Club für Holländische Schäferhunde e. V., München, dieser Tiere angenommen.

Der **Hollandse Herdershond,** der *Niederländische Schäferhund*, dessen betreuender Club 1898 entstand, wurde 1960 unter der FCI Nr. 223 mit einem überarbeiteten Standard, für drei verschiedene Haarformen, registriert.

Ein mittelgroßer, mäßig schwerer, kräftig gebauter Hund von selbstbewußtem Wesen, lebhaft, stets in Bewegung, immer aufmerksam, mit klugem Ausdruck und guten Schäferhundeigenschaften. Ein im Größen- zum Längenverhältnis wie 9:10 stehender Recht-

Abb. 57. Schapendoes aus Holland sind gutmütige, schnelle und wendige Schafpudel.

eckrahmen mit tiefer Brust und begrenzter, sacht abfallender Kruppe. Der Kopf ist mittellang, schmal mit kaum sichtbarem Stop, immer schwarzer Nasenkuppe und hochangesetzten, steif aufrecht getragenen Ohren. Augen mittelgroß, mandelförmig und dunkel. Die Rute wird leicht gebogen, herabhängend getragen, in der Bewegung leicht aufwärts gerichtet. Vorder- und Hinterläufe sind muskulös, hinten mäßig gewinkelt und ohne Afterkrallen. Der Gang ist flott und ausgreifend. Größe: ♂ 58–63 cm, ♀ 55 bis 62 cm.

a) *Kurzhaar:* hartes, nicht zu kurzes Deckhaar auf weicher Unterwolle mit Halskrause, Behosung und befederter Rute, in den Farben: Rot, Gelb, Braun, Hechtfarben: gold- oder silberfarben gestromt über das gesamte Fell; schwarze Maske.

b) *Rauhhaar:* ungelocktes, hartes, harsches Wirrhaar mit dickem, wolligem Unterhaar, dazu struppiger Kinn- und Schnauzbart und ausgeprägte Hosenbildung. Erlaubte Farben: Gelb, Rotbraun, Blaugrau,

Abb. 56. Niederländische Schäferhunde gibt es als kurz-, rauh- und langhaarigen Schlag der gleichen Rasse.

Pfeffer und Salz sowie Aschgrau, einfarbig und gestromt.

c) *Langhaar:* langes, sich grob anfühlendes, ungewelltes Deckhaar, das fest anliegt und deutliche Halskrause, Behosung sowie Bein- und Schwanzbefederung ausbildet, überall befindet sich weiche, dichte Unterwolle. Kürzere Behaarung an Kopf und Fang sowie unterhalb der Vorderfußwurzel und des Sprunggelenkes. Farben: silber- und goldfarben gestromt, Kastanienbraun.

Der **Schapendoes** *(Holländischer Schafpudel)* ebenfalls eine alte Rasse, die in verwandtschaftlicher Beziehung zu den zahlreichen zotthaarigen Schäferhundschlägen Europas steht und unter Nr. 313 im Register der FCI eingetragen ist. Ein gutmütiger, wendiger und schneller Hund, der wachsam, tapfer und aufmerksam ist.

Sein langer, niedrig gebauter Körper mit leichterem Knochengerüst soll einen relativ tiefen Rumpf und harmonische Übergänge aufweisen. Der verhältnismäßig kurze, breite Kopf, ohne Stop, trägt Hängeohren und schwarzen Nasenspiegel. Dazu gehören große runde Augen von dunkler Farbe. Das Gangwerk ist leicht gebaut, die Pfoten rund und groß. Das Rutenende ist aufgebogen, aber nie gerollt. Die Behaarung ist etwas gewellt und nicht zu flach anliegend und keinesfalls seidig; alle Farben zulässig. Größe: ♂ 45–55 cm, ♀ 42–50 cm.

Herdenhunde der nordischen Länder (Skandinavien)

Trotz der Vielfalt der Meinungen über Entstehung und Verbreitung der Hunderassen ist unbestritten, daß Vertreter der echten Spitze und der ihnen in manchem auch heute noch sehr ähnlichen Gruppen, überwiegend Ländern nördlicher Breiten Europas und bis hoch in den Norden der anderen Erdteile zuzuordnen sind. So wie bei der Ausbreitung anderer Rassengruppen der Hirten- und Hütehunde könnten auch hier die regionalen Wolfstypen, frühe Völkerwanderungen, Eroberungszüge und Handelswege eine Rolle gespielt haben bei der Entwicklung dieser sehr ähnlich geprägten Arbeitshunde. Hierzu sind u. a. zu nennen: Erkenntnisse aus Beobachtungen an längerfristigen Wolfszuchten in Gefangenschaft oder an Dingos, unter denen Typen auftreten, die den Russisch-Europäischen Laikas schon sehr ähnlich sehen. Ferner die Nordwanderung finno-ugrischer Völker sowie die Expansion der Wikinger, die beide ganz sicherlich ihre eigenen Hundeschläge in ihre Zielgebiete mitgenommen haben.

Ebenso wie in anderen Regionen der Welt haben die Bauern- und vor allem zahlreichen Nomadenhirten des Nordens sich aus der Vielfalt der äußerlich sicher schon vor langer Zeit sehr ähnlichen Hundeschläge die für ihre Arbeitsbewältigung geeigneten Tiere ausgelesen und auch durch Kreuzungen mit Hunden südlicher Herkunft zu verbessern versucht. Rassezucht im Sinne einheitlicher Richtlinien betreiben die meisten noch immer nicht. Gehütet, in der für ihre westeuropäischen Kollegen seit 200 Jahren notwendigen Weise, wurden Haustierherden dort nie. Deshalb waren ursprünglich, und das für sehr lange Zeit, die Übergänge zwischen Jagd-, Schlitten- und Herdenhunden fließende. Auch die mittelalterlichen „Schafrüden" waren lange Zeit Jagdhelfer (Abb. 8). Im Norden aber wurden für Rentiere ganzjährig und für Schafe, Ziegen und Rinder nur in 4–5 schneefreien Monaten, wendige, klima- und geländeangepaßte sowie vorwärtsdrängende Hirtenhunde gebraucht, die ihre Tiere zu und von den großflächigen Naturweiden treiben und sich auch sonst nützlich machen konnten. Dies gilt insbesondere für die Hunde der nordeuropäischen und sibirischen Nomadenhirten. Zucht nach Rassestandard wird erst relativ kurze Zeit betrieben, weil sich Liebhaber in den Städten und in anderen Ländern meist sportlich dafür interessiert haben. So kam es dann auch zur Forderung nach einer deutlichen Trennung der nordischen Rassen im Einklang mit heutigen Verwendungszwecken, wie sie von Baumann (1985) sehr bestimmt herausgestellt wird. In Westdeutschland werden diese Rassen, zusammen mit Schlitten- und Jagdhunden vom Deutschen Club für Nordische Hunde e. V. betreut und vertreten.

Alle nordischen Hirtenhunde verbindende Charakteristika, die sie von anderen Rassengruppen deutlich unterscheiden, sind große Selbständigkeit, Wachsamkeit, Arbeitseifer, enorme Widerstandskraft und Ausdauer sowie auffällige Sauberkeit. Anatomisch kennzeichnend ist der keilförmige Kopf mit bei fast allen ausgeprägtem Stop und relativ kurzer Schnauze sowie kleinem, innen behaartem Stehohr. Die knappen Lefzen liegen fest an, von den straffen Augenlidern wird eine waagerecht liegende, mandelförmige Lidöffnung gebildet. Dazu gehört fast immer ein quadratischer, kompakter Körper mit trockener Bemuskelung, gut gewinkelten Läufen, bedeckt von wetterfestem Spitzfell mit geradem, härterem Grannenhaar über jahreszeitabhängig dichter, feiner Unterwolle. Typisch ist vor allem die buschige Rute, die jeweils rassekennzeichnend mehr oder weniger gerollt auf dem Rücken getragen wird. Bei soviel Gemeinsamkeit können die folgenden Rassebeschreibungen sich auf die wesentlichen Besonderheiten im Standard beschränken.

Iceland dogs, *(Islenzkur hundur, Isländer Spitz)* wurden bereits 880 n. Chr., zusammen mit Schafen, als Schäferhunde der Insel erwähnt, die Wikinger aus Nordnorwegen dorthin gebracht hatten. Für England beka-

Farbtafel 1. Der Schäfer an der Spitze einer ziehenden Herde.

men sie im Mittelalter einige Bedeutung, sogar bei Shakespeare (in Henry V.) fanden sie Erwähnung, und britische Schafhalter beschafften sich damals die fuchsgesichtigen Isländer. Es gibt Vermutungen, daß auch die *Border-* und die *Langhaar-Collies* (s. Seite 48) von ihnen beeinflußt wurden. 1898 entstand in Dänemark die erste Rassebeschreibung für diesen Hund, der auch vom britischen Kennelclub Anerkennung fand. Aber nirgendwo kam eine nennenswerte, organisierte Zucht in Gang, bis in den 50er Jahren der Amerikaner M. Watson begann, bei Schaf- und Pferdezüchtern in abgelegenen Tälern der isländischen Nord- und Ostküste rassetypische Hunde zu sammeln und damit eine neue Zucht aufzubauen, die auch nach England exportiert wurde. Ein neuer Standard kam dann 1972 unter Nr. 289 für Island zur Genehmigung.

In der Rassebeschreibung wird er als ein Spitztyp von etwas unter Mittelgröße, leicht gebaut und mit jagdlicher Veranlagung gekennzeichnet. Seine Besonderheiten sind: Stop abgesetzt, aber nicht ausgeprägt, Augen schmal und rundlich, von dunkler Farbe mit lebhaftem Ausdruck; Größe: 38–46 cm; Gewicht: ca. 14 kg; Farbe: Weiß mit rehbraunen Abzeichen, goldfarben, Hellrehbraun mit schwarzen Langhaarspitzen am Hals, Oberschenkel und Rute, gelegentlich ganz schwarz.

Der **Norske Buhund** *(Norwegischer Buhund)* hat die gleichen Vorfahren wie der *Isländer Spitz*, die die Wikinger und norwegischen Auswanderer im 9. Jahrhundert auf ihren Reisen mitnahmen. In seiner Heimat findet man ihn wie vor vielen 100 Jahren auch heute noch als Hof-, Hütten- (»Bu«) und Schafhund sowie als Viehtreiber häufig an. Nach längerer Vorarbeit durch norwegische Züchter entstand 1939 im Land ein Buhund- (sprich: Bühünd) Klub, der einen Standard ausarbeitete, den die FCI 1943 unter der Nr. 237 veröffentlichte.

In seiner Rassebeschreibung wird er als furchtlos mutiger, etwas unter mittelgroßer Spitztyp, leicht gebaut mit kurzem kompaktem Körper, verhältnismäßig glatt anliegendem Fell, aufgerichtetem Spitzohr und über den Rücken gerollter Rute angesprochen. Es ist von größter Wichtigkeit, daß der tatkräftige Buhund gut ausgeglichen, frei von allen Übertreibungen sowie fähig zu ausdauernder Arbeit ist, für die er gezüchtet wurde. Seine Besonderheiten sind: recht flacher Schädel und Hinterkopf; Ohren länger als ihr Ansatz; Hinterhand nur wenig gewinkelt; Größe bei Rüden nicht mehr als 45 cm, Hündinnen etwas weniger. Farben: Weizen (Bisquit), nicht zu dunkles Rot, dunkle Wolfsfarbe. Bevorzugt wird Einfarbigkeit, kleine symmetrische Abzeichen wie weiße Brust und Beine sowie Stirn und Nackenfleck, schwarze Maske, Ohren und schwarze Spitzen am Schwanz sind zulässig.

Der **Västgötaspets** *(Svensk Vallhund, Schwedischer Schäferspitz)* war für lange Zeit in Süd- und Zentralschweden der Treibhund der bäuerlichen Rinder- und Schafhalter, seinen Namen erhielt er nach der Västgöta-Ebene. In welcher Richtung die Verwandtschaft zum britischen *Welsh-Corgi-Pembroke* (Abb. 43) läuft, ob er nach England kam oder umgekehrt, konnte nie geklärt werden. Der wetterharte, pflegeleichte und arbeitsfreudige Hund ist inzwischen mehr und mehr zum Haushund geworden. Nachdem ihn die Landwirte nicht mehr im alten Ausmaß brauchten, drohte er Anfang des 2. Weltkrieges fast auszusterben. Engagierten Kynologen gelang es, in ihm aus der Wikingerzeit stammendes Kulturgut zu erhalten; die FCI hat die Rassenbeschreibung unter Nr. 14 registriert.

Farbtafel 2. Mit dem ordnungsgemäßen Verschluß des Pferches ist das Einpferchen abgeschlossen.

Abb. 58. Isländer Spitze gehen als sehr alte Rasse auf Wikingerhunde zurück.

Abb. 59. Der kleine schwedische Schäferspitz steht in verwandtschaftlicher Beziehung zum Welsh-Corgi-Pembroke.

In diesem Standard wird der Västgötaspets als ein kleiner, kräftiger, niedriger Hund im langen Rechteckformat 2:5 beschrieben. Erscheinung und Ausdruck vermitteln den Eindruck eines wachsamen, lebhaften und tatkräftigen Hundes. Weitere Besonderheiten sind: ovale Lidspaltenform; Vorhand sehr kräftig ausgebildet; die waagerecht getragene Rute mißt höchstens 10 cm, anderenfalls kann sie gekürzt werden. Größe: 32 cm für Rüden und 31 cm für Hündinnen mit einem Gewicht zwischen 9 und 14 kg. Als wünschenswerte Farben sind angegeben: Stahlgrau, Graubraun, Graugelb, Rötlichgelb oder Rötlichbraun mit jeweils dunkleren Haaren an Rücken, Nacken und Rumpfseiten. Erlaubt sind auch hellere Schattierungen oder weiße Abzeichen, begrenzt auf ein Drittel der Grundfarbe, an Fang, Hals, Brust, Bauch, Keulen, Läufen und Sprunggelenken.

Der **Lapinporokoira** *(Lapsk Vallhund, Lapponian Herder, Lappen-Rentierhund)*, ein von den Lappen in Finnland zum Bewachen, Beschützen und Handhaben der Rentierherden benutzter Spitztyp, stammt aus dem gleichen Hundepotential, das allen nordischen Hunderassen zur Ausgangsbasis wurde. Das arktische Klima, die Eigenart der betreuten Tierart und die vom Jahreszeitenrhythmus der Rentiere bestimmte, nomadisierende Lebensweise der Nordlandhirten haben den Typ und die Wesensart dieses folgsamen, freundlichen, energischen und

Abb. 60. Norwegische Buhunde haben die gleichen Vorfahren wie Island-Spitze.

Abb. 61. Lappen-Rentierhunde sind bellfreudige Spezialisten für unwegsames Gelände und rauhes Klima.

Abb. 62. Lappenspitze sind inzwischen zu geschätzten Wächtern schwedischer Häuser und Höfe geworden.

einsatzwilligen Hundes geformt. Dies gilt auch fürs häufige Bellen, was in unübersichtlichem, naturbelassenem Gelände beim Umgang mit fast wilden Nutztieren sich als nützlich erweist. Sozialer Wandel und damit verbunden, wachsendes Interesse für Andersartiges hätte fast das Aussterben der Rasse, durch Einkreuzung südlicher Hunderassen, bewirkt. Wie so oft kam die Erkenntnis, daß das eigene, bewährte Zuchtprodukt doch auf Dauer brauchbarer ist, gerade noch zurecht, um den Lappinporokoira durch gezielte Zuchtbemühungen zu retten. Von der FCI wurde er unter der Nr. 284 für Finnland zur Registrierung anerkannt.

Die Rassebeschreibung fordert einen mittelgroßen, im Rechteck stehenden Hund mit starkem Knochenbau und kräftiger Muskulatur (Schulterhöhe für Rüden 49–55 cm und für Hündinnen 43–49 cm). Sein Felltyp muß den klimatischen Bedingungen seines arktischen Lebensraumes angepaßt sein.

Etwas kleiner ist der **Lapinkoira** *(Finnischer Lapphund)*, der mehr dem Schwedischen Lapphund ähnelt. Sein Standard wurde schon früher von der FCI unter der Nr. 189 veröffentlicht.

Der **Lappländsk Spets** *(Lapphund, Lappenspitz)* hat ein weiter nach Süden reichendes Verbreitungsgebiet und damit auch weiteres Betätigungsfeld. Hierzu gehört heute vor allem die Bewachung von Haus und Hof, seine Kinderliebe wird besonders geschätzt. Ihn bewahrten südschwedische Züchter schon vor dem letzten Krieg vorm Vergessenwerden und erreichten die Anerkennung der FCI unter Nr. 135.

Der mittelgroße Spitz (♂ 48 cm, ♀ 43 cm) ist steifbürstenartig, üppig behaart in vorzugsweise dunklen Farben, hat dichte, feingewellte Unterwolle. Früher, vor 1980, waren angewölfte Stummelrute und Kupieren erlaubt.

Ein interessanter ehemaliger Treibhund, zwischen Nord- und Ostsee beheimatet, erlebte in der Hand dänischer Züchter in den letzten Jahrzehnten eine zweite »Auferstehung«. Dieser Rüdennachkomme geht auf die *Danske Hunde* zurück, die Anfang vorigen Jahrhunderts als Veredelung dort beheimateter, großer Schlachterhunde beschrieben wurden. Bemühungen des Dänenkönigs Friedrich VII. zur Erhaltung der Rasse hatten wenig Erfolg, erst ab 1855 gelang es v. Sehested auf Broholm in Fünen eine Vermehrungszucht aufzubauen. Für diesen *Broholmer* entstand die erste Rassenbeschreibung 1886, einige Jahre danach geriet er aber schon wieder in Vergessenheit. Sein ursprünglicher Standard wurde nach Wiederaufbau der Zucht, nur geringfügig geändert. 1982 von der FCI angenommen und unter Nr. 315 veröffentlicht.

Der **Broholmer,** ein großer, kräftiger Mastiff-Typ im Rechteckformat, hat eine Schulterhöhe von mindestens 75 cm für Rüden und 70 cm für Hündinnen. Charakteristisch ist die auffallend dominierende, kräftige Vorhand. Er zeigt dazu passend einen großen, breiten Kopf, einen kräftigen, leicht gebogenen Hals und breite Brust. In der Regel wird der Kopf ein wenig hängend getragen. Das Fell ist kurzhaarig, von gelber bzw. brauner Farbe mit schwarzer Maske oder schwarz mit weißen Abzeichen an Brust, Füßen und Schwanzspitze. Sein Gang wirkt kraftvoll und ruhig. Der Broholmer ist ein zuverlässiger, ausgeglichen gutmütiger und sehr wachsamer Hund.

Polnische, tschechoslowakische und rumänische Schäferhunde

Polen und sein Nachbarland, die **ČSSR,** haben, in wechselvollem Kontakt mit anderen Gebieten Europas, eine alte Schafhaltungstradition, die sich, neben der Nutzung des Flachlandes und der Mittelgebirge mit gehüteten Herden, vor allem auf die Gebirgsregionen der beide Länder verbindenden Beskiden und Tatra erstreckt. Abgesehen von der in diesen Höhengebieten noch praktizierten Gewinnung und Verarbeitung von Schafmilch, die unter anderem auch Impulse für neuerliche Arbeiten des Gießener Tierzuchtinstituts über Schafmilchnutzung gaben, machte der Verfasser dort vor 45 Jahren seine ersten Erfahrungen mit der Zucht und Haltung von Schafen. Trotz für beide Seiten durch Kriegserinnerungen belasteter Vergangenheit, bestehen die damals begonnenen, menschlichen Beziehungen fort, verstärkt durch inzwischen entstandene Kontakte zu Wissenschaftlern der landwirtschaftlichen Hochschule Warschau und des zootechnischen Instituts Krakau. Unvergessen bleibt der polnische Schafzuchtexperte Prof. Jełowicki, der später an der Universität Krakau wirkte. Er war es, der bei dem jungen Gutsverwalter die Begeisterung weckte, für alles was mit Schafen zu tun hat, von der Wolle bis zu den Schäferhunden.

Immer wieder gestört von politischen Erschwernissen vieler Teilungen und Herrschaftswechsel, kriegerischen Auseinandersetzungen und Nachkriegswirren hatten die Schäfer dieser beiden Länder keinen leichten Stand in den letzten 300 Jahren. Der Fortbestand ihrer Herden war davon genauso betroffen wie die Zucht ihrer Hunde, die ähnlich wie in Jugoslawien und Rußland allen Fremden gegenüber reserviert und verteidigungsbereit sein mußten. Trotzdem entwickelten sich dort vergleichbare Schutz- und Hütehundschläge, wie im übrigen Europa, die nach Meinung vieler Kynologen auch bei der Entstehung anderer Rassen z. B. des modernen *Bearded-Collie* mitgewirkt haben. Vorherige, zeitweise Ausdehnung des polnischen Herrschaftsbereichs weit nach Nord- und Südosten hat sicherlich auch zu wechselseitigen Beziehungen mit den dortigen Hirtenhund-Populationen geführt. Die Polen sind schon lange erfolgreiche Haustierzüchter und -halter, sie entwikkeln dabei ein sehr realistisches, aber immer persönliches und zuwendungsbetontes Verhältnis zu ihren Tieren.

All diese außergewöhnlichen Umstände haben sicherlich bewirkt, daß polnische Schäfer, mehr noch als ihre Berufskollegen andernorts, in erster Linie Wert legen mußten auf hervorragende und zuverlässige Wesensveranlagung ihrer Hunde. Selbständigkeit und Reserviertheit Fremden gegenüber sind weitere Eigenschaften, die aus der Situation heraus gefordert waren. Aus der Vielzahl, der auch in diesen Ländern ent-

Abb. 63. Polnische Niederungs-Hütehunde sind ruhig, klug und leicht auszubilden.

standenen Hirten- und Hütehundschlägen, die noch immer Schutzaufgaben gegen Beutegreifer haben, sind dank der Bemühungen des Kynologischen Vereins Polens und der Slowakischen Kynologen international inzwischen drei Rassen bekannt geworden. In Westdeutschland werden sie im VDH vom Allgemeinen Club für Polnische Hunderasse e. V. (APH) vertreten.

Der **Polski Owczarek Nizinny (PON)** *(Polnischer Niederungs-Hütehund)* ist auch ein altes Mitglied der großen Gruppe langhaariger Hüte- und Schutzhunde, die in ganz Europa bis nach Rußland hinein anzutreffen sind. Seine Rassenbeschreibung wurde 1963 von der FCI offiziell unter Nr. 251a anerkannt. Er ist heute in Polen von der Ostseeküste bis zum Gebiet von Lublin im Süden in der Landwirtschaft anzutreffen. Sportkynologen fanden erst relativ spät Interesse an diesem in der Größe anfangs sehr unterschiedlichen, heute mittelgroßen, untersetzten Hund mit dem flotten »Bärengang«.

Der ruhige, kluge Hütehund, der sich leicht schulen läßt, ist wild- und geflügelfromm und hat sich inzwischen auch in der Stadt gut eingelebt, sofern der von ihm geforderte enge Familienanschluß gewährt wird.

Trotzdem sind die Züchter angehalten, den Herdengebrauchshundetyp zu erhalten, zu dem, abgesehen von Widerstandsfähigkeit, ein lebhaftes Wesen, Beherrschtheit, Wachsamkeit und ein gutes Gedächtnis gehören.

Der PON neigt zum Größerwerden und sollte für Rüden 50 cm und für Hündinnen 45 cm Widerristhöhe mit Rechteckformat 9:10 bei einem Gewicht von 15 (♀) und 17 kg (♂) nicht überschreiten. Sein Schädel ist relativ breit mit deutlichem Stop und stumpfer Nase mit schwarzem oder braunem zur Fellfarbe passendem Nasenschwamm. Normalerweise hat er einen Zangenbiß, Scherenbiß ist erlaubt. Die mittelgroßen, herzförmigen Hängeohren liegen mit der Vorderkante auf den Backen. Der gut bemuskelte Rumpf steht auf einem starken Fundament. Sofern voll ausgebildet, wird die Rute säbelförmig getragen, angewölfte Stummelrute ist erlaubt, ebenso wie das Kupieren auf zwei Schwanzwirbel. Angaben zur Rute sind Bestandteil der Wurfmeldung und der Ahnentafel, da zur Vermeidung eines Stummelruten-Letalfaktors bei Homozygotie, Mischpaarungen mit einem Lang- oder Mittellangschwanz angestrebt werden.

Der ganze Hund ist von langem, dichtem Zotthaar, das sich mittelhart, ziegenhaarartig anfaßt, bedeckt, auf weicher, dichter Unterwolle. Es sind alle Farben und Scheckungen anerkannt, nur nicht die durch den Merlefaktor bewirkte, zerrissene Harlekinsprenkelung. Als ausschließende Fehler werden, neben anatomischen und Fellabweichungen sowie gelben Augen, an erster Stelle Nervosität, Trägheit und feiges Benehmen im Standard genannt.

Gebrauchshundeschläge der hohen Tatra, die seit Jahrhunderten den Goralen-Bergbauern als Schutzhunde für ihre Herden und ihre Höfe dienten, haben gemeinsame Vorfahren mit den großen weißen Hirtenhunden der ČSSR, Italiens, Ungarns u. a., bildeten aber keine ausgeglichene Rassengruppe. Sie werden heute als *Tatrahunde, Liptaki* oder *Goralenhunde* bezeichnet. Zwischen

Abb. 64. Begleitet von polnischen Tatra-Gebirgshunden führen Goralenschäfer ihre Herden auf die Hochgebirgsweiden in den Beskiden.

Abb. 65. Slowensky Čuvač.

dem 1. und 2. Weltkrieg begannen erste Ansätze zur Zucht nach aufgestellten Rassemerkmalen. Die Gebirgshunde wurden in Polen daraufhin zur Mode und zum Statussymbol, was zwar zur Verbreitung der Rasse beitrug, aber die Vereinheitlichung praktisch unmöglich machte. Nach dem 2. Weltkrieg erneuerte ernsthafte Bemühungen führten zur Neufassung des Standards für den jetzt **Owczarek Podhalanski** genannten Hirtenhund, der dann im Januar 1973 von der FCI unter Nr. 252a für verbindlich erklärt und bestätigt wurde. Seitdem findet er international ebenfalls vermehrt Interesse.

Der **Owczarek Podhalanski** *(Polnischer Tatra-Gebirgshund)*, ein aufmerksamer, gelehriger und beherrschter Hirtenhund mit guten Anlagen zu erfolgreicher Ausbildung, ist wegen seiner attraktiven Erscheinung und seines Wesens auch ein geeigneter Begleithund.

Sein harmonisch gebauter, kräftiger Körper bildet auf stabilem Fundament ein knappes Rechteck, Hündinnen etwas länger, mit für Rüden 65–70 cm und Hündinnen 60 bis 65 cm Schulterhöhe. Der breite, leicht gewölbte Schädel trägt einen kurzen, schwach zugespitzten Gesichtsteil mit schwarzem, breitem Nasenschwamm und ziemlich ausgeprägtem Stop. Dicht und dick behaart sind die dreieckigen Hängeohren, die weit hinter dem Kopf anliegen. Das Fell ist rein weiß und am ganzen Kopf, den Vorderseiten und unteren Abschnitten der Läufe kurz und geschlossen. Den Hals bedeckt eine Mähne, die Schenkel dichtes längeres Haar. Am Rumpf sind die Haare lang, gerade oder höchstens leicht gewellt, das gesamte Haarkleid ist fest mit reichlich Unterwolle. Ausschließende Fehler sind mittlere bis schwere HD, Gebißanomalien, wenig Stop, spitzer Fang, Rute auf dem Rücken getragen, krauses, seidiges Haarkleid ohne Unterwolle sowie Nervosität, Feigheit, Aggressivität.

Der **Slovensky Čuvač** *(Slowakischer Tschouvatsch)* ist ein Hund der Slowaken und nicht der Slowenen, wie oft angegeben, sonst müßte er Slovinsky Čuvač benannt werden. Aus vergleichbaren Vorfahren wie bei den anderen großen, weißen Schutzhundrassen (s. Seiten 45 und 81) wurde hier eine dem Klima am Südhang von Tatra, Beskiden und Karpaten angepaßte Rasse, die aus Herdenhundschlägen entstand, wie sie von slowakischen Hirten über Jahrhunderte geformt worden waren. Auf der Basis dieser Hirtenhunde entwickelte der Tierarzt Professor Hruza, Brünn, die Rasse soweit, daß 1964 die FCI eine inzwischen erarbeitete Rassebeschreibung anerkennen konnte (Nr. 142).

Abb. 66. Carpatin, der Rumänische Hirtenhund, eine in der Karpatenregion entstandene Rasse.

Unterschiede zum *Tatra-Gebirgshund* bestehen in etwas größerer Körperlänge bei fast gleichem Schultermaß, längerem, schmalerem Schädel mit wenig Wölbung und sehr wenig Stop. Kurzbehaarte, noch weiter hinten angesetzte Ohren, brauner Nasenspiegel im Winter. Das Fell wirkt glatter und bildet schwächere Befederung an den Extremitäten. Im Rassestandard ist das Gewicht mit 35–45 kg für Rüden und 30–40 kg für Hündinnen angegeben.

In **Rumänien** betreibt man organisierte Hundezucht erst seit jüngster Zeit mit importierten Rassen. Die Schäfer des Landes sorgten aber schon immer selbst, wie ihre Kollegen andernorts, für geeignete Hirten- und Hütehunde (Kovacova, 1985). Siedler früherer Zeiten brachten die Schäferhunde ihrer Heimat mit, deren Nachkommen z. B. als *Banater Pudel* bezeichnet wurden. In gleicher Weise haben bewährte Gebrauchshundeschläge der Nachbarvölker (Jugoslawen, Russen, Ungarn) Verwendung bei den Herden gefunden. Daraus entstand als *Rumänischer Hirtenhund* der wolfsgraue **Carpatin** *(Ciobanescul carpatin)* im Typ eines leichten *Kaukasiers*.

In den Gebirgsregionen der Moldauprovinz hüten die Schäfer mit dem bärtigen **Mocano,** der offiziell als *Ciobanescul romanesc mioritic* bezeichnet wird. Er entspricht dem *Südrussischen Owtscharka* und ist inzwischen, genau wie der Carpatin, vom Hundezuchtverband Rumäniens als Rasse anerkannt worden.

Hirtenhunde der Schweiz

Pfahlbauer der Neusteinzeit hatten auf dem Boden der heutigen Eidgenossen bereits feingliedrige, mittelgroße Hunde, wie Knochenfunde aufzeigten, denen man den Namen »Torfhund« gab.

Ob andere durchziehende Völker oder die Römer, die dort über 300 Jahre lang Siedlungen und Nachschublager unterhielten, oder die nachrückenden Alemannen mehr oder weniger zur Entwicklung der dem Alpenland eigenen Hirtenhunde beigetragen haben, muß ungewiß bleiben. Die Lebensumstände der Hirten und Viehtreiber hinterlassen keine für spätere Ausgrabungen zugängliche Spuren.

Auffällig ist, daß hier Treibhundschläge entstanden, wie sie von der römischen Militärverwaltung zum Marschtransport ihrer Nachschubherden, der Fleischversorgung ihrer Legionäre und später von Metzgern und Viehhändlern Europas bis in die Neuzeit benutzt wurden. Die klassischen Treib- und Schutzhunde passen zur Eigenart einer Bewirtschaftung großer, hängiger und natürlich begrenzter Graslandflächen im Hochgebirge, den Almen. Hier bedeutet »hüten« etwas ganz anderes als im ackerbaulich genutzten Flachland. Dies um so mehr, da im Alpenraum das Milchvieh (Kühe und Ziegen), anders als die dort viel selteneren, sich selbst überlassenen Schafe, täglich zweimal zum Melken umgetrieben werden muß.

In der Hand von Bergbauern, Sennern und Sennerinnen, die in der Bergeinsamkeit die Almwirtschaft betrieben, entstanden Hundeschläge, die sich zur Bewachung, zum Treiben und Zusammenhalten der Herde und teilweise auch zur Zugarbeit eignen, wie sie heute noch benutzt werden. Um die Jahrhundertwende, nachdem der Bernhardiner mit seiner Beliebtheit das Interesse an Rassezucht geweckt hatte, entwickelten engagierte Kynologen, allen voran Prof. Heim, die in aller Welt bekannten vier Sennenhund-Rassen. Unter Beibehaltung ihrer Wach- und Schutzbegabung wurden sie zu zuverlässigen Haus- und Begleithunden, die in Westdeutschland vom Schweizer Sennenhundverein für Deutschland e. V. betreut werden.

Im Gegensatz zu den Landschlägen haben moderne Sennenhunde der vier Rassen eine recht einheitliche Färbung. Sie sind schwarz mit gelbroten, symmetrischen Abzeichen an Kopf und Läufen sowie begrenzten, ebenfalls symmetrischen weißen Abzeichen vornehmlich am Kopf und auf der Brust. Hier ist eine Kreuzform, in Anlehnung an das Schweizer Kreuz, sehr begehrt. In sehr vielen Würfen kommen immer noch Abweichungen dieser Standardregeln vor. Die be-

Abb. 67. Große Schweizer Sennenhunde werden seit 1908 planmäßig gezüchtet.

Abb. 68. Der Berner Sennenhund ist der einzige langhaarige der vier Treibhundrassen aus der Schweiz.

gleichlautende Puli. Damit erübrigen sich weitere Versuche, die Namensherkunft aus Wort- oder Sinnbeziehungen zu anderen Sprachen des Vorderen Orients zu erklären.

Bordeaux berichtet 1974, daß die bisher bekannten ältesten Tontafeln, auf denen der Ku Assa erwähnt wird, vor etwa 6000 bis 7000 Jahren beschrieben wurden. Ausgegraben hat man sie in den sumerischen Städten Kish (östlich von Babylon) und Ugarit. Weitere diesbezügliche Inschriften, auch auf anderen Materialien, wie flachen Knochen oder Waffen, fanden sich für die Folgezeit ebenso an anderen Plätzen in Mesopotamien. Die Namen und Skeletteile der sumerischen Hirtenhunde, vor allem des Ku Assa, tauchen, so wie zuvor, auch in späteren Zeiten dann im Kaukasus, am Kaspischen Meer, an den Flüssen Don und Dnjepr sowie auf der Halbinsel Krim im Schwarzen Meer auf.

Bis im Jahr 895 die Magyaren im Karpatenbogen eintrafen, stießen die Archäologen immer wieder entlang der Wege des wandernden Volkes auf Beweise für die Präsenz des Ku Assa. Danach bricht die Information für 600 Jahre vollständig ab. Bordeaux erklärt dies mit den Folgen der unmittelbar nach der Landnahme einsetzenden Christianisierung. Damit verloren die Magyaren ihre Religion, ihre Priester, die als einzige schriftkundig waren, und damit auch ihre Schrift. Die ausländischen Missionare benutzten nur das Latein, und es dauerte lange Zeit, bis sie sich für die Welt der kleinen Leute interessierten und auch die Namen der alten Hirtenhunde in die neuen Buchstaben übertrugen. So wie das sumerische Wort für Hund »Kun Ada« über Kun Da und Kud Da zu ungarisch »Kutya« wurde, so verlief der Wandel beim sumerischen Ku Assa über Ku Ass und Kuasz zum heutigen »Kuvasz«.

Die gebräuchlichen, kurzen ungarischen Rassennamen haben sich unverändert in der ganzen Welt ohne Übersetzung durchgesetzt. Der Klub für Ungarische Hirtenhunde e. V. betreut die Rassen in Westdeutschland.

Der **Komondor** wird seit 1841 reinrassig gezüchtet und ist bei der FCI unter Nr. 53 registriert. Durch soziale Umwälzungen und die beiden letzten Kriege war die Zucht in Ungarn oft in größter Gefahr. Dies ganz besonders, weil gleichzeitig sein Arbeitseinsatz nach Verdrängung der Beutegreifer und Wegfall der weitläufigen Weiden sowie Ersatz der Zackelschafe durch Hochleistungsrassen nicht mehr gefragt ist. Als hervorragender Wächter und imposanter Begleithund hat sich der Komondor inzwischen die Welt erobert und fehlt fast auf keiner Ausstellung. Er ist von zäher Natur und robust, neigt nicht zum Schmeicheln, bleibt lange mißtrauisch und greift, wenn nötig, lautlos und verwegen an. Die Wiederentdeckung seiner ursprünglichen Fähigkeiten bei der Abwehr von Kojoten und verwilderten Hunden in den USA läßt hoffen, daß auf ihn und andere alte Hirtenhundrassen neue Aufgaben warten.

Sein Wuchs ist groß und kräftig, im kurzen Rechteck, mit 104 % Länge bei einer Widerristhöhe von 65 bis über 80 cm für Rüden und 55 bis über 70 cm bei Hündinnen und einem Gewicht zwischen 40 und 60 kg. Der Kopf wird breit, aber doch edel proportioniert gefordert, wobei die Länge des bemerkbar abgesetzten Hirnschädels die der Schnauzenpartie übersteigt. Das fest anliegende Hängeohr ist hochangesetzt. Haut und möglichst viel Schleimhaut, vor allem alle sichtbare, nicht aber die Zunge, sollen schwarz bis schiefergrau pigmentiert sein. Die hängend getragene Rute ist tiefangesetzt. Das 11 bis 27 cm lange, weiße Haar-

Farbtafel 3. Der Entlebucher Sennenhund diente den Schäfern im Kanton Luzern. 1926 wurde er in letzter Minute vor dem Aussterben bewahrt.

kleid bedeckt den ganzen Körper mit rauhem Deckhaar und feiner Unterwolle, es ist dicht und zottig, gestreckt in Platten oder leicht gewellt in Schnüren verfilzt, sowie am Vorderrumpf (15 bis 22 cm) und Hinterhand (20 bis 27 cm) länger. Ohne ständiges Trennen der Schnüre bilden sich sehr bald breitere Filzplatten. Für die Ausbildung des Typs der »Puszta-Behaarung« bestehen nach E. Mohr (1956) genetische Voraussetzungen. Die ganze Pracht wird bei der Arbeit und für Hündinnen oft schon nach der Hitze, in der Säugezeit und nach Krankheiten abgehaart.

Der **Kuvasz** ist ein auffallend schöner, weißer Hirtenhund, für den Reinzucht 1883 begann und dessen Standard 1934 von der FCI anerkannt und 1937 international unter Nr. 54 verbindlich gemacht wurde. Er erlebte eine lange nicht minder von Auf- und Niedergang geprägte Zuchtgeschichte, in der die Abgrenzung zum Komondor oft unscharf blieb. Nach dem Wegfall seines Aufgabenbereichs nutzte man seinen Wachtrieb und nahm ihn an die Kette in den Dörfern, wo ihm jedwede Kreuzung nicht erspart blieb. Das hatte seine Folgen, als nach dem Ersten Weltkrieg erneutes Interesse weltweit aufkam, wurden anfänglich bis 1937 neben dem Standardweiß auch pigmentierte Tiere ins Zuchtbuch eingetragen. Der Zweite Weltkrieg und der Aufstand 1956 zerstörten im Stammland das Zuchtpotential fast völlig. Aus mehreren in der Welt entstandenen Zuchtclubs für Ungarische Hirtenhunde, der größte zur Zeit in Deutschland, konnten jetzt gute Zuchttiere zum Wiederaufbau beigesteuert werden, um ein Aussterben der Rasse im Heimatland zu verhindern. Wie einige Beispiele bewiesen haben, ist dabei auch die nahe Verwandtschaft zu *Pommerschem Schäferhund, Owczarek Podhalanski, Čuvač* (s. S. 34, 73) und anderen Hirtenhunden südeuropäischer Gebirgsregionen hilfreich gewesen, sofern, wie bei den Südeuropäern, die Gaumenschleimhaut schwarz pigmentiert ist. Sein Hirtenhundwesen hat sich weitgehend erhalten können, jedoch fehlt die ausgesprochene Hüteveranlagung, wie einige deutsche Schäfer versuchsweise in Erfahrung brachten.

Der gut proportionierte, großwüchsige Hund steht ebenfalls im knappen Rechteck mit starkem, jedoch nicht grobem Knochenbau und trockener Muskulatur. Stand der Gliedmaßen und Form des Rumpfes kennzeichnen ihn als unermüdlichen Arbeiter mit 66 bis 75 cm Stockmaß. Am länglichen, nur leicht gewölbten Schädel, mit deutlicher Stirnfurche bis zum Nasenrücken und mildem Stopp, liegt das hochangesetzte Ohr fest an. Sichtbare Schleimhäute und Nasenspiegel sind schwarz pigmentiert, übrige Schleimhaut im Maul und die Haut schiefergrau, die Zunge aber rot. Das weiße, ausnahmsweise elfenbeinfarbene Haarkleid ist an Kopf und Extremitätenvorderseite 1 bis 2 cm kurz und fest anliegend, am übrigen Körper derb, nicht filzend, flach gewellt und mittellang (4 bis 12 cm) mit feinem Flaum unterlegt. Dazu gehört eine auf die Vorderbrust ausgedehnte Kragen- und Hosen- sowie Rutenbefederung. Die Rute ist tiefangesetzt und wird hängend getragen. Paßgang ist beim Kuvasz zulässig.

Puli wird, der ebenfalls schon bei den Sumerern bekannte kleinste ungarische Herdenhund genannt, ein quicklebendiger, unermüdlich laufender, lautgebender Hüter, der sich vor schweren Bullen nicht fürchtet. Sein 1924 verbesserter Standard wurde 1937 von der FCI unter Nr. 55 anerkannt und 1968 letztmalig geändert. Er gilt als der kleinste für den Polizeidienst geeignete Hund, aber dies sicherlich nicht im Ausstellungslook. Letzteres gilt auch für den Wach- und Hüteeinsatz in zahlreichen

Farbtafel 4. Lang-stockhaariger Altdeutscher Schäferhund, im Hintergrund der zotthaarige Mannhund.

Gebieten der UdSSR, wo man seinen Arbeitseifer schätzt.

Der mittelgroße Hütehund steht im Quadrat mit einer Schulterhöhe von 40 bis 44 cm für Rüden und 37 bis 41 cm für Hündinnen, zulässig sind Über- und Unterschreitungen um jeweils 3 cm. Die Gewichte liegen zwischen 10 und 15 kg. Da die Rute geringelt auf den Lenden getragen wird, erscheint der ganz von einer eigenartigen Behaarung umgebene Körper nach hinten ansteigend. Pigmentiert sind Haut (schiefergrau) und Schleimhäute, sichtbare schwarz, Gaumen dunkel mit schwarzen Flecken. Im Kontrast dazu steht die kräftig rote Zunge. Das aus gröberen Deck- und feineren Wollhaaren bestehende, bis zu 18 cm lange Haarkleid soll in langen schmalen Filzplatten herabhängen. Zuviel Unterwolle bewirkt breite, knotige Filzbretter, die »Speckseiten«. Der Puli haart ab, bei der Arbeit, beim Säugen und nach überstandener Krankheit. Zulässige Farben sind einheitliches Schwarz (das zu Rostrot aufhellt), alle Grautönungen und seit 1966 wieder Weiß, alle grundsätzlich ohne Scheckung.

Pumi wird eine jüngere ungarische Rasse genannt, die aus verschiedenen kleineren Hütehundschlägen, darunter auch deutsche und französische, vielleicht sogar unter Mitwirkung von Terriern, entstanden sein soll. Obwohl der Name schon 1801 nachweisbar ist, kam der *Pumi* erst ab 1923 auf Ausstellungen. Noch immer ist diese Rasse, der nicht soviel Interesse entgegengebracht wird wie den ersten drei, nicht ganz ausgeglichen im Erscheinungsbild. Die FCI hatte den neuesten Standard 1966 unter Nr. 56 regi-

Abb. 75. Zotthaariger ungarischer Hirtenhund *Komondor*, ein Nachkomme mesopotamischer Herdenbeschützer.
Abb. 76. Stockhaariger ungarischer Hirtenhund, *Kuvasz*, dessen Vorfahren schon vor 5000 Jahren Pferdeherden beschützt haben.
Abb. 77. Mittelgroßer, zotthaariger Ungarischer Herdenhund *Puli*, eine sicherlich über 5000 Jahre alte Rasse.

Abb. 78. Der ungarische *Pumi* entstand im 19. Jahrhundert aus Kombinationen westeuropäischer Hütehunde.

Abb. 79. Der Anatolische Schwarzkopf ist ein uralter Hirtenhundschlag des Orients.

striert. Ein außerordentlich beweglicher, lustig wirkender Hüte- und Hofhund, der gerne bei Schweineherden eingesetzt wurde und auch bei Wildschweinjagden zu gebrauchen ist. In Rußland ist er ein viel genutzter Hütehund bei Merinoherden, der sich sehr gut im Kraftfahrzeugverkehr bewährt.

In Körperbau und Größe (35 bis 45 cm bei 8 bis 13 kg Gewicht) ähnelt er dem *Puli,* nur der Kopf mit seinem hochangesetzten Kippohr erinnert etwas an Terrier. Stummelschwänze kommen vor, deshalb ist Kürzung der waagerecht getragenen Rute auf zwei Drittel zulässig. Haut- und Schleimhautpigmentierung wie beim *Puli,* aber ohne Flekken. Das Fell darf nicht verfilzen oder zottig werden, es ist kurz, derb und gekräuselt oder etwas länger und gewellt, läßt die Gesichtspartie frei, obwohl die Ohren längeres und dichteres Rauhhaar aufweisen. Mehrfarbig, aber ohne Scheckung, sind alle Abtönungen von weiß bis grauschwarz und rötlichbraun zugelassen.

Mudi (Abb. 12) ist der Name eines Schäferhundes, dessen Rasse erst zur Jahrhundertwende entstand. Im Jahre 1966 wurde der Standard von der FCI unter Nr. 238 anerkannt, bei uns ist er bis jetzt nahezu unbekannt. Die in manchen Beschreibungen benutzte Bezeichnung »Treibhund« dürfte auf einem Mißverständnis beruhen, das Hüten als Treiben versteht; um 1900 waren Treibhunde bereits nicht mehr gefragt. Der temperamentvolle, energische Schäferhund von mittlerer Größe (35 bis 47 cm, 8 bis 13 kg) hat einen schmalen, länglichen Kopf mit zugespitzter Nase und hochangesetzten Stehohren. Das 5 bis 7 cm lange Körperhaar steht dicht, stellenweise gewirbelt, ist gewellt und glänzend, an Kopf und Unterfüßen extrem kurz. Auf immer dunkler Haut, die an freien Stellen schwarz ist, steht ein glänzend schwarzes oder weißes Fell, auch meliert oder gescheckt kommt vor. Seine Gesamterscheinung erinnert an den *Kroatischen Schäferhund.*

Hirtenhunde aus dem Vorderen Orient und Afrika

Anatolien, das Kerngebiet der heutigen Türkei, war, neben Südrußland, seit Beginn der Steinzeit eine Brücke für Völkerwanderungen und Kriegszüge zwischen Asien und Europa. Das von Gebirgen umgebene und

Abb. 80. Ebenso dürften die Anatolischen Weißköpfe auf sehr alte Hirtenhundschläge des Orients zurückgehen.

durchzogene, ausgedehnte Hochplateau (900 bis 1200 m) ist ein Weidegebiet, in dem sich Hirten nur behaupten konnten, wenn sie von kräftigen, ausdauernden Schutzhunden unterstützt wurden. Durchziehende und dort seßhaft gewordene Völker haben ihre Spuren sicherlich auch in der anatolischen Hundepopulation hinterlassen, jedoch ist uns darüber Genaueres nicht bekannt. 99 % der heutigen Bewohner sind Mohammedaner, die religionsbedingt ein anderes Verhältnis zum Hund haben als wir. Hierbei nehmen Jagdhunde und Hirtenhunde, die ursprünglich nicht getrennt zu sehen waren, zwar eine Sonderstellung ein, sie finden aber trotzdem auch heute noch nicht mehr Beachtung außerhalb ihrer Arbeitswelt, als dies für Hirten- und Hütehunde in anderen Kulturen bis vor noch gar nicht so langer Zeit genauso der Fall war. Englische und amerikanische Hundezüchter haben dafür gesorgt, daß wenigstens drei dieser uralten Hirtenhunde international bekannt geworden sind.

Der **Karabasch** *(Anatolischer Hirtenhund* oder wörtlich übersetzt: *Anatolischer Schwarzkopf)* wirkt wie ein Nachkomme der *Kampfhunde* der Großreiche des Altertums in Mesopotamien und Persien, die nach Meinung einiger Kynologen unter Mitwirkung der *Tibetdogge* und von Molosservorfahren entstanden sind. Der Karabasch ist ein bis zu 76 cm großer, starker Hund mit ausgedehnter schwarzer Maske, breitem Schädel und zu Hause meist ganz kurz kupiertem, schwarzem Hängeohr. Sein zumeist kurzes Fell zeigt weizengelbe bis rehbraune Farbe, die auch gestromt sein kann.

Dieser Hund erinnert an den *Mittelasiatischen Owtscharka* (FCI-Nr. 326), der bei

Abb. 81. Der Kangal trägt den Namen seiner Züchter, eines alten türkischen Geschlechts und des gleichbenannten Distrikts in der türkischen Provinz Sivas.

den turksprachigen Völkern der mittelasiatischen Sowjetrepubliken und südlich angrenzenden Regionen beheimatet ist (s. Seite 80). Auch er ist ein guter Wächter, harter Kämpfer und geübt im Umgang mit Schafherden. Im Gegensatz zur UdSSR haben Persien und die Türkei keine nationalen Hundezuchtorganisationen und daher keine FCI-Mitgliedschaft.

Akbasch (übersetzt: *Anatolischer Weißkopf)* ist der Name eines Hirtenhundes der westlichen Türkei, der als Mitglied der eurasischen Familie großer weißer Hirtenhunde in zweifacher Beziehung eine Sonderstellung einnimmt. Über ihn, der nach Körpermasse und -form ebenso variiert wie alle Hirtenhundschläge, besteht eine Brücke von dem *sumerischen Ku-Assa* über den *Kurdischen Steppenhund* zu den europäischen Verwandten (s. Seiten 32, 45, 57, 71). Außerdem ist sein leichterer, hochbeiniger Schlag beispielhaft für die seit altersher genutzte Jagdbefähigung, die hier sehr wahrscheinlich durch Windhundeinkreuzung, ähnlich wie auch anderenorts (s. Seite 92), den Einsatz bei der Hetzjagd ermöglichte.

Der moderne *Akbasch* hat eine Schulterhöhe im Bereich von 76 (♀) bis 81 (♂) cm, bei einem dementsprechenden Gewicht zwischen durchschnittlich 41 bis 55 kg, er erinnert je nach Beinlänge mehr oder weniger an Windhundtypen. Weiße Fellfarbe, pigmentierte Schleimhäute, dunkle Augen in mandelförmiger Lidspalte sowie zugespitzte, tief und weit hinten angesetzte Hängeohren sind weitere Kennzeichen. Neben Stockhaarigen gibt es Langhaarige mit glatter, leicht gewellter Behaarung. Beide Felltypen haben Unterwolle und mehr oder weniger lange Befederung an Beinen und Rute. Ihr ausgeprägter Hirtenhundcharakter gefällt durch die hinzukommende Gelassenheit, die sie, trotz deutlicher Unabhängigkeit, zu angenehmen Begleithunden und erfolgreichen Herdenbeschützern macht. Der Rassestandard wurde von der Akbasch Dog Association in den USA aufgestellt (Nelson & Nelson 1985).

Der **Kangal** wird seit Jahrhunderten von Aristokraten des gleichnamigen Distrikts der türkischen Provinz Sivas, im Anti-Taurus-Gebirge, zwischen den Oberläufen der Flüsse Irmak und Euphrat als Hirten-, Schutz- und Wachhund gezüchtet. Es ist davon auszugehen, daß die vor etwa 1000 Jahren nach Anatolien einwandernden Türken aus ihren Heimatregionen im Turkestan bereits Hunde ähnlichen Typs mitbrachten, die mit den *Tibetdoggen* aus benachbarten zentralasiatischen Gebieten in Beziehung standen.

Vom *Kangal-Hund* kann mit einiger Sicherheit behauptet werden, daß er schon länger auch ohne Zuchtbuch als Rassehund nach einem einheitlichen Typ selektiert wurde und nicht nur als Gebrauchshund Vermehrung erfuhr. Seine auch von türkischen Züchtern bestätigte Rassebeschreibung verfaßte der Kangal Dog Club of America in den USA, der als einziger ein Zuchtbuch für diese Rasse führt (Nelson & Nelson 1985).

Der große, schwarzgesichtige Hund mit einem Schultermaß von 80 cm und mehr trägt ein kurzes, dichtes Fell von braun-, licht- bis stahlgrauer Farbe, oft mit weißen Pfoten und ebensolchem Brustfleck, aber ohne Scheckung. Das Gewicht übersteigt bei Rüden nicht selten die 60-kg-Marke. Die weit hinten, hochangesetzten und stichelbehaarten Hängeohren werden im Heimatland kurz kupiert, wie bei den meisten Hirtenhunden, um tödliche Verletzungen beim Kampf mit Beutegreifern zu vermeiden. Der intelligente, bewährte Herdenbeschützer ist ebenso ein geschätzter Hofwächter. Er braucht viel Platz als Lebensraum, eine seiner Kraft angemessene Aufgabe und verständnisvolle Zuwendung; keinesfalls eignet er sich zum städtischen Feierabendhund.

Israel wird im Süden von der Negev-Wüste begrenzt, hier und in den Judäischen Wüsten lebt von den fünf Paria-Hundetypen des Mittleren Ostens noch immer der am meisten vorkommende Collie-Typ oder Prototyp des *Kanaan-Hundes* (Friedmann 1984). Er steht dort in Konkurrenz zu Wildtier- und Haustierpopulationen, so daß es gelegentlich zu Konflikten kommt mit den für Naturschutz und Gesundheitswesen verantwortlichen Behörden. Der Schutz von heimischen Beutegreifern und anderen wildlebenden Tierarten hat einen gewissen Vorrang. Aus dem Reservoir der Paria-Collies, die nur ganz selten mit Haushunden gemischt sind, entnehmen die Beduinen noch immer einzelne zur Zeltbewachung und Hütearbeit bei Eseln, Kamelen, Schafen und Ziegen benötigte Ersatztiere, die sie dann aufziehen. Dabei werden männliche Welpen bevorzugt. Hündinnen sieht man bei den Herden selten, in den Lagern werden sie, soweit überhaupt vorhanden, meist angepflockt. In Besitz genommene Hunde müssen mit Halsband gezeichnet sein, um sie dem Zugriff der Naturschützer entziehen zu können. Im Lager werfende Parias graben sich, genauso wie die freilebenden, eine Wurfhöhle. Von den einzelnen Beduinenstämmen und Lagern werden bestimmte Haar- und Körpertypen bzw. Fellfarben, die zwischen Rot und Gold mit Weiß liegen, bevorzugt, schwarz-weiß ist selten.

Der **Canaan-Dog** *(Kanaan-Hund)* entstammt dieser mehr oder weniger freilebenden Population und wurde seit 1934 von Frau Professor Menzel zur Rasse entwickelt und von israelischen Züchtern zur Anerkennung durch die FCI (Nr. 273) gebracht. Ein Hund von mittlerer Größe (50 bis 60 cm bei 18 bis 25 kg Gewicht), der gut proportioniert ist, sich lebhaft, mißtrauisch gegen Fremde, kämpferisch – ohne Raufbold zu sein –, wachsam und häuslich verhält. Ein anhänglicher, zahmer Schäferhund, der zum

Abb. 82. Kanaan-Hunde sind jüngstes Beispiel für die Nutzung wildlebender Paria-Hunde.

allgemeinen Gebrauch taugt, auch als Blindenhund und als Suchhund im Bergwerk.

Sein Kopf ist ohne Übertreibungen länglich, stumpfkeilig mit tief und breit angesetztem Spitzohr, das stehend erwünscht ist. Stopp leicht betont, Zangenbiß wird dem Scherenbiß vorgezogen. Die Körperfront ist quadratisch, Länge darf nur durch verkürzte Läufe zustande kommen. Brustkorb tief und mittelbreit bei gut aufgezogenem Hinterleib. Hinterhand mäßig gewinkelt, muskulös und von hinten gesehen im Lot stehend. Das Haar ist von mittlerer Länge, gerade und rauh, langes und kurzes Haar sind erlaubt, aber unerwünscht. Farbkombinationen gibt es von Sandfarben über Braun, Schwarz und Weiß mit Rot, ebenso Fleckung und Harlekin sowie weiße und dunkle Maske.

In Nordafrika hat **Marokko** das kynologische Patronat für den aus alten Kabylenhund-Schlägen, den Helfern der Gebirgshirten der Region, entstandenen Hund übernommen. Schon v. Stephanitz (1914) beschrieb nordafrikanische Schäferhundschläge, die stockhaarigen »Elsässern« zum Verwechseln ähnlich gewesen sein sollen. Auch der ägyptische *Armant* steht diesen Gebrauchshundeschlägen nicht sehr fern.

Der **Aidi** (FCI-Nr. 247) ergänzt die Reihe der stockhaarigen Hirten- und Schäferhunde der Alten Welt. Er wird im Standard als kräftiger, sehr rustikaler und beweglicher Hund beschrieben, der durch dichte, halblange (6 cm) Behaarung in allen Farben gut gegen Sonne und Bergkälte geschützt ist. Auffallend an seinem »Bärenkopf« ist das halbaufgerichtete Ohr, dessen Spitze je nach Gemütslage nach vorn oder hinten fallen kann. Die hängende Säbelrute trägt am Ende einen rassetypischen Büschel.

Frühe Aufzeichnungen aus dem **Zweistromland** (Mesopotamien) lassen es als gesichert erscheinen, daß bereits die Sumerer vor mehr als 5000 Jahren über Hunde verfügten, die ihre Hirten, Händler und Soldaten bei der Abwehr menschlicher und tierischer Angreifer unterstützten. Als deren Herkunftsgebiete werden die Hochgebirgsregionen im Norden und Osten Mesopotamiens genannt. Wie der ungarische Sumerologe Palfalvi (1967) sowie der aus Transsylvanien stammende Amerikaner Bordeaux und seine Frau (1974) berichten, waren diese Hunde in Sumer und Babylonien unter Namen bekannt, die eine direkte Beziehung zu den drei ältesten ungarischen Hirtenhunden Komondor, Kuvasz und Puli sehr wahrscheinlich erscheinen lassen. Ähnliche direkte oder auch indirekte, über antike Einflußbereiche bzw. spätere Völkerwanderungen entstandene Verbindungen gelten m. E. auch für folgende, bereits mehrfach erwähnte Rassen: Pommerscher Hütehund, französischer Pyrenäenberghund, spanischer Pyrenäenmastiff, Maremmen-Abruzzenhund, Tatrahund und Podhalanski, Slovensky Čuvač, Akbasch und Kurdischer Steppenhund. In diese Verwandtschaftsgruppe gehört möglicherweise auch der Kaukasische Owtscharka, der ebenfalls auch in weißer bzw. mehr oder weniger gescheckter Färbung gezüchtet wird (Bordeaux 1974).

Im Altertum war, ebensowenig wie bei uns im Mittelalter z. B. bei den *Rüden*, eine scharfe Trennung zwischen Hirtenhunden und Jagdhunden erforderlich. Zum Schutz der Herden mußten die Hirtenhunde Beutegreifer bereits in sicherer Entfernung aufspüren und bekämpfen sowie gegebenenfalls hetzen, um den Hirten das Abfangen zu ermöglichen. Dabei waren, wie für die Jagd zu bestimmten Zeiten, neben dem schweren, kräftigen Nahkämpfer auch schnelle, mit dem Auge jagende Hetzspezialisten von Vorteil (Fleming 1724). Hierfür eingesetzte Hunde entsprachen dem frühen Typ des *Windhundes,* wie er sich dann später zu den verschiedenen ursprünglichen Rassen des *»Tazys«* von **Afghanistan** bis in die Bergregionen weiter im Osten entwickelte. In diesem Zusammenhang ist die Ansicht des Kynologen Haugk (1960/62) bedenkenswert, der davon ausgeht, daß der langhaarige Gebirgsafghane aus einer Kreuzung mit langhaarigen, örtlichen Hirtenhundschlägen entstand. Auch für Afghanistan wurden schon vor langer Zeit, ebenso wie für andere von Hirten genutzte Gebirgsregionen, neben stockhaarigen Doggenschlägen (wie z. B. dem *Karabasch*) auch lang- oder zotthaarige Herdenhunde beschrieben. Um aber jedes Mißverständnis zu vermeiden, sei nochmals betont: »Keiner dieser Hundeschläge hat jemals gehütet, im Sinne heutiger Hundearbeit an kontinentaleuropäischen Herden.«

Hirtenhunde aus dem Mittleren und Fernen Osten

Das **Hochland von Tibet,** die nach Westen und Osten angrenzenden Gebirgsketten sowie deren vorgelagerte Landschaften sind die Wiege unserer meisten Nutzpflanzen und -tiere sowie der Mehrzahl der Menschenrassen (Bordeaux 1974). Dort stammen auch die Herden- und Kampfhunde her, die im Zweistromland und den ersten von dort ausgehenden Großreichen eine entscheidende Rolle gespielt haben. Vielfältige Handelsbeziehungen, Völkerwanderungen und Kriege trugen dazu bei, dort entstandene Hundeschläge und die Erfahrungen der Hirten in der Handhabung und erfolgreichen Beschützung von Haustierherden ins übrige Asien und nach Europa zu verbreiten. Außergewöhnlich rauhe klimatische Gegebenheiten und die gewaltige Gebirgslandschaft haben hier Menschen und Haustiere entstehen lassen, die sich seit Jahrtausenden behaupten konnten. Neben Schafen und Ziegen ist es vor allem der Yak, das Hochgebirgsrind Zentralasiens, der vieles zum Leben notwendige, einschließlich Wolle, liefert und als Trag- bzw. Reittier unentbehrlich ist. Zu seinem Schutz vor Beutegreifern und Räubern und zur Bewachung ihrer Behausungen mußten Tibetaner und ihre Hochgebirgsnachbarn schon immer mit Vorrang über eindrucks- und kraftvolle, bewegliche sowie unerschrockene Hunde verfügen, die auch Leittier sein können und einem Leben im unwegsamen Hochgebirge angepaßt sind. Letztere Forderung ergab sich auch für den schneller agierenden, leichteren Hund, der Fremde meldet, verstiegene Tiere sucht und zurückbringt sowie beim Ortswechsel für Fortbewegung und Zusammenhalt der Herden sorgt.

Der Handel mit den selbstgezüchteten Hunden muß schon sehr, sehr lange eine genutzte Möglichkeit der Gebirgsbewohner gewesen sein, sie ist es auch heute noch (Nouč 1980), um ihren begrenzten Lebensstandard etwas aufzubessern. Auch von Geschenken an benachbarte Herrscher und von Verwendung zu militärischen Zwecken berichten Abbildungen, Tontafeln und später griechische Autoren der vorchristlichen Zeit. Nomadenhirten hinterlassen keine auffindbaren Dokumente, so daß wir auf Berichte ihrer Nachbarn angewiesen sind. Fleig (1983) hat hierzu wichtige Informationen und Bildmaterial zusammengetragen und bricht, sehr berechtigt, eine Lanze für die Erhaltung dieses Kulturdenkmals einer urgesunden Rasse, z. B. durch eine Zuchtstätte in den Alpen. Natürlich ist die Viel-

Abb. 83. Die Tibetdogge, der Ausgangstyp vieler Hirtenhundrassen Asiens und Europas.

zahl der Hirtenhundschläge im ganzen Gebirgskomplex Zentralasiens nach wie vor vorhanden, nur wissen wir recht wenig davon (s. Seite 36). Schäfer züchten nur für den Gebrauch und nach eigenem Bedarf. Differenzen bezüglich früherer und späterer Größenangaben beruhen ggf. auf der Nichtbeachtung der Tatsache, daß dort Herdengebrauchsrüden meist schon sehr jung kastriert werden und dann bis zu 10 cm größer sind als unkastrierte. Alle tibetischen Rassen werden in Westdeutschland vom Internationalen Klub für Tibetische Hunderassen betreut.

Tibet-Mastiff *(Tibetdogge, Bhotia)* ist die Bezeichnung für einen Hochgebirgs-Hirtenhund, den Engländer als Zuchtrasse aus den Bergschlägen des Tibet entwickelt und zur Anerkennung durch die FCI (Nr. 230) gebracht haben. Vor allem die klimatische Umstellung vom Hochland von Tibet nach Großbritannien und andere Länder brachte gesundheitliche und Fortpflanzungsprobleme. Wer hat heute noch die Geduld und die Möglichkeit, über 100 und mehr Jahre hinweg zu planen, um das nachzuvollziehen, was schon im frühen Altertum geschah: Die über mehrere Generationsintervalle verteilte schrittweise Anpassung an Mittelgebirgs- oder Flachlandbedingungen. Aber vielleicht wäre schon die zuvor aufgegriffene Anregung von Fleig (1983) wert, verwirklicht zu werden. Es ist höchste Zeit dazu, denn viel reinblütiges Zuchtmaterial ist auch im Ursprungsland nicht mehr vorhanden. Soziale Umwälzungen und die Flucht der Tibeter seit 1950, nach Besetzung ihres Landes durch die Chinesen, haben die Zucht empfindlich reduziert.

Der kurz abgefaßte Zuchtstandard beschreibt den *Tibet-Mastiff* als mächtig mit schwerem Knochenbau, aber nicht massig, dabei von zahmem und nüchternem Charakter: ein guter Wachhund. Seine Größe soll für Rüden 64 bis 69 cm und Hündinnen von 56 bis 61 cm betragen (Gewicht ca. 50 kg). Der Kopf ist breit und massiv; Schnauze vom Typ Mastiff, aber leichter als beim englischen, kurz und glatt behaart. Das hängende Ohr hat mittlere Länge, ist herzförmig und seitlich angesetzt; es wird nach vorn getragen, wenn der Hund aufmerkt. Tiefe Brust, gute Übergänge und starke gerade Extremitäten gehören dazu. Die hochangesetzte Rute ist sehr dick, mit langem dichtem Haar, das im Büschel endet und zusammengerollt auf dem Rücken getragen wird. Die Behaarung ist lang und gerade mit schwerer, dichter Unterwolle in den samtig wirkenden Farben Schwarz mit oder ohne rote Abzeichen sowie goldfarbig. Dazu soll er einen feierlichen und freundlichen Ausdruck zeigen, sein Gang ist frei und flüssig.

Im Himalaya-Grenzgebiet **Nordindiens,** von Nepal bis Kaschmir, unterscheidet man nach Nouč (1980) bei den **Bhotias** *(= Tibet-Mastiff, Himalayan Sheepdog)* den schwarzen Bara-Benghali-Typ, neben schwarzroten Bharmouris und dem goldfarbenen Lahauli-Typ. Den **Kinauri-Kutta** *(Kinaura-Hunde)* gibt es in gleicher Verwendung dort neben *Bhotias,* er hat das Format eines großen *Tibet-Terriers* mit 50 bis 60 cm Schulterhöhe. Neben schwarz-rot und hellgoldfarben kommt der *Kinaura-Hund* auch in anthrazitfarben vor. Sogar ein *Tibet-Spaniel* wurde dort bei einer zur Gebirgsweide auftreibenden Herde gesehen.

Tibet-Terrier, Mohr (1956) bezeichnet sie als *Tibet-Puli,* haben eine ebenso alte Zuchtgeschichte wie die Tibetdoggen, in der einige seiner Schläge auch als Hütehunde genutzt werden. Unter Nr. 209 wurde sein Zuchstandard von der FCI anerkannt, der ihn als lebhaft, intelligent und weder wild noch kampflustig beschreibt. Ein mittelgroßer Terrier, der einem Miniatur-Bobtail gleicht. Ein von Mohr angestellter Vergleich mit einem zerkämmten Arbeits-*Puli* in dessen Fehlfarben, ist sicherlich genauso zutreffend. Er ist 35 bis 40 cm groß, Hündinnen oft etwas kleiner. Der Kopf hat etwa gleichlangen Gesichts- und Schädelteil mit klar markiertem Stopp. Zangenbiß hat Vorzug, leichter Unterbiß ist erlaubt. Nasenspiegel und sichtbare Schleimhäute sind schwarz. Der Hund steht fast im Quadrat mit leicht gebogener Lende. Seine mittellange, hochangesetzte Rute wird in einem »vergnügten« Kringel auf dem Rücken getragen. Der ganze Körper ist von reichlich langem, geradem oder gewelltem Deckhaar, das weder seidig noch wollig sein darf, und feiner Unterwolle bedeckt. Alle Farben auch in Kombination, außer Schokoladenbraun, sind zugelassen.

Abb. 84. Tibet-Terrier sind möglicherweise der über 5000 Jahre alte Ausgangstyp vieler zotthaariger Hütehunde Asiens und Europas.

Hier muß der **Chow-Chow** (FCI-Standard-Nr. 205) noch genannt werden, der neben der dunklen Mundschleimhaut auch eine pigmentierte Zunge hat. Eine ebenfalls sehr alte Rasse, die die Vorfahren der Mongolen schon vor 3000 Jahren gegen die Chinesen ins Feld führten. Er war genau wie die nordischen Spitze ursprünglich ein Alleskönner, der als Schutzhund der Hirten Bären und Wölfe angriff, Jagdgehilfe und Wächter war und auch als Schlittenhund etwas leistete.

Abb. 85. Chow-Chows sind Nachkommen vielseitiger Kampf- und Gebrauchshunde Asiens.

Wo er wirklich entstand, bleibt weiterhin ungewiß. In **China** scheint er wohl am längsten Heimatrechte zu besitzen, dort wurde sein Fell geschätzt und sein Fleisch als Lekkerbissen gefragt. Da ihn, nach chinesischen Berichten, die Nomadenhirten bei ihren Einfällen auch als Kampfhund eingesetzt haben, ist davon auszugehen, daß er viel größer und rahmiger war, als seine von den Briten seit ca. 1880 zu Ausstellungs- und Begleithunden entwickelten Nachfahren. Sein typisches, oft sehr reserviertes und selbstbewußtes Wesen könnte als Anzeichen für seine Hirtenhundvergangenheit gewertet werden.

Schäferhunde Australiens und Neuseelands

Zur Ergänzung seien noch einige von der FCI-registrierte Schäferhund-Rassen überseeischer Länder angeführt.

Australasien, der Kontinent Australien und der Inselstaat Neuseeland, ist mit über 200 Millionen Schafen und fast 33 Millionen Rindern eines der ganz großen Viehhaltungsgebiete der Erde.

Die zu Anfang vornehmlich britischen Siedler brachten ab 1788 nach **Australien** zwar einige Hunde mit, waren aber erst später soweit mit Viehhaltung befaßt, daß sie Herdenhunde nötig hatten. Alle Herdengebrauchshunderassen, die das Mutterland und vereinzelt auch andere Länder zu bieten hatten, wurden eingeführt. Größere Bedeutung bekam der importierte *Border-Collie,* von dessen Zucht und Einsatz in Australien und Neuseeland sowie deren Beziehungen zu USA und England u. a. Vidler (1983) berichtete. Manche der Importhunde, so glaubt man, seien auch absichtlich oder rein zufällig in Australien mit dem vorgefundenen Dingo-Wildhund gepaart worden. Daß sich diese Kreuzungsprodukte zuchtwirksam erhalten konnten, ist schriftlich nicht belegt, wird aber immer wieder behauptet, da spätere Kreuzungsexperimente dem *Kelpie*-Standard äußerlich entsprechende Nachkommen erbrachten. Jedoch sollen Hunde mit nur $\frac{1}{32}$ Dingoanteil in der Arbeit ebensowenig befriedigt haben wie die meisten Halbdingos.

Abgesehen von den Gebieten Viktoria und Tasmanien im Süden herrscht warmes bis heißes, oft extrem trockenes Klima vor. Zwangsläufig großflächig orientierte Herdenbewirtschaftung mit fast halbwild lebenden Wiederkäuern bedingt dementsprechend große innerbetriebliche Entfernungen in unübersichtlichem Gelände. Diese Voraussetzungen fordern einen sehr speziellen Herdenhund, den es um 1800 noch nicht gab. Ein Weg zur Befriedigung der Ansprüche waren Anpassung und Selektion der ansonsten hervorragend arbeitsveranlagten *Border-Collies* (s. Seite 51). Mitteleuropäische Hütehunde eigneten sich weniger gut für dortiges Klima und die Arbeit in den Großfarmen. Fast gleichzeitig versuchten die Farmer einen zweiten Weg, indem sie eigene Schäferhunde züchteten. Wahrscheinlich spielte dabei ab 1825 ein *kurzhaariger Border-Collie Schlag* aus Schottland, der rote Farbanteile besaß, eine entscheidende Rolle

Tab. 2. Hirten- und Hütehunderassen mit Angaben im Standard
zu: Zangenbiß (Zab), kupierten Ohren (KpO*), einfacher bzw. doppelter Wolfskralle hinten (WKl, 2), angeborener Stummelrute (StR), kupierter Rute (KpR*) und Dunkelfärbung der Mundschleimhaut (pMs)

Land	Rassennamen	Verw.	Zab	KpO*	WKl	WK2	StR	KpR*	pMs	Bemerkungen
B	Belgische Schäferhunde	Hü	T		T					
F	Berger de Beauce	Hü		X		X				nicht KpO = T
	Berger de Brie	Hü		X		X				nicht KpO = T
	Berger Picard	Hü			T					WK = S aber T
	Berger des Pyrénées à m. norm.	Hü		X	X	X	X	X	X	
	Berger des Pyrénées à face rase	Hü					X	X	X	Langrute = T
B/F	Bouvier des Flandres	Tr	T	X			X	X		
B	Bouvier des Ardennes	Tr					X	X		n. n. genehmigt
IL	Canaan dog	Hi	T							
I	Cane da Pastore Bergamasco	Hi							X	
	Cane da Pastore Maremmo-Abruzzese	Hi		X				X	X	KpR nur Hütehunde
P	Cão da Serra de Aires	Hi	X	X	X	X				auch ohne KpO
	Cão da Serra da Estrella	Hi		T					X	
	Cão de Castro Laboreiro	Hi			X	X			X	
F	Chien de Montagne des Pyrénées	Hi				X			X	
CH	Entlebucher Sennenhund	Tr					X			
YU	Hrvatški Ovčar	Hi	T				X	X		
	Jugosl. Ovčarski Pas-Šarplanina	Hi							X	
SU	Kaukasischer Owtscharka	Hi		X						
H	Komondor	Hi							X	
	Kuvasz	Hi							T	
TR	Kurdischer Steppenhund	Hi		X					X	
S	Lappländsk Spets	Hü					X	(X)		
E	Mastin de los Pireneos	Hi			X	X			X	
	Mastin Español	Hi			X	X				
SU	Mittelasiat. Owtscharka	Hi		X						
H	Mudi	Hü			X	X				
GB	Old English Sheepdog	Hi					X	T		
PL	Owczarek Podhalanski	Hi	T				X	T		
E	Perro de Pastor Catalan	Hü		X	X	X	T	T	X	
PL	Polski owczarek Nizinny	Hü	X				X	X		
H	Puli	Hü							X	
	Pumi	Hü						X	X	
P	Rafeiro do Alentejo	Hi			X	X	X	X	X	
D	Rottweiler	Tr						X		
RC	Tibet-Terrier	Hü	X							
S	Västgötaspets	Hü					X	(T)		
GB	Welsh-Corgi-Pembroke	Tr					X	X		

Die Merkmale sind T = toleriert, X = vorgeschrieben, S = mit Punktabzug bestraft
* Seit 1. 1. 1987 ist das Kupieren der Ohren in der BRD verboten, die Rute darf bis zum 8. Lebenstag gekürzt werden.

(*Kelley 1970*). Zehn Jahre später berichtet Halsall (1980), es sei generell anerkannt, daß die Zucht auf Importe aus der Zeit um 1869 zurückgehe. Damals habe man mit den selben Auswahlmethoden und Fehlern gearbeitet, wie bei den ursprünglichen britischen Hunden vor der Zeit des Border-Collies »Old Hemp«. Einerlei, wann es wirklich begann, australische Farmer entwickelten auf der Basis zahlreicher Importe aus dem Mutterland eigene Herdenhunde: Zum einen den kleinen, langhaarigen *Barb,* der weniger Verbreitung fand, und zum anderen den *Kelpie.* Letzterer ist noch immer ein Rivale des *Border-Collies,* obwohl ihm sein Weg zum Schauhund nachlassendes Interesse bei den Farmern eintrug (Halsall 1980).

Dieser **Kelpie,** unter Nr. 293 bei der FCI anerkannt, ist ein sehr arbeitsfreudiger, gelehriger, folgsamer und ausgeglichener, aber auch selbständiger Schäferhund mit kurzem Haar; einfarbig oder gefleckt in den Farben Schwarz, Braun, Rot oder Bläulichgrau, oft mit roten Abzeichen. Bei einem Gewicht von 9 bis 13 kg und einer Schulterhöhe von 45 bis 50 cm, Hündinnen 2 cm weniger, steht der harmonisch gebaute Hund im Rechteckformat auf relativ langen Beinen. Auffallend sind das hochangesetzte, spitze Stehohr und neben dem langen, flachen Schädel der ebenso lange Nasenrükken mit höchstens angedeutetem Stop. Ausdruck und Format erinnern an *kurzhaarige belgische Schäferhunde.*

Der **Australien Cattle Dog,** auch *Heeler* genannt (FCI-Nr. 287), entstand als kurzhaariger Rinderhund ebenfalls aus Kreuzungen importierter Hundeschläge, vor allem mit kurzhaarigen Collies. Ein widerstandsfähiger, harter und intelligenter Arbeiter für große Distanz, der sich auf das Greifen von Rindern am Hinterbein spezialisiert hat, gut zu leiten ist und als Wachhund geschätzt wird. Meist ist er gescheckt oder gefleckt in den Farben Blau oder Rot mit Schwarz oder Braun, aber auch Einfarbige sind beliebt. Größe und Gewicht liegen etwas höher als

Abb. 86. Der Blaue Heeler, ein in Australien gezüchteter Rinderhund.

beim *Kelpie,* sonst sind Ausdruck und Format ähnlich. Der Schädel erscheint etwas breiter und nicht ganz so lang, die spitzen Stehohren sind breit und weniger hoch angesetzt.

In **Neuseeland** dominiert der Typ des *Border-Collies* (Abb. 40), der dort eher mit Schottland vergleichbare Verhältnisse vorfand. Entsprechend angelernt, hatte er sich schon vorher in seiner Heimat im Umgang mit Rindern bewährt. Für die in der Zahl begrenzten Milchkühe und Fleischrinder der neuseeländischen Familienbetriebe ist dieser Hund nach wie vor bestens geeignet. Die vor allem aus dem nördlichen Großbritannien und Skandinavien stammenden Siedler kamen ab 1840 besser vorbereitet ins Land als zuvor in Australien und brachten zumeist ihre Herdenhunde aus der Heimat mit. Neben dem anfänglich noch stark verbuschten, weite Teile der beiden Inseln beherrschenden Hügelland gab es in den Hochgebirgen unübersichtliche, für die Hirten kaum begehbare Weidegründe, die schon bald genutzt wurden. In Anpassung an diese Situation entstand dort noch vor der Jahrhundertwende ein auf das Herausjagen von Schafen spezialisierter, sehr selbständig arbeitender Schafhund.

Dieser **Huntaway** kann sich im Gegensatz zu seinem Ahnen, dem *Border-Collie* stärker mit dem Fang (*Griff,* s. Seite 188) Respekt verschaffen. Seine Vorfahren sind neben schon genannten, schwarz-weiß-roten Border-Collies, mehrfarbigen Bearded-Collies (Schottische Hochlandhunde) auch schwarze oder gelbe *Labradors* und möglicherweise noch andere Schäferhundschläge der Alten Welt (Vidler 1983). Dementsprechend weit streut ihr heutiges Aussehen, das oft an den Beauceron oder an *Altdeutsche Schäferhunde* erinnert (s. Seite 43 bzw. 32).

Bei aller Selbständigkeit bewährt er sich als lauthals stöbernder Teamarbeiter, der zusammen mit einem Schäfer und mehreren Hunden in den unübersichtlichen Großkoppeln Schafe aufsucht und auf einen Sammel- und Abtriebplatz zutreibt. Hier sind Übersicht, Selbständigkeit und Appell gleichermaßen gefordert. Solche Spezialisten eignen sich auch für den Umtrieb im Schafhof beim Sortieren, Verladen, Scheren oder bei Behandlungen. Die Zucht des *Huntaway* blieb bisher auf Neuseeland beschränkt und hat noch keinen Eingang in die Schau-Konkurrenz gefunden, da ein einheitlicher Standardtyp vorerst von niemandem angestrebt wird.

Nord- und südamerikanische Schäferhunde

Auf dem ganzen Kontinent, über alle Klimabereiche hinweg, von den Kaltzonen Kanadas im Norden bis zu denen Argentiniens und Chiles ganz im Süden, gibt es ausgedehnte Graslandgebiete. Dorthin zogen sich die von den ersten Eroberern im 16. Jahrhundert zurückgelassenen Pferde und Rinder zurück und vermehrten sich ungestört.

Nach **Lateinamerika** kamen dann im 17. Jahrhundert vornehmlich Siedler von der Iberischen Halbinsel. Unterstützt von ihren mitgebrachten *Mastinos* machten sie Jagd auf die verwilderten Haustiere, um an die Häute zu gelangen, denn größere Fleischmengen waren noch nicht verwertbar. Wichtig war, daß ihre Hunde, im Gegensatz zu den einheimischen Indianerhunden, laut bellend jagten. Jäger dieser Zeit konnten nur als Reiter die riesigen Entfernungen bewältigen. Auf Grund der guten Erfahrungen im Umgang mit Wildherden wurden Pferde zum, auch heute noch vor den Hunden rangierenden, Gehilfen der Rinder- und Schafgauchos. Diese Hirten übernahmen die Betreuung der mit Entwicklung von Konservierung und Vermarktung für Fleisch zu Beginn des 19. Jahrhunderts entstandenen großen Haustierherden. In Fortsetzung uralter, wehrhafter Hirtentradition trugen sie auch die Last der Befreiungskämpfe dieser Zeit in den spanischen Kolonien. Pferde und Hunde gehörten ebenso selbstverständlich zur persönlichen Ausrüstung wie Kugelschleuder und Lasso. Der Bedarf war groß, aber Zucht im Sinne heutiger Rassezucht gab es noch nicht. Strukturwandel durch Aufkommen von Stacheldraht und Gefrierfleischexporten hat kaum etwas geändert.

Die dem Aufbau der neuen Staaten nachfolgenden Einwanderer aus dem übrigen Europa sorgten dann für die Einführung ihnen bekannter Schutz-, Treib- und gerade neu entstandener Hütehunde. Daher ist das Bild der Herdenhunde Südamerikas sehr vielgestaltig. Einfluß haben auch regionale Tierartenschwerpunkte, z. B. Schafe in Patagonien und Südchile bzw. Rinder in der argentinischen Pampa oder in Brasilien. Das gleiche gilt bezüglich ethnischer Mentalitäten der Hirten. Neben einer Vielzahl europäischer Herdenhund-Schläge und unzähliger Kreuzungen sieht man den *Border-Collie* dort vorzugsweise bei Schafhaltern angelsächsischer Herkunft. Während der im Lande gezüchtete *Fila Brasiliero* besser zur Situation der Rinderherden Brasiliens paßt. Genauso typisch ist andererseits der *Pastor Alemán* oder »Deutscher Pastor« *(Deutscher Schäferhund)* in der Hand mancher deutschstämmiger Südamerikaner.

Um einiges vielschichtiger verlief die Entwicklung in **Nordamerika.** Von der spanischen Kolonie Mexiko ausgehend, erschlossen ab 1769 Franziskanermönche Kalifornien. Im Schutz ihrer Missionen siedelten sehr bald schon mexikanische Rinderzüchter entlang des Zentraltals. Aus der nahen Heimat standen ihnen heimische Schläge des *Mexikanischen Hirtenhundes,* den v. Stephanitz (1914) bereits beschrieb, sowie von spanischen Eroberern ins Land gebrachte schwere *Iberische Mastinos* zur Verfügung. Einige damals schon von der Ostküste bis nach Kalifornien durchgekommene Siedler brachten andere Hundeschläge aus der »Alten Welt« mit. Den restlichen, meist östlichen, Teil der Graslandgebiete Nordamerikas besiedelten, anfänglich nur im damals beackerungswürdigen Bereich, bereits ab Anfang des 17. Jahrhunderts vor allem Angelsachsen und Franzosen. Ihnen folgten schubweise andere Europäer.

Mit den Goldfunden und dem Ende des Mexikanischen Krieges 1848 begann der Siedlerzug nach Westen. Wirklich großräumige Nutzung der zentralen Graslandflächen mit Viehherden ermöglicht erst der damals einsetzende Bau der Eisenbahn und die neu erfundenen Stacheldrahtzäune. Die aus Europa stammenden Rinder- und Schafhalter setzten Hunde der ihnen von dorther bekannten Schläge ein. Noch heute bevorzugen die Baskenschäfer Kaliforniens, auch als berittene Wanderschäfer an anderen Orten der USA die Hütehunde ihrer Heimat. Die Angelsachsen nutzen den *Border-Collie,* ebenso fanden *Deutsche* und *Französische Schäferhunde* Betätigung. Besonders in der Zeit vor den Eisenbahntransporten waren für den Trieb der Rinderherden zu den Schlachthöfen der damals schon dichter besiedelten Ostküste eine Menge Treibhunde erforderlich. Farmer aus Louisiana sollen schon im 18. Jahrhundert sich einen eignen Treibhund geschaffen haben.

Dieser **Catahoula Leopard Dog** *(Leopard-Hund von Catahoula)* wird noch heute bei den Herden eingesetzt. Dem 50 bis 63 cm großen, langgestreckt und hochbeinig wirkenden Hund wird auch Jagdpassion nachgesagt. Seinen Namen erhielt er wegen des meist blaugrau bis schwarz gesprenkelten oder gefleckten, kurzen und dichten Haarkleides; die Grundfarben sind Gelb bis Rot. Der leicht auszubildende Hund ist anhänglich, aber im Schutzdienst kompromißlos.

Spezielle Probleme bekamen nordamerikanische Schaf- und Rinderhalter, nach Einführung der Koppelhaltung, mit dem *Kojoten.* Diese *Heulwölfe* breiteten sich seit über 25 Jahren von West nach Ost aus. Ebenso wie die rasch zunehmende Zahl der *verwilderten Hunde* und ihrer Kreuzungen mit Cojoten, den *Coy-dogs,* dezimieren sie den Kälber- bzw. den Lämmerbestand der Herden in wirtschaftlich unerträglichem Ausmaß. Gift, Fallen, Abschuß und Einsatz üblicher Hütehunde erwiesen sich als untaugliche Abwehr. Zahlreiche amerikanische Forschungsprojekte, wie zum Beispiel auch von der Universität Wyoming, versuchten es u. a. mit dem Einsatz der früher gegen Beutegreifer bewährten *Pyrenäen-Berghunde.* Dabei zeigte sich, daß zum Schutz der Hunde selbst mindestens ein Paar zum Einsatz kommen sollte. Obwohl die eingesetzten Hunde aus Zuchten kommen, in denen seit Generationen der Jagdtrieb brachliegt und keinerlei diesbezügliches Training stattfindet, übernehmen die Tiere sofort und mit großem Erfolg ihre Aufgabe. Eine ganze Reihe von Schaf- und Rinderfarmen im ganzen Land haben damit ihr Beutegreifer-Problem auf ökologische Art und Weise gelöst.

Seit kurzer Zeit wird in Deutschland ein nicht registrierter **Amerikanisch-Kanadischer Schäferhund** in weißer Farbe mit dunkler Nase und dunklen Augen angeboten. Angeblich soll die Rasse unter Mitwirkung von Wölfen entstanden sein. Aller Wahrscheinlichkeit nach handelt es sich dabei um sogenannte *Weißlinge* des *Deutschen Schäferhundes,* die dem Standard zufolge nicht zur Zucht zugelassen sind (s. Seite 31).

Züchtung, Zuchtwahl und Fortpflanzung

Leistungsfähigkeit und Spannkraft lassen bei jedem Schäferhund früher oder später einmal nach. Für regelmäßig ganztägig bei der Herde arbeitende Hunde, die oft nur kurze Winterpausen haben, beginnt das Altern oft schon mit 7 bis 8 Jahren. Mancher behält seine Frische auch länger, wie dies bei weniger geforderten Hunden und kleinwüchsigen Rassen ohnehin häufiger vorkommt. In jedem Falle muß rechtzeitig für leistungsfähigen Ersatz gesorgt werden, da von der Paarung bis zur ersten Einsatzfähigkeit mehr als 20 Monate vergehen. Außerdem sollte ein erfahrener Althund als Aushilfe am Anfang noch verfügbar sein.

Rechtzeitig geplante Nachzucht einer an der eigenen Herde bewährten Hündin, gegebenenfalls in Zusammenarbeit mit einem oder zwei Berufskollegen, war noch immer der sicherste Weg zum auf den Menschen als Meuteführer geprägten Herdenhund. Wer die Aufzucht scheut, kann auch über gut ausgewählten Zukauf zum Erfolg kommen. Dabei muß, ebenso wie bei der eigenen Nachzucht, berücksichtigt werden, daß zwischen der 8. und 12. Lebenswoche die sogenannte Sozialisierungsphase abläuft. Dieser wohl wichtigste Zeitabschnitt im Leben des Welpen soll möglichst schon vom ersten Tag an im späteren Lebens- und Arbeitsbereich des Tieres, und immer an Bedürfnissen des Welpen (und nicht des Menschen) orientiert, ablaufen, um späteren Verhaltensstörungen und Gebrauchsmängeln vorzubeugen. So gearteten Mängeln ist mit noch so mühsamer Erziehung und Ausbildung kaum beizukommen.

Grundlagen der Züchtung

Einerlei, ob gekauft oder gezüchtet werden soll, die Gesundheit der *Geschlechtsorgane* und ihrer Funktionen sind bei Eltern und Nachkommen wichtige Grundinformationen. Das wichtigste Selektionsmerkmal für eine Zuchthündin ist ihr Geburtsvermögen (Freak 1975). Hündinnen mit unregelmäßiger und dann oft auch verlängerter Hitze sind im Herdengebrauch ebenso lästig wie Rüden mit ein- oder beidseitig nicht abgestiegenen Hoden (Kryptorchismus). Da von mehreren *Genen* (Erbanlagen) gesteuerte Erblichkeit in beiden Fällen sehr wahrscheinlich ist, sollte man derart belastete Zuchtgruppen meiden. Dies um so mehr wegen oft hinzukommender weiterer Defekte wie Hauterkrankungen, Brüche oder Tumore. Manche Schäfer bevorzugen im Herdengebrauch den Rüden, auch wenn seine Führung mehr erfordert (s. Seite 123) als die der im allgemeinen weicheren Hündin. Dafür ist der Rüde bei harten Witterungsbedingungen, schwierigen Verhältnissen und nervösen Schafen sehr viel belastbarer. Im vorderen und mittleren Osten sind bei den Herden als Schutzhunde in erster Linie kastrierte Rüden anzutreffen, die als Welpen schon verschnitten wurden. Man sagt diesen Frühkastraten nach, daß sie deutlich größer werden als intakte Rüden.

Bei der Auswahl der zu paarenden Schäferhunde ebenso wie beim Welpenkauf (Kap. Aufzucht, Eingewöhnung und Erziehung) stehen die Beurteilung von Herdenhundveranlagung und Wesensfestigkeit mit Abstand an erster Stelle. Es folgen Konstitution, Körperbau und Gebißausbildung noch weit vor Entscheidungen, die sich auf das Haarkleid oder zu allerletzt erst auf die Farbe beziehen. Immer wird man sich die Frage zu stellen haben, was und wieviel kann der Welpe von den Erbanlagen seiner Eltern wirklich mitbekommen? Als Grundlage hierzu müßte jetzt eine Darstellung der Vererbungslehre folgen. Um Auftrag und Umfang dieser Schrift nicht zu sprengen, sei der weitergehend Interessierte an Willis (1984) verwiesen, der sein Buch »Züchtung des Hundes« mit den Erfahrungen eines Schäferhundzüchters und beratenden Genetikers zweier Zuchtverbände Englands geschrieben hat.

Trotzdem soll mit einigen Sätzen zum Verständnis der im nachfolgenden Text benutzten Fachworte beigetragen werden. So ist der *Phänotyp* das Erscheinungsbild des Hundes zum Zeitpunkt der Betrachtung, als Ergebnis vieler wirksam gewordener Wechselwirkungen zwischen dem *Genotyp,* als Summe aller vorhandenen *Gene,* d. h. Erbanlagen, und den vielseitigen Umwelteinflüssen (z. B. Mutter, Fütterung, Klimafaktoren u. a.) seit Befruchtung des Eies. Dabei überwiegen für die meisten beobachteten Merkmale Umwelteinflüsse (40 bis 90 %). Das ist bei der Zuchtwahl zu beachten und erklärt auch, warum mit auf Schauen hochprämierten Tieren selten Spitzen-Zuchterfolge erreicht werden. Den für Zuchterfolge notwendigen Einblick in den *Genbestand* eines Hundes bekommt man, trotz einiger Erfahrung, nur teilweise über den *Phänotyp.* Zumeist sind längerfristige, konsequente Aufzeichnungen über Elterntiere und **alle** ihre Nachkommen erforderlich, um entsprechende Erbanalysen als Hilfsmittel der Selektion (Auswahl, Zuchtwahl) nutzen zu können. Hier mangelt es auch bei Rasse-Schäferhunden noch immer, im Gegensatz z. B. zu den von ihnen betreuten Schafen.

Jede Körperzelle enthält im Kern den vollen, in Ei- und Samenzellen aber nur den halben *Genbestand* (Erbanlagen) eines Individuums. Die *Gene* sind jeweils an gleicher Stelle (*Locus* = Genort) auf einem bestimmten, sich gleichenden Chromosomenpaar (Abb. 87) angeordnet, dessen Partner je von einem Elternteil bei der Befruchtung der Eizelle eingebracht werden. Wölfe, Wild- und Haushunde besitzen 39 *Chromosomenpaare.* Nur das männliche Säugetier hat ein einziges ungleiches Chromosomenpaar, mit XY bezeichnet; das weibliche mit XX. Die paarigen *Gene* vom gleichen *Genort* (Locus) nennt man *Allele,* die für manche *Loci* auch mit mehreren, verschiedenen Paaren (immer nur ein Paar für ein Tier) auftreten. Diese *Allele* können entweder einzeln, d. h. *dominant* (überdeckend) oder nur zusammen, paarig, d. h. *rezessiv* wirksam werden. Kompliziert wird das Ergebnis dadurch, daß es *unvollständige Dominanz* mit einem Mischeffekt gibt, oder, was häufiger ist, *Allele* eines anderen *Genortes epistatisch,* d. h. in wechselnder Beeinflussung die *Genwirkung* abwandeln.

Sind am gleichen *Genort* zwei identische *Allele* und beeinflussen ein Merkmal in gleicher Weise, wird von *Homozygotie* (Reinerbigkeit) gesprochen. *Heterozygotie* (Mischerbigkeit) liegt vor, wenn das Merkmal von zwei verschiedenen *Allelen* und damit unterschiedlich beeinflußt wird. Eine besondere Situation entsteht, wenn äußere Einflüsse eine Merkmalskopie *(Phänokopie)* bewirken, die im Erscheinungsbild *(Phänotyp)* aussieht wie ein erbliches Merkmal, das dann aber in keinem Fall vererbt wird. Alle geschilderten Genwirkungen sind niemals direkt auf z. B. »Schwarz« oder »Stehohr« gerichtet. Vielmehr setzt die Struktur der *Gene* mehrstufige, biochemische Reaktionen in Gang, die unter passenden Umständen und in Abhängigkeit von anderen biochemischen Strukturen, dann am Ende das Erscheinungsbild »schwarze Farbe« oder »stehendes Ohr« bewirkt haben. Die Mehrzahl der beim Schäferhund interessierenden Merkmale werden von weitaus mehr als 2 oder 3 *Genen* kontrolliert und lassen sich nur

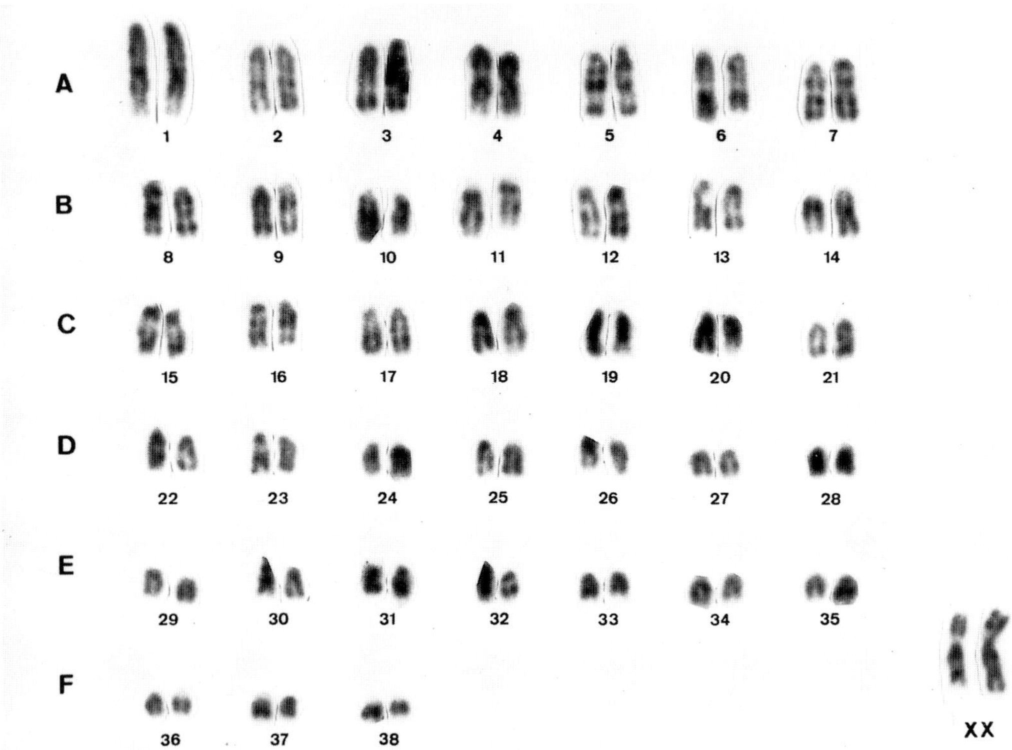

Abb. 87. Darstellung der Chromosomenpaare einer Hündin, sogenannter Karyotyp (Kultur und Foto Prof. Dr. A. Herzog, Gießen).

mit biometrischen (biostatistischen) Methoden der *Populationsgenetik* analysieren bzw. verständlich machen (hierzu s. Willis 1984). Die zumeist in Hundebüchern dargestellten *Mendelschen Erbgesetze* haben nach wie vor Bedeutung für einzelne Haar- oder Farbaspekte oder manche nur über einen *Genort* wirksame *Defektgene*.

Grundlagen der Zuchtwahl

Jeder, der Entscheidungen trifft, das eine Tier zur Zucht zu behalten und ein anderes zu verkaufen, betreibt Zuchtwahl (Selektion). Einerlei, welche und wieviele Merkmale die Auswahl bestimmen, das Ziel ist, bessere oder gleich gute Nachkommen von den Eltern zu bekommen. Nach § 11 der Novelle des Tierschutzgesetzes vom 18. 8. 1986 ist es »verboten, Wirbeltiere zu züchten, wenn der Züchter damit rechnen muß, daß bei der Nachzucht auf Grund vererbter Merkmale Körperteile oder Organe für den artgemäßen Gebrauch fehlen oder untauglich oder ungestaltet sind und hierdurch Schmerzen, Leiden oder Schäden auftreten«. Obwohl für die Selektion bei Herdenhunden bestimmte Merkmale im Vordergrund stehen, die in erster Linie mit ihrer »beruflichen« Eignung zu tun haben, sind alle im Folgetext erwähnten, als erblich bekannten oder vermuteten Defekte in Zukunft, im Sinne des Tierschutzgesetzes, konsequent zu beachten. Die Erkennung von Merkmalsträgern und deren Zuchtausschluß sind nunmehr erstmals zwingend vorgeschrieben.

Wesen der Schäferhunde

Hunde, die sich nicht eindeutig und ungehemmt für Schafe oder andere Herdentiere interessieren, die bei ungewohnten Eindrücken den Rückzug mit eingeklemmtem Schwanz antreten, aber x-beliebigen Fremden hinterherschwänzeln, diskriminieren jede mit den Begriffen Hirten-, Hüte- oder Schäferhund gekennzeichnete Rassezucht. Welpen, die fremden Geräuschen und Bewegungen ängstlich ausweichen, aber dann, hinter der Bezugsperson versteckt, anfangen zu bellen, sind für den Herdengebrauch ungeeignet und sollten niemals in die Zucht gelangen. Alte Schäfererfahrung geht davon aus, daß *Wesensschwäche* angewölft (angeboren) und nicht mit Ausbildung zu verhindern ist. Daß es sich dabei aber nur um einen relativ kleinen, erblichen Anteil der vielgestaltigen Einflüsse handeln kann, sollte genug Beachtung finden.

Das Erscheinungsbild *Wesen* ist als Verhaltenskomplex in hohem Maße durch die Aufzuchtumwelt beeinflußt. Eine scheue Hundemutter wirkt auch als Beispiel erzieherisch, wie bei Ammenaufzucht schon mancher Züchter leidvoll erfahren mußte. *Beherrschtheit, Konzentrationsfähigkeit, Aufmerksamkeit* und *Ausdauer* sind weitere Schäferhundeigenschaften, die in höchstem Maße von den zunehmend gebrauchten Koppelschafhunden zu fordern sind. *Hüteinstinkte* sind offensichtlich erblich. Genaueres darüber ist nicht bekannt, abgesehen von den heute noch sichtbaren diesbezüglichen Selektionserfolgen der Schäfer Europas.

Eine wichtige Ergänzung dazu stellt die *Ausbildungsbefähigung* dar, wobei auch weiterhin unterschieden werden muß zwischen Belangen der Hütehunde und der Koppelschafhunde.

Konstitution und Körperbau

Nach dem Grundsatz: »Ein gesunder Geist in einem gesunden Körper« müssen bei Beurteilung der zur Zucht bzw. zum Herdendienst vorgesehenen Tiere nach den Wesensmerkmalen die Konstitution und der Körperbau gleichauf folgen. Gute und belastbare *Konstitution* (ererbte Körperbeschaffenheit bezüglich Reaktions-, Anpassungs- und Widerstands- einschließlich Fortpflanzungsfähigkeit) ist Voraussetzung für Ausdauer und Langlebigkeit. Sie zeigt sich u. a. durch unermüdliche Anteilnahme und äußerlich durch gesunde Hautdurchblutung, Straffheit von Bändern und Gelenken, aber auch durch anatomisch korrekte Ausbildung des Skeletts. Mangelhafte Konstitution wird häufig durch fehlgebildete Kiefer, Gebisse oder Beine sichtbar. Arbeit mit Schafen setzt enorme Laufleistung voraus, die in funktioneller Hinsicht Harmonie des *Körperbaues*, stabiles Skelett und gut gewinkelte Gelenke erfordern. Modische Übertreibungen bei Körperform, Beinstellung und -winkelung führen früher oder später zur Minderung des Gebrauchswertes derart selektierter Familien. Hyänen mit »Schauvortrieb« oder Vorstehhundetypen mit überstarker Schulter bei schwacher Hinterhand sind für den Herdendienst unbrauchbar.

Dabei gelten für Schäferhunde die seit Jahrhunderten im Gebrauch bewährten, regionalen Gegebenheiten sowie Aufgabenbereichen angepaßten Größen-, Gewichts- und Beweglichkeitsverhältnisse. Als Beschützer und Wächter wirkende, mutige Hirtenhunde (z. B. Komondor, Karabasch, Pyrenäenberghund u. a.) sind größer, massiver und kraftvoller gebaut als die heute noch immer wichtigeren, intelligenten Hütehunde vom mitteleuropäischen Typ (z. B. Briard, Deutscher Schäferhund, Groenendael, PON u. v. a.). Letztere haben meist weniger als 60 cm Schulterhöhe. Sie sind in der Beweglichkeit mit gut gewinkelten Läufen, straffen Gelenken und ausdauernder Muskulatur auf oft über 50 km Tageslaufstrecken eingestellt. Da jede Wegstrecke der Herde und die wechselnden Weideplätze eines Tages fortwährend und immer

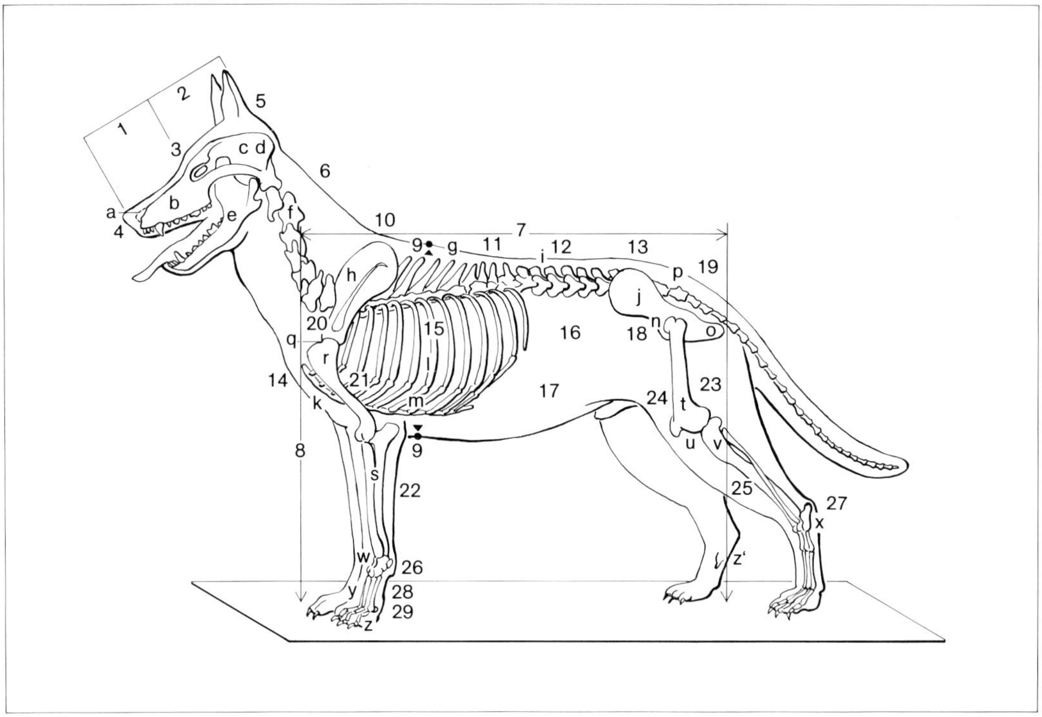

Abb. 88. Körpermaße, Körperregionen und Skelett des Schäferhundes.

Maße		**Regionen**		**Skeletteile**	
Kopf und Hals:		1	Nasenrücken	a	Nasenknorpel
1	Gesichtsschädellänge	2	Oberkopf	b	Oberkiefer
2	Hirnschädellänge	3	Nasenabsatz (Stop)	c	Hirnschädel
1 + 2	Kopflänge	4	Nasenspiegel	d	Hinterhauptsstachel
–	Kopfbreite	5	Nacken	e	Unterkiefer
		6	Hals	f	Halswirbel (7)
Rumpf und Rute:					
7	Rumpflänge	10	Widerrist	g	Brustwirbel (13)
	(Buggelenk-Sitzb.höcker)	11	Rücken	h	Schulterblatt
8	Schulterhöhe	12	Lende	i	Lendenwirbel (7)
	(Fußfläche-Widerrist)	13	Kruppe	j	Becken u. Kreuzbein
7 × 8	Körperformat	14	Vorbrust	k	Brustbein
	(Höhe mal Länge)	15	Brust	l	Rippen (12 + 1)
9	Brusttiefe oder rund	16	Flanke	m	Rippenknorpel
	gemessen = Brustumfang	17	Bauch	n	Hüftgelenk
–	Schwanzlänge	18	Hüfte	o	Sitzbeinhöcker
	(Rutenlänge)	19	Schwanzansatz	p	Schwanzwirbel (6–23)
Gliedmaßen (Läufe):					
–	Schulterwinkel	20	Schulter	q	Bug-(Schulter-)gelenk
	(Schulterbl.:Oberarm)	21	Oberarmgegend	r	Oberarmknochen
–	Sprunggelenkswinkel	22	Unterarm	s	Speiche und Elle
	(Unterschenkel:Mittelfuß)	23	Oberschenkel	t	Oberschenkelknochen
		24	Kniefalte	u	Kniescheibe u. K.-gelenk
		25	Unterschenkel	v	Schien- u. Wadenbein
		26	Vorderfußwurzel	w	V.-fußwurzelgelenk
		27	Sprunggelenk	x	Spr.-gelenk, Fersenhöcker
		28	Mittelfuß	y	Mittelfußskelett
		29	Pfoten und Zehen	z	Zehenglieder u. -gelenke
				z'	Afterkralle

mehrfach im Trab abgelaufen werden, müssen die anatomischen Voraussetzungen eine energiesparende Gangart, den schnürenden Trab, wie ihn der Wolf zeigt, erlauben (Mohr 1956). Die nervigen, gefühlsbetonten und im Rahmen des Strukturwandels der europäischen Schafhaltung immer notwendiger werdenden Koppelschafhunde müssen in erster Linie Geist, Herz und leichtfüßige, unauffällige Beweglichkeit kombinieren. Dazu ist ein weniger schwerer Körperbau von Vorteil.

Alle diese Merkmale haben, soweit dazu heute schon Material ausgewertet werden konnte, einen relativ hohen Erblichkeitsanteil, etwa im Bereich von rund 40 %. Veranlagung für schmalere, feine Köpfe verhält sich dominant gegenüber gröberen Kopfformen. Selektion von derben Köpfen bei Rüden bewirkt auch eine Vergröberung der Köpfe bei Hündinnen. Die Anlage für *Wolfskrallen* an den hinteren Läufen ist dominant gegenüber fehlenden; Aussagen über die Erblichkeit doppelter Wolfskrallen sind noch nicht erarbeitet. *Schwanzlänge* ist erblich, nur steht auch hier eine Klärung der Zusammenhänge noch aus. Anlagen für *Stummelschwänze* oder *Schwanzlosigkeit* müssen im Rahmen eines bei einigen Säugetieren bekannten Syndroms der Rückbildung im hinteren Körperbereich gesehen werden, die bis zum Verlust des Beckens führen kann. *Homozygotie* für verkürzten Schwanz wird als lethal wirkend, d. h. todbringend für den Welpen vermutet; genaue Untersuchungen liegen aber noch nicht vor.

Hauptsächliche Geißeln der Hundezucht unserer Zeit sind erbliche oder erblich disponierte *Gelenk-* und *Augenerkrankungen,* letztere besonders bei Collie-Rassen. Für fast alle betroffenen Schäferhundrassen wird mit einigem Erfolg versucht, vor allem die *Hüftgelenksdysplasie* (HD), aber auch Augendefekte mit konsequenter Untersuchungsverpflichtung und selektiv wirkenden Zuchtempfehlungen stark zu verringern. Weitergehende Informationen sind bei Wegner (1979) und Willis (1984) nachzulesen, unter Beachtung von § 11b des Tierschutzgesetzes (s. Seite 102).

Biß und Bezahnung

Schäferhunde brauchen ihr Gebiß nicht nur zur täglich einmaligen Nahrungsaufnahme nach getaner Arbeit oder als Waffe gegen Beutegreifer, sondern auch zur Abmahnung einzelner, widersetzlicher Herdentiere. Der Hirtenhund kannte noch keine Abmahnung, erst der Treibhund lernte es, Rinder an der Fessel zu greifen. Mit Entwicklung des Hütehundes bisherigen Typs wurde der sogenannte »Griff« dann schafrassenspezifisch verfeinert (s. Seite 182).

In keinem Falle dürfen dabei Verletzungen entstehen, was bei unkorrekten Zahnstellungen oder -lücken leichter vorkommt. Schäfer bevorzugten lange Zeit für ihre Herdenhunde den *Zangenbiß* mit aufeinanderstehenden Kauflächen der Schneidezähne. So nachteilig, wie oft behauptet, kann dieser Zangenbiß nicht sein, da Wölfe und Wildhunde bis heute damit überleben und sich auch gegen verwilderte Haushunde leicht durchsetzen können. In einigen wenigen Rassebeschreibungen der FCI-Kategorie I wird er noch immer vorgeschrieben oder toleriert (z. B. Belgische Schäferhunde, Canaan-dog, PON, Tibet-Terrier, s. Seite 96). Für alle anderen ist der angeblich Haushund und Mensch kennzeichnende *Scherenbiß* verbindlich. Hierbei greifen die unteren Schneidezähne auf die Zungenfläche der oberen. Das Gebiß im Backenzahnbereich arbeitet bei beiden Bißformen nach dem Scherenprinzip, lediglich die letzten zwei Molaren sind zu mehr mahlend kauender Bewegung geeignet. Abweichungen in Form und Länge der Kiefer sind derzeit kein Problem der Schäferhunde, müssen aber im Auge behalten werden, da, ähnlich wie beim Schaf, auch hier sehr vielfältige, vor allem Fütterungseinflüsse negativ wirksam werden können.

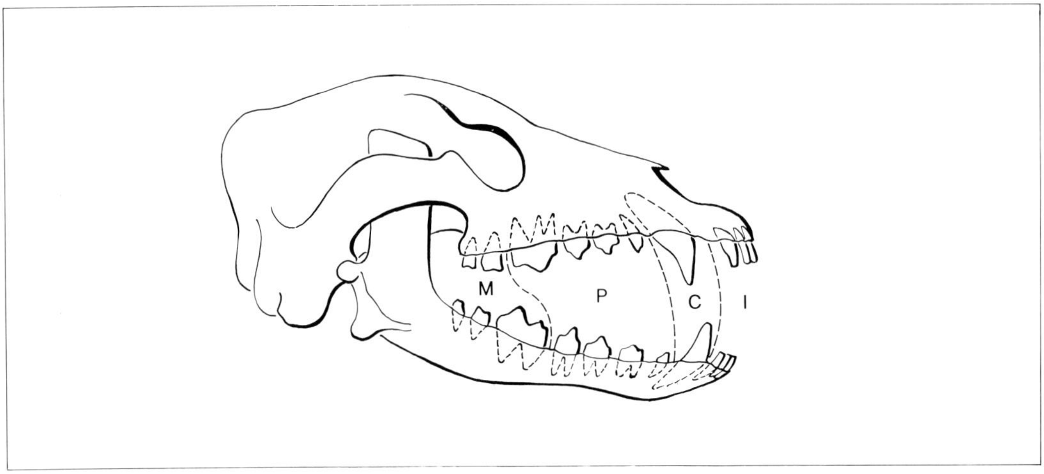

Abb. 89. Anordnung der Zähne im Ober- und Unterkiefer des Hundeschädels. M = Molaren (Backenzähne), P = Prämolaren (Vorderbackenzähne), C = Canini (Fangzähne), I = Inzisivi (Schneidezähne.

Tab. 3. Gebißentwicklung beim Haushund

Zahntypen (lat. Namen)	Gesamtzahl (Milchzähne) Bleibende	Anatomische Bezeichnung und Position*	Milchzahndurchbruch Lebenswoche	Bleibende Zähne Wechsel Lebensmonat	Bleibende Zähne Durchbruch Lebensmonat
Schneidezähne (**I**ncisivi)	(4×3) 4×3	$\frac{3\,2\,1}{3\,2\,1}\,\mathbf{I}\,\frac{1\,2\,3}{1\,2\,3}$	4.–6.	3.–5.	–
Fang-, Haken- oder Eckzähne (**C**anini)	(4×1) 4×1	$\frac{1}{1}\,\mathbf{C}\,\frac{1}{1}$	3.–5.	5.–7.	–
Vordere Backenzähne (**P**rämolaren)	(4×3)	$\frac{4\,3\,2}{4\,3\,2}\,\mathbf{P}\,\frac{2\,3\,4}{2\,3\,4}$	5.–6.		–
					$\mathbf{P}_1$: 4.–5.
	4×4	$\frac{4\,3\,2\,1}{4\,3\,2\,1}\,\mathbf{P}\,\frac{1\,2\,3\,4}{1\,2\,3\,4}$	5.–6.	5.–6.	–
Hintere Backenzähne (**M**olaren)	(–) $\frac{2×2}{2×3}$	$\frac{2\,1}{3\,2\,1}\,\mathbf{M}\,\frac{1\,2}{1\,2\,3}$	–	–	4.–7.
Zahnsumme	(28) 42				

* Zahnstellung im: Oberkiefer / Unterkiefer $\frac{\text{links}}{\text{links}}$ $\frac{\text{rechts}}{\text{rechts}}$

Welpen kommen ohne sichtbare Zähne zur Welt. Bis zur 6. Lebenswoche ist dann das vollständige *Milchgebiß* mit 28 Zähnen durchgebrochen. Ihr *bleibendes Gebiß* mit 42 Zähnen, 22 im Unter-, 20 im Oberkiefer, erhalten die Hunde durch Wechsel der Milchzähne und ergänzend durchbrechende 14 Backenzähne im Zeitraum zwischen dem 3. und 7. Lebensmonat (s. Seite 106). Das im gleichen Zeitraum auf die Welpen einwirkende Erziehungsritual bleibt sicherlich von der Gebißentwicklung nicht unbeeinflußt. Gelegentliches Nichtsichtbarwerden eines oder mehrerer P1-Zähne sollte weniger formalistisch bewertet werden, als dies vor allem in Deutschland geschieht (Mohr 1956, Willis 1984). Oft sind diese Zähne angelegt und nur nicht durchgebrochen. Andererseits gab es auch schon bei Hunden der Bronzezeit, genau wie heute bei Wölfen und Wildhunden, fehlende Prämolaren, was Schädelfunde ausweisen. Dies könnte u. a. ein Hinweis sein, daß von genereller Reduktionstendenz auszugehen ist und nicht von einer jetzt erst beginnenden Degeneration.

Fell und Farbe

Für den zu planenden Nachrücker, einerlei, ob über Zuchtwahl oder Welpenkauf, sollen Behaarungsart und Farbe nur eine untergeordnete Rolle spielen. Erklärend dazu ist die Erinnerung an einen englischen Züchterspruch sicher nützlich: »Ein guter Hund, ebenso wie ein gutes Pferd, kann nicht von schlechter Farbe sein!« Einseitige, modisch orientierte (leider nicht immer kurzlebige!) Haar- und besonders Farbselektion verringert die Genvielfalt und hat auch schon manch anderes Unheil angerichtet. So ging es mit dem zeitweilig bei *Altdeutschen* und anderen Schäferhunden (z. B. *Collies* und *PON)* sehr beliebten Tigerungsfaktor *(Merlefaktor).* Dabei ergaben sich neben der Farbverdünnung, Augen- und Gehöranomalien sowie oft wenig erkannte Fruchtbarkeitsreduzierung, ganz besonders bei den reinerbigen *(homozygoten) Weißtigern.* Eigentlich sollte genug Negatives bekannt sein, um auf Zucht mit dem Merlefaktor ganz zu verzichten. Das neue Tierschutzgesetz zwingt uns inzwischen dazu; außerdem gibt es für ansprechende, partielle Farbverteilung genug andere, unbelastete Gene.

Die Form des *Haarkleides* ist eines der relativ wenigen Beispiele für durch die Mendelschen Vererbungsregeln erklärbare, rezessive Erbgänge beim Hund, da hier nur ein Genort beteiligt ist. Kurzhaar ist dominant zu Langhaar, Rauhhaar dominant zu beiden. Im Gegensatz dazu muß bei der polygenen (vielgenigen) Farbvererbung von wenigestens neun beteiligten Genen ausgegangen werden. Auch hierbei *mendelt* das Einzelgen, ist aber nur in wenigen Einzelfällen von der Wechselwirkung der übrigen getrennt zu verfolgen. Die *polygene* Situation wird gekennzeichnet durch Beeinflussung untereinander, oft sehr kompliziert variabler Genstrukturen und Einflußnahme weiterer nicht direkt benachbarter Gene (Einzelheiten s. bei Willis 1984).

Hilfsmittel der Zuchtwahl

Im Gegensatz z. B. zur Schafzucht, bei der Massenselektion auf Grund von annähernd terminiert ermittelten Daten über Vorfahren oder Eigen- bzw. Nachkommenprüfungen möglich ist, arbeitet der Schäferhundzüchter mit begrenzten Tierzahlen und erheblich eingeschränkten Informationsunterlagen. Abstammungspapiere ohne standardisierte Leistungsdaten, Schau- und Prüfungsprädikate ohne detaillierte Bewertungsergebnisse sind für Selektionsentscheidungen fast ohne Wert. Der Hundezüchter muß die wirklich erforderlichen Daten durch eigene Informationssammlungen selbst ermitteln und weiß, daß ihm dazu, z. B. auf Schauen, nur das Material positiver Varianten zugänglich ist. Seine einzige Sicherheit sind die im Standard festgelegten Ober- und Untergrenzen, die mehr den Charakter eines *Zuchtrahmens* als eines *Zuchtzieles* haben und damit Aussichten auf Zuchtfortschritte begrenzen. Das macht auch verständlich, warum größere Selektionsanstrengungen zur Abwehr von Erbkrankheiten (s. Seite 154) bisher nur zögernd Resonanz fanden. Jetzt schreibt der Gesetzgeber derartige Anstrengungen vor, da er die Züchter in die Verantwortung genommen hat (s. Seite 102).

Um einiges besser sind da Herdengebrauchshundezüchter dran, die Hütehundeltern am *Gebrauchswert* ihrer Nachkommen, z. B. vor Ort oder bei Hütewettbewerben messen und sich Selektionserfolg durch Beschränkung auf sehr wenige Merkmale sichern. Damit hatten die Schäfer Europas als Züchter der vielen heute noch nach ihnen benannten Rassen guten Erfolg, solange niemand von ihnen zusätzlich einen stark vereinheitlichten Standardtyp forderte. Zuchtfortschritt bedeutet für sie nicht ständige Leistungssteigerung, sondern stetige Anpassung an durch landwirtschaftliche Strukturänderung bedingte neue Anforderungen. Gerade jetzt sind wir am Beginn einer derartigen neuen Phase, die von uns den versierten Koppelschafhund fordert. Einzig wirksames Selektionshilfsmittel wird auch hierbei wieder die sorgfältige Registrierung von eigenem Gebrauchswert der Zuchthunde und dem ihrer Nachkommen sein. Die Statik von Standards wirkt auch bei der neuen Anpassung nur hinderlich. Diesbezügliche Einsicht der Verantwortlichen wird darüber entscheiden, ob und welche alten Schäferhundrassen diesen Namen auch in Zukunft noch zu Recht tragen.

Verfahren der Zuchtwahl

Unabhängig davon, ob mit in ein Rassezuchtbuch eingetragenen oder mit simplen Gebrauchstieren gearbeitet werden soll, gilt es nach der Vorauswahl in Frage kommender Paarungspartner zu entscheiden, wie die zusammengetragenen Informationen zuchtwirksam zu verwerten sind. In der Regel sollen neben Ansprüchen an Schafinteresse und positive Hütehundveranlagung auch Vorstellungen über Körperbau und vielleicht Felltyp und -farbe realisiert werden. Derartige Selektion mit mehreren Zielen ist in der Tierzucht und speziell in der Herdenhundgebrauchszucht die normale Situation. Sie könnte, ähnlich wie in der Nutztierzucht als Tandemselektion, mit je Generation aufeinanderfolgender Verbesserung einzelner Merkmale oder als Indexselektion mit abhängigen Selektionsgrenzen, wie sie mit gewichteter Merkmalszusammenfassung heute üblich ist, durchgeführt werden. Beide Methoden sind z. B. bei Schafen mit vornehmlich an Wirtschaftlichkeit orientierten Merkmalen anwendbar, eignen sich aber wegen anders gelagerter Informationsvoraussetzungen weniger für unsere Zuchtarbeit mit Herdenhunden.

Da die für Nutztiere verfügbaren Leistungsinformationen in der Hundezucht derzeit nicht erreichbar sind, sollte das altbewährte Verfahren einer *Selektion mit unabhängigen Selektionsgrenzen* durchgeführt werden. Dabei sind zu jedem für die Selektionsentscheidung vorgesehenen Kriterium Mindestanforderungen festzulegen. Ihnen werden die einzelnen Beurteilungsergebnisse der zur Auswahl oder Bewertung anstehenden Tiere gegenübergestellt. Ein sehr einfaches und wirkungsvolles Hilfsmittel für die Zuchtwahlentscheidung ist dann eine nach Vorschlägen von Willis (1984) angelegte Auswahlliste (s. Seite 109). Erfolgsentscheidend bleibt, daß die Wichtigkeit der Merkmale und dementsprechend die Höhe der Anforderungen richtig abgewogen und die einzelnen Eigenschaften sorgfältig beurteilt werden.

Zu hohe Bewertung nebensächlicher Merkmale bringen den Züchter in Gefahr, herausragende Tiere auszusortieren, nur

Tab. 4. Vergleichsliste zur Auswahl von Zuchttieren für die eigene Hütehund-Nachzucht oder zur Erfolgskontrolle der eigenen Zuchtarbeit (abgeändert, nach Willis, 1984).

	Selektionsmerkmale	Mindestforderungen im Verhältnis zur eigenen Hündin[1]	Punkte	Namen der verfügbaren Rüden[2] Anton	Pascha	Prinz	Strobel	Tiger
a	Schafinteresse	deutlich	(7)[3]	7[3]	8	8	7	5
b	Charakter	anhänglich, Mannhund	(6)	5	7	8	6	4 scheu
c	Hüteinstinkt	ausgeprägt	(7)	8	7	9	6	6
d	Führigkeit	mittel–leicht	(7)	5	8	7	9	7
e	Beherrschung	gut	(7)	6	6	7	7	7
f	Aufmerksamkeit	gut	(7)	6	7	8	6	6
g	Ausdauer	gut–sehr gut	(7–8)	8	7	8	6	6
h	Körperbau	ohne große Fehler	(6)	5	8	6	4	7
i	Hüftzustand	HD-O[4], keine Hyäne	(0–)	0,5–	0–	0–	1–	2 H
	(Zuchtwert)[4]	(142)	(142)	(135)	(168)	(172)	(110)	(140)
j	Gangwerk	ausreichend gewinkelt	(6)	5	6	7	6	7
k	Größe in cm	55–57		54	57	56	59	57
l	Kopf	m.-breit, Fang lang	(ml)	ml	mk	sl	mk	ml
m	Biß	Schere/Zange	(S)	S	S	Z	Z	S
n	Bezahnung	bis 2 fehlende P_1	(2–)	3–	1–	0–	1–	0–
o	Felltyp	rauh, dicht	(rd)	rl	rd	rd	wl	wd
p	Farbe	dunkel mit Abz.	(dA)	dA	hA	da	dA	ha
	Ausscheidungsgründe			bdefh ijkno	elp	emp	cfghi klmo	abcfg iop

[1] zur Abwandlung der Liste kann hier auch die Bewertung eines eigenen Zuchttieres und unter [2] die seiner Nachkommen aufgelistet werden etc.; [3] die Ziffern 1–9 sind Punkte, wie sie zur Schafbewertung Verwendung finden;
[4] s. dazu Tabelle 10 und Seite 157.

Als Deckrüden kommen nur Prinz (1.) und Pascha (2.) in Frage.

weil sie kleine Fehler haben. Wer auf diesem Wege das vollkommene, absolut fehlerfreie Tier sucht, wird immer nur durchschnittliche Hunde ohne größere Mängel, aber auch ohne deutliche Vorzüge erzeugen. Die genannte Liste kann eigenen Belangen beliebig angepaßt werden. Aufbewahrt ist sie in jedem Fall eine wertvolle Unterlage, die den Züchter immer wieder in die Lage versetzt, sich selbst und seine Zuchtstrategie zu kontrollieren. Dabei wird er, vor allem in der Anfangszeit, die Erfahrung machen, daß seine Idealvorstellungen auf praktikable Maße und Umfang reduziert werden müssen.

Herdenhunde sind keine Massenware, sie passen so gar nicht zu einer Wegwerfmentalität. Drum prüfe, wer sich »ewig« bindet, wenn die Ewigkeit auch nur acht bis neun Arbeitsjahre währt. Nachwuchs eines »falschen« Bockes kann noch im ersten Jahr verwertet werden, schlechte Hütehunde haben keinen Markt.

Zuchtmethoden

Beträchtliche Unterschiede bestehen in der züchterischen Zielsetzung zwischen Hunderassen und Linien innerhalb von Rassen mit sportlichen oder beruflichen Aufgaben und den fast ausschließlich an uniformen Äußerlichkeiten orientierten Zuchten. Fast parallel dazu unterscheiden sich die erblichen Voraussetzungen für Wesensmerkmale, körperliche Fitness, Ausbildungsbefähigung, Kraft und Ausdauer der Fortbewegung gegenüber Vereinheitlichung von Farbe und Struktur des Haarkleides sowie anatomischen Merkmalen an Kopf, Rumpf und Läufen. Hinzu kommen verschiedene Auffassungen bezüglich der Struktur einer Hundepopulation. Sie wollen entweder stabiles, breites und möglichst hohes Niveau entwikkeln und erhalten oder im Gegensatz dazu vor allem die Schaffung von abgehobenen Spitzengruppen mit »Fortschrittstendenz« ermöglichen.

Reinzucht ist durch entsprechende Zuchtordnungen für fast alle anerkannten Hunderassen vorgegeben; d. h., es werden nur Vertreter der gleichen Rasse miteinander gepaart. Beschränkt sich dies auf die jeweiligen Populationen bestimmter Länder oder Weltregionen, so handelt es sich um regional geschlossene Zuchtpopulationen, denen in anderen Gebieten rassegleiche Populationen gegenüberstehen können, die sich im Genbestand möglicherweise abweichend entwickelt haben. Wie wir aus Selektionsversuchen mit kleinen Labortieren, die vergleichbar begrenzte Populationsgrößen wie Hunderassen haben, wissen, werden nach ca. 30 bis 40 Generationen Grenzen weiterer Zuchtfortschritte erreicht. Daraus ist ersichtlich, daß Reinzucht im engeren Sinn keinen endlosen Zustand darstellt. Vermehrt sich Unzufriedenheit mit den Zuchterfolgen, kommt es, sofern die Rassen nicht aussterben, zur Öffnung für Fremdgene aus vermeintlich erfolgreichen Populationen, wie dies unter *Fremdzucht* besprochen wird.

Inzucht eröffnet Möglichkeiten zur Überprüfung von Tieren auf verdeckt (rezessiv) vorhandene Gene, meist handelt es sich dabei um unerwünschte oder von der Norm abweichende Anlagen. Gleichzeitig ist sie das wirkungsvollste Zuchtverfahren zur Schaffung von, für wünschenswerte Merkmale, erbreine (homozygote) Nachkommen. Unter den Begriff der Inzucht fallen alle Paarungen von Tieren, die näher verwandt sind, als es der Durchschnitt des eigenen Bestandes, der Zuchtpopulation oder der Rasse ist. Viele überschauen dabei aber nur den Verwandtschaftsbereich bis zu den Großeltern. Bei weiter zurückliegender Verwandtschaft wird meist von *Linienzucht* gesprochen. Insgesamt darf nie vergessen werden, daß die meisten heutigen Hunderassen auf ein oder einige wenige Elternpaare zurückgehen. Da *Heterozygotie* (Mischerbigkeit, Genvielfalt) die Grundlage der Lebensfähigkeit ist, vergrößert z. B. durch Inzucht bewirkte zunehmende *Homozygotie*

(Reinerbigkeit, Genverarmung) die Gefahr der abnehmenden Fortpflanzungs- und Überlebensfähigkeit. Derartige *Inzuchtdepressionen* sind Warnsignale, die unter natürlichen Bedingungen oft schon den Ausschluß betroffener Tiere aus der Fortpflanzung zur Folge haben.

Daraus erwächst den Haushundzüchtern eine große Verantwortung, wenn sie es ernst meinen mit der Förderung ihrer Rasse. Nur sorgfältig ausgewählte Tiere dürfen zu Inzuchtpaarung herangezogen werden. Sie ist auf keinen Fall für Besitzer von mittelmäßigen Hunden der Weg, um den Traum vom Spitzentier zu verwirklichen. Wahr ist andererseits aber auch, daß Züchter, die nach Inzuchtpaarungen vor Problemen stehen, diese mit einer einzigen Fremdpaarung wieder los werden können. Ganz so leicht haben es Hundezüchter mit Fremdzuchtprogrammen, im Fall von Problemen mit der Überlebensfähigkeit in ihrer Zucht, meist nicht.

Fremdzucht zielt darauf ab, verlorengegangene oder bisher nicht vorhandene Gene in eine Population einzuführen. Paarungen finden hierbei zwischen sehr wenig oder gar nicht verwandten Tieren statt. Dadurch steigt der Grad der *Heterozygotie* für diejenigen Merkmale, bei denen in einer Rasse noch Alternativen vorhanden sind. Züchter, die den Schwerpunkt ihrer Zuchtziele vornehmlich im Bereich uniformer Äußerlichkeit sehen, haben weniger Interesse am so gesteigerten durchschnittlichen genetischen Wert der Nachkommen. Für sie steht bei der *Fremdpaarung* die Verringerung des speziellen Zuchtwertes durch Abnahme erblicher Überlegenheit für einzelne Merkmale, als Folge gesteigerter Heterozygotie, im Vordergrund. Da Züchter und Benutzer von Herdengebrauchshunden fast ausschließlich an Merkmalen aus dem Bereich der Lebensfähigkeit Interesse haben, sind sie offen für alle Möglichkeiten der Fremdzucht. Diese bestehen, wie anfangs bereits erwähnt, und in früheren Jahrhunderten häufiger von Schäfern praktiziert, in Anpaarung mit Hunden gleicher Rasse aus entfernteren Regionen oder mit Hunden anderer Hütehunderassen bzw. -schläge.

Dabei konnte die einheimische Zuchtpopulation mit der Zufuhr von ganz wenig »fremdem Blut« aufgefrischt oder *veredelt* werden. Stieg der Anteil einer fremden Rasse, weil die »veredelten« Nachkommen deutlich besser waren, kam es zu einer *Kombinationszucht. Verdrängungszüchtung* wurde es, wenn der genetische Anteil der neu eingeführten Rasse den alten, standortangepaßten immer weiter verdrängte. Die Schafhalter sollten sich daran erinnern, wenn es in Zukunft darum geht, immer mehr Koppelschafhunde in Dienst zu stellen. Nicht unerwähnt darf bleiben, daß überall in der Welt auch heute noch sogenannte *Gebrauchskreuzungen* (zwischen zwei nicht verwandten Rassen) gemacht werden, wenn es den Schäfern um besondere Vitalität und Widerstandsfähigkeit geht. Wie das Fachwort bereits aussagt, sind Nachkommen dieser Kreuzung nur für den Gebrauch an der Herde bestimmt. Sie selbst werden zumeist ihre nach Leistungsfähigkeit ausgesuchten, möglichst verschieden veranlagten Eltern deutlich übertreffen. Enttäuschungen ergeben sich aber beim Einsatz zur Weiterzucht, da dann die auftretende Aufspaltung der erreichten Genkombination den angestrebten, speziellen Kreuzungseffekt *(Heterosis)* wieder aufhebt.

Fortpflanzung

Deckgeschehen und Trächtigkeit sind in ihrem Erfolg abhängig von artgerechtem und ungestörtem Ablauf der Hormonantwort des Körpers auf von außen und von innen wirkende Reize. Grundsätzlich ist ein gesunder Rüde nach Eintritt der Geschlechtsreife, etwa ab dem 9. Lebensmonat, mit wenigen Einschränkungen jederzeit in der Lage, eine brünstige Hündin zu decken und dabei zu befruchten. Seine Spermaproduktion (Erzeugung reifer Samenzellen im Hodengewebe) ist unabhängig von den Jahreszeiten. Die Hündin wird im Alter zwischen 6. und 10. Monat geschlechtsreif. Ihr Eierstock ist bis ins hohe Hundealter produktiv und liefert bei den meisten Haushunderassen jeweils im Frühjahr und Herbst einmal eine größere Zahl (10 bis 20) ausgereifter Eizellen. Die Termine können sich erheblich verzögern. Das letzte Stadium der Reifung und der Eisprung, d. h. die Loslösung der Reifeier und ihr Eintritt in den Eileiter, erfolgen unter periodisch zweimal im Jahr wiederkehrenden, von Hormonen gesteuerten Vorgängen der *Brunst, Hitze* oder *Läufigkeit.* Die Hündin setzt öfter als bisher Harn ab, wird dann unruhig (läufig) und zeigt schleimigen, zwischenzeitlich blutigen Ausfluß (sie zeichnet oder färbt) aus den zuvor bereits angeschwollenen Schamlippen (hitzig werden). Dieser Vorgang dauert etwa 28 Tage.

Der Eisprung erfolgt meist zwischen dem 9. und 11. Tag nach Beginn der Brunst. Befruchtungsfähig sind die, je nach Rasse, in unterschiedlicher Zahl ausgestoßenen Eier erst nach Aufenthalt im Eileiter. Daher ist die günstigste Deckzeit im allgemeinen vom 11. bis 13. Tag nach Beginn der Blutung, in der sog. *Rüdenduldungsphase.* Bis zu sechs Tagen nach der ersten Bedeckung besteht die Deckbereitschaft fort, was gelegentlich zu einer zweiten Bedeckung genutzt wird. Daraus erwächst andererseits das Risiko, daß unbeaufsichtigte Hündinnen von einem unerwünschten zweiten Rüden nachgedeckt werden. Wie erfahrene Züchter wissen, ist das Austragen von Welpen zweifelhafter Abstammung ohne Einfluß auf die weitere Zuchtverwendung der Hündin, sonst wären Kreuzungspaarungen jedesmal mit Verlust der Zuchthündin belastet. Möglichst noch vor der einsetzenden Brunst sollte an die Entwurmung gedacht werden, sie kann auch noch einige Zeit danach erfolgen (s. Seite 152).

Für das *Deckgeschehen,* die »Hochzeit«, sind einige Vorbereitungen erforderlich. Deckbereite Hündinnen werden immer zum Rüden gebracht, falls sie nicht, wie oft in Schäfereien oder Zuchtzwingern im »Rudel« zusammenleben. Bei solcherart bestehenden, natürlichen Geschlechterbeziehungen benötigt die Fortpflanzung in der Regel, auch bei Erstlingen, keine menschliche Mithilfe. Je isolierter die Hunde leben, um so mehr kommt es zu Unregelmäßigkeiten und der erfolgreiche Ablauf des Deckvorganges wird von Anwesenheit und Unterstützung durch vertraute Personen abhängig. Beschränkung auf die beiden Hundebetreuer, so wenig wie möglich Zwang, Ruhe, Einfühlungsvermögen und Vermeidung einer Volksfestatmosphäre sollten selbstverständlich sein.

Der normale Ablauf ist durch vorausgehendes Liebesspiel mit zunehmendem Körperkontakt gekennzeichnet. Oft bestehen bei Einzelhunden Berührungsängste, die agile Rüden durch sofortiges Aufreiten zu überspielen versuchen. Beim Aufreiten und Umklammern wird das Glied eingeführt, wobei der Rüde einige Friktionsbewegungen ausführt, bis der Penis durch starke Schwellung in der Scheide festsitzt. Dieser Zustand des *Hängens* bleibt etwa zwischen 5 und 20 Minuten erhalten, hierbei erfolgt der hauptsächliche Samenerguß. In dieser Phase ist von jeglicher Einwirkung abzusehen, keinesfalls dürfen die Tiere gewaltsam getrennt werden, da dies zu erheblichen Verletzungen führen würde. Bei ungestörtem Verlauf genügt ein Deckakt zu optimaler Befruchtung. Nach Beendigung des Hängens sind keine besonderen Vorkehrungen erforderlich. Die gedeckte Hündin ist in diesem Zustand bereits wieder transportfähig. Nach unerwünschtem Deckakt kann der Tierarzt medikamentell die Trächtigkeit abbrechen. Er sollte auch bei allen größeren Unregelmäßigkeiten zu Rate gezogen werden. Trächtigkeit und Geburt sollten am gleichen Ort ablaufen, damit wird der Infektions-

Tab. 5. Zeittafel für Deck- und Geburtstermine auf der Basis von 63 Trächtigkeitstagen.

Deckdatum		Wölftermin		Deckdatum		Wölftermin	
Januar	2	März	5	Juli	3	September	3
	9		12		10		10
	16		19		17		17
	23		26		24		24
	30				31		31
		April	2				
Februar	6		9	August	7	Oktober	8
	13		16		14		15
	20		23		21		22
	27		30		28		29
März	6	Mai	7	September	4	November	5
	13		14		11		12
	20		21		18		19
	27		28		25		26
April	3	Juni	4	Oktober	2	Dezember	3
	10		11		9		10
	17		18		16		17
	24		25		23		24
					30		31
Mai	1	Juli	2				
	8		9	November	6	Januar	7
	15		16		13		14
	22		23		20		21
	29		30		27		28
Juni	5	August	6	Dezember	4	Februar	4
	12		13		11		11
	19		20		18		18
	26		27		25		25

schutz der Welpen am wirkungsvollsten vorbereitet, vor allem, wenn gleichzeitig gut und vollwertig gefüttert wird (s. Seite 120). Ab der 5. Trächtigkeitswoche braucht die Hündin eine um 50 % gesteigerte Futtermenge.

Normale *Trächtigkeit* dauert bei der Hündin 63 Tage mit einer unbedenklichen Toleranz von ± 3 Tagen. Regelmäßig arbeitende Hündinnen geben in den ersten 35 bis 40 Tagen nur wenig Hinweise, manchmal werden sie etwas ruhiger und sind öfter mit sich selbst beschäftigt.

Danach vergrößern sich die Zitzen und ab Ende der siebten Woche zeigt die zu fühlende Welpenbewegung, daß keine Scheinschwangerschaft vorliegt. Bei der Fütterung muß jetzt schon das Welpenwachstum und die spätere Laktation berücksichtigt werden (s. Seite 120). Inzwischen hat der Bauchumfang deutlich zugenommen, die Hündin bewegt sich jetzt behäbiger. Nur wenige Herdenhunde lieben es, aus dem gewohnten Arbeitsrhythmus herausgenommen zu werden. Sie wollen weiter dabeisein. Sicher ist es dann besser, dies zu dulden und sie dafür aber deutlich zu entlasten. Mit herannahendem Geburtstermin steigert sich die Unruhe und manche Hündin läuft dann schnell mal nach Hause, um nach einem Wurfplatz zu suchen. Im letzten Drittel der Trächtigkeit besteht generelles Anbindeverbot (s. Seite 144).

So wie es von Wölfen und Wildhunden berichtet wird (Trumler 1982), graben sich auch Haushunde, wenn man sie nur läßt, in der letzten Woche der Trächtigkeit eine mehr oder weniger flache Geburtsmulde an einem ihnen genehmen Platz im Freien. Damit treffen sie selten die Vorstellung ihrer Besitzer, die glauben, daß eine Wurfkiste (je nach Größe der Hündin mindestens 90 × 90 cm) im abgetrennten Raum oder Zwinger angebracht ist. Bei Ausstattung einer solchen Kiste sollte man auf die bevorzugte Muldenform achten und anstelle von Sägemehl, Hobelspänen oder Stroheinstreu lieber mehrere Lagen Zeitungspapier einbringen. Es saugt genug Flüssigkeit auf, läßt sich leicht erneuern und wird gerne angenommen. Ein derartiges Angebot muß rechtzeitig gemacht werden, damit die Hündin Zeit hat, es entsprechend zu untersuchen.

Obwohl die *Geburt,* das *Wölfen,* zeitlich schon zu erwarten ist, geschieht oft im letzten Moment noch ein Umzug, weil die Hündin den vorgesehenen Platz nicht akzeptiert. Sie wölft meist lieber auf der Erde oder glattem Boden als in einem Strohlager. Vor Überraschungen ist man nie sicher, groß wird sie, wenn sich das Ereignis dann z. B. in der Duschwanne oder in einem Familienbett abspielt. Die letzten Vorgeburtsstunden sind, eingeleitet durch Futterverweigerung, an gesteigerter Unruhe, häufigem Ortswechsel und oftmaligem Absetzen von Harn zu erkennen. Kot wird meist schon vorher in pastöser Form und dunklerer Farbe abgesetzt. Die dann beginnende *Eröffnungsphase,* in der Öffnung und Weitung des Geburtskanals in Gang kommen, verändert unter Hormoneinwirkung das Verhalten der Hündin deutlich. Sie dauert, je nach Zahl der vorausgegangenen Geburten, drei bis eine Stunde.

Die Hündin verläßt ihr Lager höchstens noch einige Schritte weit, ist noch unruhiger, dreht sich oft und hat eine raschere Atmung – bis zum Hecheln.

Auffällig sind abwesend wirkender, manchmal unsicherer Blick, reduzierte Ansprechbarkeit, betontes Schlucken und häufiges Belecken der Schamlippen und Umgebung. Unter der Hormonwirkung befördern äußerlich wenig sichtbare, wellenförmig sich ausbreitende Wehen die Fruchtkörper langsam in Geburtsstellung. Dabei schießt auch die Milch ein. Wer Ruhe ausstrahlt und in einer solchen Situation zu sachbezogenen Handlungen fähig ist, wird von einer normal veranlagten Hündin sicher gerne zur Befriedigung ihres Schutzbedürfnisses als miterlebender Helfer akzeptiert. Unruhige Geister überlassen das Geburtsgeschäft lieber dem hoffentlich noch intakten Instinkt ihrer Hündin.

Die folgende *Austreibungsphase* mit dem Austritt der Früchte ist im Beginn schwer abgrenzbar, da erste Preßwehen, jetzt unter der Beteiligung der Bauchmuskulatur, schon zum Ende des vorausgehenden Abschnitts zu beobachten sind. Auffällige Merkmale sind Beteiligung des ganzen Körpers bei Wehen unter Abspreizung der Rute und Abstemmung der Läufe. Wenn nicht schon etwas früher, tritt nun Fruchtwasser aus, das bei grünlichen Beimengungen oft das Vorhandensein einer abgestorbenen Frucht anzeigt. Kurz darauf erscheint ein Welpe im Schamspalt, der, selbst eingehüllt in die sogenannte Schafshaut, mit jeder Wehe weiter aus der zurückbleibenden äußeren Fruchthülle aus dem Scheidenausgang geschoben wird. Dieser vorerst noch im Geburtskanal bleibende Teil der Eihäute ist Träger des gürtelförmigen Mutterkuchens, der über die Nabelschnur mit dem Welpen Verbindung behält. Obwohl bei 70 % der Welpen das Vorderteil zuerst kommt, sind

Hinterendlagen beim Hund keine Geburtskomplikation.

Im Verlauf einer weiteren Preßwehe gleitet der Welpe dann plötzlich ganz heraus. Die Mutter dreht sich danach im Liegen kurz nach hinten. Sofern vitale Welpen dies mit Strampeln nicht schon geschafft haben, öffnet sie die Eihülle und quetscht mit den Backenzähnen den Nabelstrang etwa 3 bis 4 cm vor der Bauchhaut ab. Dann zieht sie am Nabelstrang die restlichen Eihäute, sofern diese sogenannte *Nachgeburt* nicht schon ausgestoßen wurde, aus der Scheide und frißt sie auf. Nabelt die Mutter ausnahmsweise nicht ab, muß der Betreuer dies mit den Daumennägeln nachholen. Nach einer kurzen Ruhepause reinigt die Hündin den Liegeplatz und ihre Hinterpartie. Der Scheidenausgang wird mehrfach intensiv beleckt, bis nach 20 bis 30 Minuten der nächste Welpe sichtbar wird und in gleicher Weise zur Welt kommt. Oft nimmt die Hündin dazwischen etwas Wasser zu sich.

Mit zunehmender Welpenzahl können die Pausen länger werden, bis zu einer Stunde und mehr. Übergroße Würfe werden gelegentlich auch mit einem oder zwei, mehrere Stunden verspäteten Nachkömmlingen geboren (Naaktgeboren 1971).

Währenddessen betreut die Mutter die in ihrem Kopf- oder Bauchbereich liegenden Welpen durch Belecken ihrer Bauch-, Genital- und Afterregionen. Zur Anregung neuer Wehen und um den Geburtsablauf nicht zu lange zu verzögern, empfiehlt es sich, die Welpen saugen zu lassen. Auch mit Massage der Gesäugeleiste oder einem kleinen Spaziergang (aufpassen, daß kein Welpe verloren wird!) kann diesbezüglich nachgeholfen werden.

Stockt der weitere Austritt der Frucht in der Austreibungsphase, so darf leichte Zughilfe nur nach unten, in Richtung auf die Sprunggelenke der Mutter, erfolgen. Verzögert sich der Beginn der Austreibungsphase über die dritte Stunde hinaus und preßt die Hündin weiter, obwohl der letzte Welpe vor einer Stunde zur Welt kam, und bei sonstigen Komplikationen, ist es ratsam, umgehend tierärztliche Hilfe in Anspruch zu nehmen.

In der Hündin zurückbleibende Nachgeburtsteile führen 24 Stunden nach der Geburt schon zur Selbstvergiftung, was zum Tod von Mutter und Welpen führen kann. Das normale Ende der Geburt ist gekommen, wenn die Hündin nicht mehr preßt, sich entspannt und das große Reinemachen beginnt. Dabei verläßt sie das Wurflager, um Wasser aufzunehmen und um sich zu lösen. Sofern in den folgenden 36 Stunden die Rektaltemperatur der Wöchnerin nicht deutlich über ihr individuelles Mittel, ca. 38 bis 38,5 °C, steigt, sind kaum noch Komplikationen zu erwarten. Dunkelgrüne Verfärbung des normalerweise noch einige Zeit abgehenden, anfänglich rötlichen, dann wäßrigen Schleimes, ist ein weiterer Hinweis auf einen zurückgebliebenen, abgestorbenen Welpen, der vom Tierarzt entfernt werden muß.

Abschließend eine ernstgemeinte Mahnung: »Auch Schäferhundzüchter dürfen nie vergessen, daß das Geburtsvermögen ihrer Hunde eines der wichtigsten Selektionsmerkmale ist« (Freak 1975).

Aufzucht, Eingewöhnung und Erziehung

Sobald die Hündin das Wurflager zum Lösen verläßt, werden die Welpen in einen gepolsterten kleineren Korb gelegt. Damit gibt es freie Bahn zum Auswechseln der nassen Papierlagen, zur Geschlechtsfeststellung und zum Wiegen der Welpen. Letzteres ist nützlich, um die weitere Entwicklung kontrollieren und gegebenenfalls rechtzeitig zufüttern zu können. Sobald die Hündin zurückkehrt, bekommt sie ihre Welpen zum Säugen und Bemuttern, dabei sollte dann weiterhin möglichst nicht mehr eingegriffen werden. Instinktiv tut jetzt die Mutter alles Weitere artgerecht. Dem Züchter ist durch das Tierschutzgesetz verboten, die aufzuziehende Welpenzahl, aus welchen Gründen auch immer, durch Tötung zu regulieren. Anomale und unheilbar Kranke kann der Tierarzt einschläfern. Das Gesäuge gesunder Hündinnen reicht für 6–8 Welpen. Vordere Zitzenpaare versiegen sehr bald bei Nichtbenutzung, hintere haben früher Milch und sind allgemein ergiebiger. Zu große Würfe können mit Ammenaufzucht, die oft von den Clubs vermittelt wird, oder mit mutterloser Ernährung entlastet werden. Sollte die Mutter einen Welpen nicht weiter betreuen, so muß ihr vertraut werden, das Richtige im Sinne der Arterhaltung zu tun. Sie erkennt die Anzeichen von Lebensuntüchtigkeit besser als wir. »Nichts schadet dem Erbbestand einer Rasse mehr, als schwächliche Welpen mit allerlei Hilfsmitteln aufzuziehen« (Trumler 1982).

Das *Kupieren* der Ohren ist in der Bundesrepublik Deutschland seit dem 1. 1. 1987 durch das Tierschutzgesetz untersagt. Schwänze dürfen weiterhin gekürzt werden, aber nur bis zum 8. Lebenstag. In Schweden sind beide Eingriffe schon seit 1980 nicht mehr erlaubt. Bei den Herdenhunden sollten wir diesem Beispiel folgen, da ihre Gefährdung durch Kampfverletzungen, die ursprünglich Anlaß zum Kupieren war, schon lange nicht mehr besteht. Die *Kastration* als operative Entfernung der Keimdrüsen männlicher oder weiblicher Tiere ist bei Hunden in Mitteleuropa, im Gegensatz zu landwirtschaftlichen Nutztieren, ein relativ seltener Eingriff. Er erfolgt hier, anders als in zentralasiatischen Schäfereien (s. Seite 93), fast nie bei Welpen wohl aber bei Erwachsenen in Fällen von krankhafter Veränderung an Hoden bzw. Eierstöcken. Verschnittene (kastrierte) Hunde sind bei unseren Hütewettbewerben nicht zugelassen (s. Seite 198).

Welpenaufzucht

1. und 2. Lebenswoche

Frischgeborene Welpen können weder sehen, hören noch stehen, sind aber gleich schon bewegungsaktiv. Letzteres besonders, bis hin zur Erregung, wenn sie die Mutter durch intensives Belecken stimuliert. Von Anfang an krabbeln sie mit auffällig seitlich pendelndem Kopf im Wurflager herum auf der Suche nach einer Zitze, die sie mit dem bereits entwickelten Tastsinn ihrer Lippen erkennen. Hierbei ist ihr Orientierungsziel »warm und weich«, »kalt und hart« wird gemieden. Am warmen Bauch angelangt, ist eine Zitze bald durch Auf- und Abbewegung des Kopfes gefunden. Sie wird in voller Länge ins Mäulchen genommen, und gleich darauf bearbeiten dann die Vorderpfötchen die Milchleiste mit dem sogenannten *Milchtritt.* Während der Geburt unterstützt sie die Hündin dabei noch wenig, erst nach der Ruhepause beginnt die intensive Bemutterung. Vor allem mit der Zunge, weniger mit der Nase wird der Nachwuchs zur Milchquelle geleitet, werden Lebenswille und Verdauung angeregt und kontrolliert.

Von größter hygienischer Bedeutung ist bei dieser Zungenfertigkeit der Hundemutter die ständige Beseitigung auch von kleinsten Urin- und Kotmengen, die anhält bis zur ersten Beifütterung. Sobald einzelne Welpen durch Wimmern Unbehagen signalisieren, greift die Hündin ein. Sie säugt anfänglich 12mal in 24 Stunden, um es allmählich bis zur 3. Woche auf die Hälfte zu reduzieren (s. Seite 118). Im Verhältnis dazu nimmt die Erkundungs- und Bewegungsaktivität der Welpen zu, die anfänglich nur trinken und schlafen. Ende der zweiten Woche beginnt sich ihr Lidspalt von der Nasenseite her langsam zu öffnen, und Hör- und Stehvermögen werden erkennbar.

Welpen zeigen von Anfang an sehr deutlich durch Wimmern, Unruhe und Gewichtsentwicklung, ob die mütterliche Milchquelle ausreicht. Milchaustauscher, die zur *Beifütterung* ebenso wie zur *mutterlosen Aufzucht* geeignet sind, gibt es im Fachhandel, oder man stellt sie selbst zusammen. Für Schafhalter bietet sich an, ¼ Liter frische Schafmilch mit einem Eßlöffel Magerquark und einem frischen, abgetrennten Eigelb aufzuwerten. Ansonsten kann der Austauscher, nach Meyer (1983), aus ⅜ Liter Kuhmilch, 500 g Magerquark, 2 großen, frisch abgetrennten Eidottern und 2 Eßlöffeln Mais- oder Weizenkeimöl hergestellt werden, ergänzt mit 10 g vitaminiertem Mineralfutter (20 % Kalzium, 8,5 % Phosphor, 30 000 I.E. Vitamin A pro 100 g). Im Notfall kann fürs erste auf Spezialmilchaustauscher für Lämmer oder Ferkel zurückgegriffen werden, die wie Schafmilch aufzuwerten sind. Präparate für andere Tierarten sind weniger geeignet. Solange die Hündin noch säugt, die Milch aber nicht ausreicht, genügen 3 zusätzliche Flaschenmahlzeiten.

Kolostrum, die allererste Milch nach der Geburt, braucht jeder Welpe, einerlei wie er aufgezogen wird, zur Absicherung seiner Überlebenschancen. Neben Startenergie und Verdauungsförderung durch Lösung des vorgeburtlichen Darminhalts, *Darmpech* genannt, sind vor allem die spezifischen, von der Mutter gebildeten *Schutzstoffe* (*Antikörper* und ihre Träger) wichtig. Sie werden mit zunehmendem Milchfluß verdünnt und können nur in den ersten 12–20 Lebensstunden direkt aus dem Darm ins Blut gelangen, wo sie für 6–8 Wochen die Infektionsabwehr übernehmen. Ersatzweise kann gefrierkonserviertes Kolostrum einer älteren Hündin des eigenen Bestandes oder von Sauen bzw. von Schafen hundekörperwarm verabreicht werden. Wenn nichts Derartiges verfügbar ist, muß der Tierarzt gebeten werden, ein mit Gammaglobulin angereichertes Schutzserum möglichst am ersten Lebenstag zu spritzen.

Ammenaufzucht setzt voraus, daß die Kolostrumversorgung erfolgt ist und daß eine in Milch stehende Hilfsmutter, zu den wenigen oder anstelle der verlorenen eigenen, die fremden Welpen annimmt. Hierzu kann mit Geruchsangleichung in warmen Tüchern mit ein paar Spritzern Ammenmilch oder Urin nachgeholfen werden. Außerdem sollte die Amme vor dem Anlegen der Fremdlinge 2 Stunden lang nicht gesäugt haben. Das Laktationsstadium muß nicht auf den Tag übereinstimmen, wenn es nur innerhalb der ersten beiden Wochen liegt. Über die Ammenaufzucht haben wir erfahren, daß wesentliche Teile des Welpenverhaltens durch das mütterliche Wesen geprägt werden. Deshalb darf es niemanden verwundern, daß die Ammenkinder sich oft deutlich im Verhalten von ihren bei der eigenen

Tab. 6. Orientierungsrahmen für die Welpenaufzucht bei Schäferhunden.

Richtmaß muß die harmonische Entwicklung der Welpen bleiben, die niemals wie Mastlämmer zu behandeln sind. Mastige Fütterung führt zur Verfettung, womit Lebens- und Leistungserwartung erheblich verkürzt werden.

Entwicklungs-abschnitte im Welpendasein	Lb.-Woche	An der Mutter oder Amme: Tägl. Säugezeiten A (B)	Tägl. Milch-Menge ca. g	Tägliche Beifütterung: Mahlzeiten	ca. g	über	Tägliche Zunahme durchschnittlich in der Woche g	im Monat	g	Monats-Zunahme: im Durchschnitt g	End-Gewichte ca. kg	Mutterlose Aufzucht: Tägl. Mahlzeiten	Fütterungspausen Tag Std.	Nacht Std.	Tägl. Menge Welpenmilch g	über
Vegetative Phase	1.	12 =	85	–	–		45–55					12–8	2–3	–	85–120	Fl
	2.	8 =	160	–	–		55–75					6–5	3–4	6–8	150–200	Fl
Übergangsphase	3.	6 =	190	3 Br	45	Fl +Na	75–95	1.	65	1950	2,30	4–3	5–6	8	250–380	Fl +Na
Prägungsphase	4.	4 (5)	210	4–5 Br	150	Na + Fleisch	80–90					4–5	5–4	8	450–580	Na
	5.	3 (4)	180	5 Jh	450	Na	85–110					5	4	8	Welpenfutter mit Fleisch	
	6.	– (3)		5	Junghundf. n. Appetit		90–120	2.	110	3300–3410	5,70	5	4	8		
	7.	– (2)		4			95–130					4	5	8	Junghundf. n. Appetit	
Sozialisierungsphase	8. Woche			4	650		100–130									
	9.–12. Woche			3	690		100–140	3.	110	3410	9,00					
Rangordnungsphase	4. Monat							4.	90	2800	11,80					
Rudelordnungsphase	5./6. Monat			3–2	750–1100			5./6.	60	3660	15,50					
Pubertätsphase	7. Monat															
	8./9. Monat			2				7./12.	35	6400	21,85 = 95 %					
Schafhundanwärter	10./12. Monat			2–1	800–1500											

Unter Verwendung von Daten aus Meyer, 1983, und Trumler, 1984

A = arbeitende Schafhunde
(B) = Begleit-, Wach- und Schutzhunde
Br = breiiges Futter, s. Text
Jh = festeres Junghundfutter
Fl = Flaschenfütterung
Na = Futternapf, -schale

Mutter verbliebenen Wurfgeschwistern unterscheiden.

Wechselsäuglinge haben den Vorteil, daß bei sehr großen Würfen alle Welpen die Zuwendung der eigenen Mutter erfahren und von ihr »Hundeanstand« lernen. Sie werden nur bei jeder zweiten Mahlzeit oder halbtägig mit dem zuvor beschriebenen Milchaustauscher versorgt und bleiben ansonsten im Wurflager. Gute Mütter versorgen den ganzen Wurf mit gleicher Aufmerksamkeit wie einen voll gesäugten, dabei ist fast immer auch das Belecken der Bauch- und Analregion bis zur 3. Woche eingeschlossen. Sobald der Wurf agil wird, muß der Hündin ein für die Welpen unerreichbarer, erhöhter Ruheplatz, wie ihn alle Hundeartigen bevorzugen, neben dem Welpenlager eingerichtet werden. Die Welpen erhalten dann als Wärmequelle eine eingewikkelte Wärmflasche oder eine 60 cm hoch angebrachte Rotlichtlampe. Dieses Aufzuchtverfahren macht viel Arbeit und kostet Zeit, gibt aber zugleich Gelegenheit zu frühzeitiger Vertrauensbildung, ohne zu starke »Menschprägung« zu bewirken.

Mutterlose Aufzucht hilft verwaiste Welpen oder auch überzählige aus großen Würfen (mit zu wenig verfügbaren Zitzen) vollwertig großzuziehen. Hier gilt das über Kolostrum Gesagte in besonderem Maße. Mutterlose Welpen brauchen anfangs etwa 8–10 g hundekörperwarme Austauschermilch (s. Seite 117) aus der Flasche mit Dreilochsauger zu jeder der 8–12 Mahlzeiten (s. Seite 118). Bis zur zweiten Woche steigt die Menge fast auf das Doppelte bei gleichzeitiger Reduzierung der Fütterungszeiten (s. Seite 120). Bei der Flaschenfütterung sind weiche, warme Unterlage und Freiraum für den »Milchtritt« der Vorderpfoten unerläßlich, um Triebstau zu vermeiden. Ebenso muß die regelmäßige Zungenarbeit der Hündin durch Massage mit feuchtem, warmem Läppchen und Entfernung von Kot und Urin mit Zellstoff, voll übernommen werden. Notwendige Futtermengen reguliert man am sichersten nach täglicher Gewichtskontrolle (nüchtern) oder nach dem Bild der Bäuche, die gerundet, aber nicht fest sein sollen. Beifütterung mit breiig angerührtem Milchaustauscher kann ab 9. Lebenstag versucht werden. Die Welpen können dann schon etwas aufschlecken, müssen aber von da an zusätzlich mit Wasser versorgt werden. Die viele Arbeit bringt auch ein großes Erfolgserlebnis, nur darf sich keiner wundern, wenn die Flaschenkinder später recht respektlos werden, ihnen fehlt der nur von der Mutter vermittelbare, disziplinierte Hundeanstand.

3. Lebenswoche

Mit der Weiterentwicklung zielstrebiger Bewegungsfähigkeit, der Hör-, Gesichts- und Geruchssinne, steigert sich in dieser Woche die Fähigkeit, breiiges Beifutter aus einer Futterschale aufzulecken. Es ist eine aufregende Woche für die Welpen in diesem *Übergangsstadium,* mit dem die Neugeborenenphase (1.–21. Tag) zu Ende geht. Die ersten Eckzähne brechen durch, und ihr großes und kleines »Geschäftchen« sollen sie jetzt außerhalb des Wurflagers verrichten. Hier gilt es, die Mutter bei ihrer *Erziehungsarbeit,* die sie mit Entwicklung von Demutsgebärden, Beißhemmung und Zeitrhythmus einleitet, zu unterstützen. Erste Bellversuche, Beißspiele und Reaktionen auf Geräusche sind zu beobachten, die »Welt« wird mit Zunge und Lippen entdeckt. Die inzwischen eingeführten 3 Beifutterzeiten sollten sich nach dem »Zeitgeber Hundemutter« richten und in der Menge weiter nach der kontrollierten Welpenentwicklung. Meist wird die erste Wurmbehandlung notwendig, die mit dem Tierarzt abgesprochen sein sollte.

Nicht zu vergessen ist das *Welpenklo,* es muß entweder als ein nahegelegener Platz mit reichlich Papierlagen erreichbar sein, oder der fast immer wimmernd suchende Welpe wird nach draußen an einen vorbe-

Tab. 7. Beispiele zur Zeiteinteilung bei der Fütterung von Welpen und Junghunden.

Zahl der Mahlzeiten		12	8	6	6	5	4	3	2
Abstand der Futterzeiten in Stunden		2	3	3,5	4	4	5	7	12
Futterzeiten:	07^{00}	1.	1.	1.	1.	1.	1.	1.	1.
	08^{00}								
	09^{00}	2.							
	10^{00}		2.						
	10^{30}			2.					
	11^{00}	3.			2.	2.			
	12^{00}						2.		
	13^{00}	4.	3.						
	14^{00}			3.				2.	
	15^{00}	5.			3.	3.			
	16^{00}		4.						
	17^{00}	6.					3.		
	17^{30}			4.					
	18^{00}								
	19^{00}	7.	5.		4.	4.			2.
	20^{00}								×
	21^{00}	8.		5.				3.	×
	22^{00}		6.				4.	×	×
	23^{00}	9.			5.	5.	×	×	×
	24^{00}				×	×	×	×	×
	24^{30}			6.	×	×	×	×	×
	01^{00}	10.	7.	×	×	×	×	×	×
	02^{00}			×	×	×	×	×	×
	03^{00}	11.			6.	×	×	×	×
	04^{00}		8.	×	×	×	×	×	×
	05^{00}	12.		×	×	×	×	×	×
	06^{00}			×	×	×	×	×	×
Nachtpause in Stunden		–	–	6,5	4/4	8	9	10	12

stimmten *Löseplatz* getragen. Auch dabei wird ein bißchen Geduld nötig sein, denn »kein Meister fällt vom Himmel«. Nie aber beschmutzt ein Hund oder Welpe freiwillig sein Lager, es sei denn in größter Not.

Die säugende Hündin

Die meisten säugenden Hundemütter mobilisieren eigene Körpersubstanz für die Milch. Das dabei oft zu beobachtende übermäßige Abmagern muß nicht sein, wenn rechtzeitig die Fütterung darauf Rücksicht nimmt. Meyer (1983) empfiehlt u. a. z. B. eine Ration aus 480 g Pansen, 40 g Leber, ⅛ Liter Milch, 45 g Luzernegrünmehl, 250 g Haferflocken, 1 Eßlöffel Pflanzenöl, 5 g jodiertem Kochsalz, 20 g vitaminiertem Mineralfutter. Ab der 5. Trächtigkeitswoche bekommt die Hündin davon das 1½fache ihrer bisher gewohnten Futtermenge. Nach der Geburt, bis zum Absetzen, steigt die Menge bis zum 3½fachen an. Mehrbedarf bei sehr großen Würfen wird mit Quark und gekochten Eiern gedeckt. Für säugende Hündinnen besteht generelles Anbindeverbot (s. Seite 144).

4.–7. Lebenswoche

Nun beginnt mit der 4. Woche der für die späteren Verhaltensweisen des Hundes entscheidende Abschnitt der Prägung und Sozialisierung (4.–12. Woche). In der ersten Hälfte der *Prägungsphase* wird das Milchgebiß vervollständigt, und die Säugezeit geht zu Ende. Die Welpen beginnen auf ihre kleine Welt des Wurflagers und der näheren Umgebung zu reagieren und sich Gerüche einzuprägen. Es wird erstmals mit Bellen reagiert und zunehmend gespielt. Die Mutter erteilt weitere Lektionen im Hundeverhalten, und der Mensch tritt als »Rudelmitglied« ins Bewußtsein. Durch täglich regelmäßige Berührungskontakte mit jedem einzelnen Wurfmitglied muß er jetzt unbedingt den so nötigen Vertrauensgrundstein legen. Auch mit Kindern sollten Welpen jetzt schon *angenehme* Erfahrungen machen, um späteren tragischen Beißunfällen vorzubeugen.

Als Rudeltiere fügen sich Hunde in eine klar definierte Hierarchie. Je deutlicher der Welpe diese aus Hunden und Menschen zusammengesetzte Hierarchie übersieht, um so umgänglicher ist er später. Strafen, sofern das überhaupt sinnvoll ist, darf man in dieser Entwicklungsphase unter keinen Umständen, da es eine bleibende Aversion gegen die strafende Person auslöst. Erst nach der 12.–13. Lebenswoche bleibt es ohne diese Folgen (Kilgour & Dalton 1983). Eine Verlegung des Wurflagers ist für die Hündinnen nichts Abwegiges. Wer es vorzieht, jetzt einen Zwinger für die Aufzucht zu benutzen, greift keinesfalls mit einem Umzug störend ein.

Das in der 4. bis 6. Woche verabreichte Futter sollte durch Zusatz von gekochten bzw. gebrühten Haferflocken oder Welpenflocken breiige Konsistenz erhalten. Wölfe und Wildhunde würgen in diesem Alter ihren Welpen als erstes Beifutter zerkleinerte und im Magen anverdaute, körperwarme Nahrung vor. Sobald Haushundwelpen Interesse am Maul ihrer Mutter oder an deren Futter zeigen, wird es Zeit, ihnen langsam steigende Zusätze von magerem Hackfleisch im Futterbrei zu verabreichen. Es ist selbst herstellbar unter Mitverwendung von Pansen und Möhren bzw. anderem Gemüse, Schweinefleisch niemals roh geben. Auf Pünktlichkeit, peinliche Ordnung und Sauberkeit ist auch bei der Fütterung (4 Mahlzeiten, s. Seite 118) zu achten, denn jetzt schon werden die späteren Freßgewohnheiten geprägt. Rationsmenge so abpassen, daß die Futterschalen, sowohl Einzel- als auch Gruppenfütterung sind möglich, nach 10 Minuten blank geputzt sind, niemals eventuelle Futterreste länger stehenlassen.

Mit der Waage weiter kontrollieren, daß die Welpen stetig zunehmen (s. Seite 118), ohne mastig zu werden. Da die Hündin die Zahl der Säugezeiten reduziert, kann nur gute Beobachtung verhindern, daß einzelne Welpen sich auf Kosten anderer überfressen, sie müssen rechtzeitig daran gehindert werden. Mit den weiteren, unbedingt notwendigen Entwurmungen nicht erst warten, bis die Bäuche aufgetrieben und fest sind oder gar Welpen wimmern und nicht mehr zunehmen. Diese Entwurmungen und weitere (s. Seite 152) sind ohnehin unbedingt erforderliche Voraussetzung für den Erfolg der in der Folgewoche zu planenden ersten Schutzimpfung gegen Staupe, Hepatitis, Leptospirose und Parvovirose (s. Seite 148). Gelegentliche Kontrolle des Welpenlagers auf Hautparasiten darf nicht vergessen gehen, um rechtzeitig die erste Behandlung gegen Flöhe, Läuse oder Haarlinge einzuleiten (s. Seite 147).

Arbeitende Herdenhunde reduzieren und beenden das Säugegeschäft meist früher als häusliche Begleit- und Wachhunde. Oft schon in der 4. Woche lassen sie die Welpen vormittags und abends nur noch zweimal vor und nach der Hütearbeit ans Gesäuge, um sich schon Ende der 5. bis Anfang der 6. Woche ganz zu verweigern. Muttermilch ist aber das billigste und qualitativ nie voll zu ersetzende Welpenfutter. Wenn die Hündin weitersäugt, sollte man es bis zum Ende der 7. Woche noch nicht unterbinden. Mit der Futtermenge muß in jedem Fall entsprechend rechtzeitig reagiert werden. Eine nunmehr völlige Trennung der Welpen von der Mutter ist nicht ratsam, da das Erziehungsprogramm nicht mit dem *Absetzen* von der Muttermilch beendet ist. Ganz im Gegenteil, wenn dies jetzt nicht ein interessierter Rüde des eigenen Bestandes übernimmt, kann keiner den gleitenden Übergang zur völligen Selbständigkeit der Welpen und all das, was sie dazu noch in Erfahrung bringen müssen, besser vermitteln als die eigene Mutter.

Nur muß man der Hündin einen so viel höheren Liegeplatz geben, daß sie sich dem Drängen ihrer Welpen entziehen kann, ohne zu anderen drastischen Maßnahmen greifen zu müssen. Damit verhilft der Betreuer ihrem Erziehungsprogramm zu einer freundlicheren Note und entlastet es. Mithelfende Betreuer sollten sich klarmachen, daß die Leistungen von Gehirn und Muskulatur zu dieser Zeit noch sehr begrenzt sind. Dementsprechend sind Spiele und Laufstrecken (nicht mehr als 25 m) kurzzuhalten. Auch muß genug Zeit bleiben für das Spiel der Welpen miteinander, in dem sie das von der Mutter Erlernte üben. Erst am Ende dieses Abschnitts beginnt das regelmäßige Spiel mit Mutter und gegebenenfalls Vater bzw. anderen Rüden. Die Hündin hat noch viel zu tun, denn schon sehr bald muß sich ein Teil ihres Wurfes in der Hand anderer Betreuer weiterentwickeln. Dazu müssen die Welpen aber erst einmal erfahren, was Hundeanstand ist und als Hirten-, Treib-, Schäfer- oder Schafhunde geprägt sein. Genau das geschieht unter geordneten Verhältnissen in diesen vier Wochen.

Gefüttert wird zunächst in der 7. und den folgenden Wochen noch viermal täglich. Nach Eingewöhnung in die neue Situation ohne Muttermilch, zu der schon ab der Vorwoche die Ration erhöht wird, muß zunehmend festeres Futter den bisherigen Brei ablösen. Wenn kein Fertigfutter eingesetzt wird, ergibt sich ein vollwertiges Aufzuchtfutter aus: 400 g Haferflocken, 350 g Pansen, 200 g Leber mit zwei Eßlöffeln Pflanzenöl, ergänzt durch 5 g jodiertes Kochsalz und 20 g vitaminiertes Mineralfutter. Wegen allgemeiner Jod-Unterversorgung in Mitteleuropa und geringer Gehalte in Schlachtabfällen ist zur Verbesserung der Leistungsfähigkeit jodiertes Kochsalz unverzichtbar (Meyer 1983). Frisches, sauberes Trinkwasser muß für die Welpen auch weiterhin stets erreichbar sein. Ihre Zunahme sollte im Mittel 110 g täglich nicht überschreiten. In den darauffolgenden vier Wochen muß die Zunahme auf ca. 120 g steigen, dazu kann die gleiche Futterrezeptur in jeweils dem Gewicht angepaßter Menge verwendet werden (s. Seite 118). Erst wenn die Vorbackenzähne in der 6. Lebenswoche (s. Seite 106) soweit ausgewachsen sind, ist der Welpe erstmals in der Lage, Fleischstükke, Knorpel, Sehnen oder dünne Rippen zu zerteilen (abzuscheren).

8. bis 12. Lebenswoche

Der bisherige kleine Egoist wird nun ganz schnell lernen, daß er nur durch Einordnung in die Mischgesellschaft aus Hunden und Menschen überleben kann. Daher ist es jetzt an der Zeit, daß der Welpe seinen zukünftigen Meister im bisherigen oder neuen Betreuer als »Alpha-Rüden = Rudelchef« kennenlernt. Sehr zu Recht wird der dritte Lebensmonat als *Sozialisierungsphase* bezeichnet, denn es geht auch darum, das Ritual der Kontakte mit anderen erwachsenen Hunden, vor allem Rüden, und mit anderen Tierarten in Erfahrung zu bringen. Was die erziehende Hündin instinktiv beachtet, muß dem, einen ergänzenden Teil der Erziehung übernehmenden Betreuer erst bewußt werden. Ein Hund lernt nur im Zusammenhang mit angenehmen oder unangenehmen Erfahrungen; Wissen, im Sinne menschlichen Lernens, kann ihm nicht vermittelt werden. Mehr und mehr steigen die Anforderungen im Spiel, entsprechend der zunehmenden Kräfte. Neben mehr Abwechslung suchen die Welpen auch schon Erfolgserlebnisse und geben erstmals »Gefolgschaftstreue« zu erkennen.

Entwurmt und schutzgeimpft verläßt der Welpe nun seine erste Lebensgemeinschaft, dies sollte möglichst noch zu Beginn der achten Lebenswoche geschehen. In den dann kommenden vier Wochen erwartet ihn ein so entscheidend wichtiges Erfahrungsprogramm, daß es auf jeden einzelnen Tag ankommt. Aus diesem Grund schon allein, halten einige, vor allem amerikanische Verhaltensforscher, die sechste Woche für den besseren Termin zum Standort- und Milieuwechsel. Dem steht aber gegenüber, daß eigene Antikörperbildung, u. a. gegen Staupe, erst gut zehn Tage später möglich ist und schon deshalb und aus anderen biologischen Gründen der erste Impftermin in der siebten Lebenswoche abgewartet werden sollte, bevor der Welpe ein paar Tage später abgegeben wird. Unter natürlichen Bedingungen trennen sich die Geschwister jetzt ohnehin (Trumler 1984), daher kann der Vorgang durch zeitweise Absperrung unterstützt und die endgültige Trennung vorbereitet werden.

Kauf und Eingewöhnung

Anschaffung eines Schäferhundes

Wer den Kaufentschluß gefaßt hat, sollte sich noch vor dem Gang zur Auswahl sehr deutlich klarmachen, was er braucht und wie sein Hund aussehen soll. Schon beim Geschlecht gibt es Für und Wider; beide, Rüde oder Hündin, sind im Grundsatz für die Herdenarbeit oder als Schutz-, Wach- bzw. Begleithund gleich gut geeignet. Den einen stört beim Rüden das andauernde Interesse für läufige Hündinnen, das Beinheben, wo es beliebt, und der dadurch allgemein höhere Energieaufwand zu seiner Führung bei der Arbeit, in der er sich dann aber oft als der Robustere erweist.

Andere hingegen fürchten den zweimal jährlichen Umstand mit der Hitze (Brunst, Läufigkeit) der Hündin, die andererseits als weicher, anhänglicher und leichter zu lenken gilt. Hier kann nur die persönliche Neigung entscheiden.

An einem acht Wochen alten *Welpen* ist von den Hütehundeigenschaften kaum etwas erkennbar. Es gibt uralte Auswahlempfehlungen nach Prüfung auf Mut mit Schlüsselbund, Taschentuch, Schirm und lauten Geräuschen. Ähnliches wurde auch von den zuvor schon erwähnten amerikanischen Forschern bei ihren Arbeiten versucht, über die u. a. auch Willis (1984) berichtete. In keinem Fall gibt es verläßliche Angaben über den Selektionswert solcher Prüfungen für den späteren Arbeitseinsatz. Aber nur das kann den Schäfer eigentlich interessieren. Daher haben erfolgreiche Schäfer in aller Welt sicher recht, wenn sie das gleiche empfehlen, was auch Longton und Hart (1983) als ihre Erfahrung berichten: Der Welpe muß von erbgesunden, bewährten Herdenhund-Eltern stammen und selbst gesund und frei von Anomalien sein. Nur eine wesensfeste, gut veranlagte Mutter bietet Gewähr für schafhundgerechte Aufzucht eines Wurfes.

Aus Würfen mit scheuen Welpen kauft man nicht. Unterschiede bezüglich späterer Ausbildungs- und Leistungsfähigkeit sind innerhalb des Wurfes im Auswahlalter nicht feststellbar, daher kann der Käufer, abgesehen von der gewünschten Farbe, alles weitere dem Zufall überlassen. Soll es ein Arbeitshund sein und nicht ein späterer Zuchthund, ist auch die Ahnentafel von untergeordneter Bedeutung. Der Gebrauchswert im Herdendienst beruht hauptsächlich auf Veranlagung, die entwickelt werden muß durch Qualität der Ausbildung und die Fähigkeit des Hundeführers. Nicht zu vergessen ist, sich den Impfpaß geben zu lassen sowie nach dem bisherigen Futter zu fragen und eine Portion davon mitzunehmen.

Für den Erwerb *erwachsener Hunde* gelten die drei vorausgegangenen Sätze genauso. Ein junger Hund lernt leichter als ein alter, ab dem dritten Lebensjahr lohnt sich eine Ausbildung allerdings nicht mehr. Hier gilt es, die Auswahl nach bereits erkennbaren Eigenschaften und auf Brauchbarkeit hin zu treffen. Der erste beste Hund ist dann oft der erste schlechteste, Farbe und sonstige Nebensächlichkeiten sollten kein Gewicht haben. Eine Liste von Auswahlkriterien, ähnlich wie diejenige in Tabelle 4, die zur Wahl stehende Tiere vergleichbar macht, kann eine Kaufentscheidung sehr erleichtern. Wichtig ist, daß der Hund im Freien, möglichst bei Schafen, von seinem Betreuer vorgeführt wird, um auch die bislang erlernten Kommandos zu erfahren, womit die Eingewöhnung erheblich einfacher wird.

Die Eingewöhnung

Jeder Käufer eines Hundes muß sich darauf verlassen können, daß die Züchter alles nur Mögliche getan haben, um bereits im Welpen unerschütterliches Vertrauen zum zweibeinigen »Rudelmitglied Mensch« zu entwickeln. Ist das versäumt, werden sich Hund und Betreuer noch arg plagen müssen, einerlei, ob eigene oder fremde Zucht. Wichtig ist, daß der Welpe spielerisch alle die Personen, Hunde und Dinge sowie möglichst viele Situationen, mit denen er später zu tun bekommt, in Erfahrung bringt, um danach frei von Scheu zu sein. Selbstverständlich kann das nur einprägsam geschehen, wenn Welpen und Junghunde am Leben der Familie, mit einem Blick in die Arbeitswelt, teilnehmen und nicht ständig in Zwinger abserviert werden. Ohne Zwingerhaltung wird es in der Praxis der Schäfereien nicht gehen, um so mehr muß man sich Zeit nehmen, um sich mit ihnen zu beschäftigen. Sie müssen durch Streicheln, Loben und Verwöhnen spüren, daß man sie gerne hat, auch wenn nicht alles gefällt, was sie tun. Zum »Kaputtstreicheln» (Trumler 1984) hat wohl keiner Zeit, der mit Herdenhunden arbeitet. Der Umgangston sei immer betont freundlich in gedämpfter Lautstärke, etwas größerer Stimmaufwand muß für unerwünschtes Verhalten aufgespart werden. Niemals darf der Welpe angebrüllt oder gar gestraft werden.

Das zuvor Erwähnte gilt in besonderem Maße für den neuerworbenen, abgesetzten, aber auch für den erwachsenen Hund und dessen Eingewöhnung. In jedem Falle wird der Ankömmling aufs freundlichste empfangen, möglichst nur allein von seinem zukünftigen Betreuer, der alles tut, damit dieser erste Kontakt als freudiges Erlebnis in guter Erinnerung bleibt. Ohne sehr viel Zeitaufwand wird es in den nächsten Tagen nicht gehen, müssen dem kleinen Kerl doch Mutter und Geschwister und dem Älteren das »Heimatrudel« ersetzt und ihnen über die Einsamkeit hinweggeholfen werden. Die jetzt investierte, aber nie mehr später nachholbare Zuwendung wird vielfach zurückgegeben, da sie den Grad von Zuneigung, Ausbildungs- und Leitwilligkeit begründet.

Mit Verabreichung des bisher gewohnten Futters erleichtert man die Eingewöhnung ganz erheblich. Bei jedem Kontakt muß der **Name des Hundes** immer wieder benutzt werden, er soll kurz, klangvoll und nicht mehr als zweisilbig sein. Seine neue Umgebung wird den Ankömmling aufregen und mißtrauisch machen, deshalb sind am Anfang zusätzliche starke Reize, wie plötzlicher Lärm oder heftige, hastige Bewegungen zu vermeiden, um keine Einschüchterung auszulösen. Auch das großzügige Übersehen der ersten »Angstpfützen«, meist nur beim Welpen, lohnt sich. Die Stelle des »Mißgeschicks« muß nicht nur gereinigt, sondern möglichst mit einem geruchsintensiven Desinfektionsmittel verwittert werden, sonst entsteht dort bald ein Hundeklo.

Am Anfang im **Erziehungsprogramm** für den abgesetzten Welpen (s. Seite 128) stehen die Gewöhnung an den Liegeplatz, an Halsband und Leine sowie an die Stelle, wo er sich in Zukunft lösen darf. *Stubenreinheit* wird kein Problem, wenn man ihn schon bei ersten Anzeichen für Harn- oder Kotdrang zum Löseplatz bringt. Mit Geduld, viel Lob, aber möglichst ohne Zwang entsteht sehr schnell die erwünschte Selbständigkeit. Günstige Zeitgeber für das Lösen sind, wie zuvor bei der Mutter, das Ende des Schlafes oder die Beendigung einer Mahlzeit. Oft ist auch ein kurzer Gang an der *Leine* nützlich, der, abgeschlossen mit viel Lob und einem kleinen Leckerbissen, angenehme Erfahrungen hinterläßt.

Das *Halsband,* möglichst weich und leicht, wird unter Liebkosungen angelegt. Mit gleich begonnenem, lebhaftem Spiel lenkt man am besten ab, um es gar nicht erst zur Abwehr kommen zu lassen. Wenn die Leine akzeptiert wird, ist sie von Zeit zu Zeit mit einer leichten *Kette* auszutauschen, um später an der Laufkette keine Schwierigkeiten zu erleben. Niemals darf mit der Leine gedroht oder gestraft werden, das würde sie als unangenehm oder schmerzlich in seine Erfahrung einführen. Ganz im Gegenteil muß sich der Welpe auf das Angeleintsein freuen, weil Liebkosung, Spiel, Ausgang und ein kleiner Leckerbissen damit für ihn verbunden sind. Dabei ist von vornherein das Folgen auf der linken Führerseite zu verbinden, um späteres Umgewöhnen zu vermeiden.

Von Anfang an braucht der Welpe einen ungestörten eigenen, festen *Liegeplatz* im Haus (Schlafplatz) auf einem Fell, flachen Strohsack, oder noch besser ist eine Füllung mit trockenem Farnkraut, einem altbewährten Mittel gegen Hautparasiten. Die Stelle muß trocken, ohne Zugluft und weit genug von Heizgeräten entfernt so liegen, daß der Hund am Leben der Hausbewohner teilnimmt, ohne dabei störend im Weg zu sein. Da es selten gelingt, irgendein Stück Tuch oder einen Gegenstand mit dem Geruch seines bisherigen Welpenlagers mitzubekommen, kann die Decke oder der Sack, auf dem er transportiert wurde, eine Hilfe zur Gewöhnung an den häuslichen Liegeplatz sein. **»Korb!«** oder **»Ecke!«** sind Hörsignale, mit denen der Welpe, anfangs sicherlich mehrfach, zur Liegestelle gebracht wird. Sobald er sich erhebt, muß sofort das deutliche Kommando **»Korb!«** kommen, und notfalls wird er sanft aufs Lager gedrückt.

Gestreichelt und gelobt wird nur, wenn die Ruhelage eingenommen ist, **»gut gemacht«** oder **»brav so«, »guter Hund«.** Eine Woche später kann begonnen werden, den Welpen an *wechselnde Liegeplätze* neben dem Betreuer (*Hörzeichen:* **»Platz!«**) zu gewöhnen. Oft hat der Welpe bis zur Trennung von den Geschwistern das *Alleinsein* noch nicht erlebt. Dann kann es einige Geduld kosten, bis dies, langsam länger werdend, gelernt ist. Ein dazu benutzter, luftiger, trockener Raum darf keine Gelegenheit zum Zerstören von Gegenständen bieten. Nirgendwo dürfen Schuhe, Kleidungsstücke oder Bedarfsgegenstände erreichbar sein, da ihr Wert oder Unwert nicht unterschieden wird. Statt dessen soll für abwechselndes Spielzeug (Holzstücke, mittelgroße Bälle und Knochen) gesorgt werden, das zerkau- bzw. benagbar ist, aber nicht verschluckt werden kann. Wird der Junghund am Warteplatz angebunden, so geschieht dies mit einer leichten Kette. Befreiungsversuche an der Lederleine führen zum Zerbeißen. Hat der Welpe erst einmal diese Erfahrung gemacht, bleibt er zeitlebens »Leinenbeißer«, da es keine Methode zum Abgewöhnen gibt.

Liege- und Wartezeiten, angekündigt mit dem Hörzeichen **»bleib da!«,** sind anfangs kurzzuhalten und können, auch nach zunehmend längerer Dauer, am besten unterbro-

Herankommen

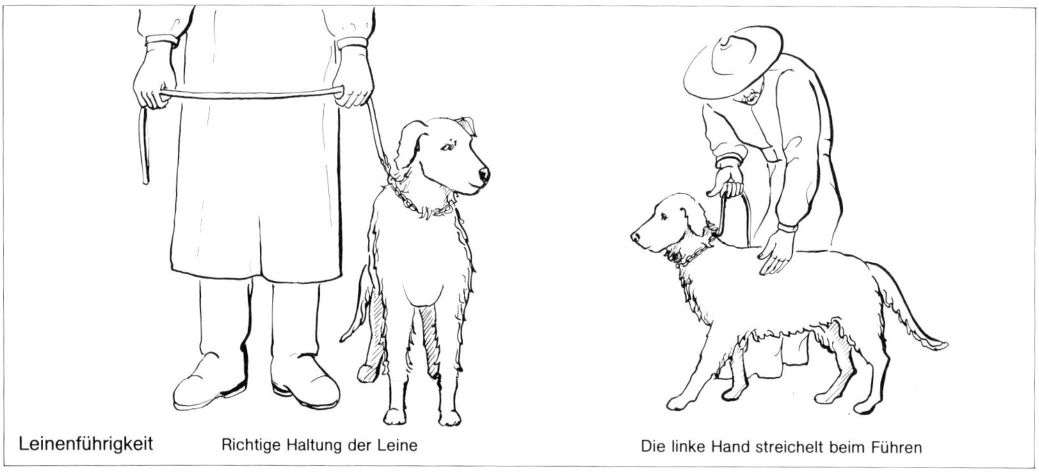

Leinenführigkeit — Richtige Haltung der Leine — Die linke Hand streichelt beim Führen

Ablegen

chen werden durch Übungen fürs *Herankommen.* Zum problemlosen Umgang mit dem Hund ist dies fast der wichtigste Erziehungsteil. Er darf nur mit allerbesten Erfahrungen verbunden sein, wobei freundliche Stimme, Lob und streichelnde Hand vordringlich, Leckerbissen aber für schwierige Situationen aufgespart bleiben. Die Hand darf niemals zum »Strafen« mißbraucht werden, handscheue Tiere sind die traurige Folge. Das Hörsignal zum Herankommen lautet: **»hierher!«** oder **»komm her«.** Für eins muß man sich entscheiden und es bei der Arbeit immer gleichlautend verwenden. Erleichtert wird das Herankommen anfangs, wenn der Betreuer sich etwas duckt und mit dem Gesicht zum Hund von diesem wegbewegt. Sobald der Welpe in Reichweite kommt, wird gestreichelt und gelobt: **»brav so«, »so ist's brav«** oder **»guter Hund«.** Klappt es mit dem Herankommen auch im Hof, sollte der Welpe von da an mit dem *Zuruf* **»lauf!«** zum Lösen oder ungebundenen Auslauf freigegeben werden.

Um nochmals auf den verwendeten Ausdruck *Strafen* zurückzukommen, damit ist keine Bestrafung im menschlichen Verständnis gemeint, sondern eine Einwirkung, die im Moment des unerwünschten Vorgangs dem Welpen kenntlich macht, daß er dies nicht tun darf. Schon eine Sekunde danach verknüpft er die Einwirkung mit dem, was er dann gerade macht. Wer den Hund heranruft und ihn dann »straft« dafür, daß er zuvor einem Huhn nachgelaufen ist, der bewirkt, daß für ihn das Herankommen unangenehm und daher zu unterlassen ist. Mit dem Huhn kann das Hundegehirn die Einwirkung nicht mehr verbinden. *Triebhaftes Nachlaufen* hinter allem, was sich bewegt; Katzen, Hühner, Fahrräder usw. ist als Jagd- und Hetztrieb dem Welpen angewölft und von vornherein, schon auf dem Anwesen, zu unterbinden. So etwas wird ganz energisch mit dem Zuruf **»pfui!«** geahndet. Es muß vor allem während jedes Versuchs an der Leine sofort mit Nackengriff und Schütteln (wie es die Hundemutter macht!) so früh wie möglich als Tabu im Gedächtnis verankert werden. Näheres dazu unter Wildreinheit und Geflügelfrommheit (s. Seite 136).

Das *Hergeben ergriffener Gegenstände* ist eine den Umgang sehr erleichternde Gewohnheit und auf Anweisung erreichbar. Schäfer nutzen sie, um später das Greifen zu steuern (s. Seite 181).

Von Anfang an sollte jedes beobachtete, freiwillige Ablegen oder Freigeben eines Spielzeugs mit dem Zuruf **»aus!«** und entsprechendem Lob begleitet werden. Erst wenn eine Verknüpfung erkennbar wird, ist häufiger zu versuchen, den Hund zur Übergabe von Gegenständen in die Hand des Betreuers oder direkt vor seine Füße zu veranlassen. Anfängliche Versuche zu gewaltsamer Entfernung der Gegenstände aus dem Fang sind zu unterlassen, da sie als Aufforderung zum Spiel verstanden werden. Andererseits beenden Mutter und Rüde beim Welpen, nach erfolglosem Knurren, durch Nackengriff und, wenn nötig, verstärkt mit Schütteln, das Ergreifen unerlaubter Dinge. Wenn unser »pfui!« und »aus!« anfänglich ohne Erfolg bleibt, kann in gleicher Weise nachgeholfen werden. Es muß sogar, da man nie sicher sein kann, ob nichts Unzuträgliches ins Maul genommen wurde. Suchen und Bringen von Gegenständen sind Übungen mit größerer Bedeutung für Schutz- als für Hütehunde. Sie sollen erst mit sehr viel fortgeschrittener Erziehung eingeführt werden.

Für die Schäferei, den Schutzdienst und beim Sport, ist es wichtig, daß der Hund kein *Allerweltshund* wird. Deshalb muß derjenige, der mit ihm arbeiten wird, das volle Erziehungsprogramm ganz alleine abwikkeln; Angehörigen ebenso wie Fremden darf in dieser Zeit keine Gelegenheit zum

Abb. 90. Wichtige Themen der Erziehung zum problemlosen täglichen Umgang.

Tab. 8. Zusammenstellung hilfreicher Erziehungsschritte bei Welpen und Schafhundanwärtern.

Jede Erziehungsarbeit muß sich streng nach dem Fassungsvermögen und der körperlichen Entwicklung richten. Grundsatz ist: »Lieber weniger als zuviel«. Wer den Junghund zu früh überfordert, begrenzt seine spätere Leistungsfähigkeit. Wichtigste Hilfsmittel sind: freundlichstes Lob (»so ist's brav«) und immer nur ganz scharf ausgesprochene Rüge (»pfui!«), die, ebenso wie der Namen des Hundes, von Anfang an benutzt werden.

Ziele	Vorgänge	Lektionen	Vorschläge für Hörzeichen	Beginn ca.
A **Umgänglichkeit im Haus und Anwesen**	Gewöhnung bei täglicher Routine	Fester Liegeplatz, Schlafplatz	»Korb«, »Ecke«	8. Woche
		Stubenreinheit	–	8. Woche
während der Sozialisierungsphase (8.–12. Woche) und der Rangordnungsphase (13.–16. Woche)		Herankommen im Raum	»hierher« »komm her«	8. Woche
		Halsband und Leine	–	8./10. Woche
		Allein bleiben	»bleib da«	9./10. Woche
		Wechselnder Liegeplatz	»Platz«	9./10. Woche
		Hergabe erfaßter Gegenstände	»aus«	10. Woche
		Wildreinheit und Geflügelfrommheit	»pfui!«	10./14. Woche und 5./6. Monat
B **Umgänglichkeit im Freien** während der Rudelordnungsphase (5./6. Monat), der Pubertätsphase (7./9. Monat) und als Schafhundanwärter (10./12. Monat)	Übungen kurz und leicht, anfangs spielerisch	Leinenführigkeit	»Fuß«, »bei Fuß«	5./6. Monat
		Freilaufen: 1. bei Fuß	»Fuß«, »bei Fuß«	6./7. Monat
		2. voraus	»voraus«	6./7. Monat
		Herankommen im Freien	wie im Raum	6./7. Monat
		Verkehrssicherheit	–	6./7. Monat
		Ablegen	»Platz«	6./7. Monat
		Sitzen	»sitz«	6./7. Monat
		Stehenbleiben	»st-e-e-h«	6./7. Monat
		Springen	»hopp«	9./10. Monat
		Bewachung, Verteidigung	»paß auf«	9./10. Monat
		Verhalten am und im Wasser	–	9./10. Monat

* später können Pfeifsignale für rechts (– : – –) und links (– : · ·) oder Sichtzeichen hinzukommen

Loben oder Herumkommandieren gegeben werden. Bei »Familienhunden« wird das oft nicht ganz so streng genommen, was aber den Tieren die Übersicht für die auch hier notwendige, klare Hirarchie sehr erschweren kann. Nur zu oft leiden Besitzer und Hund unter den Folgen dieser zeittypischen Vermenschlichungs-Spielart antiautoritärer Vorstellungen.

Der *erwachsene Hund* ist nach den gleichen, zuvor geschilderten Grundsätzen einzugewöhnen. Dabei ist einerseits von Vorteil, daß für den Ankömmling auf ihm bereits Bekanntes zurückgegriffen werden kann, andererseits muß der Betreuer unter Umständen auch mit weniger erfreulichen Angewohnheiten fertig werden. Als erstes sind Haltbarkeit von Halsband und Leine, vor allem Ringe sowie Karabinerhaken zu überprüfen. Beim Begrüßungsritual, das vorsorglich in einem geschlossenen Raum stattfindet, muß der Hund seinen neuen Meister von der angenehmsten Seite kennenlernen. Diese Situation sollte er als Befreiung aus der Enge seiner Transportkiste oder der Unbequemlichkeit seiner Reise erleben. Dabei sind kleinste Versuche des Herankommens schon mit viel Lob anzuerkennen, keinesfalls darf der Eindruck eines Angriffs durch Entgegengehen entstehen oder gar nachgelaufen werden, wenn der Hund sich entfernt. Über kurz oder lang bringt ihn ein Leckerbissen in die Reichweite der Hand, um auch damit beim Streicheln eine angenehme Erfahrung zu machen.

Es wäre ein schlechter Hund, wenn er sein bisheriges »Zuhause« und seinen Betreuer gleich vergessen könnte. Deshalb muß in der ersten Zeit daran gedacht werden, daß auch bei Haushunden die Rudelbindung Kräfte mobilisiert, die sie gegebenenfalls über große Entfernungen heimwärts drängen. Das *Entlaufen* kann nur mit Geduld, viel Zuwendung, möglichst vielen angenehmen Eindrücken und entsprechenden Vorkehrungen verhindert werden. Dazu gehört es, neben Verabreichung des bisher gewohnten Futters alles Erdenkliche gegen das Gefühl der Einsamkeit zu unternehmen, wenn auch vorerst noch an der Leine oder im Raum. Erst wenn der Hund alle Geräusche, Tiere und Menschen seiner neuen Heimat kennt und zu erkennen gibt, daß er sich »zu Hause« fühlt, können erste Versuche zum freien Laufenlassen gemacht werden. Um Abmagerung, Futterverweigerung und Heulen, die Folgen des auch beim Hund auftretenden Heimwehs zu vermeiden, empfiehlt Wolff (1984) zwei Gaben Ignathia 30 (ein homöopathisches Mittel) vor der Ablieferung (Ankunft) des Hundes.

4. bis 12. Lebensmonat

Bleiben Welpen in der Natur im Rudel, beginnt nun (Trumler 1984 u. a.) die Einführung in die *Rudelordnung* und deren bedingungslose Respektierung. Bis zum Ende des vierten Monats müssen sie begriffen haben, daß die Zeit, in der sich alles nur um ihr Wohlergehen drehte und sie den Alten noch das Futter aus dem Maul nehmen konnten, endgültig vorbei ist. Die Erwachsenen reklamieren jetzt wieder ihre rangbedingten und damit rudelerhaltenden Positionen. Die Welpenzeit ist beendet. Der Junghund wächst, mit ersten Erfahrungen der Unterordnung in den nächsten beiden Monaten (5. und 6.), in die Gemeinschaft des Rudels und dessen Ordnung. Statt bisheriger Streitereien gibt es jetzt Toleranzgebaren, ja sogar Liebkosungen. In dieser *Rudelordnungsphase* wird der Junghund immer wieder auf artgemäßen Anstand, Einordnungswillen, Respekt vor Tabus und Disziplin getestet. Der Überlebenswille des Rudels fordert unbedingte Loyalität.

Um das alles zum sicheren Erfahrungsbestand werden zu lassen, und um auf das Beutemachen vorzubereiten, wechseln Aggressionsspiele mit Kommentkämpfen. Dabei wird gegenseitig, damit alle »seelische Festigkeit« erlangen, Überlegenheit, Angeberverhalten und Selbstvertrauen demonstriert. Nur mit dieser oft sehr rauhen Vorbereitung können kommende seelische Belastungen der drängenden Geschlechtlichkeit in der folgenden *Pubertätsphase* (7. bis 9. Monat), mit Flegelwochen und erster sexueller Erfahrung rangniederer Hunde, bewältigt werden.

Daraus die richtigen Schlußfolgerungen für das nun notwendige weitere Erziehungsprogramm zu ziehen, ist die Aufgabe des Betreuers in den jetzt beginnenden ¾ Jahren. Das Programm, individuell angepaßt auf den ins eigene Mensch-Hunde-Rudel eingelebten Junghund zu verwirklichen, hat wesentlichen, vorbereitenden Anteil am späteren Ausbildungserfolg. Wer mit dem Hund konsequent umgeht, ihm ermöglicht, mitzuleben und zu erleben, Schafe, Hunde und andere Tiere eingeschlossen, der hat seine Mühe und Zeit gut investiert und einen intelligenten, anhänglichen und unbestechlichen »Arbeitskameraden« mit langjähriger Gebrauchsgarantie erworben.

Junghunde müssen wachsen und Laufarbeit trainieren, dazu sind bei unseren Rassen noch gut die Hälfte der 95 % des Endgewichtes in den acht Monaten anzufüttern (s. Seite 118). Hierbei haben sich drei, später zwei Mahlzeiten bewährt; wer aber meint, am Gehalt des Futters über Billigangebote sparen zu können, betrügt sich selbst, ebenso wie umgekehrt ein »Mäster«. Auch beim Hund gibt es gute und schlechte Futterverwerter. Sorgfältige Beobachtung von Rücken und Kot liefert sichere Informationen zur Steuerung der Futtermengen, um den Junghund stets fit, aber niemals fett zu halten. Übertriebenes Wachstum belastet die Hüftgelenke, was zu *Hüftgelenksdysplasie* (HD, s. Seite 155) führen kann (Meyer 1983). Übermäßige Kalkzufuhr erreicht genau das Gegenteil von dem, was beabsichtigt ist: die Skelettbildung wird gestört. Um hier das richtige Mengenverhältnis zum Phosphor der Nahrung zu erreichen, sollte ab und an eine Fütterungstabelle zu Rate gezogen werden.

Jetzt ist es, wie unter natürlichen Umständen auch, angebracht, dem Hund beizubringen, Futter nur noch aus einer Hand anzunehmen und abzuwarten, bis ihm erlaubt wird, zu fressen. Leckerbissen zwischendurch gibt es ab sofort höchstens in seltenen Ausnahmefällen, aber niemals vom Eßtisch und nur aus der Hand des Betreuers. Auch am Schlachttag wird keine Ausnahme gemacht. Alles, was Fremde anbieten oder alles Eßbare außerhalb der Futterschale ist, zur Vorbeuge gegen Naschen und Krankheit, verboten und wird mit dem scharf gesprochenen Hörsignal **»pfui!«** konsequent untersagt. Gleich danach muß der Hund herangerufen werden, um das Kommen mit freundlichem **»so ist's brav«** und Streicheln zu loben, damit das Vertrauensverhältnis wiederhergestellt ist.

Erziehung zum Schafhundanwärter

Mit der Eingewöhnung wurden bereits die von der Welpenmutter gelegten Grundsteine durch erste menschliche Erziehungsarbeit erweitert (s. Seite 128). Ihre einzelnen Lektionen erfahren weitere Vertiefung in der ständigen Übung des täglichen Umgangs. Angefangen hatte das bei der Anleitung zur Umgänglichkeit im Haus und auf dem Anwesen, mit dem *Ansprechsignal* des eigenen *Namens,* sowie den verschiedenen Hörzeichen zum Herankommen, für das Aufsuchen der Liegeplätze und anderen. Diese acht Wochen Eingewöhnung in die Ordnung des neuen Rudels waren, abgesehen vom Lernpensum, hoffentlich nützlich, um die *Gedächtnisleistung* des Hundes zu erweitern, als Vorbereitung für das nun noch bevorstehende, weitere Erziehungsprogramm. Auch hierbei bleibt der Grundsatz bestehen, daß richtige und schnelle Reaktion auf ein Signal angenehme Folgen hat, während ausbleibende oder falsche Befolgung unangenehme Erinnerungen auslösen sollen. Mehr kann ein Hundegehirn nicht verarbeiten, vor allem kann es den Sinn unserer Worte nicht in logische Gedanken umsetzen.

Andererseits ist der Hund mit einem überaus empfindsamen Gehör ausgestattet sowie sehr sensibel bezüglich der Stimmungslage, aus der wir auf ihn einwirken. Es ist deshalb erforderlich, daß der Erzieher sich im Umgang mit seinem Hund, obwohl konsequent, jedoch immer beherrscht, ruhig und besonnen verhält. Die Wesensart des Betreuers, dessen Fröhlichkeit ebenso wie unbeherrschte Stimmungslagen, übertragen sich auf seinen Helfer, der nichts anderes will, als anerkannter, arbeitsfreudiger, guter Kamerad zu sein. Fehler, die der Hund macht, muß der Erzieher grundsätzlich erst bei sich selbst suchen. Unklare und überhastete, mehrfache Anweisungen kann ein Hundegehirn nicht entwirren. Wer in solchen Situationen die Nerven verliert, verliert zugleich das Vertrauen seines Hundes. Dagegen hilft nur, von vornherein klar abzugrenzen zwischen freundlicher *Ansprache mit dem Namen,* ebenso freundlich aufmunternder *Anweisung* (Hörsignal z. B.) und stets darauf folgendem, anerkennendem *Lob,* alles in begrenzter Lautstärke.

Dem steht gegenüber, und hierzu muß blitzschnell umgeschaltet werden, die etwas schärfer und lauter gesprochene Rüge, wie z. B. **»pfui!«,** verstärkt durch auf Distanz geworfene Erdbrocken, kleine Steinchen oder eine Wurfkette. Da mit derartigen Einwirkungen die Hundeseele unter Druck gerät und das Tier bei längerer Dauer darunter leidet, muß die Situation möglichst genauso schnell entspannt werden. »Dicke Luft« darf nicht entstehen! Es geschieht am besten durch Heranrufen mit dem damit verbundenen Lobritual, ohne jede Einschränkung. Geringste Vorbehalte, gleichgültige Reaktion oder restlichen Groll würde der Hund deutlich spüren, das kostet aber wertvolles Vertrauen. Alle Signale *(Kommandos, Anweisungen, Zeichen),* einerlei, ob im Dialekt bzw. hochdeutsch gesprochen oder gepfiffen *(Hörsignale)* bzw. mit dem Arm oder der Schäferschippe *(Sichtsignale)* ausgeführt, müssen klar erkennbar, unverwechselbar und immer gleichbleibend sein.

Niemals darf man ungenaue, fehlerhafte Ausführung von Anweisungen durchgehen lassen, da Gefahr besteht, daß im Gedächtnis ungewollte Verknüpfungen entstehen. Lieber wenige, kurze Übungen, beim Junghund ohnehin erst langsam steigern von fünf auf zehn und mehr Minuten, um dafür aber ordentliche Ausführung zu erreichen. Häufiger Übungsplatzwechsel gewöhnt an die Vielfalt der Umweltreize und vermindert die Ablenkung. Jede angefangene Aufgabe muß zu Ende gebracht werden und sei es in leichtester Form. Bei geringster, spürbarer Ermüdung ist die Übung im Sinne des zuvor Gesagten abzukürzen, damit der Vorgang als solcher nicht unangenehme Empfindungen auslöst. Mit allen unseren Bemühungen wollen wir Betätigungsfreude fördern, so daß der Hund uns seine Mitarbeit geradezu aufdrängt. Mit Dauerdruck wird genau das Gegenteil erreicht. Sehr schwer ist es, dem Hund schlechte Angewohnheiten wieder abzugewöhnen, die mit rechtzeitiger, umsichtiger Verhütung gar nicht erst entstanden wären. Dazu gehört die Vermeidung jeglicher Gelegenheit zur Gammelei und zum unbeaufsichtigten Umherstrolchen. Und nun mit Freude ans Werk, unser Junghund ist schon ganz ungeduldig, auch außerhalb von Haus und Hof zu zeigen, was in ihm steckt. Zu hoffen ist nur, daß der Betreuer stets bedenkt, ein Zuneigung suchendes Tierkind vor sich zu haben.

Umgänglichkeit im Freien ist das nächste Lernziel, das der Junghund erreichen muß, ehe er so weit herangewachsen ist, um das spätere Ausbildungsprogramm für Hüte-, Schutz- oder Koppelhunde auch von der Körperkraft und Gehirnentwicklung her beginnen zu können. Ausgehend von dem zuvor in Erfahrung gebrachten Umgang mit seiner neuen Lebenswelt und dem dabei Erlernten geht es jetzt darum, auch auf größere Entfernung den Kontakt mit seinem Betreuer zu behalten.

Nichts von den vielfältigen, interessanten Dingen und Vorgängen seiner Umgebung darf ihn am Ende der Erziehungsphase davon abhalten, die Anweisungen seines Ausbilders korrekt und sogleich auszuführen. Bis dahin muß auch erreicht werden, daß einige der natürlichen Triebe eine neue Zielrichtung bekommen oder in Vergessenheit geraten, wie z. B. das Hetzen von Wild und Geflügel. Das gelingt aber nur, wenn der Hund sich nicht länger selbst überlassen bleibt. In den nächsten acht Monaten gilt es, bereits Erworbenes und einiges neu Hinzugekommene (s. Seite 128) zum unverlierbaren Besitz des Hundes zu machen. Das kräftigende Abwechslung bietende Spiel darf darüber niemals vergessen werden. Es hilft auch, Triebstau und Aggressionen abzubauen. Tägliche kurze Übungen trainieren, jeweils angepaßt an Fassungsvermögen und Körperkräfte, unmerklich die Ausdauer und fördern Erfahrungserweiterung, Folgsamkeit und Fleiß. Erfolgserlebnisse sind ganz wichtig, aber nur in fröhlicher, gelöster Stimmung erreichbar. Bierernst schafft für beide Partner unerträgliche Quälereien.

Mit dem Ziel, die *Leinenführigkeit* aus der Unverbindlichkeit des bisherigen An-der-Leine-Gehens auf Ausbildungsniveau zu bringen, werden die Ausgänge langsam ausgedehnt und dabei anspruchsvoller als bisher geübt. Der Hund muß zum Schluß freudig und im Gefühl der Geborgenheit in jeder Gangart auf der linken Seite seines Erziehers, mit der rechten Schulter neben dessen Knie, folgen. Gebräuchliche *Hörsignale* dazu sind: **»bei Fuß!«** oder einfach nur **»Fuß!«**. Dabei läuft die Leine durch die linke Faust und wird von der rechten Hand am Schlaufenende gehalten. Bleibt der Hund zurück, wird er herangelobt und gestreichelt. Gegen das Vorprellen hilft langsames Kreisen des freien Leinenendes vor der Nase des Lehrlings; ggf. muß auch mal kurz mit der Leine geruckt werden, um die nötige unangenehme Erfahrung zu vermitteln. Dauerndes Zerren an der Leine darf es nie geben, sonst schleppt der Hund seinen Betreuer sehr bald nach eigenen Vorstellungen durchs Gelände. Das unschöne Bild bei Familienhunden ist leider oft zu beobachten. In solchen Fällen hilft der schnelle Griff in den Nacken und kurzes, aber kräftiges Schütteln.

Sobald aber die richtige Position erreicht ist, sofort ausgiebig loben: **»so ist's brav.«** Zur Vertiefung der Unterordnungswilligkeit sollte gleiches auch im Stand geübt werden. Eine Steigerung bedeutet hierbei sofortiges Folgen bei Stellungsänderung des Betreuers; wenn er z. B. kehrt macht, muß der Hund gleich wieder seinen Platz an der linken Seite neben dem Knie einnehmen. Wichtig ist in diesen Situationen für den Junghund, möglichst oft zu erfahren, daß er hier an der Seite des Betreuers den sichersten und angenehmsten Platz seiner kleinen Welt hat. Die hier eigentlich folgerichtig anzuschließende Erziehung zur Verkehrssicherheit findet sich nach dem übernächsten Absatz.

Das *Freilaufen bei Fuß* entwickelt sich logischerweise aus der vorhergehenden Übung. Es wird aber erst beginnen können, wenn der Junghund sich kaum noch ablenken läßt und den Platz neben seinem Betreuer im Sinne des zuvor Gesagten im Gedächtnis hat. Erst dann wird versuchsweise an einem möglichst noch unbekannten Ort mit wenig Ablenkung die Leine losgemacht, während das *Hörsignal* **»bei Fuß!«** ertönt und der Hund wie üblich gestreichelt und zugleich gelobt wird **»so ist's brav«.** Beim ersten Freimachen weiß keiner sicher, ob das Experiment gelingt. Ging der Hund bisher nur wegen des Leinenzwangs bei Fuß, wird er sich sofort entfernen. In diesem Fall besteht die einzige unschädliche Einwir-

Abb. 91. Vier Übungen zur Umgänglichkeit im Freien.

„bei Fuß“ angeleint

„bei Fuß“ frei laufend

„sitz“

„steh“

kungsmöglichkeit im *Hörzeichen* **»komm her!«**. Unter Nutzung des Verfolgungstriebs entfernt man sich gleichzeitig schnell in die entgegengesetzte Richtung in der Hoffnung, daß die provozierte Verfolgung aufgenommen wird.

Hat der Hund etwas Interessantes entdeckt oder spielt er mit einem anderen, hilft nur äußerst beherrschtes Abwarten. Sobald er abläßt und sich auf den Betreuer zubewegt, muß das *Hörsignal* **»hierher!«** im gewohnten Ton gesprochen werden, und in Reichweite beginnt man zu loben bis nach dem Anlegen der Leine. Noch so großer Ärger über diesen Fehlschlag darf weder Werfen mit Kette, Erdklumpen oder Steinchen, ganz besonders kein Nachlaufen oder gar Schimpfen auslösen. Nachherige Strafe wäre das Allerdümmste, was geschehen könnte. Mit alledem kann die Erziehung um Wochen zurückgeworfen sein. Das einzige, was hilft, ist Besonnenheit und weiteres, geduldiges Üben an der Leine bis zum nächsten, späteren Versuch. Folgsamkeit entsteht beim Hund aus der Erfahrung, daß sie angenehme Folgen hat und nicht aus Furcht vor gewaltigen Worten oder gar harter Strafe.

Freilaufen voraus wird zeitlich unabhängig vom freien Folgen bei Fuß geübt, um keine Verwirrung zu stiften. Sicherheit bei dieser Übung bildet die unverzichtbare Grundlage für viele Lektionen der späteren Ausbildung zum Hüte-, Schutz- oder Koppelhund. Um den Hund zur Ausführung dieser Aufgabe zu bringen, muß er erst ohne Schwierigkeiten frei bei Fuß folgen. Nun bedarf es eines Tricks, um zum Ziel zu kommen. Mit dem freien Hund bei Fuß wird spielerisch immer schneller geradeaus gelaufen. Beim plötzlichen Stehenbleiben wird der Hund ein paar Schritte weiterlaufen. Dazu wird ihm das *Hörsignal* **»voraus!«** zugerufen. Der Betreuer folgt ihm, ohne Rückruf und versucht das gleiche mehrmals. Um die Verknüpfung des Laufens außerhalb des Kniebereiches mit dem *Hörzeichen* **»voraus!«** zu festigen, darf bei dieser Übung niemals die Anweisung **»bei Fuß!«** benutzt und schon gar nicht durch Scheuchen nachgeholfen werden. Sehr bald schon finden die Hunde Spaß an der Lektion, die mit der Zeit immer später durch den *Rückruf* **»komm her!«** beendet wird. Richtungsänderungen des am sinnvollsten erst auf einem Weg geübten Geradeauslaufens werden erst später, am besten mit *Pfeifsignalen* für rechts (lang: lang-lang) und links (lang: kurz-kurz) eingeführt. Sichtzeichen versprechen erst bei erhöhter Aufmerksamkeit den gewünschten Erfolg.

Anleitung für *verkehrsgerechtes Verhalten* ist in unserer Zeit eine grundsätzliche Aufgabe, da deren Lösung mitentscheidend ist bezüglich der Überlebenschancen unserer Schäfereien. Im dichtbesiedelten Mitteleuropa haben wir die Vorfahrtsrechte, wie heute noch in manchen Nordländern üblich, längst verloren. Ehemals bestehende große Unterschiede im Verkehrsgeschehen zwischen Stadt und Land sind reduziert auf die Verkehrsdichte. Schon der Welpe muß im Zuge seiner Sozialisierung die natürliche Scheu vor Motoren- und Verkehrslärm verlieren, durch Miterleben am sichersten Platz seiner Welt, neben dem Betreuer. Sobald er dreist genug erscheint, muß er Menschenansammlungen, Fahr- und Motorräder, Kraftfahrzeuge aller Art sowie landwirtschaftliche Maschinen und Geräte aus zunehmend kürzerer Entfernung in Erfahrung bringen. Dazu ist der junge Hund durch freundliche, lobende Einwirkung aufzumuntern. Niemals darf er dorthin gezerrt werden, um damit keine unangenehme Beziehung in seinem Gedächtnis zu erzeugen. Denn an der Herde wird später von ihm erwartet, daß er sie sicher bei jeder Wegbreite, an jedem, auch noch so großen und lauten Verkehrsteilnehmer ohne Schaden oder Verluste vorbeibringt (s. Seite 173).

Da Unfälle mit Fahrrädern durch Einwirkung von Hunden zunehmen, darf unser Zögling hier keine Unsicherheit entwickeln.

Am besten wird ein Teil des Lauftrainings neben dem Fahrrad absolviert. Hierbei muß der Hund auf der rechten Seite bleiben und die Leine darf niemals am Rad befestigt werden; nur aus der Hand kann sie im Notfall schnell genug freigegeben werden. Fast keiner braucht heute in die Stadt zu reisen, um seinem Herdenhund verkehrsgerechtes Verhalten an ampelgesicherten Übergängen beizubringen. Aber viel zu vielen fällt es schwer, dort ihr eigenes schlechtes Beispiel Kindern und Hunden zuliebe aufzugeben.

Das dem Hund schon bekannte *Ablegen* im Haus, neben seinem Betreuer (wechselnder Liegeplatz), wird nun der Situation im Freien angepaßt. Dabei bleibt das Hörzeichen «**Platz!**« unverändert, nur kommt es jetzt darauf an, nachdem das *Vorauslaufen* schon erlernt ist, den Abstand zum Betreuer ständig zu vergrößern, ebenso wie die Liegezeit. Mit dem ebenfalls schon bekannten *Zuruf* »**bleib da!**« entfernt man sich und quittiert jeden Aufstehversuch sofort mit diesen beiden Hörzeichen in der genannten Reihenfolge. Weil dazu bereits einige Wochen Vorübung hinter ihm liegen, wird der Hund in kürzerer Zeit begreifen, was von ihm erwartet wird. Anfangs wird er grundsätzlich abgeholt und erst später das Liegen mit »**komm her!**» beendet.

Sehr nützlich ist die Anweisung für Situationen, in denen der Schäfer freie Hand braucht, der Hund sich erholen soll oder die Ausführung eines Kommandos durch Ablenkung oder Mißverständnisse daneben zu gehen droht. Mit dem Ablegen wird alles abgebrochen und jede Verwirrung vermieden. Hund und Betreuer gewinnen Zeit, sich zu sammeln, ansprechbar für eine neue Aktion oder den Rückruf. Um größte Sicherheit zu erreichen, ist es angebracht, dies immer wieder und mehrfach täglich zu üben.

Gelobt wird während des Liegens nicht mehr, auch nicht beim Abholen, erst wieder nach dem Rückruf, um jede falsche Verknüpfung zu vermeiden.

Sitzen ist etwas, was viele Hunde ganz von alleine tun, uns kann es aber bei der späteren Ausbildung nur nützlich sein, wenn es auch auf Anweisung geschieht. Das dazu gehörige Hörzeichen »**sitz!**« ist das einheitlichste und wird auch von den meisten Hobbyhaltern beherrscht. Die Einführung des Hörsignals kann durch Zuruf beim sich von allein gerade setzenden Hund erfolgen. Oder der Hund wird durch Niederdrücken der Hinterhand, bei gleichzeitigem Anheben des Vorderkörpers in Position gebracht (Abb. 91), wobei das Hörzeichen immer wieder zu sprechen ist. Schon nach wenigen Tagen ist die Verknüpfung des Kommandos mit der speziellen Körperhaltung erfolgt. Nach einiger Zeit kann längeres Verweilen durch das schon mehrfach benutzte *Hörsignal* »**bleib da!**« und immer weitere Entfernung des Betreuers geübt werden.

Auf Anweisung *stehenbleiben* ist ein ganz notwendiges Verhalten, das der Hund in der nachfolgenden Ausbildung sicher zu beherrschen hat. Es kann erst geübt werden, wenn die vorausgegangenen Lektionen vom Hundegehirn verarbeitet sind. Zu groß ist die Gefahr, daß bei anderer Reihenfolge Verwirrung entsteht. Zunächst werden die Übungen dazu abseits der sonstigen Lebenswelt auf einem Gang an der Leine gemacht. Der Betreuer bleibt unvermittelt stehen, spricht »**st-e-e-h!**« und hält dabei seine linke Hand vor den Hundekopf (Abb. 91). Dies ist so lange zu wiederholen, auf mehreren Ausgängen, bis der Hund auf »**st-e-e-h!**« alleine zum Halten kommt. Legt er sich gleich oder will er sitzen, muß dies mit untergehaltener Hand so oft verhindert werden, bis sich der gewünschte Erfolg einstellt.

Bis dieses Hörzeichen voll verknüpft ist, sollten andere Übungen erst mit größerem zeitlichen Abstand (2 bis 3 Stunden) am gleichen Tag folgen. Der nächste Schritt ist dann, daß sich der Betreuer immer weiter, auch außer Sichtbereich, entfernt. Um dies sicher zu erreichen, darf vorher keine Belobigung erfolgen, da sie bisher immer an der

Seite des Erziehers stattfand und als Aufforderung zum Folgen aufgefaßt werden könnte. In der Einübungszeit wird zur Festigungsförderung der stehende Hund abgeholt und dann gelobt, erst später kann er abgerufen werden. Notwendige Erweiterungen sind die Übung beim Vorauslaufen und neben der Schafherde.

Wildreinheit und Geflügelfrommheit sind Voraussetzungen, die erst sicherstellen, daß ein zuverlässiger Hüte- oder Koppelhund aus dem Schafhundanwärter entsteht. Der jetzt öfter frei laufende Hund muß erfahren, daß das bisherige Tabu auch hier draußen, zwischen Mäusen, Vögeln und Hasen der Feldmark, Gültigkeit hat. Ein Leben lang haben ihm, ebenfalls zum Schutz seiner Gesundheit, alle anderen Tiere, außer Schafen, gleichgültig zu sein. Deshalb muß auch im Gelände, schon bei Beginn der Erziehung, der erste Versuch an einem Mauseloch, einer Fährte oder Sasse zu schnuppern, Witterung aufzunehmen oder Wild zu verfolgen, mit kräftigem Leinenruck und **»pfui!«**-*Ruf* verleidet werden. Hier kann ausnahmsweise einmal ein scharfer Gertenhieb hilfreich sein. Nur mit unermüdlicher Konsequenz gelingt es, den Jagdtrieb zum Verkümmern zu bringen. Geringste Unachtsamkeit kann schon bewirken, daß der noch nicht gefestigte Hund hinter der ersten Katze oder einem Feldhuhn herhetzt. Dann dauert es viele Wochen mit harter Arbeit, bis der Schäferhundanwärter wieder seine Freilaufübungen aufnehmen kann.

Schmidt (1953) empfiehlt daher zu Recht, daß Hunde, die für eine Ausbildung zum Hütehund vorbereitet werden, niemals zum Fangen, Vertreiben oder Spielen mit anderen kleinen oder großen Haustieren, Nagetieren oder Wildvögeln eingesetzt oder animiert werden dürfen. Nicht einmal das Schnüffeln an Kaninchen- oder Hühnerställen darf erlaubt werden. Eine Kumpanei mit wildernden Hunden des Dorfes stellt den Erzieher vor fast unlösbare Probleme. Kommt der Schützling dann von der Hetzjagd zurück, gibt es kein Mittel, ihm das Verbotene seiner Handlung verständlich zu machen. Prügel, abgesehen davon, daß sie verboten und eines Schäfers höchst unwürdig sind, sowie Schimpfworte helfen nicht im geringsten. Im Gegenteil, sie schaffen nur neue Probleme. Der einzige zu versuchende Weg führt zurück an die Leine, wo das ganze bisherige Erziehungsprogramm von vorne beginnt. Meist landen solche Vertreter am Ende doch an der Laufkette als Wachhunde.

Stolze Behauptungen, daß bestimmte Schäferhundrassen sich in ihrer Heimat weitgehend mit Mäusen und anderem Kleingetier selbst ernähren, beweist nur, daß sie keine Hütehunde, sondern Hirtenhunde sind. Der Herden bewachende und vornehmlich gegen Beutegreifer schützende Hirtenhund muß, im Gegensatz zu unserem Hütehund, eine ausgeprägte und ausgebildete Jagdbefähigung aufweisen. Für ihn ist nur das Schaf als Rudelmitglied streng tabu.

Springen gehört zum Hütealltag unserer Hunde. Eine Ausbildung in diesem Fach muß, abgesehen vom spielerischen Nehmen niedriger Hindernisse, bis zur Zeit nach der Pubertät, der Ausreifung des Skeletts, zurückgestellt werden. Auch dann sind begrenzte Forderungen ratsam, um den Junghund vor bleibenden Schäden zu bewahren. Springt der Hund selbst schon, die meisten machen das, sollte man jeden Sprung mit der Aufforderung **»hopp!«** begleiten. Überspringt man selbst kleine Hindernisse im Verlauf von Ausgängen, kann dann schon der Hund mit dem Hörzeichen **»hopp!«** zum Nachfolgen animiert werden. Gleiches gilt auch an Wassergräben und später an den Pferchhürden (s. Seite 172). Hier wie an anderen zu überquerenden Objekten genügt es, wenn der Ausbilder vor dem Hund darübersteigt. Springleistungen über 1,10 m Höhe sind Bestandteil der Ausbildung zum Schutzhund.

Zwischendurch zur *Pubertät* (7. bis 9. Monat) ein Wort. In starkem Ausmaß sind

Abb. 92. Fax ist bereit, seinen Schäfer zu verteidigen.

Umwelteinflüsse am Ingangkommen der hormongesteuerten Geschlechtsreife beteiligt. Daraus ergibt sich eine individuell sehr unterschiedliche Terminierung, die nicht voraussagbar ist. Der Erzieher wird aber sehr bald spüren, wann es soweit ist, da dann eine innere Ablenkung die Konzentration der Tiere mindert. Sehr oft beginnt in dieser Zeit gelegentliche Aufsässigkeit (Flegelverhalten). Mißverstandene Übertragung moderner Theorien zur Kindererziehung kann dazu führen, daß der Hund sich auflehnt, weil er den »Rudelboß« nicht erkennen kann. Dann wird's aber höchste Zeit, dies klarzumachen, sonst ist der Hund artgemäß dazu gezwungen, in spätestens einem Jahr selbst diese Position zu übernehmen.

Da, wo Kindern erlaubt wird, einen Teil der Erziehung zu übernehmen oder nur ab und zu zu probieren, was der Hund gelernt hat, verweisen Junghunde diesen Alters ihre »Nebenbosse« gern mit dem Gebiß auf die folgenden Rangplätze. Vorsicht ist hier besser als Trost für verschreckte Kinder. Den erwachten Geschlechtstrieb zu beherrschen, lernt ein Junghund nur, wenn der Erzieher jetzt sein bisheriges Verhalten mit aller Zuwendung verständnisvoll beibehält. Der Übungsbetrieb sollte grundsätzlich weitergehen, auch wenn man sich über die eine oder andere Bockbeinigkeit ärgern müßte. Verkürzte Übungen und verminderter Druck helfen, das Hundegemüt zu entlasten. Ziel muß dabei sein, das bestehende Vertrauensverhältnis zu verstärken, wozu bewußt ausgedehnteres Lob und viel Körperkontakt durch Streicheln beitragen.

Bewachung und Verteidigung sind Fächer, die natürliche Triebe des Hundes nutzen. Sie gilt es zu fördern, da sie auch im Herdendienst leider wieder stark zunehmende Bedeutung haben. Wir brauchen im eigenen

Abb. 93. Frühzeitig müssen alle Schafhunde erfahren, daß Lämmer unter ihrem besonderen Schutz stehen.

»Rudel« freundliche, umgängliche Hunde, die aber soviel Mißtrauen behalten, daß sie zu jedem Fremden auf Distanz bleiben. Verhindert muß werden, daß sie Außenstehenden gleich zähnefletschend an die Hosen gehen. Wachsamkeit und Verteidigungsbereitschaft setzen Mut voraus, der geweckt werden muß. Dazu hilft beim Aufmerksamwerden oder *Anschlagen* bei unbekannten Geräuschen oder herankommenden fremden Personen ein anfeuerndes **»paß auf!«.** Jede dadurch verlängerte Reaktion ist mit viel Lob anzuerkennen. Weitergehend notwendige Ausbildung sollte sinnvollerweise auf einem der nahegelegenen SV- oder Hundesport-Übungsplätze durchgeführt werden. Damit wird zugleich ein gesitteter Umgang mit anderen Hunden wünschenswert gefördert.

In diesem Zusammenhang erinnert uns H. Lesch an die Begriffe: *Meutetrieb, Rangordnung* und *Vertrauen.* Wenn der Schäfer und seine Hütehunde in einem richtigen Vertrauensverhältnis zueinander stehen, wobei er als Meuteführer erkennbar sein muß, dann wird es für die Hunde zur Selbstverständlichkeit, daß auch die Schafherde zur Meute gehört. Dabei stehen Schafe in der Rangordnung unter den Hunden. Der Meuteführer bestimmt, wer in die Gemeinschaft aufgenommen und damit akzeptiert wird. Ein sonst scharfer Hund, der Fremde im heimischen Hof anbellt oder gar beißt, wird sofort aufhören, wenn sein Meuteführer es verbietet. Duldet der Schäfer den Aufenthalt des Fremden auf dem Hof, so duldet ihn der Hund auch, vorausgesetzt, Herr und Hund stehen im richtigen Vertrauensverhältnis zueinander.

Die Aufnahme eines weiteren Haustieres in die Gemeinschaft, z. B. eines Kätzchens, bereitet naturgemäß für den Hund Schwierigkeiten. Ähnlich ist es für manche Hunde, die besonders scharf auf junge Lämmer sind und diese als Eindringlinge in die Gemeinschaft ansehen. Auch hier hilft nur wiederholtes Üben! Man bindet dazu den Hund an und befaßt sich besonders freundlich mit einem Lamm, das vor seinen Augen gestreichelt wird. Wenn das lange genug geschieht, wird der Hund im Eifer auf das Lamm nachlassen und mehr und mehr unsere Aufmerksamkeit und unser Lob auf sich zu lenken versuchen. Dem gibt man sehr langsam nach, bis schließlich der Hund – unter vielen Lobesworten – das Lämmchen leckt und mit in unsere Gemeinschaft aufnimmt. Der Hund wird aber immer darauf bedacht sein, daß er in der Rangordnung über dem Lamm steht. Er wird also die Lämmer, wenn sie aus der Reihe tanzen, strafen und in die Herde an die ihnen zustehende Rangordnung verweisen. Genauso wird er einen anderen Hund, mit dem er zusammenlebt, durch Knurren von seinem Futternapf vertreiben, die drohende Haltung aber nur solange beibehalten, bis sich der andere unterordnet. Sobald das geschehen ist, wird der Ranghöhere nicht darauf aus sein, den Rangniederen zu verletzen oder gar zu töten.

Laut geben (Bellen, Anschlagen) ist, ebenso wie das später erst auszubildende **Greifen** (Rügen) undisziplinierter Schafe bei Hütehunden angewölfte Verhaltensweise. Im Herdendienst sind aber häufige Lautäußerungen und selbständiges Greifen höchst unerwünscht. Voll nutzbar wird beides nur bei kontrollierter, angewiesener Ausführung. Wenn anfangs im Erziehungsalter jedes spontane Bellen mit dem *Hörzeichen* **»gib Laut!«** begleitet wird, gelingt es bald, den Hund auf Anweisung dazu zu veranlassen. Danach erst wird ungewolltes Bellen außerhalb des Wach- und Verteidigungsdienstes mit **»pfui!«** geahndet. »Beutespiele« mit dem Beißlappen (Sackstreifen) sind ein brauchbares Hilfsmittel, um mit dem Hund angewiesenes Bellen zur Herausgabe der »Beute« zu üben. Mit Hilfe dieses spielerischen Ergreifens von Gegenständen wird zugleich Vorarbeit für die Ausbildung im »Greifen« betrieben. Im Gegensatz zum Schutzhund darf aber dem Hütehundanwärter Reißen, Zerren und Schütteln niemals erlaubt werden.

Verhalten am und im Wasser ist ein Bereich, der noch vor der eigentlichen Ausbildung geklärt sein muß, da es wohl kaum eine Herde gibt, wo dies keine Rolle spielt. Wasserscheue ist niemals angeboren, sondern durch falsche Einwirkung auf den Junghund entstanden. Dagegen hilft nur Geduld und Vorbild. Wenn der Betreuer ins flache Wasser geht, kommt ein vertrauensvoll anhänglicher Hund mit und wird, vor allem im Sommer, ganz schnell merken, daß dies angenehm ist. Dabei geht es dann weniger um Schwimmunterricht, den Hunde nicht nötig haben. Nur eins darf nie geschehen, daß ein Hund ins Wasser gezwungen oder gar geworfen wird. So etwas würde alles verderben. Was aber erreicht werden muß, ist, daß schon der Junghund lernt, auch im Zusammenhang mit Wasser Erlaubtes von nicht Erlaubtem zu unterscheiden und dadurch auch hier klaren Anweisungen zuverlässige Folge zu leisten. Das Wasser, von der Pfütze bis zum Fluß oder Strand darf kein Freiraum für angenehme, selbstbestimmte Arbeitsunterbrechungen, Körperpflege- oder Trinkpausen sein.

Jedes stehende Gewässer, ob nasse Stelle, Pfütze, Tümpel oder Lagune ist, je nach Verschmutzung mit Kot oder Urin von Haus- und Wildtieren, eine mögliche Gefahr für die Gesundheit von Hunden und Schafen (Parasiten, Infektionserreger). Deshalb wird am Wasser gewehrt, d. h. das Trinken der Schafe verhindert (Abb. 9). Es hilft aber wenig für die beabsichtigte Gesundheitsvorsorge, wenn der Hund dann trinkt, sobald die Herde vorbeigezogen ist. Da das Wehren Ausbildungsthema im zweiten Lebensjahr ist, muß der Junghund schon vorher dazu erzogen werden, kein stehendes

Wasser im Freien anzurühren, genau wie beim übrigen Futter.

Trotzdem muß er auf Anweisung ungehemmt jedes in seinem Weg liegende Wasser durchlaufen oder durchschwimmen. Um dabei seinem Drang zum Trinken widerstehen zu können, muß der Hund die sichere Erfahrung besitzen, daß er regelmäßig, nicht nur zu Hause, sondern ebenso auf der Weide, genug Trinkwasser angeboten bekommt. Auch das darf, wie Futter, nur aus der Hand des Schäfers oder mit Anweisung genommen werden.

Dies alles funktioniert, wenn der Hund darauf vertrauen kann, niemals Durst leiden zu müssen. Wobei nicht vergessen werden darf, daß Hunde fast alle zwei Stunden Durst empfinden und kleine Wassermengen benötigen. Sehr nützlich für das Vertrauensverhältnis ist es, wenn bei Pausen die Erlaubnis zu einem Bad in unbedenklichem, fließendem Gewässer gegeben wird.

Haltung und Pflege erwachsener Hunde

Solange die Hirtenhunde, meist in großer Zahl, das Gesicht der Schäfereien noch bestimmten, wurde der Haltung und Fütterung nur wenig Aufmerksamkeit geschenkt. Die Bewacher der Herden jagten nicht nur die für dic Herden gefährlichen Beutegreifer, sondern sorgten dabei auch mit allerlei Kleingetier für ihr notwendiges Zubrot. Den Schafen ging es damals besser als den Hunden. Beim allmählichen Übergang zu Hütehunden änderte sich daran wenig, obwohl diesen die Jagdpassion und damit die Basis ihrer Selbstversorgung aberzogen worden war. In den Schäfereihandbüchern der letzten drei Jahrhunderte fanden sie kaum Erwähnung. Schlechte, eigentlich gedankenlose, Behandlung war den Hunden noch lange sicher, obwohl das Problem erkannt war; denn einer Redensart zufolge »soll keiner leben wie ein Hund«.

Bei Schäferhunden war es nicht anders als bei sonstigen Nutztieren. Es dauerte lange, bis die Menschen gelernt hatten, Haltung und Pflege so zu ändern, daß die züchterisch weiterentwickelte Leistungsfähigkeit der Tiere wirklich voll genutzt werden konnte. Noch immer geben die Lebensbedingungen vieler Hunde, darunter leider auch mancher Herdenhunde, Anlaß zu Beanstandungen. Hier muß unsere Aufmerksamkeit besonders der »Verordnung über das Halten von Hunden im Freien« vom 1. Januar 1975 gelten. Jeder Hundehalter kann sie beim Ministerium für Ernährung, Landwirtschaft und Forsten in Bonn erhalten. Die Verordnung ist seit mehr als zehn Jahren in Kraft, kein Hundehalter kann sich entschuldigen, davon nichts gewußt zu haben.

Unterkunft

Alle Angaben *zur Unterkunft* sind im nachstehend auszugsweise abgedruckten und zuvor bereits erwähnten Verordnungstext so eindeutig, daß kaum etwas hinzuzufügen bleibt. Seine erfolgreiche Wirksamkeit ist m. E. auch dadurch begründet. Er bezieht sich in § 1 auf jegliche Hundehaltung außerhalb des Wohnhauses und findet keine Anwendung auf die Zeit, in der Schäferhunde die Herde zu, auf und von der Weide begleiten.

Anbindehaltung

§ 2.

(1) Hunde dürfen nur dann angebunden gehalten werden, wenn ihnen im Aufenthaltsbereich ein Schutzraum, zum Beispiel eine Hundehütte, zur Verfügung steht.

(2) Der Schutzraum muß allseitig aus wärmedämmendem, gesundheitsunschädlichem Material hergestellt sein. Das Malterial muß so verarbeitet sein, daß der Hund sich daran nicht verletzen kann. Der Schutzraum muß gegen nachteilige Witterungseinflüsse Schutz bieten, insbesondere darf Feuchtigkeit nicht eindringen.

(3) Der Schutzraum muß so bemessen sein, daß der Hund sich darin verhaltensgerecht bewegen und den Raum durch seine Körperwärme warmhalten kann. Das Innere des Schutzraumes muß sauber, trocken und ungezieferfrei gehalten werden.

(4) Die Öffnung des Schutzraumes muß der Größe des Hundes entsprechen; sie darf nur so groß sein, daß der Hund ungehindert

hindurchgelangen kann. Die Öffnung muß der Wetterseite abgewandt und gegen Wind und Niederschlag abgeschirmt sein.
(5) Der Aufenthaltsbereich in der engeren Umgebung des Schutzraumes muß sauber gehalten werden. Der Boden muß so beschaffen oder angelegt sein, daß Flüssigkeit versickern oder abfließen kann.
(6) Bei starker Sonneneinstrahlung und hohen Außentemperaturen muß dem Hund außerhalb des Schutzraumes ein schattiger Platz zur Verfügung stehen.

§ 3.
(1) Hunde dürfen nur mit einem breiten, nicht einschneidenden Halsband oder einem entsprechenden Brustgeschirr angebunden werden.
(2) Die Anbindung (Kette, Seil oder ähnliches) muß mit zwei drehbaren Wirbeln versehen sein, die eine Verkürzung der Anbindevorrichtung durch Aufdrehen verhindern. Das Anbindematerial muß von geringem Eigengewicht und so beschaffen sein, daß der Hund sich nicht verletzen kann. Bei Ketten darf die Drahtstärke der Glieder 3,2 mm nicht überschreiten.
(3) Die Anbindung darf nur an einer mindestens 6 m langen Laufvorrichtung (Laufseil, Laufdraht, Laufstange) angebracht werden. Die Anbindung muß an der Laufvorrichtung frei gleiten können und so bemessen sein, daß sie dem Tier einen zusätzlichen beidseitigen Bewegungsspielraum von mindestens 2,5 m bietet.
(4) Laufvorrichtung und Anbindung müssen so angebracht sein, daß der Hund seinen Schutzraum ungehindert aufsuchen kann. Im Laufbereich dürfen keine Gegenstände vorhanden sein, die die Bewegung des Hundes behindern oder zu Verletzungen führen können. Kot ist regelmäßig zu entfernen.

Zwingerhaltung

§ 4.
(1) Hunde dürfen nur dann in offenen oder teilweise offenen Zwingern gehalten werden, wenn ihnen innerhalb ihres Zwingers oder unmittelbar mit dem Zwinger verbunden ein Schutzraum zur Verfügung steht. Der Schutzraum muß den Anforderungen des § 2 genügen.
(2) Die Grundfläche des Zwingers muß der Zahl und Art der auf ihr gehaltenen Hunde angepaßt sein. Die Mindestbreite des Zwingers muß der Körperlänge des Hundes entsprechen. Für einen mittelgroßen, über 20 kg schweren Hund ist eine Grundfläche ohne Schutzraum von mindestens 6 m^2 erforderlich; für jeden weiteren in demselben Zwinger gehaltenen Hund, ausgenommen Welpen beim Muttertier, sind der Grundfläche 3 m^2 hinzuzurechnen.
(3) Boden, Einfriedung und die übrige Einrichtung des Zwingers müssen aus gesundheitsunschädlichem Material hergestellt und so verarbeitet sein, daß die Hunde sich nicht verletzen können.

Abb. 94. Vorbildliche Hundehütte einer Podhalanski-Hündin aus dem polnischen Tatra-Gebiet.

Abb. 95. Zwinger am Schafstall.

Die Einfriedung muß zusätzlich so beschaffen sein, daß sie von den Hunden nicht überwunden werden kann. Mindestens eine Seite des Zwingers muß den Hunden Sicht nach außen ermöglichen. Besteht der Boden des Zwingers nicht aus wärmedämmendem Material, muß außerhalb des Schutzraumes eine wärmedämmende Liegefläche vorhanden sein. Der Boden muß so beschaffen oder angelegt sein, daß Flüssigkeit versikkern oder abfließen kann. Das Innere des Zwingers muß sauber, trocken und ungezieferfrei gehalten werden.

(4) Bei starker Sonneneinstrahlung und hohen Außentemperaturen muß den Hunden außerhalb der Schutzraumes ein schattiger Platz zur Verfügung stehen.

(5) Hunde dürfen in einem Zwinger nicht angebunden gehalten werden.

(6) Gleichgeschlechtliche geschlechtsreife Hunde, die noch keinen Kontakt miteinander hatten, dürfen in demselben Zwinger nur unter Kontrolle zusammengebracht werden.

(7) Werden Hunde in einem Zwinger in Einzelboxen gehalten, so muß die Trennvorrichtung der Boxen so beschaffen sein, daß die Hunde sie nicht überwinden und sich nicht beißen können. Für die Größe der Einzelboxen gelten die Anforderungen des Absatzes 2.

§ 5.

Die Vorschriften des § 4 Abs. 2, 3, 5 und 6 gelten sinngemäß für in Festbauweise errichtete Zwinger (Hundehaus). Diese Zwinger müssen darüber hinaus ausreichend vom Tageslicht beleuchtet sein. Die Fläche der Öffnungen für das Tageslicht muß mindestens ein Achtel der Bodenfläche betragen. Die Zwinger müssen ausreichend be- und entlüftet werden.

Sonstige Haltung

§ 6.
Werden Hunde auf Freianlagen oder in Schuppen, Scheunen, nicht benutzten Stallungen, Lagerhallen oder ähnlichen Räumen gehalten, so muß ihnen ein Schutzraum zur Verfügung stehen, der den Anforderungen des § 2 genügen muß. In der warmen Jahreszeit kann anstelle eines Schutzraumes in den genannten Räumen an einem trockenen, zugfreien, gegen Boden- und Wandkälte abgeschirmten Platz eine Lagerstatt aus wärmedämmendem Malterial eingerichtet werden. Werden die Hunde angebunden gehalten, so gelten im übrigen die §§ 2 und 3.

Wartung und Pflege

§ 7.
(1) Der Besitzer oder der mit der Wartung und Pflege des Hundes Beauftragte hat sich mindestens einmal täglich von dem Befinden des Hundes, der Beschaffenheit der Unterkunft und bei Anbindung von dem Zustand der Anbindevorrichtung zu überzeugen und Mängel unverzüglich abzustellen.
(2) Futter- und Tränkebehälter sind sauber zu halten, sie müssen aus gesundheitsunschädlichem Material bestehen und so beschaffen sein, daß der Hund sich nicht verletzen kann. Frischer Trank muß dem Hund jederzeit in ausreichender Menge zur Verfügung stehen.
(3) Hunden, die angebunden oder in Räumlichkeiten nach § 6 gehalten werden, muß täglich mindestens 60 Minuten freier Auslauf gewährt werden.

Verbotsvorschriften

§ 8.
Es ist verboten,
1. a) Hunde mittels Würge- oder Stachelhalsband, b) tragende Hündinnen vom letzten Drittel der Trächtigkeit ab, c) säugende Hündinnen oder d) kranke Hunde angebunden zu halten.
2. Hunde bei anhaltend nasser Witterung angebunden oder in offenen nicht überdachten Zwingern zu halten.

Die in den §§ 4 und 5 geregelte Zwingerhaltung kann für Schäferhunde und ganz besonders für Junghunde nur als vorübergehende, zeitlich begrenzte Unterkunft, z. B. für die Nacht oder arbeitsfreie Stunden verstanden werden. Sie sollen im Freien leben, denn wir brauchen wetterfeste Hunde, die sich draußen wohler fühlen als im Haus. Darauf ist von klein auf zu achten. Schäfer, Schutzhundeführer und Hundesportler können mit »Salonwölfen« nicht arbeiten. Ganz besonders brauchen Herdengebrauchshunde viel Auslauf und mehr als alle anderen ohnehin sehr viel ausgedehntere Kontakte zu ihrem Betreuer und zu Schafen als das vorgeschriebene Mindestmaß von täglich einmal (§ 7 Abs. 1). Auch 60 Minuten Auslauf (§ 7 Abs. 3) für angebundene oder in Räumen (§ 6) gehaltene Hunde sind viel zu wenig.

Zwingerhaltung als Daueraufenthalt stört die Einbeziehung des Menschen in die Rudelordnung, weil sie die Hunde ausgrenzt. Teilzeitmitgliedschaft kann eine Rudelordnung nicht verwirklichen. Die sich mehrenden Unfälle bei Familienmitgliedern mancher Zwingerhaltung praktizierender Hundebesitzer machen deutlich, welch tragische Folgen die Trennung der Hunde vom Familienleben, ihrem Rudel, haben können.

Bereits von der achten Lebenswoche an müssen unsere Hunde ihresgleichen und uns in der Welt erfahren – nicht nur ab und zu kurz erleben –, in der sie mit Selbstsicherheit und Verlaß für uns arbeiten werden. Aufenthalt in abgetrennten Räumen, an der Laufkette oder im Zwinger kann diese Erfahrung aber nur vermitteln, wenn der Junghund von dort aus ungehinderten Ausblick auf das Arbeitsgetriebe in Hof und Schafstall bekommt. Die wenigen zum Einleben zur Verfügung stehenden Monate müssen voll genutzt werden. Da sich der junge Hund in dieser Zeit noch in der Entwicklung befindet, braucht er genauso nötig Ruhe, um das viele neu Dazugelernte zu »verdauen«. Erfahrene Schafhundausbilder raten daher zu Recht, den Lehrling nach jeder Lektion in den Zwinger zu bringen, um ihn dort von seinen Taten träumen zu lassen. Damit wird das Behalten gefördert und Vergessen infolge zu starker Ablenkung wirkungsvoll verhindert (Howe 1983).

Den *Tagesrhythmus* geben im Herdendienst die Schafe und der für ihre Betreuung erforderliche Aufwand vor. Junghunde sind möglichst bald, im Rahmen der Rudelordnungsphase, daran zu gewöhnen. Der planende Mensch ist dabei nur Zeitgeber. Solange er noch weiß, daß sich die einmal beim Tier durch Gewöhnung gestellte innere Uhr nicht so schnell beliebig verstellen läßt, wird er sich um Pünktlichkeit bemühen. Unter chaotischer Zeiteinteilung leiden alle Tiere, die nicht so frei leben können, um eigenen Rhythmen zu folgen.

Zeitig am Morgen, vorm Kontrollgang zu den Böcken und anderen daheim aufgestallten Tieren oder zur im Winter aufgestallten Herde, werden die Hunde mit dem *Zuruf* »lauf!« freigelassen, um sich zu lösen und um mit der Nase die neuesten Nachrichten, ihre »Morgenzeitung« lesen zu können. Danach sollten sie ihren Betreuer bei seinen Verrichtungen begleiten. Hierzu gehören auch die regelmäßige Reinigung der Laufflächen im Zwinger oder unter der Laufkette sowie der Tränke- und Futtergefäße und die Kontrolle von Wasservorrat und Anbindevorrichtungen (§ 7). Dabei sollten auch noch ein paar Minuten Zeit bleiben, um den Hunden eine Wohltat zu erweisen, bei der Bearbeitung ihres Fells mit Bürste und Kamm (für die Langhaare), auch zur Parasitenkontrolle. Selbstverständlich kann das genausogut im weiten Gehüt nachgeholt werden, wenn Kamm und Bürste zum ständigen Inventar des Weiderucksacks gehören. Sicher wäre diese Pflegemaßnahme, die auch Vertrauen festigt, am sinnvollsten als Abschluß eines langen Arbeitstages. Aber dann ist es meist schon spät, oft ist der Hund naß bei der Heimkehr, vor allem aber wartet er ungeduldig auf sein wohlverdientes Futter und will danach ungestört verdauen.

Fütterung

Die *Fütterung* der Welpen und Junghunde fand bereits Erwähnung (s. Seite 118), ebenso für tragende (s. Seite 113) und säugende (s. Seite 120) Hündinnen. Im Rahmen dieser Schrift kann nur eine begrenzt grundsätzliche Darstellung erfolgen, zu umfassender Unterrichtung sei auf das Buch »Ernährung des Hundes« von Meyer (1983) verwiesen. In der Regel erhalten erwachsene Hunde nur noch eine Mahlzeit pro Tag. Sie verdauen, im Gegensatz zum Menschen, besser in Ruhelage. Die dazu nötigen 3 Stunden sind bei Arbeitshunden zumeist nur nach getaner Arbeit verfügbar, bis zum nächsten Morgen ist die volle Leistungsfähigkeit wieder erreicht. Beim Hütehund liegt daher die Mahlzeit regelmäßig abends nach dem Eintreiben. Manch einer bringt es nicht übers Herz, ihn ohne Frühstück zu lassen, wo er es selbst doch so nötig braucht. Gegen ein paar Hundekuchen nach dem morgendlichen Rundgang ist nichts einzuwenden, größere Verdauungsleistung sollte man ihm aber nicht zumuten. Der oft propagierte Fastentag (Sieber und Aldington 1984, u. a.) kann bei Überfütterung oder eingeschränkter Bewegung, unter anderem auch bei Koppelschafhunden, nützlich sein. Unsere regelmäßig arbeitenden Hütehunde benötigen ihn nicht.

Seit der Domestikation der zahlreichen Varietäten des Wolfes hat sich, wie bei dem erst einige Zeit nachher zum Haustier gewordenen Schaf, sein Äußeres und sein Verhalten bis zu den ca. 400 heutigen Hunderassen stark gewandelt. Von den umfassenden Selektionseinwirkungen durch die Menschen sind dagegen Organe und Vorgänge der Verdauung bei beiden Tierarten so gut wie unbeeinflußt geblieben. Wolf und Haushunde sind Fleischfresser. Damit ist nicht Fleisch in der Vorstellung moderner Hausfrauen, sondern es sind ganze Beutetiere gemeint. Von denen sie alles Verdauliche verzehren, bis auf einen kleinen Rest härtester Knochen, Teilen von Haaren und Haut, einiger Sehnen und des Mageninhalts. Große Bedeutung haben, neben Fischen, kleinen Nagern, Insekten und Würmern, das Blut und der Darminhalt ihrer Beutetiere. Zur Ergänzung werden gerne auch Wurzeln, Gräser, Blätter und Früchte sowie Kot anderer Tiere aufgenommen. Wie schon erwähnt, hatten Herdenhunde ursprünglich Zugang zu dieser vollwertigen Nahrungspalette. Ein zuverlässiger, vollwertiger Hütehund darf sich aber dafür nicht mehr interessieren. Gedankenlose Füllung des Futternapfes mit irgendwelchen Schlachtabfällen entspricht nicht der Verantwortung, die wir mit der Unterdrückung des Beutetriebs auf uns genommen haben. Küchenabfälle und Essenreste vom Tisch der Menschen boten von der Antike bis in die Neuzeit noch hundeverträgliche Nahrung. Moderne Eßgewohnheiten haben dies schon im vorigen Jahrhundert gründlich geändert, der Hund braucht seitdem sein eigenes, hundegerechtes Futter. Tiefgefrieren oder Kochen von Futterfleisch soll Übertragung von Parasiten oder Krankheitserregern auf den Hund verhindern, um Erkrankung und Weitergabe an andere Haustiere oder den Menschen auszuschließen.

Futtermittel aus der eigenen Schlachtung oder vom Schlachthof, vor allem Pansen, sind in größeren Schäfereien vorherrschend. Sie werden zur Hälfte mit Getreideflocken und etwas Grünmehl oder fertigem Zusatzfutter ergänzt. Für Kleinschafhaltungen und andere Hundehalter bietet der Handel eine vielseitige Auswahl, futtermittelrechtlich überwachter und qualitativ hochwertiger Zusatz-, Ergänzungs- oder Alleinfutter. Sie werden industriell in trockener, halb oder ganz feuchter (Dosen-)Form hergestellt. Auch die oft auf alternativen Vermarktungswegen vertriebenen »Hundewürste« gehören als Misch- bzw. Alleinfuttermittel dazu. Um möglichen Mißbrauch von Fleischfresser-Futtermitteln als menschliche Nahrung zu verhindern, sind sie mit 1,2 % nachweisbarem Knochenschrot zu denaturieren. Allgemein wenig körperlich geforderte Hunde, Herdenhunde in der Aufstallungsperiode oder bei Koppelschafhaltern benötigen ein vollwertiges *Erhaltungsfutter*. Das wären, je nach Temperament, Alter und Körpergewicht 500 bis 600 g der oben angegebenen Rezeptur. Zur Erreichung der Vollwertigkeit sind für die Pansen-(Schlachtabfall-)Getreide-Ration je Kilo Futtermasse 1½ Eßlöffel Pflanzenöl, am wertvollsten ist Sonnenblumenöl, 20 g vitaminiertes Mineralfutter sowie 5 g jodiertes Kochsalz unterzumischen. Bei sehr fetten Schlachtabfällen sollte der Haferflockenanteil (7,6 % Fett) reduziert werden. Leicht erhöhte und unregelmäßige Leistungsanforderungen können nachträglich durch Gaben von 2 gekochten Eiern oder Fett- bzw. Pflanzenölzulagen (Sojaöl wird ungern genommen) abgedeckt werden. Brauchbare Informationen für die im Einzelfall angebrachte Vergrößerung oder Verkleinerung der Futterration bzw. deren Energiegehalt geben nur sorgfältige Beobachtung von Rücken, Fell und Kot, wobei auch die Verträglichkeit eines Futters ersichtlich ist.

Hütehunde sind Schwerarbeiter. In den bis zu 300 und mehr Arbeitstagen des Jahres traben sie tagtäglich und bei jedem Wetter 60 km und mehr mit nicht nachlassender Aufmerksamkeit. Nur wenige Hunde sind dazu veranlagt, selbst bestes Futter könnte sie nicht zu solcher Leistung veranlassen. Andererseits kann ein hervorragender Schafhund bei unzureichender Fütterung und zu seltenen Wassergaben sehr schnell seine Leistungsfähigkeit einbüßen. Eine Hütehunderation muß, bei begrenztem Eiweißangebot, vor allem energiereich sein. Bewährt haben sich, neben der eingangs schon erwähnten Fleisch-Getreideration in energieangereicherter Form, mit 250 g Pansen, Euter oder Lunge (eventuell gekocht), 250 g Haferflocken, 3/8 Liter Vollmilch und 100 g Nierenfett, auch eine Ration aus 750 g gekochten Kartoffeln, 140 g Pansen, etwas Leber, 2 gekochten Eiern und 2 Eßlöffeln Pflanzenöl. Beide sind, nach Meyer (1983), zu ergänzen durch je 5 g jodiertes Kochsalz und 20 g vitaminiertes Mineralfutter sowie 1–2 weiche Knochen.

Viele Schäfer haben noch Kenntnis vom Wert der ihnen in der Feldmark begegnenden Pflanzen. Sie nehmen das Verbot zur Nahrungsaufnahme außerhalb der Futterschale bei ihren Hunden nicht so ernst, wenn's um Gras, Kräuter oder Früchte geht. Deshalb besteht sicherlich auch Verständnis für Empfehlungen, dem Hundefutter von Zeit zu Zeit etwas Grünmehl oder andere gemuste Blattpflanzen oder Karotten beizumischen. Insgesamt brauchen unsere Hunde mit 22–25 kg Körpergewicht täglich etwa 1,7 kg Futter, Deutsche Schäferhunde sind schwerer (30–34 kg) und brauchen daher auch mehr.

Oft kann man lesen, daß es Arbeitshunden zuträglich sei, ebenso wie Stadthunden mit dem Kotbeseitigungsproblem, die Kotmenge durch höhere Nährstoffkonzentration zu verringern. Eigentlich sollten wir die Folgen derartiger Praktiken schon kennen, abgesehen von Verdauungsstörungen sind es doch vor allem die sogenannten Zivilisationskrankheiten, die sich dann bemerkbar machen. Gegen Darmträgheit mit mangelnder Schleimabsonderung und erschwertem Kotabsatz hilft nur tierartgerechte Darmfüllung, zu der auch ein gewisser Teil unverdaulicher Stoffe gehört. Bei der gebräuchlichen Abendfütterung ist mit größerer Futtermenge keine Beeinträchtigung der Arbeitsleistung zu erwarten, da die mindestens 8 Nachtstunden ausreichen für die hundetypische Verdauung. Was aber noch wichtiger ist, betrifft die immer noch von Vorurteilen beeinflußte Wasserversorgung unserer Herdenhunde. Wo naß gefüttert wird, trinken die Hunde selbstverständlich weniger als bei Trockenfütterung. Trotzdem müssen auch sie etwa alle 2 Stunden ein paar Zungen voll Wasser aufnehmen, bei Hitze mehr als sonst. Längerer Wasserentzug vermindert die Leistung, weil Wasser erforderlich ist, um im Körper Energie zu mobilisieren. Weiterhin kann es bei längerem Wasserentzug zu Krämpfen mit tödlichem Ausgang kommen. Regelmäßig versorgte Hunde sind leichter von infizierten Pfützen und Tümpeln abzuhalten. Außerdem nehmen sie nie so unmäßige Mengen zu sich, daß ihre Arbeit darunter leidet, es sei denn einer Nierenerkrankung wegen. Wer aber regelmäßig 8–10 Stunden Durst leiden muß, säuft hinterher unmäßig, obwohl es kein Trinken auf Vorrat gibt.

Gesundheitsvorsorge

Gesundheitsvorsorge wird zu einem erheblichen Teil bereits mit tierartgerecht vernünftiger Haltung sowie immer pünktlicher Pflege und Fütterung betrieben. Zu einer tierartgerechten Pflege gehört aber auch, die bei allen Nutztierarten notwendige, regelmäßige Kontrolle auf *Parasitenbefall. Außenparasiten* (Zecken, Flöhe, Läuse, Haarlinge und in der Haut lebende Milben) sind am Tier selbst und auf dessen Lagerstatt zu bekämpfen, ein Teil von ihnen kann Überträger von Krankheiten sein, vor allem einzelne Bandwurmarten. Nutztierhalter wissen aus Erfahrung, daß derartige Maßnahmen nur Erfolg versprechen, wenn alle Tiere gleicher Art eines Bestandes zur gleichen Zeit in Behandlung kommen. Bei der regelmäßigen Schafbadung sollen die Hunde und ihre Schlaf- und Liegeplätze nicht vergessen werden. Der Tierarzt Ihres Vertrauens ist über Resistenzentwicklung und Verträglichkeit unterrichtet, er berät Sie über moderne, wirksame Mittel. Sie sind mit unterschiedlicher Wirkungsdauer, als Puder- oder Flüssigspray, zum Auftropfen zwischen den Schulterblättern oder als Halsbänder verfügbar. Wer ohne Fachberatung handelt, bewirkt oft unnötige Leiden für seine Tiere und strapaziert seinen Geldbeutel.

Für *Innenparasiten* (Rundwürmer, Bandwürmer) gilt die gleiche Erfahrung, daß nur fachgerechte Vorausplanung und Bestandsbehandlungen zum Erfolg führen (s. Seite 152). Entwurmung sollte vor jeder Impfung erfolgen. Bei den Welpen war bereits die Rede von schon sehr frühzeitig und wiederholt erforderlicher Bekämpfung der sie plagenden Rundwürmer. Für den erwachsenen Hund stehen, vor allem in Schäfereien, die verschiedenen Bandwurmarten im Vordergrund, da einige von ihnen Schaf, Mensch oder Floh als Zwischenwirte haben. Der Einsatz von rohem Fleisch befallener Schafe, z. B. mit Finnenblasen am Gekröse, als Hundefutter erhält den Entwicklungskreislauf. Daher ist eine Hitze- oder Frostbehandlung vor dem Verfüttern so wichtig. In gewissen Abständen vorgenommene Kotuntersuchungen und mindestens jährlich eine Bandwurmkur können verhindern, daß es erst zu Afterjucken oder Ausscheidung von Bandwurmgliedern auf dem Kot kommt. Hunde können sich immer wieder im Freien infizieren. Auch auf den Menschen ist eine Übertragung bei Unsauberkeit, engem Kontakt oder gemeinsam benutztem Geschirr möglich. Um die Wirksamkeit der Wurmkuren zu sichern sowie gleichzeitig für Begrenzung von Ausgaben und Belastung der Tiere zu sorgen, ist es angebracht, Kotuntersuchungen und Mitteleinsatz mit seinem Tierarzt abzusprechen.

Rechtzeitig erreichter *Impfschutz* gegen gefährliche Infektionskrankheiten ist ein weiteres Beispiel für vorausschauend geplante und organisierte Gesundheitsvorsorge. Damit lassen sich Tod und Leid verhindern, in Fällen, wo es keine Therapie gibt (z. B. Tollwut) oder trotz Behandlungserfolg Organschäden zurückbleiben können (z. B. Staupe, Parvovirose, Hepatitis). Zur ersten Impfung im Alter von 7–8 Wochen, bis dahin wirken noch mütterliche Antikörper, stehen heute Mehrfachimpfstoffe zur Verfügung. Sie schützen gegen die bereits genannten Krankheiten und Leptospirose. Belastbarer Schutz kann so nur entstehen, wenn neben dieser ersten Immunisierung durch Impfung, die dadurch in Gang gesetzte, spezifische Antikörperbildung weiterhin gefestigt und erweitert wird. Dazu sind laufendes Training alle Abwehrsysteme des Körpers über natürliche Kontakte mit der Hundeumwelt und regelmäßige Wiederholungsimpfungen ebenso wie artgerechte Haltung und Pflege erforderlich. Großflächiger, internationaler Reise- und Handelsverkehr, immer weitere Urlaubsreisen und eingeschmuggelte Souvenirtiere unterhalten den heutigen Infektionsdruck in den dichtbesiedelten Lebensräumen. Diese Situation ist zugleich auch Ursache für sich rasch ändernde Gefährdung unserer Tiere durch neue oder abgewandelte Erreger. Hier kann nur noch ein Fachmann den Überblick behalten. Deshalb sollten den Tieren zuliebe die Impfpläne (s. Seite 152) mit einem Tierarzt abgesprochen und für jeden Hund ein Impfausweis sorgfältig geführt werden.

Die wichtigsten, derzeit beim Hund durch Impfung oder gezielte Abwehrstimulation kontrollierbaren Krankheiten sind zumeist Virus-Infektionen: *Tollwut* muß immer dann in Betracht gezogen werden, wenn vor 1–8 und mehr Wochen Kontakte zu wildernden Hunden und Katzen oder Wildtieren mit ungewöhnlichem Verhalten, vor allem zu Füchsen (mit Beißereien), bestanden. Bei auffallend reduzierter Anteilnahme, mit ausdruckslosem Blick und ungleich weiten Pupillen sowie zunehmenden Lähmungserscheinungen im Kopfbereich besteht dringender Verdacht. Im Gegensatz zu diesen Anzeichen der »stillen Wut« sind solche der

Farbtafel 5. Hütehund in Italien am Monte Gargano.

»rasenden Wut« mit Unruhe, heiserem Bellen und Geifern kaum noch zu erwarten. Bei geringstem Verdacht den Hund sofort sicher verwahren und umgehend einen Tierarzt oder das Veterinäramt benachrichtigen. Da bereits 5 Tage vor Auftreten von Tollwutsymptomen sich im Speichel Viren befinden, besteht nach Bißverletzungen größte Gefahr für alle Tiere und für Menschen. Derart betroffene Personen werden, auch nach Kontakten mit tollwutverdächtigen Tieren, unter amtsärztliche Überwachung und Behandlung gestellt. Therapieversuche an Tieren sind verboten. Regelmäßige Impfung aller Herdenhunde und gewissenhafte Wahrnehmung der Anzeigepflicht sind derzeit die sichersten Vorbeugemaßnahmen.

Parvovirose betrifft meist junge Hunde (3–14 Tage nach der Ansteckung). Neben plötzlichem Herztod in der 4. Lebenswoche werden meist übelriechender, auch blutiger Durchfall, Erbrechen, Hinfälligkeit und Austrocknung beobachtet. Zwei bis drei Krankheitstage Überlebende erholen sich meist rasch, können aber Herzfehler zurückbehalten. Bei ersten Anzeichen einsetzende Therapie hat Aussicht auf Erfolg, ist aber sehr aufwendig; Impfprophylaxe (s. Seite 152) kostet weniger und wirkt sicherer.

Hundestaupe macht sich, 3–6 Tage nach der Infektion mit dem Virus, durch Fieber und fieberfreie Zwischenzeit mit dem Bild einer Erkältung bei Hunden jeden Alters, aber besonders im 3.–6. Lebensmonat, bemerkbar. Hunde mit schlechter Konstitution und unter Haltungsmängeln leidende sind besonders betroffen. Auswurf und Tränenflüssigkeit sind zumeist eitrig; oft wird das Erscheinungsbild durch hinzukommende Bakterien kompliziert. Eine bösartig abgewandelte Form ist die *Hartballenkrankheit* mit rissigen Verhornungen an Zehenballen und gelegentlich am Nasenschwamm. Der mütterliche Antikörperschutz reicht beim Welpen etwa bis zur 9. Lebenswoche. Bis dahin muß für Impfschutz (s. Seite 152) gesorgt sein. Im widrigen Falle aufkommende Krankheit kann bei frühzeitiger tierärztlicher Behandlung mit einigem Erfolg beherrscht werden. Störungen in der Gebißausbildung sind oft nicht zu vermeiden.

Die *Ansteckende Leberentzündung (Hepatitis)* der Hunde und Füchse verläuft sehr unterschiedlich, mit mehr oder weniger deutlichen Anzeichen bis hin zu seltenen plötzlichen Todesfällen. Bei über 2 Wochen alten Welpen ist das Geschehen oft sehr akut, dagegen bei älteren Tieren meist ohne Anzeichen. Abgesehen vom langsam ansteigenden Fieber, gibt es vergleichbare Symptome wie bei der Staupe. Etwa eine knappe Woche nach Berührung mit Virusträgern treten Anzeichen wie Teilnahms- und Appetitlosigkeit sowie wässerige Bindehautentzündung auf. Durchseuchte Hunde scheiden u. U. sehr lange noch Viren mit dem Urin aus. Impfschutz ist die beste Vorbeuge, Behandlungen sind ähnlich wie bei Staupe mit vergleichbaren Aussichten, wenn es gelingt, die ersten 48 Stunden günstig zu beeinflussen. Hornhauttrübungen am Augapfel sind eine oft gesehene Folgeerscheinung.

Leptospirose wird von verschiedenen Typen einer Mikrobe, die sich im Wirtskörper durch Teilung vermehrt, ausgelöst. Diese Leptospiren haben ihr Reservoir in fast allen Säugern des Wildbestandes, einschließlich kleinen Nagern wie Maus und Ratte. Infektionsquellen sind für Haustiere und Menschen urinverschmutzte, feuchte Stellen, Pfützen und andere stehende Gewässer. Direktübertragung gibt es nur beim Deckakt. Die Krankheit beginnt oft mit Müdigkeit und Nachhandschwäche, der weitere Verlauf kann unauffällig sein oder ist durch vielseitige Symptome wie u. a. Nierenentzündung, Gelbsucht, Herz- und Kreislaufschwäche schwer abgrenzbar. Tierärztliche

Farbtafel 6. Gut organisierte Hundehilfe im Schafhof erspart viel Zeit und Arbeitskraft.

Tab. 9. Entwurmungs- und Impfempfehlungen für Welpen, Schafhundanwärter und erwachsene Hütehunde.

Altersgruppe	Zeit-raster	Termine	Entwur-mung	**S**taupe **H**epatitis **L**epto-spirose	**P**arvovi-rose	**T**ollwut	**Z**winger-husten
	⋮	bis zur 5. Woche,	+				
Zuchtbestand	–			*	*	*	
	– –	4. Woche vor dem					
	– –						
	——	Decktermin					
Trächtigkeit	= = =						
	= = =	5. Tr.-Wo. 6./7. Tr.-Wo.	+				
	——	Geburt					(*)
	– –						
	–	3. Leb.-Wo.	+				
	–	4. Leb.-Wo.	(+)				
	–	5. Leb.-Wo.	+				
Welpenaufzucht-wochen	–	6. Leb.-Wo.					(*)
	– –	7./8. Leb.-Wo.	(+)	*	*	*	
	– –	9. Leb.-Wo.	+				
	–	11. Leb.-Wo.	+				
		12. Leb.-Wo.		*	*		(*)
	——						
Junghundalter (Monate)	/ / / / / / / / /						
	══	12. Leb.-Mon.	+	*	*	*	
	——	2. Leb.-Jhr.	+	*	*	*	
	——	3. Leb.-Jhr.	+	*	*	*	
Erwachs. Hund Lebensjahre	——	4. Leb.-Jhr.	+	*	*	*	
	——	5. Leb.-Jhr.	+	*	*	*	
	——	6. Leb.-Jhr.	+	*	*	*	
	——	7. Leb.-Jhr. usf.	+	*	*	*	

(+) und (*) = Entwurmung bzw. Impfung falls erforderlich.

Behandlung richtet sich nach Begleitsymptomen, besser ist Impfschutz (s. Seite 152) und Vermeidung unkontrollierter Wasseraufnahme (s. Seite 139, 147).

Das *Welpensterben,* eine Herpes-Virus-Infektion, erkenntlich an gelblich-grünem Kot, kann in der 1. bis zum Anfang der 2. Lebenswoche Verluste verursachen. Bei unterkühlten Welpen breitet sich die Krankheit schnell aus. Sofort bei ersten Anzeichen einsetzende tierärztliche Behandlung rettet möglicherweise einzelne Tiere. Überstandene Krankheit verleiht lebenslange Immunität, die von der Mutter auf ihre Welpen übertragen werden kann. Spezielle Impfprophylaxe gibt es zur Zeit noch nicht, aber mit gezielter Stimulation der körpereigenen Abwehr, bei der Hündin vor und während der Tragezeit sowie bei ihren Welpen dann am 1. Lebenstag, gab es bereits Erfolge.

Zwingerhusten als Folge einer Virus-Mischinfektion, unter Beteiligung von verschiedenen Bakterien, beginnt auch in Deutschland zuzunehmen. Typisch ist kurzer, trockener und harter Husten mit gelegentlichem Brechreiz. Behandlungserfolge mit Breitband-Antibiotika und Abwehrstimulierung sind möglich. Schutz Gefährdeter wird erreicht durch zweimalige Bestandsimpfung. Problemzuchten impfen die tragende Hündin in der 6./7. Trächtigkeitswoche und deren Welpen ab der 6. Lebenswoche zweimal (s. Seite 152).

In *Wundstarrkrampf (Tetanus)* gefährdeten Gebieten ist bei stark verschmutzten und Taschen bildenden Wunden an rechtzeitige Tetanusprophylaxe zu denken. Herdenhunde sollten auf stark gefährdeten Standorten vorsorglich geimpft werden, anfänglich zweimal, dann einmal in zwei Jahren.

Seit einigen Jahren breitet sich die *Aujeszkysche Krankheit (Pseudowut)* weiter nach Westen in Schweinezuchtgebieten aus, womit die Gefahr für Hunde sowohl über Futterfleisch als auch über Wanderratten zunimmt.

Begründeter Verdacht ist angebracht bei Beobachtung von übersteigertem Kratz-, Leck- und Beißdrang, vor allem an Bißstellen, besonders in Schäfereien, die rohes Schweinefleisch oder Schlachtabfälle an ihre Hunde verfüttern. Nach einer Fütterungs- oder Bißinfektion treten erste Symptome 4–6 Tage später auf, es dauert dann nur 1–2 Tage bis zum tödlichen Ende.

Bisher ist keine wirksame Therapie bekannt, vorsorglich sollen Schweinefleisch und Schlachtabfälle nur gekocht verfüttert werden. Auch muß die Rattenbekämpfung in Aujeszky-Gebieten besonders sorgfältig kontrolliert erfolgen. Wenn beides Beachtung findet, ist die Gefahr einer Infektion für gut erzogene und unter Aufsicht stehende Hunde nicht sehr groß.

Krankheiten

Wollte man die *Krankheiten der Hunde* und ihre Behandlung einigermaßen regional zutreffend darstellen, hätten einige hundert Seiten mehr auch nur zusammenfassenden Charakter. Nützliche Verwendung derartiger Information setzte eine Menge medizinisches Grundwissen voraus. Die meisten dieser Krankheiten sind ohnehin nur selten das Problem der Halter von Herdengebrauchshunden, zumal sie als professionale Tierhalter in allen Fällen größerer Störungen ihre Hunde einem Tierarzt vorstellen. Wichtig erscheint es mir aber für sie, daß alle bedeutsamen Infektionskrankheiten der Hunde durch konsequente Impfprophylaxen kontrollierbar sind. Nur für zwei in den letzten Jahren bei uns neu aufgetretenen Ansteckungsgefahren (Welpensterben, Aujeszkysche Krankheit) besteht dieser einfachste Bekämpfungsweg noch nicht. Hier reicht die zuvor dargestellte Vorsorge mit hygienischem Schwerpunkt einstweilen noch aus. Eine Vielzahl möglicher anderer Organ-, Stoffwechsel- und Kreislaufkrankheiten muß als »zivilisationsbedingt« mit den parallel zum »Rudelführer Mensch« sich ändernden Lebensumständen im Zusammenhang gesehen werden. Die Häufigkeit ihres Auftretens steht in direktem Verhältnis zur weiter zunehmenden Zahl von »Wohlstands-Hunden«. In diesen Fällen ist Gesundheitsvorsorge wichtiger als Behandlung. Ein typisches Gebiet der Vorsorge, das züchterisch angegangen werden muß (s. Seite 102), sind die nachfolgend besprochenen Anomalien.

Erbkrankheiten des Knochengerüsts, der Organe oder ihrer Funktion sind, abgesehen von dem sehr wenig betroffenen Schaf, beim Hund nach Art und Umfang vergleichbar mit anderen Säugetieren. Es ist davon auszugehen, daß in jedem Individuum neben der Hauptmasse normaler, positiver Gene auch mehr oder weniger zahlreiche negative sogenannte *Defektgene* vorhanden sind. Züchterische Betonung einzelner, wünschenswerter Merkmale kann, anfangs unerkannt, mit der Zeit in Familien, Linien oder ganzen Populationen zur Ansammlung solcher Gene führen. Da einzelne dominante Defektgene in der Regel recht bald durch natürliche oder menschliche Selektion verschwinden, liegt das Problem vornehmlich bei den rezessiv, also verdeckt weitergegebenen Genen, die nur als identisches Paar den krankhaften Phänotyp (Erscheinungsbild) bewirken. Wahrscheinlich beruht eine erhebliche Zahl der Erbkrankheiten auf dem Zusammenwirken von mehr als einem negativen Genpaar.

Das kann in seltenen Fällen auch auf dominante Gene zutreffen. Erst wenn zufällig eine Mindestzahl erforderlicher Paare in einem Tier zusammentrifft und die jeweils »passenden« Umweltbedingungen mitwirken, entsteht eine sichtbare Erbkrankheit. Hinzu kommt, daß schwer feststellbare, wechselnde Umwelteinflüsse, Geninteraktionen, unvollständige Penetranz (s. Seite 101) u. a. die Vielfalt der Phänotypen bei den einzelnen Anomalien erzeugen. Wie bei den anderen Krankheiten wird auch hier nur eine begrenzte, aktuelle Auswahl angesprochen,* Beispiele für monogene Erbleiden sollen dabei den Anfang machen:

Vom **Merlefaktor** war zuvor (s. Seite 107) schon die Rede, er betrifft *Collies, den Polnischen Niederungs-Hütehund* (PON) und andere. Bei ihnen stehen weiße Fellfarbe und Marmorierung in Beziehung, wobei zusätzlich *Taubheit* und *Augenmängel* sowie Fruchtbarkeitsstörungen auftreten. Deshalb hat die FCI das Ausstellen von marmorierten Hunden verboten. Von der Hirnanhangdrüse ausgehender **Zwergwuchs** ist bei einigen Rassen ein weiters Beispiel für einfach rezessive Genwirkung und bisher am intensivsten beim *Deutschen Schäferhund* untersucht. Er bietet sich wegen der internationalen Rassengröße und Güte des 84 Jahre alten Zuchtbuches für genetische Arbeiten geradezu an. Eine Aussage zur speziellen Belastung ist damit nicht verbunden, weil ein gültiger Rassenvergleich noch immer unmöglich ist.

Am Auge gibt es eine **fortschreitende Netzhautatrophie** (PRA) sowohl in generalisierter als auch zentralisierter Form. Hier wird letztere erwähnt, da u. a. neben *Border-Collie, Langhaar-Collie* und *Cardigan-Corgi,* der *Deutsche Schäferhund,* wenn auch bisher weniger, als betroffen gilt. Diese im mittleren Teilbereich des Gesichtsfeldes bestehene Sehstörung wird dominant vererbt mit verringerter Durchsetzungsfähigkeit (Penetranz) des Gens. Als **Collie-Augenanomalie** (CAA) wird eine angeborene, beiderseitige, hauptsächlich den Augenhintergrund und die Eintrittsstelle des Sehnervs betreffende Veränderung bezeichnet. Sie kommt vor bei *Shelties, Langhaar-* und *Kurzhaar-Collies,* aber bisher nicht beim *Border-Collie.* Möglicherweise ist diese Erbkrankheit nach bisherigem Informationsstand polygen bedingt.

---

* Eingehende Informationen bieten: Wegner (1979) und Willis (1984) sowie § 11 des Tierschutzgesetzes vom 18. 8. 1986.

Fallsucht *(Epilepsie)*, eine durch Funktionsstörungen im Gehirn verursachte Krankheit, kann auch durch andere organische Ursachen entstehen. Deshalb sind Untersuchungen zur Vererbung erschwert und oft unsicher. Aus den sehr wahrscheinlich unvollständig bisher bekannt gewordenen Rassen sind für uns von Interesse: *Tervuren, Sheltie* und *Deutscher Schäferhund*. Von letzterem stammen, aus bereits zuvor genannten Gründen, wiederum die einzigen substantiellen Ergebnisse genetischer Studien. Danach besteht ein Zusammenhang zwischen Inzuchtgrad und Alter beim ersten Anfall (0,5–6 Jahre). Eine Beteiligung mehrerer Gene wird vermutet.

Die **Hüftgelenksdysplasie** *(HD)* bei der zugleich auch die **Ellenbogendysplasie** erwähnt werden kann, sind Funktionsstörungen, die im Zusammenhang mit Veränderungen der am jeweiligen Gelenk beteiligten Knochenenden auftreten. Betroffen sind vor allem schnell wachsende Rassen mit Tendenz zur Bevorzugung größerer Gewichte. Ob die beiden Anomalien genetisch zusammenhängen, ist bis jetzt noch ungeklärt, obwohl Fälle beschrieben sind, wo beide zugleich auftraten. Für die Ellenbogenanomalie steht eine Klärung des Erbgangs noch aus.

Trotz in einigen Populationen bereits erreichter Bekämpfungserfolge ist die Hüftgelenksdysplasie für eine ganze Reihe von Rassen noch immer aktuell. Bisher wurde schon soviel darüber geschrieben, daß damit, bei abwägender Darstellung, der Rahmen meines Anliegens gesprengt würde.* Auch hier ist wieder der *Deutsche Schäferhund*, wie vorausgehend bereits erläutert, die am meisten untersuchte Rasse, obwohl er weder am häufigsten noch am schlimmsten betroffen ist. Wer nur Schönheit ausstellen will oder Teilzeitbegleiter züchtet, mag über Für und Wider von Diagnostik und Bewertungsmaßstäben oder Bekämpfungsstrategien diskutieren. Für Herdenhunde, die stundenlang tagtäglich laufen, kann es keine Kompromisse geben. Deshalb sind in jeglicher Weise betroffene Tiere für die Herdengebrauchshundezucht untauglich. Das Risiko, am Ende der Ausbildung im 24. Lebensmonat einen unbrauchbaren Ersatzhund zu besitzen, ist untragbar. Dies um so mehr, da bei Beteiligung mehrerer Gene und einiger, vorerst wenig bekannter Umweltfaktoren noch genug Risiko für die Zucht bleibt. Gesunde Gelenke wiegen in der Herdengebrauchshundezucht den mit schärferer Selektion verbundenen Verlust ansonsten hervorragend veranlagter Hunde wieder auf. Daß dies nur intern für die Züchter von Arbeitshunden für den Herdengebrauch zu verwirklichen war, entsprach unserer relativ geringen Beteiligung an der Rassehundezucht. Die uns gegenüberstehende, immer noch zunehmende Masse der Rasseschäferhund-Züchter ist in Westdeutschland erst durch das neue Tierschutzgesetz dazu gezwungen, auch diese »Qualzucht« zu unterbinden (s. Seite 102).

Sanierungsprogramme für einzelne Erbkrankheiten unterscheiden sich in ihrer Bekämpfungsstrategie ebenso stark, wie die genetischen Voraussetzungen der anomalen Erscheinungen. Ob die ausarbeitenden Genetiker zu Erfolg kommen, bestimmt in erster Linie das Verhalten der Züchter. Je mühsamer das Endziel zu erreichen ist, um so weniger sind gemeinsame Anstrengungen durchsetzbar. Erschwernisse bedeuten dabei: das Lebensalter erster eindeutiger Feststellbarkeit der Anomalie, Absicherung und Aufwand ihrer Abgrenzung gegenüber nicht erblichen Erscheinungen sowie Umfang und Überschaubarkeit beteiligter Umwelteinflüsse. Oft gibt es keine Möglichkeit, äußerlich Defektgenträger von merkmalsfreien Tieren zu unterscheiden, kontrollierte Testpaarungen oder konsequente Nachkommenuntersuchungen sind dann unumgänglich.

* Interessenten seien auf die einschlägige Fachliteratur und Willis (1984) verwiesen.

Für die *Hüftgelenksdysplasie* (HD), diagnostisch abgestuft von 0 (frei) bis zum 3. Schweregrad (s. Seite 157), ist inzwischen die Erblichkeit im Bereich von 20–40 % mehrfach bestätigt worden. Außerdem besteht die Erfahrung, daß im Röntgenbild HD-frei zu beurteilende Eltern auch HD-positive Nachkommen haben können. Bei vielen Rassen gibt es seit mehr als 15 Jahren die Verpflichtung zur Röntgenuntersuchung einjähriger Hunde vor Erteilung der Zuchtzulassung. Hierauf und auf der Tatsache, daß für diese Anomalie Zuchtwertschätzung erst unter Einbeziehung der Nachkommen möglich ist, beruhen Bekämpfungsprogramme in Kanada und England (Willis 1984). Mit seit 1970 gesammelten HD-Daten der Deutschen Wachtelhunde haben Beuing und Simianer (1985) ein Zuchtwertschätzverfahren für die Disposition zur HD entwickelt. Unter Einbeziehung aller erreichbaren Verwandten, also Vor- und Nachfahren, wurde mit der Rechentechnik für den direkten Bullenvergleich (BLUP) die ganze registrierte Population zuchtwertgeschätzt.

Ausgehend vom Rassenniveau (= 100) erhielt jedes Zuchttier eine dieses unter- bzw. überschreitende Punktzahl als Zuchtwert. Hierbei liegt das Zuchtziel (HD-0) 100 Punkte über dem Rassendurchschnitt. Daraus ergab sich, nach Aufarbeitung aller Röntgenbefunde der ersten 10 Jahre, für die Deutschen Wachtelhunde (500 Welpen pro Jahr registriert) eine Variation von 23–190 Punkten. Alle Eltern des Jahrgangs 1980 hatten einen mittleren Zuchtwert bei Rüden mit 118 und Hündinnen mit 108. Der Punktzahl-Durchschnitt für ihre besten Nachkommen betrug für 10 Rüden 146,7 und für 30 Hündinnen 137. Das entspricht einer Annäherung an das Zuchtziel (HD-0 = 200 Punkte) um fast 30 %-Punkte.

Zur Sicherung weiterer Selektionsfortschritte ist die einzig notwendige Vorgabe in der Zuchtplanung des kommenden Zuchtjahres ein Mindestelterndurchschnitt von 130 Punkten. Somit kommen für die Paarung einer Hündin mit dem Zuchtwert 90 ausschließlich Rüden mit 170 und mehr Punkten in Frage. Wegen des relativ hohen technischen Aufwands eignet sich das Verfahren vorerst nur für überschaubar zahlenbegrenzte Rassen. Diese Einschränkung erfüllen dienstleistende Herdengebrauchshunde schon heute, so daß eine Hoffnung besteht, mit dem geschilderten Verfahren eine schnellstmögliche Senkung des HD-Risikos erreichen zu können.

Erste Hilfe für Herdengebrauchshunde ist Teil der aktiven, am Einzeltier orientierten Krankenversorgung. Anmerkungen dazu können nur Anleitung sein, die weder eigene Erfahrung, noch medizinisches Wissen und Erfahrung eines Tierarztes ersetzen. Viel wäre schon erreicht, wenn damit Anfänger zur Erfahrungssammlung angereizt und »alte Hasen« noch was Nützliches finden würden. Dabei geht es um Situationen, denen Schäfer an jedem Weidetag ausgesetzt sind.

Immer stehen sie dann mit 500 und mehr Lebewesen in freier Natur und müssen bei jedem Wetter, ohne Helfer oder Telefon selbstverantwortlich handeln. Wichtigste Ursache für die bisherigen Erfolge unserer Herdenbetreuer ist nach wie vor ständig geübte, intensive Beobachtung aller Schützlinge. Dabei geht es, unter Nutzung eines uralten Erfahrungsschatzes, um möglichst frühzeitiges Erkennen erster Anzeichen einer Verletzung oder beginnenden Störung. Mit sofortiger Versorgung wird dann versucht, es gar nicht erst zu krankhaften Zuständen kommen zu lassen. Ebenso wird angestrebt, die selteneren, plötzlich akut auftretenden Krankheiten schon im ersten Anfangsstadium günstig zu beeinflussen. Eine auf die Hüteflächen ziehende Herde darf nicht mit einem Krankentrupp belastet werden.

Deshalb erfolgt morgens, vor dem Austrieb, das Aussortieren der in der Regel wenigen noch behinderten oder neu erkrankten Tiere. Sie werden an Ort und Stelle versorgt und ungestört im Krankenstall

Tab. 10. Klassifizierung der HD-Röntgenbefunde.

FCI-Einteilung	1 A 2	1 B 2	1 C 2	1 D 2	1 E 2
Deutschland	0 kein HD-Hinweis	0,5 HD-Verdacht	1 Leichte HD	2 Mittlere HD	3 Schwere HD

zurückgelassen, gegebenenfalls auch zu erforderlicher tierärztlicher Behandlung. Wenn es um Schutz und Erhaltung von Leben geht, rangieren Schafe und Hunde gleichauf. Kranke Hunde dürfen niemals angebunden werden (s. Seite 144).

Schäfer unserer Tage betreuen größere Herden in schwierigerem Gelände als ihre Vorgänger, deshalb müssen sie auch ihren Gesundheitsdienst rationeller bewältigen. Früher nutzten sie fast ausschließlich die große Apotheke der Natur* und kannten fast jede nützliche Pflanze, um Abhilfe schaffen zu können. Heute finden sie Rückhalt in einer kleinen *Notfallapotheke*, die im Rucksack oder in der Hirtentasche ihren ständigen Platz hat. Ihr Inhalt (s. Seite 158) sollte berücksichtigen, daß auch der Schäfer sich mal verletzen kann. Insgesamt, verpackt in einem wasserdichten Beutel, wiegt das Ganze weniger als 300 g. Bei speziellen Fällen oder sonstigem Bedarf sollte man die verordneten Medikamente ebenfalls zu zeitgerechter bzw. Notfall-Verabfolgung mitnehmen.

Etwas anders als bei übrigen Haushunden stehen für Herdengebrauchshunde die im Dienst erworbenen Verletzungen an Pfoten, Ohren, Augen und Haut, auch Prellungen, Verstauchungen sowie gelegentliche, meist belanglose Verdauungsstörungen im Vordergrund der Erste-Hilfe-Leistungen. Bißwunden nehmen zu, seit Spaziergänger immer häufiger ihre Hunde unkontrolliert frei laufen lassen. Leider bleiben auch Hundepfoten, ebenso wie Schafklauen, nicht verschont von den vielen Glasscherben, die vor allem in Siedlungsnähe davon künden, daß hier Rücksichtslose Spaß gehabt haben.

Derartige *Verletzungen* sind am besten versorgt, wenn gleich gehandelt wird, ohne daß es erst zu tiefgreifenden Verschmutzungen kommt. Wundgelaufene Zehenballen werden gleich auf der Weide und abends nochmals mit Bienenkittsalbe (Propolis) abgedeckt, um schnelle Heilung zu bewirken. Die Umgebung tiefergehender *Wunden* befreit man zuerst von grobem Schmutz und entfernt störende Haare mit der Schere. Vor allem verfilzte Stellen zwischen den Zehen oder an den Läufen drücken arg unter einem Verband. Danach werden Fremdkörper wie Glassplitter, Dornen (häufig an Ballen) oder Steinchen mit der desinfizierten Pinzette (Desinfektionstuch) herausgezogen. Bei Schürf- und kleinflächigen Wunden bzw. Insektenstichen an Kopf, Rumpf oder Läufen genügt meist eine dünne Abdeckung mit Honig oder Calendula-Salbe als Staubschutz, um schnelle Heilung zu erreichen. Zucker wirkt gegen Mikroben. Schon im alten Ägypten wurde deshalb Honig zur Wundreinigung und -heilung eingesetzt. Englische Ärzte haben diese Erfahrung wieder aufgegriffen und arbeiten erfolgreich mit einer Paste aus Kristallzucker, die etwa die Konsistenz von Honig erhält. Auch Dipflüssigkeit für die Zitzen der Kühe eignet

* Wer sich dafür interessiert, findet einen hundegerechten Erfahrungsbericht bei Aldington (1984).

Tab. 11. Haus- und Notfallapotheken, Ausstattungsvorschläge für den Herdengebrauch und die Hütehunde.

Tierapotheke für erste Hilfe zu Hause Verschlossener Wandschrank	Notfallapotheke für unterwegs Wasserdichter Beutel
Scheren: gerade, gebogene und für Verbände; Pinzetten: Splitter- & anatom.; Krallenzange, Klauenschere; Fieberthermometer für Tiere; Einmalspritzen 5, 10, 20 ml; Einmalkanülen; Verbandmaterial: sterile Tupfer, zwölf Mullbinden 5 und 8 cm breit, Zellstoff, Watte, sterile Tücher; kurze Fangverschluß-Binde; Gipsbinden, elastische Binden; Wattestäbchen; Alkohol, Desinfektionsmittel und -spray, Blauspray; Wund- & Heilsalbe (Calendula, Hamamelis o. a.), Vaseline; vier Euterinjektoren; Augensalbe, Ohrentropfen; PS-Puder, Kupfervitriol; Jodtinktur, Kamillosan; Kohletabletten, Leinsamen; verschriebene Medikamente.	kleine, gebogene Schere; Splitterpinzette; Verbandmaterial: sterile Tupfer, sechs Mullbinden 5 und 8 cm breit, Zellstoff, Watte, sterile Tücher; kurze Fangverschluß-Binde; zwei feste Binden für Bruchversorgung; zehn Wattestäbchen; zehn eingesiegelte Reinigungs- und Desinfektionstücher; 20 g Dose Honig, Calendulasalbe; 5 g Tube Augensalbe; 21 g-Tube Traumeel-, Heparinsalbe; ein Euterinjektor; zwei Streifen Kohletabletten; Hansaplaststrips, versch. Größen; notwendige Tagesration verordneter Medikamente; sowie: eine kleine Büchse salzfreies Schweineschmalz gemischt mit Kupfervitriolpulver; und: ein Klauenmesser, ein Strick.

Die Apotheken werden am besten mit Unterstützung des Tierarztes eingerichtet. Hilfreich kann die Apotheke nur bleiben, wenn das verbrauchte Material umgehend wieder ersetzt wird.

sich zur ersten Hilfe bei Pfotenverletzungen, Klauenverletzungen und Nabeldesinfektion.

Wunden größeren Ausmaßes, auch Quetschwunden, werden in gleicher Weise versorgt, aber mit einer Mullabdeckung, die mit Mullbinden gehalten wird. Fast alle Pfotenverletzungen brauchen einen mit Isolierband fixierten und wasserdicht gemachten Verband. Dazu gehören eine vorausgehende dünne Wattepolsterung zwischen den Zehen und zwei Bindenlagen auf und unter der Pfote. Beim Anlegen der Bindentouren, vom Mittelfuß zu den Zehen und zurück, nicht zu fest anziehen, um das Abschnüren der Zehen zu verhindern. Größere Krallenverletzungen und tiefergehende Wunden, einerlei an welchem Körperteil, gehören noch am gleichen Abend in die Hand des Tierarztes, um notfalls chirurgisch versorgt zu werden. Je frischer dazu die Wunde ist, um so günstiger sind die Heilungsaussichten.

Noch ein Wort zu stark blutenden Wunden: Gewöhnlich genügt es, wenn nach Entfernung von Fremdkörpern und Haaren ein etwas dickerer Belag aus Mulltupfern aufgelegt und dieser dann fest mit Mullbinden als Druckverband auf der Wunde befestigt wird. Sollte aber ein größeres Gefäß zerschnitten oder zerrissen bzw. ein Teil eines Laufes gequetscht oder abgetrennt sein, hilft nur das Abbinden oberhalb der Wunde mit einem auf 1 cm Breite zusammengelegten Stück einer festen Binde. Weitere Wundversorgung erfolgt erst nach erfolgreicher Unterbrechung des Blutflusses. Da hiermit die gesamte Blutversorgung unterhalb der Abbindung unterbrochen ist, muß diese alle 20 Minuten für eine Weile gelokkert werden.

Zumeist kann der verletzte Hund nicht innerhalb der nächsten Stunde von der Weide zum Tierarzt gebracht werden. Deshalb ist dann zu versuchen, oberhalb der Wunde die Stelle ausfindig zu machen, wo der Blutfluß durch Daumendruck auf die Schlagader unterbrochen wird. Ein hier längs des Laufes aufgelegtes, etwa 1–2 cm langes und wattegepolstertes Stück eines fingerdicken Zweiges wird mit einer zusammengefalteten Binde angedrückt. Die Binde darf nur gerade so stark angezogen sein, daß die Blutung steht. Von Zeit zu Zeit wird durch Betasten mit dem Handrücken, verarbeitete Handflächen haben nicht genug Temperaturgefühl, geprüft, ob der untere Lauf noch ausreichend durch Blutzufuhr erwärmt ist. Ist der Lauf kalt, wird die Abbindung gelockert. Liegt ausnahmsweise eine vollständige Durchtrennung vor, so darf die Abbindung nicht mehr gelockert werden.

Bei heftigem Kratzen am Ohr oder anderen Stellen ist oft nur eine *Zecke* zu entfernen, die, nach kurzer Abdeckung mit Kupfervitriolfett (Klauenpaste) und wenn die Zecke losgelassen hat, herausgedreht wird. *Fremdkörper* wie Grannen, Grasähren oder haftende Samen entfernt man aus dem Gehörgang mit der Pinzette oder ebenso wie von Bindehäuten mit einem in Honig getauchten Wattestäbchen. Dies geschieht mit größter Vorsicht und nur bei guter Übersicht, damit nichts im Gehörgang verschwindet, was nur noch der Tierarzt herausbekommt. Bei solchen Gelegenheiten erfahren manche Besitzer von oft am Ohr kratzenden und den Kopf schüttelnden oder schief haltenden Hunden, daß Ohrmilben bzw. banale Verschmutzungen die Ursache einer Entzündung des äußeren Gehörgangs sind. Spezielle Ohrtropfen oder -salben werden zur

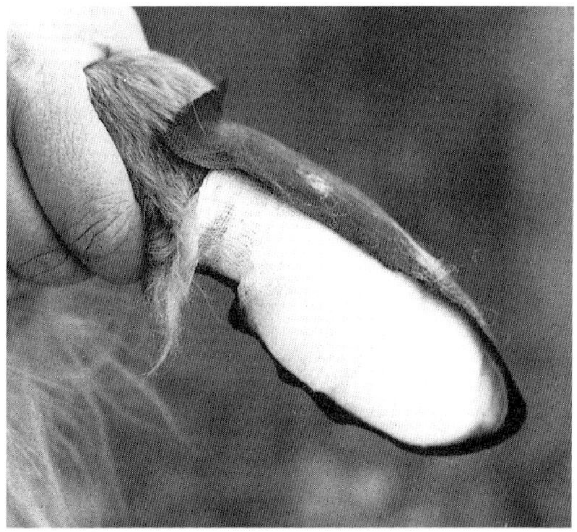

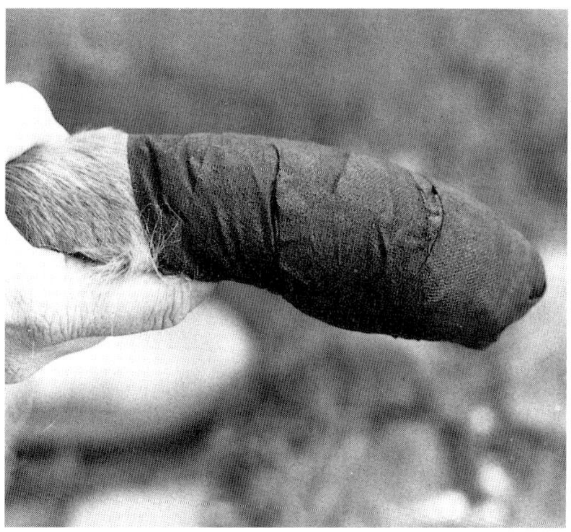

Abb. 96. Abpolstern der Zehen verhindert das Wundwerden im Zwischenzehenspalt bei länger liegenden Verbänden.
Abb. 97 und 98. Pfotenverbände werden mit Isolierband gegen Schmutz und Feuchtigkeit geschützt.

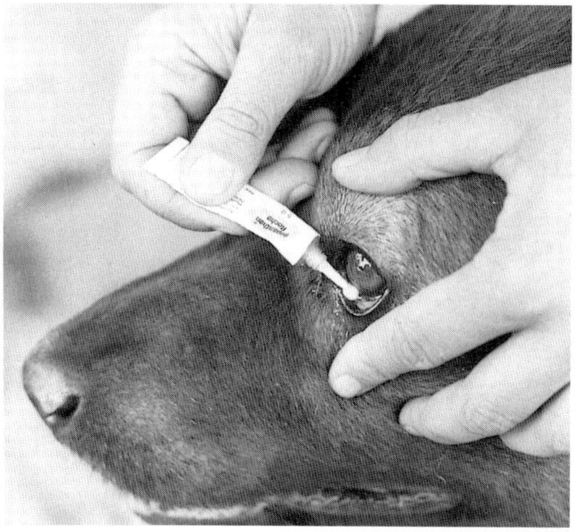

Abb. 99. Einbringen von Augensalbe oder -tropfen. Festes Auflegen der gefäßführenden Hand vermeidet Verletzungen bei Abwehrbewegungen.

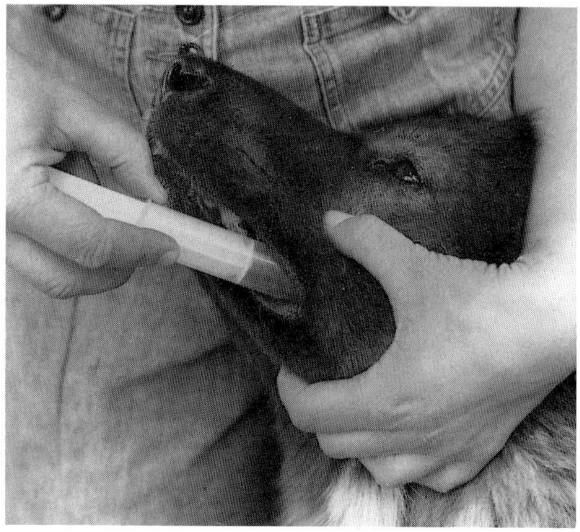

Abb. 100. Eingeben von Flüssigkeit in die Backentasche; guter Körperkontakt erleichtert die Prozedur.

Heilung eingesetzt; auch zur Behandlung von Bindehautentzündungen, z. B. nach einer Fremdkörperentfernung, gibt es Salben und Tropfen. Regelmäßige Kontrolle und Reinigung bei Bedarf gehören zur Pflege und verhindern später größere Unannehmlichkeit für den Hund.

Prellungen oder *Verstauchungen* kommen glücklicherweise im Hütealltag relativ selten vor. Aufmerksam wird man, weil der Hund lahmt; er hat sich vertreten, wie gesagt wird. Geschieht dies nach einer ungewöhnlichen Situation bzw. ist der Hund in einem gewagten Sprung gestört worden oder zu Fall gekommen, wird er rangerufen und nach schmerzhaften Stellen abgetastet. Meist tritt dort schon sehr bald auch eine Schwellung auf. Liegt diese im Bereich eines Gelenkes, kommen Verstauchung oder Verrenkung als Ursache in Frage. Wirkungsvolle Hilfe leistet schnellstmögliches Aufbringen von Heparin- oder Traumeelsalbe. Auch Arnica ist wirksam zum Abschwellen und um Entzündungen zu verhindern. Hat sich der Zustand bis zur Heimkehr von der Weide nicht gebessert oder ist er schlechter, muß der Tierarzt aufgesucht werden, um den vermuteten, weitergehenden Schaden zu behandeln.

Knochenbrüche gehören zur Sicherstellung der Arbeitsfähigkeit – und im Gegensatz zu solchen beim Schaf – immer in tierärztliche Behandlung. Sie sind sehr, sehr selten, es sei denn im Zusammenhang mit Verkehrsunfällen. Meist passiert es dann, wenn abends die Aufmerksamkeit nachläßt oder der ermüdete Hund Entfernungen falsch einschätzt. Ist der Hund verletzt und werden Brüche im Rumpf- oder den oberen Bereichen der Läufe vermutet, bittet man den Unfallbeteiligten, Hilfe zum Abtransport herbeizuholen oder selbst das Tier zur Unfallbehandlung zu bringen.

Auch in solchen Fällen muß die Betreuung der Herde Vorrang behalten. Dieser Grundsatz gilt ebenso bei den meisten Verletzungssituationen auf der Weide. Kommt der Hund an und belastet eines seiner Beine nicht mehr, das fast gestreckt herunterhängt, ist sofort an einen Bruch zu denken. Die Bruchstelle ist dann sehr schmerzhaft. Sogenannte offene Brüche, bei denen auch Teile der darüberliegenden Haut durchgetrennt sind, sieht man wenig, es sei denn nach Bissen. Sie können aber als Folge unsachgemäßer Transportvorbereitung auftreten. Brüche im mittleren und unteren Bereich der Läufe machen die wenigsten Schwierigkeiten für die erste Hilfeleistung durch Anlegen eines versteiften Transportverbandes. Es beginnt mit dicker Abpolsterung der Gliedmaße unter möglicher Einbeziehung der beiden dem Bruch benachbarten Gelenke. Geht der Verband bis zum Fußwurzelgelenk, ist die ganze Pfote, gepolstert zwischen den Zehen, einzubeziehen.

Dann werden beiderseits je ein steifer Stock aufgelegt und das Ganze mit festen Binden oder Stoffstreifen fest umwickelt. Der Heimweg mit der Herde ist jetzt abgekürzt und früher anzutreten, mit Ruhepausen für den humpelnden Hund, damit er bald einen fachgerechten Gipsverband angelegt bekommt. Von Anfang an richtig versorgt, heilen Brüche im allgemeinen sehr gut.

Für alle komplizierten Fälle können neben der konservativen Behandlung auch operative Verfahren von Tierärzten durchgeführt werden.

Verdauungsstörungen sind bei regelmäßig stark geforderten Arbeitshunden sehr selten, es sei denn, es würden schwerwiegende Fütterungsfehler gemacht. Bei den ab Seite 113 und 145 angegebenen Futterrationen wird der Kot geformt, mit noch nicht verfestigter Konsistenz abgesetzt. Erst bei übermäßigen Anteilen von Knochenschrot oder ganzen Knochen kommt es zu sehr harten Abgängen, die beim Absetzen Schwierigkeiten, ggf. sogar Schmerzen verursachen. Abhilfe erreicht man mit 2 Eßlöffel Leinsamen, die entweder kalt eingeweicht oder auch unbehandelt gegeben werden können. Einmal auftretender dünner oder pastöser Kot kann durch gemeinsame Verabreichung von rohem Fleisch mit einer ungewohnten Menge roher Milch ausgelöst sein (auch als Gegenmittel bei *Knochenkot* geeignet). Das ist genausowenig bedenklich, wie gelegentliches Herauswürgen von kleinen oder größeren Mengen Mageninhalts. Meist findet man dann einzelne Gras- oder Pflanzenteile, deren Aufnahme möglicherweise – gewollt oder nicht – im Zusammenhang mit dem Erbrechen stehen.

Schlechte Unterbringung oder anhaltend naßkaltes Wetter können ebenso wie unkontrolliert aufgenommene Fremdstoffe, Ursache von Reizungen bzw. Entzündungen der Magen- und Darmschleimhäute sein. Oft führt das zu mehrfachem Erbrechen und ernst zu nehmendem Durchfall bei gleichzeitiger Störung der Verdauung. Mit Leinsamen erreicht man eine Beruhigung im Magen-Darmkanal; und 4 Kohletabletten, in Wasser aufgelöst, mit einer 20-ml-Spritze seitlich in die Backentasche gegeben, binden belastende Stoffe aus der gestörten Verdauung.

Treten üble Gerüche auf, findet sich Blut im Kot oder bleibt der Kot trotz Behandlung dünn und ungewöhnlich verfärbt, muß tierärztliche Hilfe in Anspruch genommen werden. Das gleiche gilt, wenn von Anfang an Fieber dazukommt und sich das Allgemeinbefinden ungewohnt verändert.

Durchfall, genau wie Erbrechen, führen zu erheblichen Wasser- und Salzverlusten, die als Erste Hilfe unbedingt ersetzt werden müssen. Mit einer Zugabe von einem knapp gestrichenen Kaffeelöffel Kochsalz (3 g) auf 1 Liter Wasser erreicht man den Ausgleich. Im Notfall ist das Wasser mit der Spritze zu geben, was auch sonst die Mengenkontrolle erleichtert.

Die dazu notwendige Diät besteht anfangs aus stark verdünnter Fleischbrühe, auch Kamillentee oder schwarzer Tee sind zur Beruhigung des Darmes geeignet. 2 Eßlöffel Honig beigegeben, erhöhen die Wirkung.

Nach 1–2 so überstandenen Fastentagen muß leichtverdauliche Nahrung in kleineren Portionen mit 3–4 Tagesgaben angeboten werden. Dazu eignet sich eine Ration aus 625 g gekochten Kartoffeln, einem gekochten Ei, 2 Eßlöffel Sonnenblumenöl, 2 Eßlöffel Honig. Weitere Diätempfehlungen, auch bei anderen Erkrankungen, sind bei Meyer (1983) nachzulesen.

Gestörtes Allgemeinbefinden (Mattigkeit, Abgeschlagensein) kann im Verlauf von Verdauungsstörungen auftreten. Ohne gleich erkennbare Ursache kommen auch Entzündungen anderer Organe oder Infektionen in Frage.

In allen derartigen Fällen, auch nach Verletzungen, hat sich unverzügliche Temperaturkontrolle bewährt. Sie sollte auch vor jeder Inanspruchnahme des Tierarztes zur Regel werden. Gemessen wird mit einem möglichst stabilen Tierthermometer im After. Normale Hundetemperaturen liegen dort bei 38,5 °C. Geringe Abweichungen nach oben oder unten sind weiter zu kontrollieren. Übersteigen Anstieg bzw. Abfall $^5/_{10}$ deutlich, so ist fachkundige Behandlung umgehend erforderlich.

Ausbildung zum Hütehund

Hüteleistungen sind ohne Bereitschaft aller Beteiligten zur Teamarbeit nicht erreichbar. Hunde folgen dabei in erster Linie triebhaft ihrem Instinkt für intakte Rudelordnung und ihrem Empfinden für Angenehmes, das sie suchen und Unangenehmes, das sie meiden. Während der Welpenerziehung hat eine gute Hündin bereits instinktiv alles getan, um diese Veranlagungen zu fördern (s. Seiten 116 bis 123). Der hinzukommende Mensch muß mit Gefühl und Verstand seinen Platz im »Mensch-Hunderudel« erarbeiten und behaupten. Wichtig ist, daß diese »Welpenschule« in der Rangordnungsphase (4. Monat) endgültig zum *Mensch-Hunde-Schaf-Rudel* erweitert und durch Geruchsbindung gefestigt wurde. Dazu sind Bildung und beharrliche Festigung von Vertrauen sowie hundegerechte und stets der Entwicklung angepaßte Erziehung (s. Seiten 130 bis 140) mit Erfolgserlebnissen für den Hund die unersetzlichen Voraussetzungen. Gegen Ende des ersten Lebensjahres sind dann derart vorbereitete Junghunde, manch einer auch schon früher, in der Entwicklung des Gehirns und ihrer Körperkräfte soweit fortgeschritten, daß erfolgversprechende Ausbildung zum Hütehund beginnen kann.

Einjährige Hunde werden mit 14–15jährigen jungen Menschen verglichen. Sie sind sehr jung, wenn der Ernst des Lebens beginnt und haben erst 95 % ihres endgültigen Körpergewichts erreicht. Jede Überforderung schadet dem Abschluß der Entwicklung und verkürzt die Zahl der noch vor den Hunden liegenden Arbeitsjahre. Für vollbefriedigende Hüteleistungen auch im 10. und in weiteren Lebensjahren gibt es genug Beispiele, selbst mit Erfolgen bei Hütewettbewerben. Es lohnt sich, in den Junghund mit Geduld zu investieren. Unter mitteleuropäischen Verhältnissen der Hütehaltung von Schafen gibt es weder eine technische noch eine Arbeitskräfte-Alternative zur Tätigkeit unserer Herdenhunde.

Im Bestreben, auch auf größere Entfernung beweglicher zu werden, setzen in Übersee manche Schafhalter sich selbst oder bei größeren Koppelschäfereien ihre Hilfskräfte aufs geländegängige Motorrad. Unlängst dienten dazu noch Pferde, aber die kosten neben dem Futter, nach der heutigen Vorstellung, zuviel Freizeit für Haltung und Pflege. Vergleichsrechnungen in Australien ergaben, daß der Gegenwert einer Hilfskraft-Arbeitsstunde für eine ganze Woche Pflege und Haltung eines Herdenhundes ausreicht. Außerdem machen seine Jahreskosten, einschließlich Anschaffungsanteil, weniger als ein Viertel derjenigen eines Schäfermotorrads aus. Längst hat man sich arrangiert, und keiner denkt mehr daran, die kameradschaftlichen Beziehungen zum Hund und seine unvergleichliche Intelligenz technisch ersetzen zu wollen. Außerdem ist es bei uns (StVO § 28,1) verboten, Tiere von Kraftfahrzeugen aus zu führen. Lediglich vom Fahrrad aus ist dies für Hunde erlaubt. Weltweit besteht Einigkeit darüber, daß für erfolgreiche Arbeit mit Schafen, mehr noch als früher, rechtzeitig Schafhundanwärter nachgezogen und ausgebildet werden müssen.

Grundsätze und Grundbegriffe

Ausbilder kann mit Erfolg nur sein, wer zuvor schon als Erzieher (s. Seite 131) gelernt hat, sich zu beherrschen und mit Übersicht, Geduld und Zielstrebigkeit weiß, die jeweilige Hundepersönlichkeit zu nehmen. Es kann nicht oft genug betont werden, daß Hunde ein gutes Gedächtnis haben für im hundlichen Sinne angenehme oder unangenehme Erfahrungen. Deshalb muß der Ausbilder alles unternehmen, um sich beim Umgang mit seinem Hund als Beschützer, Vertrauter und zuverlässiger Futterzuteiler in Erfahrung zu bringen. Alles Angenehme steht mit seiner Person in Verbindung.

Der Ruck mit der Leine, das Auftreffen von Erdklumpen, Steinchen oder der Wurfkette, wird als unangenehm empfunden. Wer damit nur Dampf ablassen will, suche sich besser irgend jemand anderen oder was Lebloses aus, aber niemals seinen Hund! Denn aus Ungeduld und Unbeherrschtheit angerichteter Schaden kann kaum wieder gutgemacht werden. Zum sinnvollen Gebrauch von *Wurfkette* und *Schäferschippe* folgen nachstehend die diesbezüglichen Erfahrungen von H. Lesch: Der Gebrauch der Wurfkette (2mal 5–6 Kettenglieder an der Spitze eines kurzen Holzgriffes befestigt) muß genau wie der Einsatz der Schäferschippe beim Werfen mit Erde gekonnt sein, will man damit den gewünschten Erfolgt erzielen. Niemals dürfen diese beiden Hilfsmittel als Strafe im menschlichen Sinn angewandt werden, sondern nur, um den Hund, auch dann, wenn er nicht dicht bei uns ist, eine Fehlhandlung als unangenehm erleben zu lassen.

Wichtig ist, daß der Lehrling anfangs nicht die Möglichkeit hat, sich durch Ausweichen dem von diesen beiden Hilfsmitteln ausgehenden Zwang zu entziehen. Beide dürfen also zuerst nur beim angeleinten Hund eingesetzt werden. Besteht für ihn erst die Erfahrung, daß man durch Fliehen diesem Unangenehmen entgehen kann, ist er bereits verdorben. Die Wurfkette hat gegenüber der Schäferschippe den Vorteil, daß die Kettenglieder beim Aufprall klirren.

Um den Hund die erforderliche Erfahrung machen zu lassen, wählt man einen Platz, wo er zu unerwünschtem Verhalten verleitet wird (z. B. Ziehen in die andere Richtung, Schnüffeln an etwas Unerlaubtem). Beginnt er etwa einem anderen Hund nachzulaufen, dann wird gleichzeitig mit dem drohend gesprochenen »**pfui!**« mit der Kette geworfen. Er wird beim erstenmal sehr erschrocken sein. Wichtig ist, ihn dann sofort sehr freundlich zu loben und zu streicheln. Dabei darf der Hund ruhig sehen, wer nach ihm geworfen hat, denn er soll ja die Erfahrung machen, daß der Rudelboß auch auf Entfernung einwirken kann. Die Kette wird aufgehoben und sorgfältig in der Tasche verstaut, so daß beim Gehen kein Klirren der Glieder zu hören ist.

Wenn der Lehrling mehrmals die Erfahrung in der Folge wie beschrieben gemacht hat, also ein drohendes »**pfui!**» und Schreck beim Auftreffen der Wurfkette sowie gleichzeitig das Klirren der Kettenglieder, ist alles für ihn sehr unangenehm. Der Hund wird dies mit dem, was er im Moment macht, verknüpfen. Wenn er anschließend daran sofort Freundlichkeit durch uns erfährt, so wird auch dies mit verknüpft, und das Vertrauen zu uns bleibt erhalten. Deshalb ist gerade dieser Abschluß so wichtig. Später genügt dann oft schon ein leises Rasseln mit der Wurfkette, um ihn von unerwünschten Taten abzuhalten, genauso wie ein freundliches »**so ist's brav**« auch auf Entfernung hin wieder aufmunternd wirken kann.

Unser **Hundepartner** ist unbestechlich und von Natur aus sehr sensibel. Fast immer genügt schon ein leichtes Verstärken der Stimme oder Knurren, um unangenehme Verknüpfungen auszulösen. Schwerhörig und hartleibig macht man ihn durch häufig laute und harte Einwirkung. Denken im menschlichen Sinne können Hunde nicht. Deshalb sind ungenau oder falsch gegebene

Signale, für die es im *Hundegedächtnis* keine Verknüpfung gibt, unausführbar. Je lauter in solchen Situationen gebrüllt wird, um so nervöser macht man den Hund. Er will sich ständig in seinem Rudel bewähren, weiß aber in derartigen Fällen einfach nicht wie. Was wir mit ihm sprechen, muß im Wortsinn nicht wahr sein, denn der Hund kann den Sinn sowieso nicht verstehen. Aber den entsprechend freundlichen, aufmunternden Ton und die Stimmungslage empfindet er als Zuwendung, als Vertrauensbeweis und damit als angenehm.

Das zu nutzen ist der wichtigste Grundsatz der Ausbildung. Dabei muß der Ausbilder sich klarmachen, daß ein Hundegehirn nur direkte Zusammenhänge zu einer Ausführung verknüpfen kann. Daraus ergibt sich andererseits auch die Gefahr, daß wiederholt vorausgehende Vorgänge in seinem *Gedächtnis* zum auslösenden Reiz für eine Tätigkeit werden können. Wenn z. B. beim Üben einer Anweisung jedesmal unmittelbar davor die Leine gelöst wird, entsteht ungewollt eine *unerwünschte Verknüpfung.* Mit dem Lösen des Karabinerhakens beginnt der Hund zum Beispiel vorauszulaufen, ohne dafür durch Hörzeichen die Anweisung erhalten zu haben. Zu vermeiden ist dies nur durch Einschalten einer wenige Sekunden dauernden Pause, ehe der Hund seine Anweisung erhält. Diese Pause ist auch jedesmal zwischen Ansprache, Hörsignal und weiterer Anweisung einzulegen, um Verwirrungen und Mißverständnissen vorzubeugen.

Die sehr einfache Lernweise des Hundes genügt zur Erreichung der Ausbildungsziele völlig. Er lernt überraschend schnell, kann aber ebenso manches noch nicht Gefestigte vergessen, zumal so viele Ablenkungen auf ihn einwirken. Deshalb entstehen dauerhafte Erfolge nur durch beharrliche und regelmäßig wiederholte Übungen. Hierbei gelten die gleichen Grundsätze wie beim Erziehungsprogramm (s. Seite 128). »Lieber weniger, dafür aber gründlich – und niemals eine neue Lektion beginnen, bevor die vorausgegangene noch nicht sitzt.«

Trotz der notwendigen Konsequenz muß alles getan werden, um dem Hund die Freude an der Arbeit zu erhalten. Dauerdruck löst Unlust aus, aber genau das Gegenteil muß erreicht werden. Der Hund soll nicht arbeiten müssen. Es sollte gelingen, während der Ausbildung soviel Arbeitslust bei ihm zu entwickeln, daß er ungestüm darauf wartet, dabeizusein und arbeiten zu dürfen. Der seit unendlich vielen Generationen durch Zuchtwahl und Ausbildung zum Hütetrieb abgewandelte Meute- und Rudelordnungstrieb seiner Vorfahren erleichtern uns die Erreichung dieses Zieles.

Zunehmend befindet sich der Hütehund von jetzt an bei seinen Übungen zum Arbeitseinsatz außerhalb der Reichweite seines Ausbilders. Deshalb sollte er noch vor Beginn der Ausbildung gelernt haben, daß die freundlich gesprochenen Worte: **»so ist's brav«**, **»so ist's recht«** oder **»braver Hund«** die gleiche Bedeutung haben wie das angenehm empfundene *Streicheln.* Genauso sicher muß das scharf gegebene **»pfui!«** mit dem *Leinenruck,* dem *Schüttelgriff im Nakken* bzw. dem ausnahmsweisen Gertenhieb, also dem Unangenehmen, verknüpft sein. Daran wird sich der Lehrling aber zuverlässig nur erinnern, wenn Streicheln und Leinenruck auch weiterhin bei jeder passenden Gelegenheit zusammen mit dem zugehörigen Hörzeichen eingesetzt werden. Nur so ist es möglich, dem Hund auf Distanz verständlich klarzumachen, was er richtig und gut macht und was er nicht tun soll.

Jeder Hund ist eine eigene Persönlichkeit und verlangt eine eigene, auf ihn eingestellte Behandlung. Dieser Eigenart gerecht zu werden, ist die Kunst der Ausbildung. Nicht veranlagte Befähigung für Einzelleistungen kann nicht durch Zwang entwickelt werden. Einen weichen Hund macht man mit Härte schnell kopfscheu. Solange das **»pfui!«** ausreicht, bedarf es bei ihm keiner weiteren Einwirkung etwa mit Erdklumpen oder

Wurfkette. Nie darf vergessen werden, den Druck einer Zurechtweisung möglichst bald wieder abzubauen, und zwar durch entsprechende fröhliche Ansprache. Oft genügt es, ihn mit seinem Namen zu rufen oder für eine Kleinigkeit zu loben (**»so ist's brav«, »so ist's recht«**). Damit wird Vertrauen gefestigt. Versierte Ausbilder benutzen es als Taktik, um ohne »Strafe« von Fehlern abzulenken, damit keine falschen Verknüpfungen entstehen.

Verständigung und Arbeitsablauf

Mindestens 10 Monate lang hat sich der Hund an Stimme und Hörzeichen seines Erziehers gewöhnt. In der Ausbildung geht es jetzt darum, das Erlernte (s. Seite 128) im Umgang mit den Schafen nützlich anzuwenden. Dabei soll zugleich eine Gewöhnung an immer wiederkehrende Situationen erreicht werden, damit der Hund im Laufe der Zeit auch lernt, lagegerecht selbständig zu handeln.

Auf große Entfernung, gegebenenfalls bei windigem Wetter, kann es schwer werden, sich über *Hörzeichen* mit seinem Hund zu verständigen. Es gelingt selten, sich so zu stellen, daß nur mit dem Wind gerufen wird. Seit die Zeit der großen Schreihälse unserer Kasernenhöfe vorbei ist, empfinden die meisten einen im Gelände herumbrüllenden Schäfer als unbeherrscht und damit peinlich. Hier helfen oft nur noch *Pfeif-* bzw. *Sichtsignale.* Natürlich müssen die vorher ausgemacht und eingeübt werden. Erste Ansätze dazu gab es bereits während der Erziehung beim *Vorauslaufen* (s. Seite 134), in der Ausbildung sind sie wichtiger Bestandteil der Routine.

Nochmals ist zu betonen, daß auch alle verwendeten *Pfeifsignale,* ebenso wie andere *Hörzeichen (-signale),* unverwechselbar und stets in der Tonhöhe unverändert sein müssen. Das gleiche gilt logischerweise entsprechend für die *Sichtzeichen,* die ebenso eindeutig mit dem Arm oder der *Schäferschippe* ausgeführt werden. Sie helfen Hörzeichen zu verdeutlichen und fördern die Gewöhnung an Sichtkontakt zum Schäfer.

Ansprache mit dem *Hundenamen* war bereits beim Erziehungsprogramm ein grundsätzliches Thema. Sie dient als Vorwarnung (»Aufgepaßt, es kommt eine Anweisung«) und zur Ablenkung von Fehlleistungen. Bei größerer Entfernung zum Hund ist dies beinahe noch wichtiger als in der Nähe. Hierfür gibt es keine große Auswahl. Neben der, mehr unverbindlich, senkrecht und unbewegt hochgehaltenen Schäferschippe bleibt nur ein langgezogener Pfiff auf den Fingern oder mit einer geeigneten Pfeife. Ein zweiter Hund wäre dann an das Signal »kurz-kurz« zu gewöhnen. Dieser Ansprache folgt eine Pause von etwa 3 Sekunden (gezählt 21, 22, 23), bevor das beabsichtigte Hör- oder Sichtzeichen folgt.

Schäfer hierzulande sind, im Gegensatz zu vielen ihrer Kollegen anderenorts, nur selten Pfeifkünstler. Deshalb werden weitere Beispiele für Pfeifsignale erst bei der Ausbildung von Koppelschafhunden im nächsten Kapitel gegeben. Wichtig ist bei der Wahl der *Mittel zur Verständigung,* daß generell keine Verwechslungen, aber auch keine mit den *Lockrufen* oder *-tönen* für die Schafe entstehen. Durch sie darf sich kein Hund angesprochen fühlen. Deshalb sind alle Anweisungen für den Hund, die bei Situationen wie Auspferchen oder Ausstallen bzw. Abmarsch einer stehenden Herde nötig sind, durch Übung zu festigen, bevor sie an der Herde weitergeübt werden. Nachträgliche *unerwünschte Verknüpfungen* vermeidet man auch in derartigen Fällen am

Farbtafel 7. Auch auf dem Weg zur Weide und bei Richtungsänderungen geht es um Punkte. Hier Einschwenken auf die Straße.

besten durch eingelegte *Pausen* zwischen Anweisung für den Hund und Lockruf für die Schafe.

In Westdeutschland gab es im Jahr 1985 noch 2250 Schafherden mit einer durchschnittlichen Herdengröße von 340 Tieren. Davon wurden 2080 Herden mit 744820 Schafen (60 % des Gesamtbestandes) gehütet. Für schätzungsweise rund 5000 mehr oder weniger gut ausgebildete Hütehunde ist es Lebensinhalt, hierbei mitzuwirken. Mit ihnen, ihrem wichtigsten Handwerkszeug, müssen sich die etwa 2150 aktiven Schäfer tagtäglich, auch in schwierigen Situationen, problemlos verständigen können, wenn ihre Arbeit den gewünschten Erfolg haben soll. Dressurkunststückchen oder romantische Anwandlungen sind dabei nur hinderliche Possen.

Die **tägliche Arbeit mit der Herde** erweist sich als sehr nüchterne Realität. Sie dient der Sicherstellung eines befriedigenden Einkommens und der Risikovorsorge. Da war noch nie Platz für irgendwelchen Firlefanz oder auf Vereinheitlichung versessene Prinzipienreiterei. Die notwendigerweise gründliche Ausbildung der Hütehunde hat sich an den speziellen *Arbeitsabläufen* ihrer jeweiligen Schäferei zu orientieren. Sie ist nach wie vor die unumgängliche Voraussetzung für dauerhafte und erfolgreiche Zusammenarbeit. Ein nachfolgender kurzer Einblick in einen durchschnittlichen Arbeitstag einer Schäferei soll dies verdeutlichen (s. Seite 180).

Bereits an der ruhenden Herde, einerlei ob im Stall, im Schafring (Schafhof), auf Koppeln oder Weiden oder am Pferch, sind fast täglich Arbeiten an und mit Schafen zu verrichten. Nur mit verbesserter Hundehilfe läßt sich in den heute wirtschaftlich erforderlichen »Einmannbetrieben« überhaupt noch Zeit und Arbeitskraft sparen. Hier bestehen auch für die Zukunft kleine Reserven zur Kostensenkung.

In diesem Verrichtungsbereich sind die drei wichtigsten Aufgaben für den Hund: Verhinderung von *Drängelei* an Absperrungen und Toren, *Zusammenhalten* und *Nachdrücken* beim Ausstallen, Trichtern oder Herausfangen, *Umtreiben* von Gruppen. Maßgebliche Hilfe beim *»Unterstoßen«* verwaister Lämmer sollten unsere Hunde recht bald dazulernen (s. Seite 214). Ohne Erfahrung im *Umgang mit Schafen* wird ihr Arbeitswille aber mehr stören als nutzen. Beachtung, die sich der Hund bei Schafen erwirkt, genügt alleine noch nicht, um derartige »Hofarbeiten« ohne Zwischenfälle zu bewältigen. Da muß ab und zu der Fang mithelfen und auf Anweisung einen fachgerechten *Griff* (s. Seite 181) bei widersetzlichen Schafen anbringen, um sich nachhaltigen Respekt zu verschaffen.

Eigenart der Schafe ist es, schnell vorausgehenden Tieren, in der Hirtenhundzeit war dies oft ein *Leithund,* zu folgen, sich aber nicht so gut von hinten antreiben zu lassen. Seitdem in unserem Land und weiten Teilen Europas Platzmangel herrscht, darf die Herdenspitze nicht mehr beliebig breit werden. Deshalb folgen unsere Schafe dem vorausgehenden Schäfer auf allen Märschen zur, auf und von der Weide (Farbtafel Seite 65). Um die Herde zügiger in Bewegung zu bekommen, erziehen sich viele durch Sonderbehandlung ein *Leitschaf,* das ihnen dann meist als erstes nachfolgt. Früher war das oft ein Bock oder ein zweijähriger Hammel, so lange es die bis vor 35 Jahren noch gab. Die Leitfunktion des Schäfers macht es ihm unmöglich, sich in der nachfolgenden Herde um Ordnung zu kümmern. Deshalb müssen der oder die Hütehunde hinter ihm, zu beiden Seiten der Herde, dafür sorgen, daß auch das letzte Schaf sich anschließt und keines eigene Wege geht.

Farbtafel 8. Mit gut ausgebildeten Hütehunden lassen sich Behinderungen des Straßenverkehrs und Gefahren für die Herde vermeiden. Hier Wehren am Brückeneingang.

a

b

c

Abb. 102. Das Leitschaf wartet auf seine Belohnung.

Dies beginnt beim morgendlichen *Ausstallen* oder *Auspferchen,* also beim Verlassen von Stall oder Pferch, mit *Treiben* zum Ausgang und Verhindern von *Drängelei.* Es folgt dort die Kontrolle, daß alle Tiere mitgegangen sind und dann an der Seite der Herde, daß keins sich während des Marsches absondert oder zurückbleibt. Die Schafherde müssen sie als eine Einheit empfinden, die sie nur von den Längsseiten aus zusammenhalten. Weder dahinter noch irgendwo dazwischen haben sie jemals etwas zu suchen. Auf dem Weg der Herde liegende Hindernisse (abgestellte Maschinen, Fahrzeuge, Pfützen, Wasserlöcher, Baugruben oder Scherbenhaufen usw.) sind gefahrlos zu umgehen. Hier kann der Schäfer selbst nicht eingreifen. Er stellt einen Hund zum *Wehren* dort auf, der Neugierige oder Ahnungslose daran hindert, sich zu verletzen oder sonst zu Schaden zu kommen.

Auf der Weide angekommen, soll die Herde möglichst ungestört fressen, einerlei, ob es sich dabei um schmale Grundstücke, weitläufige Hutflächen oder enge Graswege handelt. Aufgabe der Hunde ist es hier, unauffällig zu verhindern, daß die Herde vorgegebene Grenzen (Furchen, Wegränder) überschreitet oder daß Einzeltiere an benachbarten Kulturen naschen. Ebenso müssen sie lernen, weit *herausgestellt* an der Grenze einer Weide die Herde zu beobachten und am Weiterziehen zu hindern. Auf Anweisung des Schäfers, später auch selbständig, gehen sie gerade so weit den Schafen entgegen, daß diese langsam die entgegengesetzte Freßrichtung einschlagen.

Dieses sogenannte *Kippen* darf weder hier noch in ähnlicher Situation eines blind endenden Grasweges um sich greifende Nervosität verursachen. In anderen Fällen, bei drohender Gefahr (z. B. durch heranziehendes Unwetter, aufkommenden dichten Nebel o. ä.) wird die Herde *zusammengetrieben,* ohne Panik auszulösen. Gleiches hat zu geschehen, wenn der Schäfer weiterziehen will oder die Zeit der Mittagsruhe gekommen ist. Dann darf nicht vergessen werden, den Hunden etwas Wasser zu geben.

Sobald die Herde windgeschützt oder im Schatten lagert, ist es Aufgabe der Hunde, die Ruhenden zu bewachen und bis zum Aufbruch zusammenzuhalten.

Abb. 101. Verständigung über Sichtzeichen mit dem Arm (a und b) oder mit der Schäferschippe (c). a) „Geh in die Furche!“, b) „Achtung, es kommt ein Kommando!“.

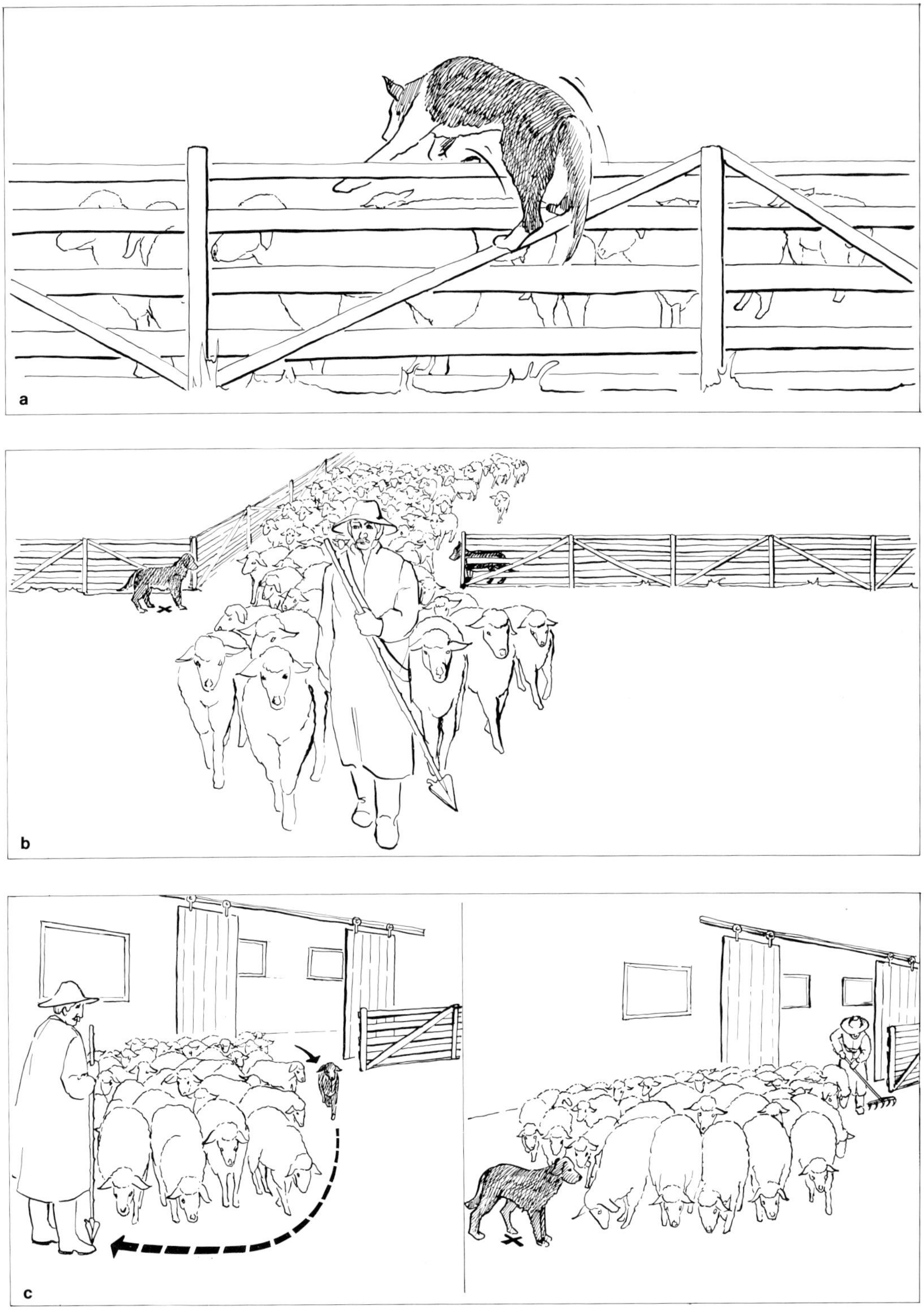
a
b
c

Besondere Situationen entstehen, wenn der Herde auf dem Marsch ein *Fahrzeug* begegnet. Auch hier muß der Schäfer in erster Linie dafür sorgen, daß die Herde in Bewegung und damit langgezogen bleibt. Er ist vollauf damit beschäftigt, die Schafe auf der halben Wege- oder Straßenseite ziehen zu lassen. Der auf der Straßenmitte eingesetzte Hund muß deshalb, weitgehend selbständig, dafür sorgen, daß die Herde unbeschadet das Fahrzeug vorbeiläßt (Abb. 106a). Dabei haben wir uns nach den beiden für uns wichtigsten §§ der Straßenverkehrs-Ordnung vom 16. 11. 1970 in ihrer Fassung vom 28. 2. 1985 zu richten:

§ 1. Grundregeln. (1) Die Teilnahme am Straßenverkehr erfordert ständige Vorsicht und gegenseitige Rücksicht.

(2) Jeder Verkehrsteilnehmer hat sich so zu verhalten, daß kein anderer geschädigt, gefährdet oder mehr, als nach den Umständen unvermeidbar, behindert oder belästigt wird.

§ 28. Tiere. (1) Haus- und Stalltiere, die den Verkehr gefährden können, sind von der Straße fernzuhalten. Sie sind dort nur zugelassen, wenn sie von geeigneten Personen begleitet sind, die ausreichend auf sie einwirken können. Es ist verboten, Tiere von Kraftfahrzeugen aus zu führen. Von Fahrrädern aus dürfen nur Hunde geführt werden.

(2) Für Reiter, Führer von Pferden sowie Treiber und Führer von Vieh gelten die für den gesamten Fahrverkehr einheitlich bestehenden Verkehrsregeln und Anordnungen sinngemäß. Zur Beleuchtung müssen mindestens verwendet werden:

1. beim Treiben von Vieh vorn eine nicht blendende Leuchte mit weißem Licht und am Ende eine Leuchte mit rotem Licht,
2. beim Führen auch nur eines Großtieres oder von Vieh eine nicht blendende Leuchte mit weißem Licht, die auf der linken Seite nach vorn und hinten gut sichtbar mitzuführen ist.

Beim Herannahen des Gefährts wird der Hund zur Warnung und zum Platz machen, entlang der Herde dem Fahrzeug entgegengeschickt. Sobald dies in Höhe der ersten Schafe ankommt, begleitet es der Hund entlang der Herdenflanke. Dabei hat er zu verhindern, daß Einzeltiere in die Fahrspur oder unter das Gefährt geraten bzw. die Herde in Panik davonstürmt. Währenddessen sorgt ein zweiter Hund auf der anderen Seite, zum Wegrand, dafür, daß keine Schafe auf angrenzende Grundstücke ausweichen.

Brücken, ganz besonders leicht gebaute mit Holzbelag, sind für Schafe ein nicht alltäglicher, ungewohnter Untergrund. Ebenso sind schmale Übergänge ohne Geländer oft problematisch. In all diesen Fällen ist es beim Überqueren sehr wichtig, daß die Herdenbewegung zügig bleibt, um überhaupt rüberzukommen. Außerdem besteht für ausweichende Schafe Gefahr, daß sie seitlich neben der Brücke über die Böschung abstürzen oder gegebenenfalls ins Wasser bzw. in den Straßen- oder Eisenbahnverkehr geraten. Der an der Spitze ziehende Schäfer sollte seinen Hunden vertrauen können, daß sie alle, auch zögerliche und unerfahrene Tiere sicher über die Brücke leiten (Abb. 106b). Dabei wird *Übersicht, selbständiges Reagieren* und *sanfter Druck* vom Hund erwartet. Unbeherrschtheit führt leicht zur Katastrophe, da ein Teil der Schafe versuchen würde, an der Brücke vorbei der Herde zu folgen.

Herdenbewegungen in ackerbaulich genutzten Gemarkungen sind stets auch mit *Richtungsänderungen* verbunden (Abb. 104). Auf einen Seitenweg, ein Weidestück oder von einem Weg auf die Straße einschwenkende Herden, verlassen, ungehindert, sehr schnell die winkelig aufeinander-

Abb. 103. Passives Wehren aus dem Stand, die erste Arbeit der Hunde beim Abmarsch der Herde zur Weide. a) Einspringen des Halbenhundes. b) Morgendliches Auspferchen. c) Anhalten der ausgestallten Herde zum Aufräumen.

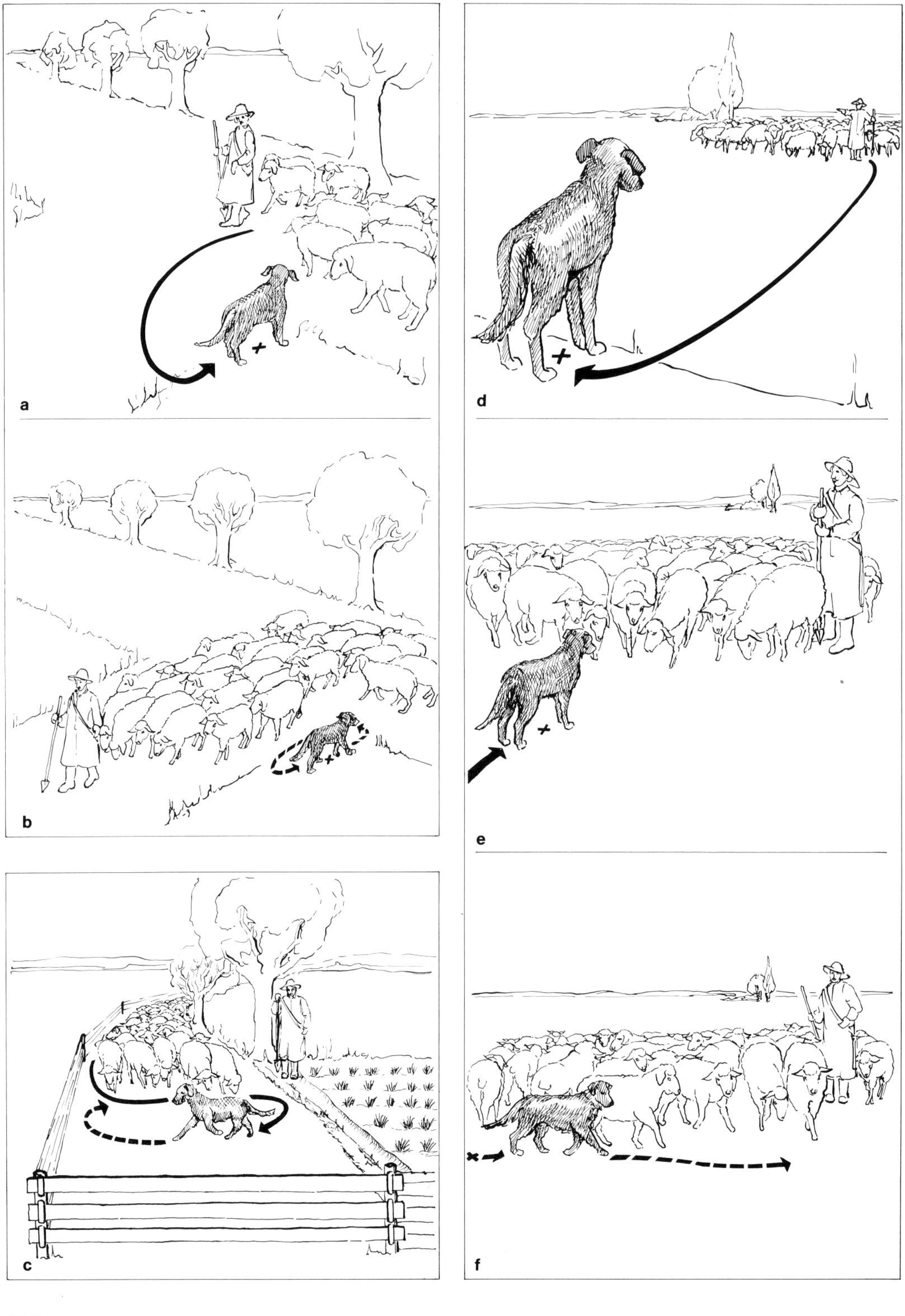
a
b
c
d
e
f

Abb. 105. Der Lehrling geht mit dem Schäfer im weiten Gehüt näher an die Herde, um das „Kippen" zu erlernen.

Abb. 104. Wehren beim Richtungswechsel. a und b) Beim Abbiegen wird die Ecke im großen Bogen genommen, der Hund kommt rechtzeitig an die innere Ecke, um zu verhindern, daß Schafe den Weg übers Feld abkürzen. c) Der vor die Herde gestellte Hund hält im Engweg ebenso wie vor einer Schranke die Schafe auf und „kippt" (wendet) sie, wenn nötig in die umgekehrte Bewegungsrichtung. d, e und f) Der Schäfer stellt den Hund im weiten Gehüt an die entgegengesetzte Furche heraus. Nähern sich die Tiere der Furche, nimmt er ihn an die Herde heran, bis die Schafe reagieren und die „gekippte" Herde in aller Ruhe in die entgegengesetzte Richtung weiterfrißt.

treffenden Fahrspuren. Nachfolgende Schafe sehen die Spitze der Herde im Seitenweg und sind bestrebt, ihr auf dem kürzesten Weg zu folgen. Durch solches Abkürzen kann an den Ecken erheblicher Schaden auf fremden Grundstücken entstehen. Der gezwungenermaßen an der Spitze ziehende Schäfer wäre ohne Hilfe seiner Hunde nicht in der Lage, dies zu verhindern.

Deshalb wird der jeweils auf der Innenseite der Schwenkung arbeitende Hund an die Ecke beordert. Dort verhindert er schwerpunktmäßig das Abkürzen des Weges. Sein Überwachungsauftrag für die ganze Herdenseite darf damit aber nicht beendet sein. Unordnungsfanatiker und notorische Nascher am Ende der Herde würden die Gelegenheit sehr schnell nützen, um aus der Reihe zu tanzen.

Beim Hüten mit einem Hund oder mit zwei unterschiedlich erfahrenen ist oft, wie z. B. im zuvor geschilderten Fall, ein *Wechsel der Arbeitsseite* nötig. Dieser Wechsel darf nur im Einwirkungsbereich des Schäfers, unmittelbar vor ihm, stattfinden. Niemals verläuft die Spur des oder der Wechsler zwischen Schäfer und Herde oder über das Ende der Herde, um unnötige Beunruhigung zu vermeiden. Der Schäfer gehört zu den Schafen. Besonders abends und bei einbrechender Dunkelheit, wenn die Herde vollgefressen auf dem Heimweg zum Ruhelager ist und die Hunde vom langen Arbeitstag ermüdet sind, wird die Einhaltung dieser Regeln wichtig, damit keine schwer zu bereinigende Situation entsteht.

Auf dem letzten Stück des *Heimwegs* beginnen sehr oft die vorderen Schafe am Schäfer *vorbeizudrängen,* um die besten Plätze im Stall, am Wasser- oder Futtertrog zu ergattern. Eine derart ungeordnete Heimkehr darf niemals geduldet werden. Ohne Eingriff würde sie Anreiz bieten zu unkontrollierbarem Verhalten auch in anderen Situationen. Ebenso ist an die Gefahren für Lämmer, schwächere und tragende Tiere in einer kopflos rennenden Herde zu denken. Deshalb muß in solchen Fällen rechtzeitig ein Hund nach vorne, der sich durchsetzen kann und die Herde aufhält (S. 122).

Am Stall oder Pferch angekommen, beziehen die Hunde Posten am Eingang, um wiederum *Drängelei* zu verhindern und einen geordneten Einmarsch sicherzustellen. Beim *Einstallen* wird der Eingang so lange bewacht, bis ihn der Schäfer endgültig verschlossen hat. Jetzt erst dürfen sie sich wieder ein paar Zungen voll Wasser gönnen. Manchmal gilt es dann, vor allem zu Hause, Sondergruppen – meist Böcke, Lämmer oder Lammschafe – zu versorgen, umzutreiben oder heimzuholen.

Inzwischen hat die Spannung des langen, harten Arbeitstages bei den Hunden nachgelassen. Sie warten dann schon auf ihr wohlverdientes Futter, bevor der nächtliche *Wachdienst* beginnt. In unserem Teil der Welt können sie dabei meistens ungestört ruhen und verdauen. Anderenorts brauchen manche Schäfer für die Nächte spezielle *Schutz-* und *Wachhunde,* weil es dort immer was zu tun gibt.

Lehrling und Hüteteam

Jedem, der als Neuling in eine eingespielte Arbeitsgruppe kommt, wird sehr schnell deutlich gemacht, wer welche Position hat. Auch im *Mensch-Hunde-Schaf-Rudel* ist das nicht anders. Um so mehr, wenn es sich um einen unerfahrenen Lehrling handelt, der inzwischen das Vertrauen des Rudelchefs (Schäfer) erworben hat und alles tut, um es zu behalten. Einzelne Schafe werden schon bald versuchen, zu testen, wie weit sie sich gegen den Neuling durchsetzen können. Und seine Hundekollegen folgen nur einem uralten Trieb, wenn sie aufzeigen, wer alles vor ihm rangiert. Die an der Herde schon länger Arbeitenden haben, je nach Ausbildungsstand und Hüteerfahrung, ihren angestammten Machtbereich im Herdenverband, den sie vehement verteidigen.

Abb. 106. Der Mann- oder Beihund auf der Seite des Schäfers.

In der Regel geht der weniger erfahrene als *Bei-* oder *Mannhund* auf der Seite, wo sich der Schäfer aufhält. Damit steht er unter direkter Kontrolle und kann im Bedarfsfall schnell angeleint werden. Der selbständigere, sogenannte *Halbenhund* arbeitet auf der anderen Herdenseite, außerhalb der unmittelbaren Einwirkung seines Herren. Beim Seitenwechsel, vor allem, wenn beide Hündinnen sind, kann es leicht an der Begegnungsstelle zu Beißereien kommen. Die gleiche Gefahr besteht für den Lehrling, wenn er in den Machtbereich des einen oder anderen geschickt wird oder wenn der *Halbenhund* ihn anlernen soll. Besser ist es, zuerst den Junghund an seinem sichersten Platz, neben dem Schäfer, zuschauen zu lassen, so wie junge Wölfe dies auch anfangs beim Beutemachen ihres Rudels (vom Versteck aus) tun. Außerdem ist es für das Selbstvertrauen des Lehrlings günstiger, wenn er alleine vom Schäfer angeleitet wird. Er sorgt für die ganz wichtigen Erfolgserlebnisse. Ein älterer Hund macht eher das Gegenteil; häufig bringen er und sein junger Kumpan sich gegenseitig nur Dummheiten bei.

Ausbildung in den Hüteleistungen

Vorausgehend wurde der Rahmen abgesteckt, in dem und für den sich die Ausbildungsarbeit mit dem Junghund im Verlauf der nächsten 12 Monate abspielt. Zugleich sind die zu erreichenden Lehrziele beschrieben, denen das nachfolgende Ausbildungsprogramm gerecht werden muß. Viele der nunmehr vom Hütehund zu fordernden Tätigkeiten waren bereits Themen seiner Erziehung (s. Seite 128). Sie werden von jetzt an im gezielten Zusammenhang mit dem

Tab. 12. Übersicht zur Ausbildung von Hütehunden in den drei Grundleistungen.

Nur ausführbar bei entsprechend zielstrebig vorausgegangener Erziehung des Junghundes und dabei sichtbar gewordener Eignung. Jede Anweisung beginnt mit dem Namen des Hundes, nachher ausgiebig loben

Ausbildungsthema	Ausbildungsziel	Anweisungen H = Hörzeichen, S = Sichtzeichen
Passives Wehren aus dem Stand	Standfestigkeit am Stehplatz, Abdrängen und Mäßigung von Einzeltieren der im Gleichgewicht gehaltenen Zugordnung einer vorbeiziehenden Herde.	H und S: „voraus!“ und Richtungseinweisung zum Stehplatz H: „**st-e-e-h**!“ H und S: »voraus!« zur Herdenflanke »hierher!« Rückruf zum Schäfer
Der Griff aktives Wehren im Stand und aus der Bewegung	Ausstattung des Hütehundes mit einem angemessenen Druckmittel zum Erhalten der Rudeldisziplin und dessen schadlose Anwendung.	H: »faß!« oder »**greif**!«, »nimm!« H: zum Freigeben: »aus!« H: zum Verhindern: »pfui!«
Furchegehen passives Wehren aus der Bewegung	Korrektes Ablaufen jeder mehr oder weniger deutlichen Grenze, um zu verhinden, daß alle oder einzelne Tiere sie übertreten.	H: »**Furche**!« und zur Beruhigung der Gangart: »la-angsa-am!« H: bei Verlassen der Furche: »pfui!«

Tagesablauf der Schafherde geübt und ergeben insgesamt die *Hüteleistung* des Hundes. Die dabei erwünschte *Selbständigkeit* kann nur vorbereitet werden, richtig nutzbar entwickelt sie sich erst nach Abschluß der Ausbildung.

Ein ausgebildeter Hütehund ist gekennzeichnet durch sichere Beherrschung der **drei Grundleistungen** (s. Seite 179): *passives Wehren aus dem Stand, Greifen* (aktives Wehren) und *passives Wehren aus der Bewegung* (das *Furchengehen*). Passives Wehren erfolgt in erster Linie durch *Anwesenheit* und nur im Notfall verstärkt durch angewiesenes *Bellen.* Je nach Situation im *Arbeitsablauf* werden die Grundleistungen kombiniert und gegebenenfalls entsprechend angepaßt abgewandelt. Den gleichbleibenden Reiz zur erwarteten Handlung erhält der Hund durch das spezielle Signal (*Hör-* und/oder *Sichtzeichen*) des Schäfers. Mit fortschreitender Eingewöhnung in die täglich sich wiederholende Arbeit an der Herde wirken die einer Handlung des Hundes vorausgehenden Verhaltensweisen der Schafe ebenfalls als spezielle Reize. Der Hund verknüpft sie in seinem Gedächtnis parallel zu den speziellen Anweisungen des Schäfers und wird damit zunehmend selbständiger.

Festigung des Selbstvertrauens steht beim Lehrling am Anfang der Ausbildung als Voraussetzung für die drei Grundleistungen. Dazu gehören Erfolgserlebnisse im Umgang mit Schafen, die am leichtesten, je nach Jahreszeit, am Schafring in der Schäferei oder am Pferch auf der Weide zu ermöglichen sind. Unser Ziel ist dabei, dem Hund die Erfahrung zu vermitteln, daß er im

Die drei Grundleistungen:
Abb. 107. Passives Wehren im Stand.
Abb. 108. Passives Wehren in der Bewegung.
Abb. 109. Aktives Wehren mit gezieltem Keulengriff aus der Bewegung.

Mensch-Hunde-Schaf-Rudel vor den Schafen rangiert. Dabei muß auch – gemäß der Rudelordnung – klargemacht werden, daß alle Schafe und Lämmer Rudelmitglieder und deshalb keine Beute sind. Das heißt, sie dürfen wie rangniedere Rudelkumpane im Notfall mit dem *Griff* abgemahnt, aber dabei niemals ernstlich verletzt oder gar wie Fremde im Notfall getötet werden.

Daraus ergeben sich die vom Ausbilder für den Hund zu organisierenden Erlebnisse mit Schafen, um dem Lehrling die *notwendigen Erfahrungen* mitzugeben.
Diese sind:

1. Schafe erkennen seinen Rudelrang an und weichen geziemend aus;
2. Die Einheit der geschlossenen Herde, also auch jedes darin befindliche Schaf, ist absolut tabu, Hütehunde haben darin nichts zu suchen;
3. Junge Lämmer, ihre säugenden Mütter, das Leitschaf und der in der Herde mitgehende Bock haben einen Sonderrang und genießen Vorrechte, solange sie nicht gegen die Rudeldisziplin verstoßen;
4. Frontale Angriffe einzelner Schafe können gefährlich werden, sie sind mit schnellem *Scheinangriff* im Entstehen zu stoppen;
5. Einzelnen aggressiven, widersetzlichen oder undisziplinierten Schafen gegenüber verschafft man sich mit dem Griff den nötigen Respekt, halbwüchsige Lämmer sind besonders konsequent mit dem Griff abzumahnen;
6. Ausweich- und Fluchtrichtung ist bei Schafen durch entsprechende Einwirkung beeinflußbar.

Der *Lehrablauf* beginnt mit **zuschauendem Erleben** der Arbeit eines im Umgang mit Schafen erfahrenen Hütehundes. Dazu wird der Lehrling in den ersten Tagen im Schafhof oder im Pferch an einer Stelle mit guter Übersicht abgesetzt. Während der Arbeit sind die Punkte 1.–3. sowie 5. und 6. immer wieder deutlich zu demonstrieren, Punkt 4. nur bei passender Gelegenheit.

Ausweichen der Schafe und die **Einheit der Herde** erfährt der zuerst noch angeleint, später frei bei Fuß gehende Hund, wenn er, anfänglich im Eingang zur Absperrung, an die Schafe geführt wird. Mit der Zeit folgen ausgedehntere Kontakte zur Herde durch langsames Umgehen der Schafe innerhalb der Absperrung. Dabei erfährt er auch, daß vor jedem Abmarsch die Tiere aufgetrieben werden, um zu kontrollieren, ob alle gesund sind. Exaktes Beifußgehen ist jetzt nicht so genau zu nehmen, solange der Hund vorwärts strebt und sich für die Tiere interessiert. Mit zunehmendem Selbstvertrauen kann versucht werden, ihn nur noch außerhalb der Absperrung zu begleiten.

Zum **Wehren durch Anwesenheit,** dem *passiven Wehren aus dem Stand* und *aus der Bewegung* braucht der Lehrling das Erlebnis der vor ihm ausweichenden Schafe als grundlegende Erfahrung. Ein Teil der Hütehunde verstärkt im Laufe der Zeit die Wirkung durch *Anstarren (drohendes Ansehen)* der Tiere, wie es die *Border Collies* so meisterhaft beherrschen.

Öfter wird der Hund nun mit dem *Kommando* **»st-e-e-h!«** neben die Schafe, auch innen am Eingang zur Absperrung beim Herausziehen der Herde, gestellt. Damit kann das **Wehren aus dem Stand** wirklichkeitsgetreu auch zu Hause am Schafring oder Pferch geübt werden. Vorteilhaft ist dies für die Zeit, in der unser Lehrling noch nicht alle Tage voll bei der Herde zu verkraften ist. Zugleich werden *Ausstallen* und spätere, nützliche Hilfe bei *Hofarbeiten* sinnvoll vorbereitet.

Sobald sich für den Hund ein Mißerfolg anbahnt, ist dies vorerst durch Eingriff des Schäfers zu unterbinden. Dabei geht es vor allem darum, daß die Schafe unter keinen Umständen den Respekt vor dem Hütehund verlieren dürfen. Abschluß der Übung bildet das **Einspringen** über die Absperrung (Abb. 103a) mit der schon vorher geübten *Anweisung* **»hopp!«** (s. Seite 136). Dazu wird ihm anfänglich noch von der Hürde her

Platz gemacht. In dieser Phase der Ausbildung darf der Hund nie in Bedrängnis kommen, jeder Erfolg ist mit ausgiebigem Lob anzuerkennen.

Greifen wird als *aktives Wehren* geübt, sobald unser Lehrling genug Sicherheit im Kontakt mit der Herde erkennen läßt. Veranlagte Befähigung zur Ausführung eines schadlosen *Griffs* unterscheidet die Hütehunde von ihren Vorgängern, den Hirtenhunden. Spezielle Griffstellen am Schaf werden regional, auch im Zusammenhang mit der örtlichen Schafrasse, verschieden bevorzugt. Im Hauptverbreitungsgebiet der Merinolandschafe, also im Südteil Deutschlands, soll der Griff im *Nacken-* oder *Rippenbereich* ansetzen. Die Halter von Schwarzköpfigen Fleischschafen, denen als Folge von Hautverletzungen schwarze Narbenhaare nachwachsen, sehen lieber den für das Vlies unbedenklichen *Keulengriff.* Beide Griffarten haben Vor- und Nachteile, sind aber gleichwertige Hilfen zur Erhaltung von Respekt und zum tierartgerechten Rügen.

Wenn die Hündin einen Welpen in scharfer Form zurechtweisen muß, ergreift sie seinen Nacken mit dem Fang, ohne den Gemaßregelten dabei zu verletzen (s. Seite 119). Verstärkung erfährt die Rüge durch zusätzliches Schütteln. Beides wird instinktiv ausgeführt und gehört zum von den Wolfsahnen ererbten Verhaltensmuster der Rudelordnung. Deshalb ist es so wichtig, die Schafe als Rudelmitglieder im Hundegedächtnis einzuführen. Würde der Hütehund Schafe als Beutetiere begreifen, müßte er sie ohne jede Hemmung beißen und niederreißen. Nicht oder zu anderen Zwecken ausgebildete bzw. verwilderte Haushunde im Zufallsrudel demonstrieren dies in erschreckend zunehmendem Ausmaß. Da so etwas beim Hütehund niemals passieren darf, wird ihm der (Jagd-)Beutetrieb von Anfang an verleidet (s. Seiten 132, 127). Bei der Ausbildung zum Greifen gilt es, sich an Ordnungsgebräuchen und Disziplinverständnis im Hunderudel zu orientieren. Durch den Griff gewarnte Schafe, ebenso wie Lämmer, naschen seltener als nur verdrängte, die es immer wieder versuchen.

Hörzeichen für den Griff sind: **»faß!«** oder **»greif!«** bzw. **»nimm!«.** Beendet wird das *Greifen,* vor allem bei beginnendem Schütteln, mit dem *Zuruf* **»aus!«.** Das **»pfui!«** ist für falsches oder ungerechtfertigtes Greifen reserviert. Die veraltete *Anweisung »Beiß«* sollten wir endgültig verbannen, da damit in der sensibilisierten Öffentlichkeit nur falsche Vorstellungen über unseren Umgang mit Tieren entstehen.

Diesbezügliche *erste Ausbildungsschritte* erfolgen an der Leine und bezwecken die Verknüpfung des gewählten Hörzeichens mit dem Zufassen. Dazu sind Schafe in voller Wolle sinnvoll, ebenso wie ein Helfer und eine selbstaufrollende lange Leine. Unser Lehrling wird zunächst ermuntert, Schafe zu fassen, die – an ihm vorbei – zur Herde zurück flüchten. Sobald er ein Schaf greift, ertönt das ausgewählte *Hörzeichen,* z. B. **»faß!«.** Dies ist so lange zu üben, bis der Hund auf Anweisung sofort zufaßt danach wird mit Lob nicht gespart. Hütehundnachkommen sind in der Regel ausreichend erblich geprägt, um diese Lektion schnell zu begreifen. In wenigen Einzelfällen fehlende Neigung zum Greifen, ebenso wie unverbesserlich hartes Beißen, machen derartige Hunde ungeeignet für den Herdengebrauch.

Um das *Greifen* von vornherein auf Disziplinverstöße einzelner (Rudel-)Herdenmitglieder zu begrenzen, ist es wichtig, die Übungen situationsgerecht zu gestalten. Deshalb den *Griff* niemals an einem in der Herde festgehaltenen Tier üben lassen. Zur Gewöhnung an die richtige Griffstelle (Nakken, Rippe oder Keule) hat sich der zuvor (s. Seite 139) schon verwendete und dort befestigte »Beißlappen« als nützlich erwiesen. Zu hartes Zubeißen, Zerren oder Schütteln muß mit einem scharfem **»pfui!«**-Ruf und kräftigem Leinenruck von vornher-

Abb. 110. Aktives Wehren mit gezieltem Nackengriff aus der Bewegung.

ein unterbunden werden. Gekürzte Fangzähne oder Beißkörbe sind ungeeignete Mittel zur Vermeidung von Bißverletzungen, außerdem verursachen sie beim Hund unnötige Schmerzen.

Läßt der Lehrling nicht gleich wieder los, wird er mit dem *Hörzeichen* **»aus!«** dazu veranlaßt. Sobald der angeleinte Hund den Griff beherrscht, beginnt die Übung im freien Lauf, aber nur in Übereinstimmung mit Fortschritten in der nächsten Lektion.

Furchengehen ist *passives Wehren in der Bewegung* und gelegentlich verbunden mit *Greifen.* Der Lehrling wird hierbei in der weitaus umfangreichsten Tätigkeit seiner Hüteleistungen ausgebildet. Alle irgendwie erkennbaren Grenzen, wie Wegränder, Weide- und Feldbegrenzungen, Ränder von Feldfruchtbeständen oder ähnliche langgestreckte Markierungen im Gelände, hat der Hund als »Furche« zu verstehen. Auch wenn eine derartige Grenze einmal nicht deutlich sichtbar sein sollte, handelt es sich doch immer um die situationsbedingte Reviergrenze des Rudels, ohne Rücksicht auf den Abstand der Herde dazu. Die Schafe dürfen bis hart an die Grenze fressen und sich bewegen. Jeglicher Versuch, die Linie zu überschreiten, ist ein Verstoß gegen die Rudeldisziplin und vom Hütehund zu verhindern, gegebenenfalls unter Einsatz des *Griffs.* Diese Abmahnung darf konsequenterweise nur außerhalb der Rudelgrenze beginnen und nur ausnahmsweise bis in den Herdenverband hinein gestattet werden.

Notwendige *Hörzeichen* sind: **»Furche!«,** ergänzt, wie gewohnt, durch Lob und – wenn nötig – auch Tadel. Die Anweisungen zum *Greifen* bleiben wie zuvor besprochen. Zur Bremsung ungestümer Hunde wird das *Hörzeichen* **»la-angsa-am!«** verwendet.

Der *erste Ausbildungsteil* spielt sich auch hierbei an der Leine ab, nur dauert er etwas

Abb. 111. Wehren im Verkehr oder an Hindernissen. a) Der Hund läuft dem überholenden Fahrzeug entgegen, macht die linke Straßenhälfte frei und begibt sich dann mit dem Gefährt nach vorne, damit kein Schaf unter die Räder kommt. Bei entgegenkommendem Verkehr erfolgt das gleiche in entgegengesetzter Richtung. b) Am Brückenaufgang wehren die Hunde, um alle Schafe sicher rüberzuleiten; erst wenn das letzte die Brücke passiert hat, folgen sie zurück an ihre Seite. c) Um Erkrankungen vorzubeugen, verwehrt der Hund das Saufen an der Pfütze, sind alle Schafe vorbeigezogen, wird er wieder an die Herdenseite oder nach vorne gerufen.

a
b
c

länger als bei bisherigen Lektionen. Dazu wird der Hund mit dem *Hörsignal* **»Furche!«** in eine deutlich gepflügte Längsfurche oder Schlepperspur gebracht und in ihr bei Fuß geführt. Bei übereifrigen Lehrlingen ist es ratsam, das Führen ohne Schafe zu beginnen. Im Gegensatz zum Erziehungsabschnitt »Leinenführigkeit« geht jetzt der Schäfer grundsätzlich zwischen Herde und Lehrling (s. Seiten 186a, 178). Dabei muß er umlernen, weil sein Platz jetzt sowohl rechts als auch links vom Schäfer sein kann. Bei jedem Versuch, die Furche zu verlassen, ertönt sofort das Hörzeichen und der Hund wird wieder in die richtige Position gebracht. Weicht er zur Mannseite aus, wird er mit der Schäferschippe zurückgeschoben bzw. von der Außenseite nach kräftigem Leinenruck in die Furche gezogen. Folgt der Lehrling der Anweisung korrekt, hilft ausgiebiges Lob zur raschen Verknüpfung von Hörzeichen und Ausführung.

Wegen der zentralen Bedeutung dieser Leistung für die ganze spätere Hütearbeit muß der Lehrling geduldig einige Tage an der Seite der ruhig fressenden Herde in stetig wechselnden Furchen auf und ab, von einem Herdenende zum anderen geführt werden. Dabei ist auch, unter Verwendung des *Hörzeichens* **»la-angsa-am!«**, darauf zu achten, daß er sich ein verhaltenes Tempo angewöhnt, um Kräfte zu sparen. Sobald das *Hörzeichen* **»Furche!«** ausreicht, um ihn auf die angewiesene Bahn zurückzubekommen, ist schon ein wesentlicher Teilerfolg erreicht. In seinem Erfolgsstreben muß der Hund bestärkt werden, stets sollte er dann Angenehmes erfahren durch Lob und Streicheln. Ergeben sich ausnahmsweise beim *Vorauslaufen* Schwierigkeiten mit dem *Halten der Furche,* kann versucht werden, das Fehlverhalten an der langen Leine, mit direkter Einwirkung zu korrigieren.

Aktives Wehren mit dem *Griff aus der Bewegung* heraus wird geübt, sobald die Furche als hauptsächlicher Arbeitsplatz akzeptiert ist. Oft genügt bereits ein *Scheinangriff* ohne plazierten Griff, um an der »Furche« stehende Schafe zum Haufen zurückzutreiben. Zögert ein derartiges Tier oder beginnt es zu naschen, muß es zum Griff kommen, sonst wird Respekt verloren. Beim *Abmahnen* von Schafen sollte der Herdenbereich vom Hund nur ausnahmsweise betreten werden, um die Ruhe der Tiere zu erhalten. Junge Hunde »stoßen« gerne in die Herde, dies ist von Anfang an mit aller Strenge zu unterbinden.

Das *Führen in der Furche* ist jetzt so einzurichten, daß der Lehrling häufiger zum Erfolg kommt. Sobald Aussicht besteht, daß der Hund einen Nascher zum Greifen erreichen kann, wird er mit dem *Hörsignal* **»faß!»** oder **»greif!«** vom rasch folgenden Schäfer losgeschickt. Ein flüchtendes Schaf reizt zur Verfolgung und zum Greifen, der nachfolgende, offensichtlich an der Hatz beteiligte Hundeführer wirkt zusätzlich verstärkend. Gelingt der erste Griff, sollte er so hingenommen werden, ohne Korrektur. Nur die Dauer ist mit **»aus!«** zu begrenzen und eventuelles Schütteln durch Leinenruck zu verhindern. Ohne Aufenthalt wird der Lehrling sofort wieder in die Furche beordert (**»Furche!«**) und dort beim *Beifußgehen* ausgiebig gestreichelt und gelobt.

Wichtig ist für weitere Fortschritte, daß der Hunde mehr und mehr auf die Herde achtet und dorthin drängt, wo sie sich fressend der Furche nähert. Hier sollte er in aller Ruhe vorbeigeführt werden, um den Erfolg des Umkehrens der Tiere zu erleben, wobei mit Lob nicht zu sparen ist. Mit jedem Griff, der gelingt, wird auch die Beob-

Abb. 112. Wechsel der Arbeitsseite. a) Auch bei Marschbewegungen wechselt der Einzelhund an die Arbeitsseite immer vor dem Schäfer an der Herdenspitze. b) Mann- und Halbenhund begegnen sich zur Vermeidung von Beißereien bei jedem Wechsel der Arbeitsseite vor dem Schäfer. c) Im weiten Gehüt vollzieht sich der Seitenwechsel ohne Begegnung der beiden Hütehunde.

a

b

c

achtung von Einzelschafen, die schnell mal nebenan zu naschen versuchen, zunehmen. Derartige von der Herde ausgehende Reize machen mit fortschreitender Übung die bisherigen Einwirkungen des Ausbilders mit der Zeit überflüssig. Um aber das inzwischen Erreichte nicht zu gefährden, kann vorerst noch nicht auf die Leine und tägliche Übung verzichtet werden.

Je sicherer der Hund die Furche hält und die Herde im Auge hat, um so häufiger ist zu versuchen, ihn, anfangs noch mit schleppender Leine, zeitweise frei gehen zu lassen. Beim Greifen sollte man sich die Einwirkung mit der Leine noch etwas länger erhalten, ehe auch da erste Versuche aus der freien Bewegung beginnen. Ungeduld verdirbt unter Umständen den Lehrling für sein ganzes Arbeitsleben. Fehler, die er sich bei den drei Grundleistungen angewöhnt, erschweren die Zusammenarbeit bei allen weiteren Hütearbeiten und stellen die Nutzung beginnender Selbständigkeit in Frage.

Nachfolgend beginnt die Ausbildung in den **Leistungskombinationen,** die auf der Anwendung der drei *Grundleistungen* unter den speziellen Bedingungen der Stationen des täglichen Arbeitsablaufes beruhen. Hier ist Sorgfalt und geplantes Vorgehen geboten, um den Lehrling nicht zu verwirren.

Mit dem **Ausstallen** beginnt der Hüteealltag. Diese *Leistungskombination* kann bereits während der Ausbildung zum Furchegehen geübt werden. Der Hund hat mit *Stehen* und *am Platz verharren* (s. Seite 180) sowie *Wehren durch Anwesenheit* schon erste Erfahrungen gesammelt. Es kommt jetzt darauf an, ihm diese mit dem Vorgang des Ausstallungsrituals zu verknüpfen, möglichst so, daß eines Tages die davon ausgehenden Reize ihn zu richtigem Verhalten

Abb. 113. Passives Wehren in der Furche. a) Führen in der Furche neben der Herde. b) Furche halten beiderseits des Weges. c) Furche halten im weiten Gehüt neben der Frucht.

veranlassen, einerlei ob an der Stalltür oder am Schafring- bzw. Pferchausgang.

Im *Ausbildungsablauf* muß konsequent die vom Hund erwartete Hilfe bei Herausnahme einer Herde aus dem Stall oder einer Absperrung im Freien in normaler Reihenfolge geübt werden. Einhaltung eines stets gleichbleibenden Rituales erleichtert allen Beteiligten nicht nur die Ausbildung des Lehrlings, sondern auch weiterhin die tägliche Arbeit. Ziel ist es, alle marschfähigen Schafe vollständig und geordnet aus der Absperrung heraus in Marsch zu setzen (Abb. 103). Dabei sind aufgeregte Reaktionen oder Umdrücken der Pferchhürden an der Engstelle des Ausgangs zu verhindern, da sie Ursache von Verletzungen oder Verlammungen sein können.

Benötigte *Anweisungssignale* sind:
Hörzeichen **»hopp«** zum Einspringen in Schafring oder Pferch;
Hörzeichen **»bei Fuß!«** zum *Kontrollgang* um den Liegeplatz der Schafe, der ihnen mitteilt »fertigmachen zum Abmarsch«;
Hörzeichen **»st-e-e-h!«** (und **»voraus!«**) sowie gegebenenfalls Hör- oder Sichtzeichen mit Arm bzw. Schippe für die Richtung zum *Stellen* des Hundes seitlich der Herde innen am Eingang;
Hörzeichen **»greif!«** zum eventuell notwendigen aktiven *Wehren;*
Hörzeichen **»geh weiter«** bzw. **»voraus!«** zur Ruheplatznachkontrolle;
Hörzeichen **»hierher!«** als Rückruf an die Seite des Schäfers.

Auch diese *Übung* hat bereits am Anfang der Ausbildung an der Leine begonnen. Kontrollgang und aus dem Stehen heraus zu wehren, dürften keine Schwierigkeiten mehr sein. Das *Stellen* seitlich, innen am Absperrungseingang, ist einfach. Solange der Schäfer mit dem Öffnen beschäftigt ist, kann er dem Hund direkt über Armzeichen seinen *Stehplatz* anweisen. Mit dem *Ruf* **»st-e-e-h!«** wird er zum *Bleiben* und *Wehren* aufgefordert. Nur selten ist es nötig, den Hund von weiter her dorthin zu beordern,

Tab. 13. Vorschläge für Hörsignale bei der Arbeit mit Hütehunden.

Abänderung beliebig, solange nicht verwechselbar. Vor jede Anweisung den Hundenamen setzen.

Anweisung	Ausführung	Verwendung bei
»**a**us!«	Freigabe erfaßter Dinge	unerlaubtem Futter, Greifen
»**b**ei Fuß!«, »Fuß!«	Laufen links neben dem Schäfer	kontrolliertem Führen des Hundes
»**b**raver Hund«, »so ist's brav«, »so ist's recht«	Lob, Aufmunterung auf Distanz, sonst immer mit Streicheln	allen korrekten Reaktionen (S. 165)
»**F**urche!«	exaktes Ablaufen von Grenzen	gehüteter Weide, Feldwegen
»**g**eh weiter!«, »geh bei!«	verhaltenes Weitergehen auf kurze Entfernung	Wehren aus dem Stand, z. B. Aus-, Einstallen, Herausstellen u. a.
»**g**reif!«, »faß!«, »nimm!«	aktives Wehren, Abmahnen widersetzlicher Schafe	grundsätzlich allen Formen des Wehrens
»**h**a-a-a-lt!«	Abstoppen des Herdenzuges	Anhalten an Übergängen, Kreuzungen
»**h**opp!«	Überspringen von Hindernissen	Ausstallen, Wegabkürzung
»**k**omm her!«, „hierher!"	Rückkehr zum Schäfer	Auftragsbeendigung, Seitenwechsel
»**l**a-angsa-am!«	Verringerung des Lauftempos	gebremste Aktionen, z. B. Herangehen
»**l**inks raus!«, »weiter links!«; gepfiffen: –: – –	Änderung der Laufrichtung nach links	allgemeinen Laufbewegungen; nicht von allen benutzt
»**l**auf!«	ungehindert, freie Bewegung	vor Arbeitsbeginn und nach -ende
»**p**fui!«	Tadel; danach zur Entspannung ranrufen und dafür loben	Rüge oder Verhinderung unkorrekter Reaktionen (S. 166)
»**r**echts ran!«, »mehr rechts!«; gepfiffen: – : · ·	Änderung der Laufrichtung nach rechts	allgemeinen Laufbewegungen, oft nur im Verkehr benutzt
»**st**-e-e-h!«	Wehren aus dem Stand	Hindernissen, Aus- und Einstallen
»**v**oraus!«	zügige Entfernung vom Standort in angezeigte Richtung	Standortwechsel, z. B. Ausstallen, Wehren, Sammeln
»**z**u-u-rück!«	verhaltenes Zurückgehen auf kurze Entfernung	Wehren aus dem Stand, z. B. Aus- bzw. Einstallen, Herausstellen u. a.

wie etwa beim Wehren an Hindernissen, beim Einschwenken, an Brücken oder Wegecken. Nötig kann es sein, wenn die Herde den Stall verlassen hat und das herausgetragene Stroh weggerecht werden soll. Dann verhindert der vor die Herde gestellte Hund unerwünschten, selbständigen Abmarsch der Schafe.

Dauer und Zuverlässigkeit des *Wehrens aus dem Stand,* unter der Bedingung, daß sich der Schäfer an der Spitze der Herde immer weiter entfernt, bedarf einiger Übung. Deshalb ist es hilfreich, den Hund anfangs, nach immer längerer Verweildauer an seinem Stehposten zu loben und dann 3 Sekunden später abzuholen. Erst nach erreichter Sicherheit ist ein Abrufen ratsam. Verläßt der Hund zu Anfang noch seinen Stehplatz vorzeitig, um seinem Herrn zu folgen, ist er immer wieder kommentarlos zurückzubringen. Mit scharfem **»steh!«**-Ruf erfolgt erneute Aufforderung zum Bleiben.

Kontrolle der Ruheplätze, um auch das letzte, vor allem im Stall zurückgebliebene Schaf zur abmarschierenden Herde zu bringen, ist die Krönung der Ausbildung beim Ausstallen. Dazu wird der Hund mit dem *Hörzeichen* **»voraus!«** veranlaßt, sobald der Schwanz der Herde den Ausgang freigibt. Solange er noch vom Stehplatz abgeholt wird, führt der Weg erst durch den verlassenen Ruheplatz. Unter Benutzung des *Hörsignals* **»voraus!«** wird der Hund abgeleint in den Raum geschickt, wo ihm ab und an ein vom Helfer zurückgehaltenes Schaf begegnen sollte. Nach erfülltem Auftrag wieder an die Leine genommen, beginnt nun das Führen an der langgestreckten Flanke der abziehenden Herde als Übergang zur nächsten Lektion.

Treiben und **Flankieren** an der ziehenden Herde sorgt für Zusammenhalt in vorgegebenen Grenzen und geordnete Fortbewegung. Ohne Aufenthalt hat der Hund dies unmittelbar nach dem Ausstallen zu übernehmen, da der Schäfer am Herdenanfang mit der Erhaltung von Marschtempo und -richtung beschäftigt ist. Erhöhte Geschwindigkeit an der Spitze verringert die Herdenbreite und umgekehrt. *Grenzen für das Rudelrevier* ergeben sich dabei aus der Wegbzw. Straßenbreite und den dort vorgegebenen natürlichen Begrenzungen. Dazu kann im Straßenverkehr auch die mehr oder weniger deutlich markierte Straßenmitte dienen. Die durch Marschtempo jeweils erreichte Herdenbreite und -länge bestimmen im offenen Gelände eine *angenommene Reviergrenze.*

Für den Hund ergeben sich an der Seite marschierender Schafe Situationen, die überwiegend dem *Furchegehen* sehr ähnlich sind. Unterschiede beruhen vor allem auf erhöhtem Tempo der Fortbewegung und der am Anfang und Ende der Herde orientierten Eigenart dieser *endlosen Furche.* In unseren Breiten, mit begrenzten Wegstrekken, unterhält der Vorwärtsdrang der Schafe das Ziehen der Herde. Morgens und über Tag wirken der Hunger, zur Mittagszeit und Abends das Ruhebedürfnis als Anreiz zur Forbewegung. Hinterhertrödelnde Einzeltiere oder ermüdete Nachzügler werden in der Regel ganz alleine durch Erscheinen eines Hütehundes zum Aufschließen veranlaßt. Um diesen Respekt zu erhalten, muß der Schäfer ab und zu Anweisung zum Greifen einzelner Säumiger geben. Dabei darf es nicht zu Verlangsamung des Marschtempos vorne, Stauung sowie Unordnung in der Mitte und Unruhe am Herdenende kommen. Deshalb ist es wichtig, dem Hund beizubringen, seinen geraden Weg an der Herdenseite ab und an bis hinter das letzte Schaf auszudehnen und nicht immer schon vorher umzukehren.

Grundsätzlich darf der Hund die Seitenlinie der ziehenden Herde *(angenommene Furche)* nicht zum Einschwenken hinter die Schafe verlassen. Das sogenannte »Ausputzen« oder »Hineinstoßen« schafft nur unliebsame Verwirrung und Unordnung. Deshalb geht die Ausstallungsübung (S. 187) am Schluß in angeleintes Führen entlang der

Herdenflanke über. Dies sollte einigemal in beiden Richtungen und betont korrekt am Herdenende sowie beim *Greifen* (wie auf S. 181) geübt werden. Jede Verletzung der *Reviergrenze,* durch Stoßen in die Herde oder Aktionen dahinter, muß ganz konsequent unangenehme Folgen für den Hund haben. Furchensichere Lehrlinge begreifen dann sehr schnell, daß sie sich hier an der *angenommenen Furche* wie beim *Furchegehen* zu verhalten haben. D. h., der Hund hat auf den Reiz der marschierenden Herde durch selbständiges Aufundabtraben entlang seiner ihm angewiesenen Seite sowohl Ordnung als auch Fortbewegung in Gang zu halten.

Für den **Engweg,** wo die Querfurchen der Felder die Weggrenze bilden, gilt das zuvor zum *Treiben* und *Flankieren* Gesagte gleichermaßen. Übung auf dieser Station sollte dem Lehrling erst zugemutet werden, wenn er auf anderen Wegen Übersicht gewonnen und Erfolg gehabt hat; denn die Nervenstärke der Hunde wird hier unmittelbar neben Feldfrüchten, eine Gelegenheit, die Nascher gerne nutzen, hart auf die Probe gestellt. Zusammen mit der oft drangvollen Enge im Weg und dem direkten Angrenzen der beackerten Parzellen ergeben sich Belastungen, die dem Hund die Arbeit an der in die Länge gezogenen Herde erschweren.

Flankieren und **Wehren im fließenden Verkehr** verlangen vom Lehrling Sicherheit bei der Arbeit an der Herdenseite und gute Nerven. Gilt es doch in dieser Situation die Schafe, entsprechend den geltenden Verkehrsregeln, auf der rechten Fahrbahnseite zu halten. Dabei ist alles zu unternehmen, um Behinderung des Verkehrs ebenso wie Gefährdung von Schafen zu vermeiden. Um dies bewerkstelligen zu können, muß zu allererst die Fortbewegung der Herde zügig in Gang bleiben. Überholenden oder entgegenkommenden Fahrzeugen geht der Hund entgegen und begleitet sie an ihrer Vorderfront auf der Herdenseite (Abb. 106), um die Schafe aus dem Gefahrenbereich drükken zu können. Auch diese Tätigkeit ist im Grundatz *Wehren bei einer Marschbewegung.*

Zu *Übungsbeginn* werden 2 Helfer und ein dem Lehrling vertrautes Fahrzeug gebraucht. Auf einem verkehrsfernen, breiten Feldweg übernimmt der eine Helfer die Inganghaltung des Herdenmarsches, während der ausgebildete Halbenhund auf der Feldseite wehrt. Das Fahrzeug wird vom anderen Helfer, auf Zeichen, von der Spitze her an der Herde entlang gefahren. Zuvor geht der Schäfer mit dem anfangs angeleinten Lehrling scharf an der Herdenflanke entlang und benutzt dabei immer wieder das *Hörzeichen* **»rechts ran!«.**

Dabei muß die Herde so schmal gemacht werden, daß sie nur die rechte Wegseite einnimmt. Erreicht das Auto oder der Traktor in langsamer Fahrt die Herde, wird der Lehrling, wie zuvor auf der rechten Seite des Schäfers, also zwischen Schafen, Schäfer und Fahrzeug in Höhe dessen Vorderfront geführt, unter ständiger Benutzung des Hörzeichens.

Bei der Wahl des Hörzeichens ist zu beachten, daß es nur für den Fall der Annäherung eines Fahrzeugs gebraucht werden soll. Schafe und Hund verknüpfen sehr bald schon das Hörsignal mit dem Verkehrsvorgang und verhalten sich dann entsprechend richtig. Jede sich bietende Begegnung mit Fahrzeugen in der Gemarkung muß zur Übung genutzt werden. Um dem Hund am Anfang die natürliche Scheu zu nehmen, ist es ratsam, ihn fremde Fahrzeuge möglichst erst einmal beschnuppern zu lassen. In all derartigen Situationen darf nicht mit Lob gespart werden, um den Hund sicher zu machen. Eine verkehrsgewohnte Herde unterstützt ihn dabei. Ist der Lehrling dreist genug geworden, um seine Aufgaben am entgegenkommenden Verkehrsteilnehmer zu bewältigen, kann die Übung am überholenden Fahrzeug beginnen. Auch dieser schwierige Teil wird übungsgemäß genauso gestaltet wie der erste.

Das **Wehren an stationären Hindernissen,** wie Baugruben, Wasserstellen, Scherbenhaufen oder abgestellte Maschinen, ist eine beim Ortswechsel der Herde häufig erforderliche Leistung. Sie ist vergleichbar mit dem *Wehren aus dem Stand* und wurde bereits als Grundleistung geübt. Nähert sich der Schäfer an der Spitze der Herde einem Hindernis, holt er seinen Hund mit **»komm her!«** zu sich. Mit dem *Hörzeichen* **»voraus!«** und einem Sichtsignal (Arm oder Schäferschippe) für die Richtung wird er dann zum Hindernis beordert. Dort angekommen, erhält der Hund mit dem *Zuruf* **»st-e-e-h!«** den Auftrag zum Bleiben und Wehren (Abb. 106). Anfangs wird es nötig sein, den Lehrling einigemal bei Fuß an die richtige Stelle zu bringen und sein Verharren und Wehren zu kontrollieren. Ist die Herde vorbeigezogen, erfolgt der *Rückruf* **»voraus!«** an die gewohnte Seite der Herde oder mit **»komm her!«** zum Schäfer zur Übernahme eines neuen Auftrags.

Übung zum **Wehren an Brücken** setzt voraus, daß der Lehrling bereits mit einiger Sicherheit die Herde ausstallt und an stationären Hindernissen seine Aufgabe engagiert erfüllt. Damit ist gemeint, daß er nicht nur gezwungenermaßen dasteht, sondern die Schafe mit Interesse beeinflußt. Gilt es doch, an der Brücke das Unbehagen der Tiere beim Überqueren zu überwinden und daraus resultierende Ausweichmanöver wegen drohender Gefahren zu vereiteln. Dazu muß ein Hund schon gelernt haben, sich Respekt und Übersicht zu verschaffen und unbeeinflußt zu bleiben von aufkommender Nervosität bei einzelnen Schafen.

Für die *ersten Übungstage* erleichtert die Benutzung der gleichen Brücke den Ausbildungsvorgang. Rechtzeitig wird der Lehrling nach vorne geholt und mit dem *Kommando* **»voraus!«** an seinen Stehposten seitlich vom Brückenaufgang beordert (Abb. 106b). Dort erhält er, wie bereits von anderen Gelegenheiten her gewöhnt, seinen Wehrauftrag mit dem *Hörzeichen* **»st-e-e-h!«.**

Ungebremster Marsch über die Brücke erleichtert dem Lehrling seine Arbeit. Bei der anfangs laufenden Überwachung seines Verhaltens verhilft ihm ein rechtzeitig gerufenes **»st-e-e-h!«** und aufmunterndes Lob zum Erfolg. Ist das letzte Schaf über die Brücke gelangt, wird der Hund mit dem *Hörsignal* **»voraus!«** oder einem *Sichtzeichen* an seine Herdenseite nachgezogen oder mit **»komm her!«** zu neuen Aufgaben nach vorne geholt. Sobald sich der Erfolg festigt, setzt man die Übungen an anderen Brücken und mit veränderter Postenseite fort.

Richtungswechsel und **Anhalten** der Herde sind weitere Kombinationsleistungen im Rahmen des *Wehrens aus dem Stand.* In beiden Fällen wird der Lehrling aus der Arbeit an der Herdenflanke, wie zuvor schon, abgerufen und auf einen Stehposten geleitet. Die dazu verwendeten Hör- und Sichtzeichen bleiben unverändert und damit auch die Art des Übungsablaufs.

Besonderheiten beim *Wechsel der Marschrichtung* ergeben sich für den Hund durch Fortbestehen seines Wehrauftrages auf seiner ganzen Herdenseite, den Stehplatz im rechten Winkel der abbiegenden Herde und verstärkten Druck der Tiere auf diese Stelle (Abb. 104). Herdenschafe folgen ihren Leittieren auf kürzestem Weg, rechtwinklige Straßenbiegungen sind für sie unnatürliche Umwege, die nur schafdichte Absperrungen oder respektierte Hütehunde erzwingen können. Deshalb darf der Lehrling dieser drangvollen Situation anfangs nicht ohne Unterstützung durch den Rudelchef ausgesetzt werden. Erst nach einigen Erfolgserlebnissen beim *Wehren an der Ekke* wird er die Aufgabe selbständig meistern können.

Beim **Anhalten** der ziehenden Schafe, z. B. vor Bahnübergängen oder beim Umkehren der Herde im Blindweg wird der Druck nach vorne erheblich massiver. Die hinteren ⅔ des noch in Bewegung befindlichen Marschblocks schieben mit der Kraft von gut 800 Schafbeinen nach. Um sie davon abzuhalten, kann das *Hörsignal* **»ha-a-a-lt!«** Schafe und Hunde zur gewünschten, abbremsenden Reaktion veranlassen (Abb. 104). Geübt werden muß das, sobald sich der Lehrling in vorausgehenden Lektionen die nötige Standfestigkeit erworben hat. Dazu sucht man sich ruhige Gemarkungsteile ohne Gefahrenquellen aus; Bahnschranken und Verkehrsstraßen sind vorerst zu meiden. Im modernen Verkehr, der uns keine Vorrechte mehr zubilligt, ist das sichere Anhalten der Herde eine wesentliche Voraussetzung zur Erfüllung der Verkehrsvorschriften und zur Verhinderung von Schadensfällen.

Hütearbeit auf der Weide beansprucht 85–95 % der täglichen Arbeitszeit. Dabei fordern die weidenden Schafe den Hütehund weitaus weniger als bei den verschiedenen Aufgaben im Zuge des zuvor abgehandelten Standortwechsels. Während der Ausbildung hat der Hund die Erfahrung zu machen, daß fressende Schafe nicht gestört werden dürfen, solange sie die vorgegebenen Grenzen beachten. Nähern sie sich dabei dem Ende oder der Seite einer Hutfläche, soll der Hund eine Änderung der Freßrichtung möglichst unauffällig bewirken. Seiner Verantwortung obliegt es, daß kein einziges Tier die Herde und diese den Platz nicht verläßt.

Als **enges Gehüt** wird eine Fläche bezeichnet, auf der die Schafe beim Grasen zu wenig Platz haben, um sich mit größerem Abstand voneinander zu verteilen. Dementsprechend stark ist zumeist der Druck auf die vom Hund zu wehrenden Grenzen. Für den Lehrling in der Furche bedeutet das, intensiver an der Seite der Herde zu patrouillieren, um die Nascher zurückzuhalten.

Auch muß er lernen, sein *Wehren* im engen Gehüt so abzubremsen, daß damit kein Fluchtdruck auf die gegenüberliegende Seite entsteht. Dies betrifft ebenso die Grenzen zum Feldweg hin, die schnell von den Schafen erreicht werden und dem Hund erhöhte Aufmerksamkeit abverlangen. Gang der Ausbildung und benutzte Hörzeichen entsprechen denen der *Grundleistung Furchegehen.*

Das gilt auch für das **Wegehüten,** das sich im engsten der *engen Gehüte* abspielt und oft vergleichbar ist mit der drangvollen Situation im *Engweg.* Mehr als ein Jahrhundert lang war es das tägliche Brot, vor allem der Genossenschaftsschäfereien, in mit Schafen überstellten, kleinbäuerlich strukturierten Dorfgemarkungen. Unter dem Beton der in den Nachkriegsjahren vielerorts »kulturamtlich« treckergerecht ausgebauten Feldwege verschwand mit dem Gras auch die Bedrängnis für die Schafherden. Hütehunde werden für die Arbeit im Feldweg genauso ausgebildet wie zum *Flankieren* der Herde im *Engweg.* Die Besonderheit der Situation wird nur durch beharrliche Übung zum motivierenden Reiz für richtiges Verhalten der Hunde. Ansonsten gilt das in den nächsten Absätzen Besprochene.

Im **weiten Gehüt** lockert der Herdenverband stark auf, was durch diskrete Rücknahme der Hunde in die Grenzfurchen zu unterstützen ist (*Kommando:* **»Furche!«**).

Die dazu erforderliche Ausbildung ist im Abschnitt *Grundleistung Furchegehen* dargestellt. Unter den Bedingungen des *weiten Gehüts* wird die «Furche« erweitert durch Hinzunahme des jeweils am Ende nach rechts anstoßenden Wegrands (Furche). Nähert sich die Front des fressenden Herdenverbands dem oberen oder unteren Ende der Weide, so hat der jeweils an der linken Seite furchegehende Hund selbständig rechts in die *Querfurche* oder auf den Wegrand einzuschwenken. Nur so gelingt es, den Schafen auch die dortige Reviergrenze deutlich sichtbar zu machen. Um das zu üben, genügt es meist schon, den inzwischen mit einiger Erfahrung ausgestatteten Lehrling einigemal in die Querfurche und dort auf und ab zu führen. Schon bald läßt er sich dann durch Sichtzeichen mit der Schäferschippe oder dem Arm dorthin dirigieren. Eines Tages genügen die vorrückenden Schafe als Reiz, um selbständig die Querfurche abzugehen. Von hier aus wird der Hund auch *herausgestellt,* wie nachfolgend besprochen wird.

Wenn keine Kulturpflanzen angrenzen und keine Teile der Weide vorerst geschont werden sollen, ist das *Wehren aus der Furche* entbehrlich. Die dann beim Schäfer bleibenden Hunde kommen mit dem *Hörsignal* **»voraus!«** und Richtungsanweisung mit Worten, Pfeif- bzw. Sichtzeichen (Schippe, Arm) nur zum Einsatz, wenn sich die Herde zu weit oder in die falsche Richtung entfernt. Daraus darf kein *Zusammentreiben* entstehen. Deshalb ist der Lehrling mit dem *Ruf* **»la-angsa-am!«** zu mäßigen und mit nachfolgend rechtzeitigem **»st-e-e-h!«** vor die Herde *herauszustellen,* um sie zu *kippen.*

Zu dieser Leistung *verfeinerten, verhaltenen Wehrens* (Schmidt 1953) benötigt unser Lehrling Erfahrung, aufgrund von Erfolgserlebnissen, im *Wehren durch Anwesenheit* und Sicherheit im Furchegehen. Bevor das erste *Herausstellen* beginnen soll, ist es sinnvoll, mit dem Lehrling *schrittweises Vorgehen* aus dem Stand heraus zu üben (Abb. 105).

Dazu wird er, angeleint, aus dem Stand (**»st-e-e-h!«**) nach 3 Sekunden mit dem *Kommando* **»geh weiter!«** oder **»geh bei!«** einige Schritte langsam weitergeführt und mit **»st-e-e-h!«** wieder angehalten. Geübt wird, je nach Lernfortschritten, in bekannter Weise bis zur Sicherheit auch auf größere Entfernung. Beunruhigt der sich nähernde Hund die Herde zu sehr, wird er mit dem *Hörzeichen* **»zu-u-rück!«** aufgefordert, den Abstand zur Herde wieder zu vergrößern. Gewünschter Rückzug an den Wegrand oder in die Furche darf nur mit dem Kommando **»Furche!«** angewiesen werden, um jeglicher Verwirrung vorzubeugen.

Zum unerträglichen Hineinstoßen in die Herde darf auch hierbei gar keine Gelegenheit entstehen. Deshalb werden dem Lehrling gezügeltes *Herangehen aus der Querfurche, Verharren in etwa 5 m Entfernung* und *Kippen der Herde* durch *verhaltenes Weitergehen* an der Leine bis zum Erfolgserlebnis vermittelt. Ausgiebiges Lob bei erreichter Umkehr der Schafe hilft die Gedächtnisverknüpfung für das *Herausstellen* (Abb. 104) rascher zu erreichen. Später genügt entsprechendes Verhalten der weidenden Schafe als Reiz zu selbständiger Handlung des Hütehundes.

Um Teile der Weide für die nächsten Tage aufzusparen oder aus anderen Gründen zu schonen, kann es erforderlich werden, den Hund in eine eigentlich nicht vorhandene, *angenommene »Furche«* zu stellen. Hilfreich ist es in diesem Fall, die vorgesehene Linie gemeinsam mit ihm abzugehen und dem Lehrling dann diese Fußspur als Grenze (»Furche«) anzuweisen. Anfänglich wird mehrfaches Begehen der Fußspur notwendig sein. Das Problem für den Lehrling besteht vor allem dabei im Fehlen einer bisher gewohnten, auch für ihn unübersehbaren Gedächtnisstütze, wie sie die langgestreckte Bodenvertiefung oder die Seitenlinie der Herde lieferte. Der auf der Weide von ihm geforderte Seitenabstand bietet ebenfalls keine Orientierung, da er sich laufend ändert.

Ausbildung zum Halbenhund ist für die tägliche Weidearbeit sehr wichtig. Sie kann beginnen, wenn der Lehrling bei seiner bisherigen Furchenleistung auf der *Mannseite* (als *Beihund*) deutliche Sicherheit und Anfänge von selbständiger Reaktion zeigt. Der Zeitpunkt hierfür hängt von der individuellen Lernfähigkeit und dem Geschick des Hundeführers ab, oft fällt er erst ins zweite Ausbildungsjahr. Ziel ist es in jedem Fall, dem Hund beizubringen, daß *Furchegehen* und *Wehren* genauso ablaufen, auch wenn der Schäfer nicht dabeisteht. Dazu muß der Lehrling, anfänglich kurzfristig, daran gewöhnt werden, daß sein Meister von jetzt an nicht mehr jede seiner Handlungen belobigt oder korrigiert.

Im weiteren Verlauf erfährt der Hund dann, daß der Schäfer sich immer seltener an seiner Arbeitsseite aufhält. Hat er sich auch daran gewöhnt und macht seine Arbeit weiter gut, wird er nur noch auf der Gegenseite der Herde eingesetzt. Dabei ist es sehr wichtig, anfangs seine Verrichtungen genau zu beobachten, um beginnende Nachlässigkeiten sofort zu korrigieren, damit klar ist, daß der *Rudelboß* alles sieht. Ist dies auf Distanz noch nicht befriedigend, bleibt nur, den Lehrling auf der anderen Seite abzuholen und weiter mit ihm als Beihund zu üben – bis zum nächsten Versuch.

Seitenwechsel für den oder die an der Herde arbeitenden Hunde ist aus mehreren Gründen eine Notwendigkeit (Abb. 112). Wird nur mit einem Hund gehütet, ist sein Platz, unabhängig von der Seite, immer an den Stellen mit höchstem Herdendruck und entsprechender Gefährdung von angrenzenden Grundstücken. Bei zwei Hütehunden kann deren unterschiedlicher Erfahrungs- und Ausbildungsstand durch *Seitenwechsel* besser situationsangepaßt genutzt werden. Außerdem ist es vorteilhaft, ab und zu das Gedächtnis der Helfer auf der Mannseite mit einigen Übungen wieder aufzufrischen. Ohne zuverlässige Sicherheit im *Furchegehen* und beim *Flankieren* auf beiden Herdenseiten wäre der Lehrling mit der neuen Lektion überfordert. Ebenso muß er vorher sicher begriffen haben, daß die Herde eine für ihn unverletzliche Einheit darstellt.

Ziel ist es: den oder die Hunde mit Hör- oder Sichtsignalen zum Überwechseln in die Furche der anderen Seite zu veranlassen, um dort unverzüglich die Arbeit in der Furche oder an der Herdenseite wieder aufzunehmen.

Dazu *gebräuchliche Anweisungen* ergehen mit den:
Hörzeichen: **»rü-ü-ber!**, zu Anfang: **»komm her!«** oder **»hier her!«** für den *Halbenhund,* **»voraus!«** und **»rü-ü-ber!«** für den *Mannhund;*
gegebenenfalls Pfeifsignale;
Sichtzeichen: Richtung anzeigende Arm- bzw. Schippenbewegungen.

Beim *Übungsablauf* ist zu berücksichtigen, daß der jeweilig situationsbedingte Standort des Schäfers an der Herde für den Hund wechselnde Ausgangspositionen schafft. Beim *Marsch an der Herdenspitze* (Abb. 114) werden die Hunde mit dem *Hörzeichen* **»komm her!«** nach vorne geholt. Darauf folgt die Anweisung zum Wechsel auf die andere Seite mit dem *Kommando* **»rü-ü-ber!«,** unterstützt von Armzeichen. Erfahrungsgemäß ist beim ruhigen Zug der Schafe auf breiten Feldwegen diese Form des Seitenwechsels am wenigsten aufwendig und genügt, um das Grundsätzliche anzugewöhnen.

Beachtet werden muß, daß kein Hund zwischen Schäfer und Herde hindurchwechselt, auch wenn der Abstand mal sehr groß sein sollte. Außerdem darf an der Spitze der Weg zum Schäfer niemals abgeschnitten werden, um die vorderen Seitenschafe nicht zu verunsichern. Am Anfang kann es dazu hilfreich sein, den Lehrling, mit kurzem Stehaufenthalt an der Ecke, rechtwinklig vor die Herde zu führen.

Auf der Weide markieren die vier »Grenzfurchen« den Wechselweg für die Hunde, deren rechtwinklige Begehung sie bei der Lektion »weites Gehüt« gelernt haben. Hier folgen die Hunde, einerlei wo sich der Schäfer aufhält, in jedem Fall ihrer durch das »Furchegehen« vorgezeichneten Bahn bis zum Ende der Querfurche. Das *Hörzeichen* **»rü-ü-ber!«** oder ein dementsprechendes Sichtzeichen gibt dann den Weg frei in die bisher vom anderen Hund abgearbeitete, anschließende Längsfurche. Dort erhalten sie mit dem *Ruf* **»Furche!«** den Auftrag zum *Wehren* an der neuen Grenzlinie. Zum Einüben wird der Lehrling vorerst den ganzen Weg in die gegenseitige Furche begleitet, unter Benutzung der Hörzeichen. Sobald er die Anweisung durch richtiges Voranlaufen abreagiert, kann die Begleitstrecke immer mehr abgekürzt werden. Auch in

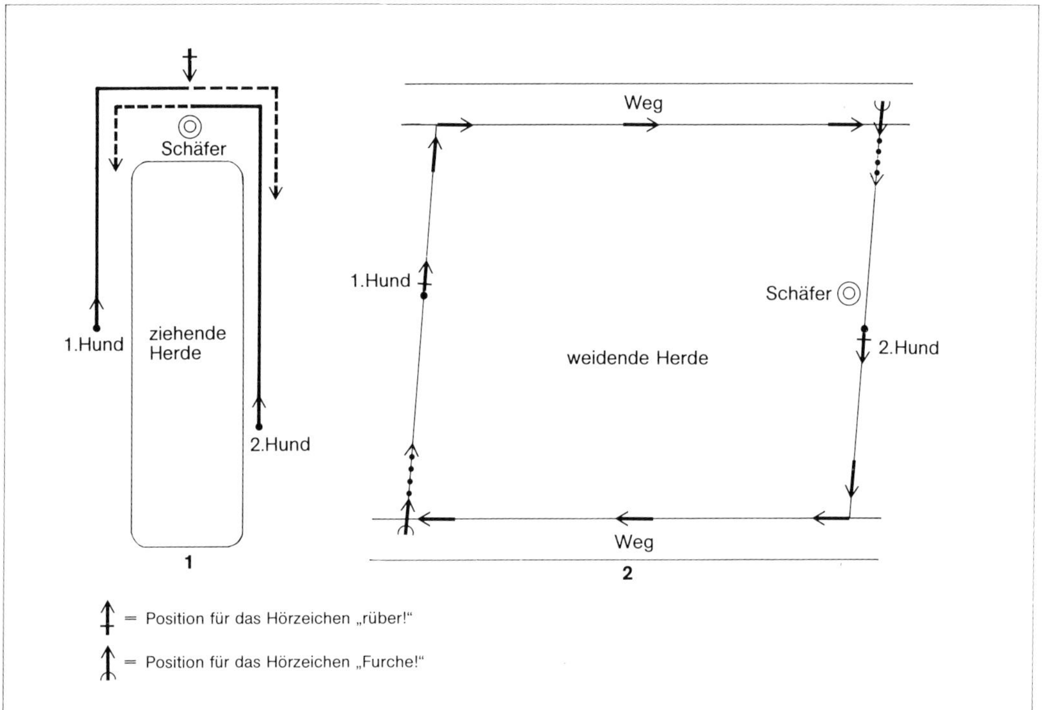

Abb. 114. Schema für Seitenwechsel bei an der Herde arbeitenden Hütehunden.

dieser Situation ist auf sauberes Auslaufen der Ecken von Anfang an zu achten.

Der **abendliche Heimweg** zum Pferch oder Stall fordert die inzwischen von Wind, Wetter und langem Arbeitstag ermüdeten Hunde noch einmal kräftig. Satte Schafe, die zum Ruhelager streben, naschen gerne nebenan noch ein paar frische Spitzen zum Nachtisch. Sie lassen sich bei Dämmerung oder Dunkelheit weniger vom Hund beeindrucken und machen ihm das *Wehren* schwerer als am Tage. Je näher dann der Stall oder Pferch kommt, um so mehr steigert die Herdenspitze das Tempo und versucht am Schäfer vorbeizudrängen (s. Seite 180). Da hat ein Hütehund alle Beine voll zu tun, um die Folgen zügelloser Heimkehr zu verhindern.

Mit dem **Einstallen** oder **-pferchen** findet der Hütetag seinen Abschluß. Der Lehrling wird mit dem *Hörzeichen* **»voraus!«** und richtunggebendem Sichtzeichen gleich neben den Eingang an die stehengebliebenen Hürden dieser Pferchseite beordert. Das *Hörsignal* **»st-e-e-h!«** veranlaßt ihn zum *Wehren aus dem Stand,* um die Schafe ohne Schaden in die Absperrung zu leiten. Für den erfahrenen Halbenhund ist vorerst noch die gegenüberliegende Eingangsseite reserviert, an der Schafe entlang des Pferchs vorbeilaufen könnten. Sind die letzten Nachzügler in der Absperrung, wird der Lehrling mit dem *Ruf* **»geh weiter!«** und erneutem **»st-e-e-h!«** solange vor dem Eingang postiert, bis dieser verschlossen ist. Wenn weiter keine Arbeiten anstehen, bei denen er nützlich sein könnte, wird er mit dem befreienden *Hörsignal* **»lauf!«** zu selbstbestimmtem Auslauf, z. B. ans Trinkgeschirr, entlassen.

Bekommt unser Lehrling jetzt noch ein paar Wochen Zeit, das Gelernte zur Selbstverständlichkeit des Hütealltags werden zu lassen, ist er soweit, seinen ersten Hütewettbewerb anzutreten. Alter sollte dabei kein Hinderungsgrund sein. Junge Hunde bewähren sich immer häufiger neben den erfahrenen, oft bis zu 10 Jahre alten.

Leistungswettbewerbe

So wie sich bei den Hundeschlägen der Hirten und Schäfer der Strukturwandel über viele Tausende von Jahren widerspiegelt, gilt dies auch für den Leistungsvergleich im Berufsstand. Am Anfang standen die *Wettläufe,* deren Wurzeln bis in die antike Welt zurückreichen. Im alten Olympia war beispielsweise der Wettstreit im Laufen Kernstück der jährlichen Spiele. Derartige Wettkämpfe sind uraltes, z. T. bis in die Neuzeit gepflegtes Brauchtum mit ursprünglich religiös-kultischer Bedeutung. Für einige Berufsgruppen waren sie Anlaß zu regelmäßig wiederkehrenden, festlich ausgestalteten Zusammenkünften, die in zeitlicher Beziehung zu Vorgängen wie Kirchweih, Ernte oder Weidewechsel standen (Hornberger 1955).

Mehr als 10 000 Jahre lang mußten Hirten schnellfüßig und verteidigungsbereit sein, da beutegreifende Wildtiere ständig ihre Herden bedrohten. Dem Schnellsten unter ihnen galt die Achtung und Ehrerbietung derer, die um den Wert dieser Leistung wußten.

Mit den **Schäferläufen** haben die Herdenbetreuer unseres Landes, vor allem in Süd- und Mitteldeutschland, als einer der wenigen Berufsstände die alten Bräuche erhalten. Obwohl auch bei ihnen, in stetem Wechsel, Fortschrittsglaube und nachfolgend ernüchterte Rückbesinnung schon lange für Vergessen und Wiederaufleben der gewachsenen Traditionen sorgen. Zu den überkommenen Bräuchen gehört es, daß getrennt nach Geschlechtern und da und dort

Abb. 115. Ein Schäfer verfolgt den Wolf, der ein Lamm gestohlen hat (Stubentür-Schloßplatte, 1799; aus der Chronik von Weilimdorf, Stuttgart 1926).

auch in zwei Alterklassen und auf Stoppelfeldern zu laufen ist. Das junge Siegerpaar wird als *Schäferkönigin* und *-könig* des Jahres mit z. T. althergebrachten Kronen geschmückt. Sie erhalten jeder einen Hammel und führen anschließend den Festzug an.

Uralte Wettkampffreude, Schaulust und Leistungsstolz, der fast nur auf sich gestellten und im Verborgenen wirkenden Schäfer, sind immer noch lebendig. Zusammen mit ihrem traditionellen, großräumig orientierten Gemeinschaftssinn waren dies die Kräfte, die das Brauchtum vorm endgültigen Zerfall bewahrten. Mehr oder weniger alte und immer wieder gut besuchte Schäferfeste, wie z. B. in Markgröningen, Rothenburg und Hungen, um nur einige zu nennen, legen davon Zeugnis ab. Sie und alle anderen, heute wieder regelmäßig veranstalteten, festlichen Schäfertage demonstrieren den inzwischen vollzogenen Wandel vom abwehrbereiten, laufschnellen Hirten zur Hütekunst mit beweglichen, intelligenten Schäferhunden. Die Schafhundwettbewerbe der Koppelschafhalter werden als Zeichen der Weiterentwicklung bald schon dazugehören (s. Seite 226).

Schau-, Preis- und Leistungshüten gab es erst nach einer mehr als 150 Jahre dauernden Entwicklung der Hütehunde. Erste öffentliche Hütevorführungen fanden in Deutschland im letzten Drittel des vorigen Jahrhunderts, mit Beginn organisierter Hundezucht, im Rahmen von landwirtschaftlichen Ausstellungen statt. Inzwischen sind *Landes-*, *Bereichs-* und *Bundeshaupt-Leistungshüten* (wieder seit 1985), denen Ausscheidungswettbewerbe auf Kreis- und Bezirksebene vorausgehen, fester Bestandteil der Schäferfeste, ebenso wie der ältere Schäferlauf. Neben *den Landesschafzuchtverbänden* und ihrer Bundesvereinigung *(VDL)*, richtet auch der *Verein für Deutsche Schäferhunde* (SV) jährlich *Leistungshüten* in Zusammenarbeit mit den regionalen Schäfervereinen aus. Außerdem organisiert der SV eigene Ausscheidungshüten in den Landesgruppen und ein Bundesleistungshüten, die auch für Nichtberufsschäfer offen sind. Im Wechsel werden die zentral beheimateten Landesgruppen Bayern-Nord, Hessen (Aßlar 1985) und Niedersachsen mit der Ausrichtung beauftragt.

Jeder eingetragene Deutsche Schäferhund benötigt zur Zuchtzulassung ein Ausbildungskennzeichen. *Herdengebrauchshunde* erwerben das »HGH«, wenn sie vor einem vom SV anerkannten Richter in der Prüfung mindestens 60 der möglichen 100 Punkte erreichen. Bis auf die beiden SV-eigenen, überregionalen Hüten sind bei allen anderen Veranstaltungen Herdengebrauchshunde ohne Rücksicht auf Rasse oder Behaarungsform im Alter von mindestens 12 Monaten zugelassen. Es wird allerhöchste Zeit, die bereits vor dem letzten Krieg formulierte Absicht, »Hunde, welche durch besondere Leistungen auffallen, züchterisch zu erfassen« endlich auch für die *Altdeutschen Schäferhunde* in die Tat umzusetzen (s. Seite 229).

Alle *Leistungshüten* haben neben sportlichem Wettbewerb und Demonstration für die Öffentlichkeit, vor allem die Berufsförderung zum Ziel. Eine besondere Form derartiger Förderung sind die Hüteveranstaltungen für in der Ausbildung Stehende *(Lehrhüten)*. Dabei bietet der Landeslehrschäfermeister während des Ablaufs jedem einzelnen unterstützende Beratung. Hier gilt Mitmachen alles, ohne daß es Sieger oder Verlierer gibt. Alle Hütewettbewerbe richten sich nach den nachstehenden bewährten Vorschriften, die eine Arbeitsgemeinschaft der Landesschafzuchtverbände entwickelt hat. Die Hüteteilnehmer erhalten abgestufte Preise, für den Sieger des SV-Bundesleistungshütens hat sich die Vergabe einer *goldenen Schäferschippe* eingebürgert.

Vorschriften für Leistungshüten

1. Die Landesschafzuchtverbände führen außer den Lehrhüten, die einen Teil der Schäferausbildung darstellen, folgende Hüteveranstaltungen als Berufswettbewerb durch:
   a) Bezirks- oder Kreisleistungshüten
   b) Landesleistungshüten
   c) Hauptleistungshüten
   Der Grundsatz der Aufstiegshüten bleibt gewahrt. Zugelassen sind Herdengebrauchshunde ohne Rücksicht auf Rasse und Behaarungsform im Alter von mindestens 12 Monaten. Die Haltung und Züchtung von reinrassigen Hunden wird angestrebt. Voraussetzung für die Zulassung eines Hundes zu einem Landesleistungshüten ist, daß der Hund bei einem vorhergehenden Bezirks- oder Kreisleistungshüten mindestens die Leistungsbewertung »befriedigend« erhalten hat.
   Für die Zulassung zu einem Hauptleistungshüten ist erforderlich, daß der Hund zuvor bei einem Landesleistungshüten mindestens die Leistungsbewertung »gut« zugesprochen erhielt.
   Unterschieden wird die Hüteweise mit einem oder diejenige mit zwei Hunden. Bei der Hüteweise mit zwei Hunden beziehen sich die Melde-, Arbeits-, Bewertungs- und anderen Bestimmungen auf

den Haupthund, auf den Beihund nur bezüglich der Anmeldung, der Vorführungsart, der zulässigen Hilfen und ähnlichem.

2. Anmeldungen für alle Hüten sind an den zuständigen Landesschafzuchtverband zu richten, der bei Hauptleistungshüten berechtigt ist, solche Hunde zurückzuweisen, die an den vorangegangenen Hüten innerhalb des Verbandsgebietes nicht mit Erfolg teilgenommen haben.
   Bei den Veranstaltungen der Landesschafzuchtverbände sollen im allgemeinen nur Berufsschäfer zugelassen werden, die ihre Berufstätigkeit im Bereich desjenigen Landesschafzuchtverbandes ausüben, in dem das Leistungshüten stattfindet. Für größere Veranstaltungen gelten besondere Vorschriften.
3. Die Hunde müssen von ihren Besitzern bis spätestens 14 Tage vor Beginn des Hütens schriftlich angemeldet werden.
   Jeder Besitzer darf nur einen Hund melden, es sei denn, die gemeldete Teilnehmerzahl läßt eine Ausnahme zu.
   Die Hunde müssen gesund sein. Kranke und krankheitsverdächtige Hunde werden von der Hüteleitung ausgeschlossen. Verschnittene Hunde und heiße Beihündinnen sind nicht zugelassen.
   Es ist beabsichtigt, Hunde, die bei diesen Hüten durch besondere Leistungen auffallen, züchterisch zu erfassen.
4. Bei der Anmeldung ist anzugeben: Name, Alter und Anschrift des Besitzers und Führers des Hundes, Name, Alter, Geschlecht, Rasse, Haarart und Farbe des Hundes sowie auf früheren Leistungshüten erhaltene Auszeichnungen.
   Die Art der Hüteweise (mit einem oder zwei Hunden) ist bei der Anmeldung bekanntzugeben.
   Bei der Hüteweise mit zwei Hunden ist beim einzelnen Hund anzugeben, ob er als Halbenhund oder Beihund gemeldet wird.
5. Alle Angaben sind der Wahrheit entsprechend zu erstatten. Wer wissentlich falsche Angaben macht und wer bei der Prüfung die Richter zu täuschen oder die Arbeit eines anderen Hundes zu stören versucht, verliert alle ihm und seinem Hund zuerkannten Preise und wird von allen weiteren Leistungshüten ausgeschlossen. Ebenso können Führer, Besitzer und Züchter, die gröblich gegen die Hüteordnung verstoßen, oder den Richterspruch ungebührlich besprechen, vom Platz gewiesen werden.
6. Die Hütereihenfolge* wird vom Hüteleiter durch das Los bestimmt. Es werden zuerst alle Rüden, dann die Hündinnen durchgeprüft. Hütet ein Schäfer mit zwei Hunden verschiedenen Geschlechts, so erfolgt die Einteilung in die Hündinnenklasse.
7. Jeder Führer ist haftpflichtig für den Schaden, der durch den von ihm geführten Hund angerichtet wird.
8. Vor Beginn des Hütens wird allen Führern die Bahn gezeigt und die Aufgabe bekanntgegeben.
   Führer, die bei Aufruf nicht zur Stelle sind, haben hierauf keine Anwartschaft.
9. Der Führer nimmt seinen Platz an der gebrauchsüblichen Stelle. Er hat den Hund durch Befehl, Wink oder sonstige Zeichen zu leiten. Vor Beginn der Arbeit hat der Führer anzumelden, welchen Griff sein Hund hat (Keulengriff, Nackengriff oder Rippengriff), ferner ob sein Hund auf bestimmte landesgebräuchliche Abweichungen von der üblichen Hüteweise eingearbeitet ist.
10. Während des Hütens sind, mit Ausnahme der zur Arbeit aufgerufenen, alle gemeldeten Hunde an einem von der Hüteleitung angegebenen Platz anzulegen. Für Futter und Wasser haben die Führer zu sorgen. Das Betreten des Hü-

* Änderung ist beabsichtigt

teplatzes mit freilaufenden oder angeleinten Hunden ist für jeden nicht zur Arbeit aufgerufenen Führer verboten. Unbeteiligten ist eine Einwirkung auf die Arbeit des jeweiligen Prüflings untersagt, ebenso das Betreten des Hüteplatzes.

11. Am seitherigen Punktierschema wird grundsätzlich festgehalten. Die Preisrichter sind aber verpflichtet, die Leistung des Führers in Worten und in der Führungsnote mindestens im gleichen Maßstab zu werten wie die des Hundes. Sind zwei Bewertungen gleich, dann entscheidet zunächst die Sonderbewertung des Führers; herrscht auch hier Gleichheit, dann entscheidet das Los.
Die Leistung des Schäfers wird bewertet nach
a) Hütetechnik
b) Umgang mit den Schafen
c) Einsatz und Führung des Hundes
Es werden folgende Noten vergeben:
Sehr gut – Gut – Befriedigend – Mangelhaft – Ungenügend.
Die Herde ist auf einer abgesteckten Bahn mit Hindernissen (Brücke, Engweg, Graben, Auto) von Pferch zu Pferch zu führen.
Die Prüfung des Hundes erfolgt an einer Herde von etwa 300 Schafen.
Sie erstreckt sich auf folgende Punkte:
a) Wesen und Veranlagung:
(lebhaft, ruhig, aufgeregt, faul, aufmerksam, teilnahmslos, dreist, ängstlich, scheu)
b) Verteidigungstrieb
c) Hüteleistung

	(Höchstpunktzahl)
Auspferchen bzw. Ausstallen	6
Hindernisse, Verkehr	10
Verhalten im weiten Gehüt	10
Stellen	8
Verhalten im engen Gehüt	
Wehren	10
Engweg	8
Brücke	6
Griff	8
Gehorsam	10
Fleiß	10
Selbständigkeit	10
Einpferchen bzw. Einstallen	4
Zusammen:	100

Die Noten werden nach folgendem Schema vergeben:
bei 90–100 Punkten vorzüglich
bei 80–89 Punkten sehr gut
bei 70–79 Punkten gut
bei 60–69 Punkten befriedigend

12. Nach Maßgabe der gezeigten Gesamtarbeit werden folgende Leistungsbewertungen vergeben: Vorzüglich (V), Sehr gut (SG), Gut (G), Befriedigend (B), Mangelhaft (M), Ungenügend (U). Außerdem können Geld- und Ehrenpreise an die Führer der Hunde vergeben werden.
Der Siegertitel wird für die beste Leistung mit der Mindestbewertung SG vergeben. Wird auf einem Hüten mit einem und mit zwei Hunden gehütet, so kann für jede Hüteweise je ein Siegertitel vergeben werden.

Der *Ablauf des Leistungshütens* richtet sich nach der vom jeweiligen Hütegelände abhängigen Reihenfolge der 7 Stationen, die in der Regel auf einem Rundtrieb angeordnet werden. Beim Aufbau der Bahn ist zu berücksichtigen, daß genug Wegstrecken zum Treiben und Flankieren sowie Anreiz für die Nascher vorhanden sind, außerdem deutlich markierte Furchen oder sonstige Grenzen die Hutflächen abteilen.

Ersatzhutflächen sind hilfreich für die späteren Durchgänge. Eine Straße für die Prüfung des *Verkehrsverhaltens* ist wünschenswert. Jeder Durchgang sollte 45 Minuten in Anspruch nehmen und bei eventuell auftretenden Schwierigkeiten eine Stunde nicht überschreiten. Das *Stellen* wird im *weiten Gehüt* geprüft, *Wehren* und *Griff* je nach Situation auf dem ganzen Trieb. Das gilt auch für die Beurteilung von *Wesen, Gehorsam, Fleiß* und *Selbständigkeit.* Die

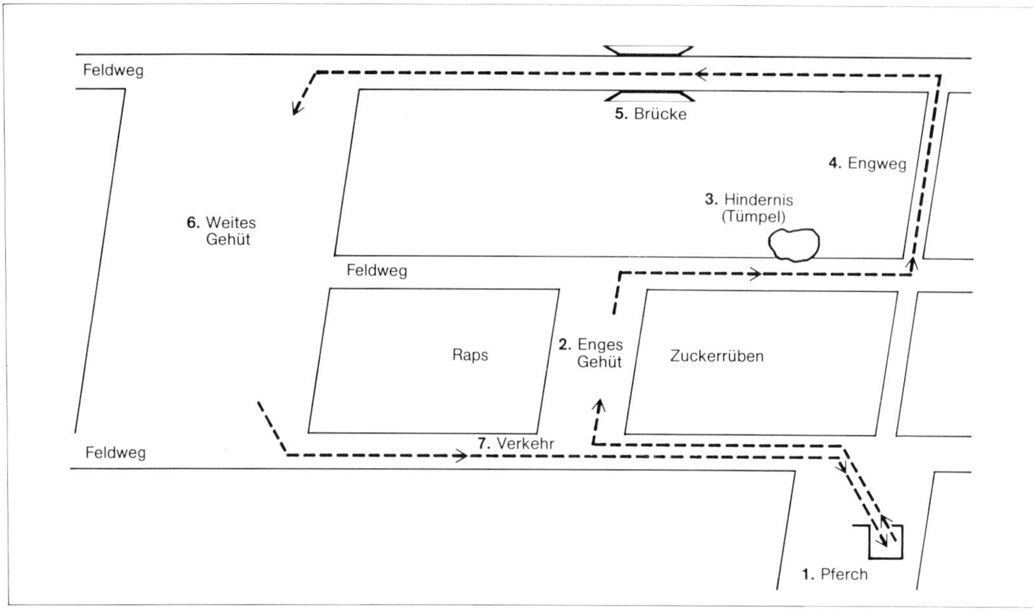

Abb. 116. Beispiel einer Verteilung der 7 Stationen im Hütegelände beim Leistungshüten.

Demonstration der *Verteidigungsbereitschaft* wird meist am Ende, nach dem Einstallen, gefordert.

Bei großen Hüten hat es sich bewährt, eine zweite Herde einsetzen zu können. Hilfreich ist es auch, wenn die Schafe eine Woche vorher schon an die sonst ungewohnte Zeit des frühen Austriebs beim Leistungshüten gewöhnt werden. Mit Landschafrassen kann es Probleme geben; denn es wirkt für die meisten ohnehin erschwerend genug, daß Schäfer, Hunde und Schafe zu Hause zu einer Gemeinschaft zusammenwachsen, hier aber fremde Tiere, ggf. anderer Rasse, in ungewohntem Gelände zu bewältigen sind. Das zeigt sich oft schon beim ersten *Auspferchen,* wenn die Wettkampfherde dem »Neuen« nicht folgen will und mißtrauisch auf die fremden Hunde reagiert.

Zur *Vorbereitung auf einen Hütewettkampf* gehört es daher, sich selbst und die Hunde für Nasen, Augen und Ohren der fremden Herde annehmbar zu machen. Vorherige Besuche bei den Schafen der Nachbarkollegen heben das Sicherheitsgefühl des Hüteteams. Das ist eine wichtige Voraussetzung, um bei den ersten »Auftritten« den auch von Schafen wahrnehmbaren »Schweißgeruch« des »Lampenfiebers« zu verringern. Hilfreich in dieser Richtung ist auch, wenn die »Wettkämpfer« nach Schaf und nicht nach »Persil« oder sonst was »Feiertäglichem« duften. Sauber gewaschene und sehr sorgfältig gespülte Schäferhemden liegen am besten ein paar Tage auf frischer Schweißwolle. Auch den Hunden ist das »Herdenparfüm« nützlich. Den »letzten Schliff« bekommen Schäfer und Hunde mit Kot der Wettkampfherde unter den Füßen, bevor sie den Pferch betreten. Genau so

Abb. 117. Das Wettkampfteam stellt sich vor und pfercht aus: a) Kontrolle des Pferches und Vorstellung der Hunde, b) Öffnen des Pferches, Hunde sperren den Ausgang, c) Kontrolle der Herde, d) Einspringen des Halbenhundes, e) der eingesprungene Hund drückt die Herde zum Ausgang, f) der Halbenhund wehrt am Ausgang während des Abmarsches der Herde.

a

b

c

d

e

f

a

b

Abb. 118. Auch auf dem Weg zur Weide und bei Richtungsänderungen geht es um Punkte. a) Die Herde zieht zur Weide, b) korrekter Richtungswechsel, c) im Einweg (s. auch Farbtafel Seite 167).

c

Abb. 119. Im engen Gehüt demonstrieren die Wettkämpfer ihre hütetechnischen Fähigkeiten. a) „Geh Furche!“ b) Der Halbenhund auf der „angenommenen“ Furchenlinie. c) „Mohr“ wehrt am Raps.

wichtig ist, daß die Hunde vorher noch einmal Blase und Darm entleeren konnten.

Eine *vertrauensvolle Atmosphäre* zu schaffen, muß das erste Anliegen der Wettkämpfer sein. Da Tiere sich nur durch angenehme oder unangenehme Eindrücke leiten lassen, ist dies schon bei der Begrüßung der Schafe zu bedenken. Richtmaß für die Wahl der Kleidung sind nur »Geschmack« und »Gewohnheit« der Schafe, aber niemals die Modevorstellungen von Zuschauern. Vergleichbares gilt auch für den Einsatz der Stimme des Schäfers, die sehr viel mehr Einfluß hat, als die meisten aufgrund ihrer Alltagserlebnisse gemeinhin glauben wollen. Dazu ist ein bißchen Zeit erforderlich, die man sich am Anfang nehmen muß. Wer diese Zeit zum Rumkommandieren der Hunde nutzt, anstatt die fremden Schafe anzusprechen, hat eine wichtige Chance zur Vertrauensbildung unnötig vertan.

Beim *Auspferchen* entscheiden die zuvor angesprochenen Kriterien der »Vorstellung«, ob das Hüten von Beginn an läuft. Es gibt maximal zwar nur sechs Punkte auf dieser Station, aber sowohl das erwirkte Vertrauen als auch der hinterlassene, erste Eindruck haben grundlegende Auswirkung auf Verlauf und Bewertung des Ganzen. Schließlich will der Schäfer im *Umgang* mit

a

b

c

Schafen ein gutes Ergebnis erreichen. »Hoppla, da bin ich«-Manieren überfordern die Schafe. Deshalb in aller Ruhe mit Pferchpfahl- (Stickel-) und Gesundheitskontrolle als gemächliche Runden, erst außen, dann innen um den Pferch, beginnen. Währenddessen zum Vertrautmachen mit der Stimme und als »Erfolgsversicherung« für das Hüten, Schafen und Hunden etwas Erfreuliches erzählen oder sie unentwegt loben. Es kann auch auf Russisch sein, das wirkt, weil tief gesprochen, ungemein vertrauenerweckend. Beim Losmachen der Verschlußhürde, sobald die Schafe etwas Platz gemacht haben, kommt das erste klare Kommando zum Einspringen des Halbenhundes. Von jetzt an folgen die Hörzeichen zügig und deutlich voneinander abgesetzt in gemäßigtem aber bestimmtem Ton.

Zaudernde Übergenauigkeit bringt die Herde nicht raus. Mit freundlichen Locktönen, ganz leichtem Druck des Hundes vom Hintergrund des Pferches aus und behutsam schneller werdendem Vorausgehen ist es meistens zu schaffen. Hören aber die Schafe des Wettkampfschäfers Stimme jetzt zum ersten Mal, sind oft nervenbelastend verzögerte Reaktionen die Folge. Die erste Vorwärtsbewegung der vorderen Tiere muß genutzt werden; wer dann mit den Hunden exerziert und die Schafe anschaut, läuft Gefahr, daß einzelne zurückgehen oder die Herde vor dem Pferch zu drehen beginnt. Nur zügiger *Abmarsch* bringt Schafe und Hunde ins gewohnte Fahrwasser und hindert die »Nichtsnutze« am Hinterende daran, Kraftproben mit dem fremden Hund zu beginnen. Es ist besser, die Rangposition des Hundes den Schafen auf dem Triebweg zur nächsten »Station« bei ungebremster Fortbewegung zu demonstrieren. Nur so entsteht das notwendige Vertrauen. Wer sich gleich am Anfang auf Einzelaktionen am Herdenende einläßt, erreicht meist das Gegenteil und schafft unnötigerweise ein unerfreuliches Bild.

a b

c d

Der bewertete Hund (Halbenhund) wird beim *Abmarsch* schon auf der Seite eingesetzt, wo er bei der ersten *Richtungsänderung* zu wehren hat. Ein dazu nötiger Seitenwechsel würde im Anfangsstadium sehr unerwünschte Unruhe stiften. Nach der Ecke ist das Tempo des Zuges in den Seitenweg so einzurichten, daß der Druck an der Innenseite nicht übermäßig stark wird, um dem Hund ein Erfolgserlebnis zu sichern.

Gerade bei fremden Schafen braucht unser Helfer Selbstvertrauen, das durch Erfolge und deutlich aufmunterndes Lob gestärkt wird. Dies gilt auch für den Fall, daß die

Abb. 120. Nur mit gut ausgebildeten Hütehunden lassen sich Behinderungen des Straßenverkehrs und Gefahren für die Tiere der Herde vermeiden. a) Hier werden die Paragraphen 1 und 28 der StVO (S. 190) arg strapaziert. b) Es geht auch so! c) So werden wertvolle Punkte verspielt. d) Gleich folgt der Hund der Herde (s. auch Farbtafel Seite 168).

Abb. 121. Ausschwärmen im weiten Gehüt. a) Die Herde hat Vertrauen gefaßt und schwärmt aus. b) Der Halbenhund in der Furche gegenüber oder c) in der Furche an der Frucht. d) Die Herde grast auf den herausgestellten Halbenhund zu; e) der Halbenhund wird rangezogen; f) die Herde ist „gekippt“ und frißt in Ruhe in die entgegengesetzte Richtung.

a

b

c

d

e

f

a

b

c

d

Abb. 122. Rückweg und Einpferchen zu ungewohnter Stunde sind eine letzte Herausforderung für das Wettkampfteam. a) Da das Ziel, der Pferch, gleich erreicht ist, b) war diese harte Abmahnung nicht das schönste Bild zum Abschluß. c) Korrekt stehen dann Schäfer und Beihund beim Eingang dem Halbenhund gegenüber. d) Ist der Pferch ordnungsgemäß verschlossen und überprüft, können die Richter mit dem Errechnen der Punktzahl beginnen (s. auch Farbtafel Seite 66).

erste Leistung noch nicht perfekt war. Der Hund empfindet die Besonderheit der Wettkampfsituation; mit anhaltend drangvollen Korrekturen wird die seelische Belastung nur verschlimmert. Deshalb loben, wo immer möglich. Sobald die erste Hutfläche naht, ist größte Vorsicht geboten. Die Herde ging ganz sicher in der letzten Woche immer vorbei und wird dies gewohnheitsgemäß auch heute so wollen. Deshalb rechtzeitig den Weg mit dem Beihund sperren, sonst steht der Schäfer allein mit den Richtern auf der Weide.

Sehr günstig für die Wettkampfteilnehmer ist es, wenn schon bald nach dem ersten Wegstück das *enge Gehüt* folgt (Abb. 119). Dort demonstriert der Schäfer seine *hütetechnischen Fähigkeiten,* er und sein Hund haben Gelegenheit, das Mißtrauen der Schafe weiter abzubauen. Der Halbenhund wird nach dem Einschwenken, von der Ecke aus, an der er gewehrt hat, in die rechte Furche geschickt. Von der linken Furche aus sorgt der Schäfer für ungestörte Auflokkerung der Herde, um sie zum Fressen zu bringen. Nach einer Reihe korrekter *Furchengänge* wird der Halbenhund etwas zurückgehalten, um Nascher über die Furche zu locken, damit bei ordentlichem *Wehren* die erstrebenswerten 10 Punkte erreicht werden. Hier ist auch der Platz, um unter kontrollierten Bedingungen einwandfreies *Greifen* zu demonstrieren. Immerhin stehen dafür 8 Punkte auf dem Spiel, die man nicht dem Zufall am unüberschaubaren Herdenende überlassen sollte. Dies um so weniger, da Unbeherrschtheit des Hundes dort am deutlichsten erkennbar wird.

Das Verhalten des Hundes im *Engweg* (max. 8 Punkte), an *Hindernissen* bzw. *im Verkehr* (bis zu 10 Punkte) und an der *Brükke* (höchstens 6 Punkte) kann optimal nur sein, wenn die Herde sich gleichmäßig vorwärtsbewegt (Abb. 120). Die meisten Schwierigkeiten, die Hunde und Schafe auf den genannten Stationen miteinander bekommen, sind die Folge übereifriger Kontrolle und Einwirkung ihrer »Meister«. Schafe müssen genauso wie die Hunde erkennen können, wo es lang geht. Dreht sich der an der Spitze gehende Schäfer in einem fort um und läuft rückwärts, um den Hund zu sehen, verliert die Herde automatisch Orientierung und Marschgeschwindigkeit. Durch fortlaufenden Wechsel der Bewegung entsteht eine mal schmälere und mal breitere, wellenförmig weiterwandernde Seitenlinie. Eine derart ungewohnte »Furche« muß den Hund verwirren, zumal wenn er dann noch mit anfeuernden Hörzeichen eingedeckt wird. *Gehorsam* und *Fleiß* kann der Hund nur unter halbwegs gewohnten

Bedingungen im erwarteten Ausmaß zeigen.

Das *weite Gehüt* bietet Gelegenheit zu erneuter, angepaßter Hütetechnik und zu nochmaligem, exaktem *Furchegehen* unter Hinzunahme der Querfurche. Da hier der Hund mit seinem Verhalten 10 Punkte erringen kann, soll er so wenig wie möglich durch Einwirkungen vom Beobachten der Schafe abgelenkt werden. Das ist um so wichtiger, da auf dieser Station auch ein Großteil der 10 Punkte für *Selbständigkeit* erreichbar sind.

Beeindruckend wirkt es immer wieder, wenn der Halbenhund aus der Querfurche heraus vor die Herde *gestellt* wird. Um sie dann einfühlsam, durch Herantreten an die Front der auf ihn zu grasenden Schafe, ohne Erschrecken zur ruhigen Umkehr zu veranlassen, d. h. sie zu *kippen*. Je selbständiger dies dem Hund anvertraut werden kann, um so sicherer sind die dafür erreichbaren 8 Punkte (Abb. 121).

Auf dem *Rückweg zum Pferch* ist die Herde schon besser an die Wettkämpfer gewöhnt. Der eine oder andere glaubt dann, es sei nützlich, noch etwas zur Aufbesserung der Punkte bei *Gehorsam, Selbständigkeit* oder *Wehren* zu tun. Dabei ist nie zu vergessen, daß die Rückkehr für fast jede Herde zu ungewohnter Zeit geschieht. Der Vorgang wird von den Schafen als unangenehm empfunden, wenn sie erkennen, wo es hingeht (Abb. 122). Folglich nimmt die Widersetzlichkeit zu oder das anfängliche Mißtrauen kommt wieder auf, und manche Herde stürmt kopflos zurück in den vertrauten Schutz des Pferches. Nur mit erhöhter Wachsamkeit läßt sich solch ein unerfreulicher Abschlußeindruck verhindern. Zur Bewertung von *Einsatz* und *Führung des Hundes* durch den Schäfer gehört auch die Umsicht, mit der jeweils der richtige Hund rechtzeitig auf der Herdenseite arbeitet, wo er bei der nächsten Station, jetzt an der Pferchecke, gebraucht wird.

Beim *Einpferchen (Einstallen)* sind die möglichen 4 Punkte schnell verspielt, wenn Schäfer und Beihund nicht rechtzeitig neben der am Eingang querstehenden Pferchwand das Umdrücken und Drängelei verhindern. Am Halbenhund auf der gegenüberliegenden Pferchecke des Eingangs darf kein Schaf entlang der Außenseite vorbeilaufen (Abb. 122). Fachgerechter Verschluß der Hürdenwand und anschließende Kontrolle von Pferchpfählen und Festigkeit der Absperrung rundum beschließen die letzte Aufgabe, bevor der Hund auf seine Verteidigungsbereitschaft geprüft wird. Wer mit einem gutveranlagten Hütehund wenigstens einen Teil der zusammengetragenen Erfahrungen verwirklichen kann, wird um den Erfolg beim Leistungshüten nicht zu bangen brauchen. Wer aber mehr will und höchste Leistungen anstrebt, muß vor allem an sich selbst arbeiten und beharrlich, frohgelaunt mit seinem Hund üben.

Schafhunde bei Koppelschafen

Die Haltung von Schafen auf eingekoppelten Weiden ist bezüglich der Bestandsgrößen und der Art der Weideabgrenzung sowie ihrer Bewirtschaftung noch vielseitiger als die gehüteter Herden. Lange bevor Weidezäune aus Draht in der Welt Verbreitung fanden und die Viehhaltung in den großen Graslandregionen veränderten, gab es in Europa bereits Weidezäune aus Holz, Steinwällen oder dichten Hecken. Im Gegensatz zu den britischen und überseeischen Schafhaltungsgebieten, ist die Koppelhaltung in Mitteleuropa bislang vornehmlich Kennzeichen der Klein- und Kleinstherden. Das erklärt, warum es bisher in Deutschland noch nicht zur Entwicklung eines *Koppelschafhundes* gekommen ist. Bei einer durchschnittlichen Bestandsgröße von 15 Tieren standen 1983 in 55 666 standortgebundenen Haltungen Westdeutschlands 435 319 Schafe*. Im Dezember 1984 waren es bereits 57 539 Haltungen (= 96,2 % aller) mit 501 133 Schafen (= 40 % aller), davon hatten 20 752 Haltungen mehr als vier Mutterschafe, bei einer Durchschnittsgröße von 19 Tieren pro Bestand*.

Die *deutschen Koppelschafbestände* sind in einem Jahr durchschnittlich um ¼ größer geworden und haben auch nach der Zahl der Haltungen und dem Anteil am Schafbestand unseres Landes zugenommen. Einige Schafhalter Westdeutschlands sind dazu übergegangen, ihre bisherigen Hüteherden einzukoppeln. Mit der Milchmengenkontigentierung für kuhhaltende Betriebe und der nachfolgenden Einfrierung der Milchpreise hat die europäische Agrarpolitik einen weiteren Anstoß zur Vermehrung der Koppelschafhaltungen gegeben. Die schon etwas länger praktizierte Bewältigung landwirtschaftlicher Überschußproduktion in *Schweden* ergab eine *vergleichbare Entwicklung* für die Schafhaltung. Dort zeigte sich in den letzten Jahren nach eigenen Beobachtungen, daß ein zunehmender Bedarf für *ausgebildete Koppelschafhunde* entstand.

Sicherlich werden bei uns absolute Schafhutungen ebenso wie Gebiete mit großflächiger Landschaftspflege auch in Zukunft von gehüteten Herden beweidet werden, aber ihre Zahl nimmt im Gegensatz zu den Koppelhaltungen z. Zt. noch ab (s. Seite 21). Ein großer Teil der restlichen 2200 gehüteten Herden wird sich nur halten können, wenn wenigstens für die Wochenenden und einige Feiertage Koppeln zur Verfügung stehen.

Über die *Zukunft der Koppelschafhaltung in Deutschland* entscheiden letztlich außerhalb der Schafhaltungssysteme angesiedelte Einflüsse. Agrarpolitisch sind keine großen Erwartungen angebracht. Jedoch führt die kaum ausbleibende weitere Annäherung an das Weltmarkt-Preisniveau für Schafprodukte zu weniger drastischen Einbrüchen als in anderen Tierhaltungsbereichen. Ansprüche an Einkommen und Freizeit werden auch weiterhin nur in relativ begrenztem Umfang realisierbar sein. Die Koppelschafhaltung bietet sehr gute Voraussetzungen zur Einsparung von Aufwand. Nutzbar bleibt dieser Vorteil aber nur, wenn Miß-

* Jahresbericht der Vereinigung Deutscher Landesschafzuchtverbände e. V., Ausgabe 1985

achtung und Verantwortungslosigkeit gegenüber dem Eigentum anderer nicht noch weiter um sich greifen. Die Zunahme einzelner und organisierter Schafdiebstähle sowie -verluste durch unbeaufsichtigte oder wildernde Hunde lassen Schlimmes befürchten. Ob damit auch bei uns die Wiederkehr der altbewährten *Schutzhunde* (s. Seite 99) einsetzt, bleibt abzuwarten.

Für die Masse der von Schafhaltung lebenden *Familienbetriebe* sichert nur der mit arbeitssparenden Einrichtungen eines Schafhofes (Farbtafel Seite 150) ausgestattete *Einmannbetrieb* ein auskömmliches Einkommen. Wesentlichen Anteil an der Einsparung teuerer, menschlicher Arbeitskraft haben die *Schafhunde*, wie z. B. *Border-Collies* (s. Seiten 49, 97) überall in Großbritanien, Australien, Neuseeland, Südafrika und Nord- sowie Südamerika. Der mit ihm verwandte *australische Kelpie* hat inzwischen auch in anderen Ländern, vor allem Amerikas, Fuß gefaßt. Sie ermöglichen es, daß die Farmer, bis auf die kurze Hilfe einer Schurkolonne, ihre 1800–2000 eingekoppelten Mutterschafe in Übersee ganz alleine betreuen können. Farmer mit stark kupierten oder verbuschten Hügelweiden, ebenso größere Betriebe mit der 10–100fachen Tierzahl, haben besonders veranlagte Spezialisten selektiert oder bilden die *Border-Collies* und andere zu besonderen Arbeitsleistungen aus (s. Seiten 22, 216).

Eingehende Berichte über *Herkunft, Verbreitung,* Zucht, Haltung und *Arbeitsleistung britischer* und *australischer Koppelschafhunde* stammen u. a. von: Kelley 1970; Halsall 1981; Hartley 1981; Longton & Hart 1983 sowie Vidler 1983. Daraus geht hervor, daß der Grundstein für die Zuchtentwicklung, aufbauend auf älteren Hundeschlägen, etwa vor 230 Jahren im Grenzgebiet zwischen England und Schottland gelegt wurde. Für den *Kelpie* begann die Selektion Anfang des 19. Jahrhunderts in Australien. Der Stammvater aller *modernen Border-Collies*, »Old Hemp«, ist 1893 in Cambo, Northumberland (GB) gewölft worden. Mit ihm begann die Zucht sehr intelligenter Schafhunde, die mit 18–23 kg leichter waren als ihre Vorfahren und sich zur Arbeit mit Schafen in Koppeln oder natürlich begrenzten Weiden besonders gut eignen. Sie haben maßgeblichen Anteil am bis heute erreichten Standard der Schafproduktion angelsächsischer Länder.

Aufgaben im Alltag der Koppelschäfereien

1. Das **Einsammeln** aller Schafe in einem »Haufen« durch **Suchlauf** auf zumeist wenig übersichtlicher Weide. Sie werden dort in Bewegung gesetzt und dann, ohne daß Einzeltiere abspringen, zum Sammelplatz am Koppeltor gebracht, wo sie der Schafhalter erwartet. Dazu braucht man Hunde, die instinktiv, in weitem Bogen die Lager- und Aufenthaltsplätze der Schafe anlaufen. Diese müssen als auf den Schäfer zu arbeitende *Treiber* leichtfüßig und lauffreudig sowie mit Gespür für Schafreaktionen veranlagt sein.

So geartete und für derartige Arbeiten trainierte Helfer sind ebenso in der Lage, den »Haufen« durch das Koppeltor *abzutreiben* oder auf breiten Triebwegen in Marsch zu halten. Nur wenn im Koppelausgang Schlamm oder Wasser steht, kann es nötig sein, daß der Schäfer hilft, die ersten Tiere *in Bewegung zu setzen* (**anbewegen**); bei anderen Gelegenheiten machen die Schafhunde das, nach entsprechender Ausbildung, zu allermeist selbst. Auf diese Weise besteht ein Übergang zur geordneten Fortbewegung der zusammengehaltenen Schafe bei Weidemaßstäbe übersteigenden Entfernungen (2. Treiben). *Suchlauf, Einsammeln* und *Abtrieb* entsprechen Belangen, wie sie auch für unsere Koppelschafhaltungen zutreffen.

2. Das **Treiben** über größere Entfernungen, bei dem die Kleingruppe, der Haufen

oder die Herde von hinten zusammenzuhalten sind, kann im offenen Gelände, auf Wegen oder Straßen erforderlich sein. Je nach Zahl der eingesetzten Schafhunde, müssen diese u. U. selbständig auch die Seite, über das Hinterende der Herde, wechseln. Dirigierbar werden solche Hunde erst, wenn sie zuverlässig auf Anweisungen für »Rechts« und »Links« reagieren. Marschtempo und Breite des Triebs bestimmen in den klassischen Koppelschafländern die Schafe selbst, natürlich in Abhängigkeit von Geländeformation, Art der Wege oder seitlichen Begrenzungen, wie z. B. Weidezäunen (Abb. 123). Dort folgen bei derartigem *Trieb* die Schafhalter, manchmal mit Helfern, den Schafen und greifen unterstützend ein, vor allem wenn der Haufen den Schafhof oder die neue Weide erreicht hat.

Gerade die zuletzt geschilderte Situation wird von einigen Schafhaltern als unbefriedigend empfunden. Austin (1984) schildert die Situation so: »Das Problem rückwärts ausbrechender Schafe ist recht häufig. Meistens kommt es vor, wenn Muttern und Lämmer (bei Stau an der Spitze) irritiert werden, durch zu nahe und unkontrolliert arbeitende Hunde oder solche vom falschen Typ. Auch durch Einmischung zu vieler Helfer in den Arbeitsstil der Hunde wird das bewirkt. Oft geraten wir den Hunden in den Weg, sind hinter der Herde, rufen, laufen, schleudern Stöcke und Steine und ärgern uns über Hunde und Schafe. Damit wird jeder Hund verwirrt, da er die Schimpfkanonaden auf sich beziehen muß und damit eine sein Selbstbewußtsein zerrüttende Erfahrung macht.« Austin schlußfolgert: »Wir sollten in der Nähe der Spitze der Herde sein und vollstes Vertrauen zu dem Hund am Ende der Herde haben.« Das sollten wir uns für die hier in Gang kommende Entwicklung gut merken!

Die dargestellte Arbeit der angelsächsischen Koppelschafhunde erinnert an den Trieb unserer früheren, gehüteten Rinder- und Kuhherden. Er war nur solange möglich, wie die Dichte des Kraftfahrzeugverkehrs dies erlaubte. Damit ist zugleich auch klargestellt, was wegen der Enge der Situation in Mitteleuropa unter keinen Umständen auf hiesige Koppelschafhaltungen übertragbar ist. Ein von *anführenden Hunden* begleiteter Herdenmarsch wäre da schon eher denkbar, bei dem der Schafhalter vorausgehend zur Fortbewegung anregt sowie Richtung und Geschwindigkeit bestimmt. Das entspräche dem *Treiben und Flankieren* unserer Hütehunde (s. Seite 189) und würde den Vorschriften der Straßenverkehrsordnung gerecht (s. Seite 173).

Den meisten Border-Collies und Kelpies ist offensichtlich das *Flankieren der Herde* im vorderen Bereich angewölft, denn viele Farmer gewöhnen ihren Helfern nur mit Mühe das Treiben von hinten an (Vidler 1983 u. a.). Im übrigen gibt es dort auch den Spezialtyp des **anführenden Hundes** (heading dog). Von daher bestehen keine Bedenken bezüglich möglicher Schwierigkeiten aufgrund mangelnder Veranlagung bei importierten Rassen. Auch diese Hunde lassen sich für die Anforderungen in unserem Land nutzbar ausbilden, wobei wir uns den Luxus der nachfolgend geschilderten Spezialisten kaum leisten können. Um zu einer eigenen Koppelschafhundezucht zu kommen, wäre es sicher nützlich, die Reste des *Westerwälder Kuhhundes* möglichst bald als den **Deutschen Fuchs** hierfür zu aktivieren (s. Seite 230).

3. **Abtrennen** bzw. **Vereinzeln** von mit Halsbändern gezeichneten, beziehungsweise vom Schafhalter angewiesenen Tieren aus der Weide oder aus gesammelten Gruppen (Abb. 123) sind wichtige, arbeitsvereinfachende Leistungen. Befähigung hierzu ist ein wesentliches Kennzeichen für Koppelschafhunde. Ohne Veranlagung zur Selbstbeherrschung, zum Beobachten von Tieren und zum richtigen Einschätzen ihrer Reaktionen auf Einwirkungen können erfolgreiche Ausbildung und hilfreicher Arbeitseinsatz nicht erwartet werden. Insgesamt gese-

a b c d

Abb. 123. Zu den wichtigsten Aufgaben der Koppelschafhunde gehört die Handhabung von Kleingruppen auf kurzen Triebwegen. a) Gelegentliches Treiben großer Koppelschafherden, wie hier in Neuseeland, ist im Verkehr Europas so nicht mehr möglich (siehe dazu auch Abb. 111 und 120). b) Schafgerecht ruhiger Umtrieb sowie c) und d) Abtrieb und Absonderung von Einzeltieren bzw. Kleingruppen sind Spezialitäten der Border-Collies.

Abb. 124. Hilfreich ist es, wenn Koppelschafhunde Schafe oder -gruppen in der Weide bzw. vor Absperrungen festlegen können, z. B. zur Besichtigung.

hen stellt diese Leistung der Hunde eine ausgebaute Weiterentwicklung des *Herausstellens* von Hütehunden oder der *Vorkopfarbeit* der *heading dogs* dar. Schmidts (1953) Beschreibung als *verfeinert verhaltenes Wehren* bei Hütehunden wird hier in kultivierter Form demonstriert und macht deutlich, daß das Einfühlungsvermögen der Herdenhunde noch lange nicht von allen ausgeschöpft wird.

Auf der Weide trennt der Hund selbständig ab, bei gleicher Arbeit im zusammengehaltenen »Haufen« hilft der Schafhalter (Abb. 123). Er drängt die entsprechenden Tiere oder das einzelne an eine Seite, so daß sein Helfer sich dann zwischen abgetrennte und restliche Schafe schieben kann. Vollendet ist die Leistung erst, wenn es ihm gelingt, die Schafe, unter Überwindung ihres natürlichen Drangs »zurück zur Herde«, vom Haufen wegzutreiben. Dabei hat er sie zusammenzuhalten und anschließend in eine Ecke bzw. vor einer Absperrung festzulegen (Farbtafel Seite 150) oder in eine Box zu leiten (4.). Nur wenn der Hund die ihm übergebene Gruppe als Einheit versteht und sich niemals mit der *Abmahnung* eines einzelnen befaßt, kann er zuverlässige Erfolge erzielen.

4. **Einboxen** unterscheidet sich vom *Einstallen* vor allem durch die Maße der Absperrung und das Fehlen des, einmal in Gang gesetzt, alle Schafe zur Fortbewegung anregenden Herdenzuges. Eine meistens 3–5 Schafe nicht übersteigende Gruppe, die zuvor *abgetrennt* wurde, oder das *vereinzelte* Tier (3.), muß sicher vom Hund in eine dementsprechend kleine Box (Kleinpferch, Abb. 125) geleitet werden. Dabei wirkt der Schafhalter vor allem durch seine Anwesenheit an der gegenüberliegenden Eingangsekke, alles andere bewältigt der Hund. Solange die Schafe sich auf den Boxeneingang zubewegen, muß der Schafhalter unbewegt stehen, um die Richtung der Fortbewegung nicht zu stören. Drehen sich die Tiere dem Hund zu, kommt es ganz alleine auf seine

Abb. 125. Das Einboxen von bis zu 5 abgetrennten Schafen mit einem Hund ist ein Höhepunkt der Koppelarbeit.

Geschicklichkeit und Einschätzung an, ob sie in die Box gehen. Jede noch so gut gemeinte Unterstützung hätte nur das Abspringen einzelner Schafe zur Folge.

Auch wenn nur eine Box ohne verschließbaren Eingang oder eine Pferch- bzw. Zaunecke vorhanden ist, muß der Hund in der Lage sein, die Schafe am Verlassen zu hindern. Dabei zeigt sich, genauso wie beim *Treiben* an Hindernissen (1.) oder beim Eintreiben, ob er den Druck auf die Schafe durch richtige Arbeitsentfernung zu dosieren versteht. Geht er zu dicht ran, besteht Gefahr, daß Einzeltiere über die Absperrung springen und die ganze Mühe zunichte machen. Zuverlässiges *Einboxen* und vorheriges *Abtrennen* (3.) sind weitere, nachhaltig arbeitssparende Leistungen der Hunde, auf die keine Koppelschafhaltung, unabhängig von ihrer Größe, verzichten kann. Das gilt auch für die nachfolgenden Arbeitseinsätze (5. und 6.).

5. **Einsatz bei Lammschafen** (Farbtafel Seite 150) setzt voraus, daß ein Koppelschafhund gelernt hat, sich auch widersetzlichen »Individualisten« gegenüber Respekt zu verschaffen, ohne mit jeder Aktion die Herde zu verjagen. Genauso wichtig ist, daß

er Lämmer in ihrer unerfahrenen, tollpatschigen Art als zu schützende Rudelmitglieder toleriert (s. Seite 139). Außerdem muß in der Ausbildung sowohl das Einwirken auf Schafe von der Kopfseite her als auch das *Abtrennen* und *Vereinzeln* (3.) bereits erfolgreich abgeschlossen sein. Nur ruhig und beherrscht arbeitende Hunde werden in der Lammzeit auf der Weide den Schafhalter zuverlässig unterstützen können, damit nicht für jede Arbeit an einigen wenigen Tieren jedesmal die Herde zusammenzutreiben ist.

Hauptsächliche Anforderungen an die Hunde bestehen während der Lammzeit im *Aussortieren* von Mutterschafen mit frischgeborenen Lämmern, Mehrlingsmuttern oder Tieren mit verzögerter Geburt. Meist geht es dabei um Nabel- bzw. Geburtskontrolle, Kennzeichnung oder Umtrieb auf bessere Weide. Manchmal ist das Herausfangen verwaister Lämmer nötig, die einem anderen Schaf, das sein Lamm verloren hat, *untergestoßen* (angehängt) werden sollen. Besonders auf der Weide, aber auch zu Hause, kann dies von einem versierten Koppelschafhund in hervorragender Weise unterstützt werden, ohne daß jemand das Schaf halten muß.

Wenn das Lamm noch selbständig trinken kann oder eine erste Mahlzeit mit menschlicher Hilfe hinter sich hat, werden Schaf und Lamm in einer Ecke, am Zaun oder vor einer Mauer vom Hund festgelegt. Das Muttertier ist mit dem Hund beschäftigt und verteidigt das Lamm als Rudelmitglied. In dieser Situation gelingt das *Unterstoßen* erfahrungsgemäß leichter als es unter Zwang durch den Schäfer ansonsten geschieht. Nicht zu vergessen ist, daß auch dieser Vorgang unter Umständen ein paarmal wiederholt werden muß. Mit dem gleichen Verhalten können auch die Böcke einer Herde vorgeführt werden, z. B. zum Beurteilen oder Fotografieren. Dieser Leistungsbereich wird bei uns noch viel zu wenig genutzt.

6. **Einsatz im Schafhof** verlangt vom Koppelschafhund die gleichen Voraussetzungen wie bei der vorausgegangenen Leistung. Jedoch hängt der Einmann-Betriebserfolg hier weitgehend vom schafgerechten Aufbau der Einrichtungen und vom Organisationstalent des Schafhalters ab. Ohne klare Vorstellung wie die Schafe am günstigsten umzutreiben sind und der Hund jeweils am wirkungsvollsten plaziert wird, gibt es keine befriedigende Arbeit. Im Gegenteil besteht Gefahr, daß der unter Druck geratene Hund schon bald die Lust zur Mitwirkung verliert, weil ihm das Vertrauen in seinen »Rudelboß« verlorengeht. Im *Schafhof (Sortier- und Behandlungsanlage)* kann angewiesenes Lautgeben und das *Aufreiten* in bestimmten Situationen auch bei uns hilfreich sein. Zumindest sollte der Hund das *Einspringen* in zu räumende Abteile des Schafhofes sicher beherrschen.

Aus den geschilderten Leistungen angelsächsischer Schafhunde in ihren speziellen Aufgabenbereichen werden drei für sie typische Veranlagungen sichtbar: Gute, aber nicht übermäßige **Schafbeobachtung,** richtige **Reaktionseinschätzung** und behutsam **dosiertes Einwirken.** Zu strenge Selektion auf die erstgenannte Anlage bringt es mit sich, daß auch ein Teil sogenannter *Beobachter* (*Augenhunde,* eye dogs) entstehen, die über dem *Anstarren* der Schafe vergessen, auftragsgemäß einzuwirken. Übermäßig konzentrierte Augenhunde werden deshalb zu Zeitverschwendern. Hunde mit weniger »Auge« leisten ebenso befriedigende Arbeit, meist sind sie sogar die Erfolgreicheren. Anzumerken wäre noch, daß angelsächsische Schäfer beim Gang auf der Koppel ihre Hunde lieber frei hinter sich als an ihrer Seite laufen lassen (s. Seite 16).

Vom *aktiven Wehren,* dem *Greifen,* einer *Grundleistung* von Hütehunden (S. 181), war hier bislang nicht die Rede, da Grenzen für eingekoppelte Schafe durch Zäune oder natürliche Hindernisse vorgegeben sind. Letzteres gilt bei uns vor allem für standorttreue alpine Bergschafe und nordische Heideschafe, z. B. Skudden. Sie alle sind freiheitsliebende Individualisten mit weniger starkem Vertrauen in die Schutzfunktion der Herde. Dementsprechend reduziert ist ihr Einordnungswille, dem der Hund mit dem Griff (s. Seite 179, Abb. 109) nachhelfen könnte. Ihr *Sicherheitsabstand zum Hund (Fluchtdistanz)* ist größer als in gehüteten Herden und nicht so leicht zu überwinden wie dort. Dazu fehlt der Gewöhnungseffekt einer im Grundsatz tagtäglich gleich verlaufenden, Schafe und Hunde verbindenden Routine.

Im Gegensatz zu unseren Hütehunden arbeiten angelsächsische Schafhunde, oft mit wochenlanger Unterbrechung, mitten im aufgelockerten Herdenverband. Sie sind von »vornehmer Natur«, greifen, reißen und schütteln kaum (oft disqualifizierend beim Wettkampf!), ihr seltenes, äußerstes Mittel ist ein kurzer Stoß bzw. Griff zur Keule oder Nase. Trotzdem verschaffen sie sich, auch bei fremden Tieren, in überzeugender Weise vollen Respekt. Sie verstehen ihre Anwesenheit schafgerecht und -verständlich, ggf. durch Bellen, zur Geltung zu bringen sowie die Reaktionen ihrer Kontrahenten frühzeitig abzuschätzen, wie dies einem Boxer nur durch Augenkontakt, nicht aber durch Fixieren der Fäuste des Gegners gelingt. Die Befähigung dazu ist angewölft und erfordert sorgfältige Entwicklung durch Ausbildung in den *kombinierten Leistungen* für die Arbeit vor, zwischen und hinter den Schafen.

Dazu gilt es aber zu wissen, daß die Art des zuvor erwähnten Respekts viel Platz braucht, den wir in Mitteleuropa, etwa im Verkehr, auf Feldwegen oder schmalen Feldern, nicht mehr haben. Außerdem wollen ein Teil unserer Koppelschafhalter von Zeit zu Zeit Futter außerhalb ihrer Koppeln nutzen und nach Feierabend oder am Wochenende dort hüten. Ganz so fremd kann dies dem Border-Collie noch nicht sein, denn zahlreiche Schäfer Schottlands gehen im Herbst zum »Hüten« in die zaunlosen »hills«, wo allerdings noch reichlich Platz vorhanden ist. Daraus ergibt sich für unsere Situation die Notwendigkeit, bei Zucht und Ausbildung auch auf Entwicklung von Fähigkeiten zur Behauptung im Verkehr und im Hütegelände zu achten. Wegen der reduzierten Größenordnung für Koppelherden bedarf es dazu nicht der bei Hütehunden erreichbaren Selbständigkeit. Fehlende Kontinuität der Routine würde dies ohnehin sehr erschweren, so daß mehr Wert gelegt werden muß auf zuverlässige *Führigkeit.*

Zu **Spezialisten** für bestimmte Tätigkeiten bilden Farmer in Übersee einen Teil ihrer Schafhunde aus. Neben den auch dort vorherrschenden und den Bedingungen angepaßten Allroundhunden, kommen sie in erster Linie auf größeren Schafstationen zum Einsatz, wo ohnehin umfangreichere Hundehaltungen bestehen. Ihre spätere Verwendung findet bereits bei der Welpenerziehung entsprechende Berücksichtigung.

Anführende, *vor Kopf der Schafe arbeitende Hunde,* sogenannte *heading dogs* sind überall gefragt. Sie setzen sich u. U. auch als Leittier an die Spitze einer Herde, wie dies zuvor ein Teil der alten Schutzhunde bereits konnte. Außerdem sind sie die Meister im selbständigen *Herausstehen* und *Kippen* von auf sie zugehenden oder vor ihnen stehenden Schafen, wie dies Hütehunde ebenfalls erlernen. Der mitteleuropäische Koppelschafhund sollte letzteres, neben allem anderen, genauso gut beherrschen, aber für spezialisierte Leithunde dürfte die Nachfrage zu gering sein.

Die **stöbernden Schafhunde** *(huntaway dogs)* sind eine Besonderheit Neuseelands. Anlaß zu ihrer Entstehung gaben die völlig unübersichtlichen, stark zerklüfteten und zum Teil verbuschten Weidebezirke in manchen Gebieten der dortigen Südalpen. Im Unterschied zu den *Border-Collies* absolvieren die auch anders aussehenden *Huntaways* ihren *Suchlauf* laut bellend wie stöbernde Jagdhunde. Wer die dortigen Geländeverhältnisse kennt, weiß, daß derartige Spezialisten außerordentlich hilfreich sind, um einen möglichst hohen Prozentsatz der Tiere beim Abtrieb zu erfassen. Mitteleuropäische Verhältnisse bieten, ebenso wie in den meisten anderen Regionen der Welt, keinen Anlaß zu einer diesbezüglichen Nachfrage.

In Australien entstanden außerdem noch Hunde, die sich insbesondere zum **Abtreiben** der Schafe **aus Eisenbahnwaggons** oder **Großtransportern** eignen. Sie müssen das **Aufreiten** auf den Schafrücken beherrschen, um von dort aus bellend die Tiere an der Spitze in Marsch zu setzen. Dies ist eine Leistung, die auch in größeren Schaf- und Schlachthöfen bei Sortier- und Behandlungsarbeiten nützlich sein kann. Für die Größenordnung, die bei unseren Koppelherden zu erwarten ist, sind derartige Fähigkeiten der Hunde i. d. R. sicherlich entbehrlich.

Beim *zukünftigen deutschen Koppelschafhund* können wir aber keinesfalls auf Sicherheit im Gefühl für einzuhaltende Grenzen verzichten. Genau wie unser Hütehund muß er das *Furchegehen* lernen und auch die *angenommene Furche* beim Herdentrieb anerkennen. Ob er sich dabei wegen der kleineren zu betreuenden Schafzahl ohne *Griff* genügend durchsetzen kann, wird die zukünftige Entwicklung erst zeigen. Trotz dieser zusätzlichen Erfordernisse muß oberster Grundsatz die Erhaltung der Ruhe in der weidenden Koppelherde bleiben. Jede unnötige Aufregung der Weidetiere kostet Zuwachs und damit Futter. Besser ist es dann, wenn der Schafhalter etwas mehr Aufwand beim gelegentlichen Umtreiben oder beim Hüten treiben muß, um seinen Hund situationsgerecht zu führen. In den nachfolgenden Ausbildungsvorschlägen wird dies als gegebene Voraussetzung bereits berücksichtigt.

Ausbildungsvorschläge

Es ist ein altes, aber noch immer wahres Sprichwort: »Der Ausbilder muß mehr wissen als der Hund.« Diesbezüglich sind die Voraussetzungen die gleichen wie beim Hütehund (s. Seiten 163 bis 169). Alle Veranlagungen der *Border-Collies* und *Kelpies* sind so arbeitsgerecht, daß viele Farmer ihre heranwachsenden Helfer sich selbst überlassen. Howe (1983) stellt dazu, nach 65jähriger Erfahrung mit Farmhunden fest, daß sich selbst anlernende Naturtalente nicht mit regulär Ausgebildeten konkurrieren können. Diese Erfahrung gilt es vor allem für die mitteleuropäische Situation zu beachten, wo die Gefährdung von Nutztieren durch verkehrsrechtliche und -technische Vorgaben ein Höchstmaß erreicht hat. Wir brauchen hier einen im Verkehr zuverlässig sicheren und zu exakter Weide- und Hofarbeit ausgebildeten Koppelschafhund.

Die *Arbeitsleistungen* mitteleuropäischer Koppelschafhunde werden deshalb niemals ganz deckungsgleich sein mit denjenigen ihrer angelsächsischen Vorbilder. Neben der fast vollständig vergleichbaren, dringend erforderlichen *Ausbildung auf der Koppelweide*, bei Lammschafen und im Schafhof müssen unsere Hunde auch die wichtigsten *Hüteleistungen* beherrschen, um Schäden im Verkehr und an fremden Grundstücken zu verhindern. Dabei wirkt sich für sie erschwerend aus, daß Koppelschafe eine eigenwillige Mentalität entwickeln und Kleinherden geringe, statische Stabilität aufweisen. Diesbezüglich werden wir uns noch lange auf Koppelherden mit 20–75 Schafen und nur ausnahmsweise auf solche mit mehr als 100 Tieren einzustellen haben. Ein ausgebildeter Koppelschafhund, der unter diesen Umständen bestehen kann, sollte gekennzeichnet sein, durch sichere Beherrschung von **vier Grundleistungen** (s. Seite 220): *Aufsuchen versprengter Schafe, richtungsorientiertes Inbewegungsetzen, passives Wehren aus dem Stand* (einschließlich *Einzeltierfixierung am Platz), passives Wehren aus der Bewegung (Furchegehen).*

Diese *Grundleistungen* alle unverlierbar im Gedächtnis der Hunde zu verankern, wird bei der mehr sporadischen Arbeitsanforderung in Koppelschafhaltungen etwas schwieriger als im ausbalancierten Alltag der Hütehunde. Glücklicherweise ist zu beobachten, daß die Veranlagung bereits vorhandener Koppelschafhunde viele sogen. Naturtalente hervorbringt. Sie zeigen die ersten beiden Grundleistungen schon weitgehend ohne große Anleitung, ebenso wie das Fixieren von Einzelschafen vor Mauern oder Zäunen. Beide Formen des Wehrens lassen sich sowohl in die Koppelausbildung als auch in nach der Ausbildung öfter zu planende Erinnerungsübungen integrieren. Damit, wenn es gewünscht wird, dann mit dem Hund ohne Komplikationen gehütet werden kann, sollte man zur Sicherheit für die ersten beiden Anmärsche zur Weidefläche jeweils einen Helfer organisieren.

Für den zukünftigen Koppelschafhund in unserem Land unterscheidet sich die Art der *Eingewöhnung als Welpe* oder *zugekaufter Hund* ebenso wenig wie seine *Erziehung zum Schafhundanwärter* von der eines Hütehundes (s. Seiten 116 bis 140). Notwendigerweise schließt sich daran aber für den Koppeldienst unbedingt als weitere Ausbildungsgrundlage die Einübung von *Richtungsänderungen* beim *Vorauslaufen* (s. Seite 220) und bei allen Verrichtungen auf der Koppel an. Dazu nötige *Hörzeichen* sind, jeweils nach Ansprache mit dem Namen:
für *rechts* z. B. **»rechts ran!«** oder **»mehr rechts!** bzw.
für *links* z. B. **»links raus!«** oder **»weiter links!«;**
Als Pfeifsignale eigenen sich z. B. **lang : lang–lang** bzw. **lang : kurz–kurz.**

Oft werden beim beabsichtigten Einsatz von zwei Hunden auch individuell verschiedene Hörzeichen eingeübt, um im Ernstfall ganz sicher zu gehen. Hunde vom Typ des Border-Collies sind sehr aufmerksam und damit auch hierbei geeignet zur Verständigung über *Sichtzeichen.* Wie bereits mehrfach betont, müssen alle Signale unverwechselbar (s. Tab. 8, S. 128, Tab. 14, S. 220) sein und einerlei wie, immer gleichbleibend benutzt werden.

Ein einfacher erster *Weiterbildungsschritt* kann dazu an der Leine anfangen, indem der Hund vor in einer Ecke stehende Schafe geführt wird. Der Ausbilder steht in der Mitte und dirigiert mit ausgestrecktem Arm den Welpen im Bogen vor sich her von rechts nach links und wieder zurück. Dabei ertönt bei jedem Richtungswechsel das für die Richtung gewählte Hörzeichen. Läßt sich der Welpe nur durch Ziehen bewegen, hilft oft schon leichtes Antippen mit einem Stock, um ihn in Gang zu bekommen. Nach einigem Erfolg wird die Übung an der langen Leine, mit vorauslaufendem Hund fortgesetzt, bevor die Überprüfung des Erfolges im freien Lauf beginnen kann.

In den **kombinierten Leistungen** wird die Ausbildung zum Koppelschafhund beginnen, wenn der Anwärter sein *Erziehungsprogramm* (s. Seiten 116 bis 140) einigermaßen sicher beherrscht. Dazu gehört auch die *Rechts-links-Sicherheit.* Bis dahin haben die meisten bereits ihre *Pubertätsphase* hinter sich. Bei den außerordentlich sensibel erwünschten Koppelschafhunden spielt die Individualität eine ganz große Rolle und bestimmt den Gang der Ausbildung noch stärker als bei unseren Hütehunden. Fast ganzjährige tagtägliche Hüteroutine stellt eine Ausbildungshilfe dar, die für Koppelschafhunde nirgendwo erreichbar ist. Deshalb sollte sich der Ausbilder von vornherein darauf einstellen, daß sein Programm zum Dauerübungsprogramm zumindest für etwa 8 arbeitsarme Monate werden muß. Nur wenn in den Zwischenzeiten oft genug geübt wird, stehen dann zur Deck- und Lammzeit sowie beim Um- und Abtreiben einsatzfähige Hunde zur Verfügung.

Auch hier gilt es, bei den Übungslektionen für fröhliche Stimmung zu sorgen und mit anfangs höchstens 10minütiger Arbeit das Interesse des Lehrlings nicht zu überfordern. Mehrmalige Übungen am Tag sind immer besser als nur einmal und dafür länger, weil junge Hunde sonst leicht Widerwillen gegen jegliches Training entwickeln. Wichtig ist, daß die Lehrlinge bei jeder Übung Erfolg haben und daß kein einziges Kommando ohne Reaktion bleibt, also überhört wird.

Zur ersten **freilaufenden Begegnung mit Schafen in der Koppel** sollte eine zusammengetriebene Gruppe von 8–12 älteren, ruhigen Mutterschafen zur Verfügung stehen. Vom Koppeltor aus wird der Lehrling nach Zuruf seines Namens, mit dem Hörsignal **»Voraus!«** zu den Schafen geschickt ohne weiter einzugreifen. Zumeist wird er auf die Tiere zulaufen und sie dann in mehr oder weniger großem Abstand umkreisen. Dreiste Typen rennen auch schon mal durch die Herde oder versuchen ein abseits stehendes Schaf zu jagen. Dabei zeigt der Hund sehr deutlich, ob er scheu oder draufgängerisch ist und wie man ihn im weiteren Verlauf anzufassen hat. Wird bereits beim erstenmal gebremst und herumkommandiert, geht der nötige Schwung für weitere Begegnungen verloren. Hat der Lehrling dann bei einem zweiten Koppelbesuch einige Energie im Lauf abreagiert, sollte er vor Beendigung seines weiteren Rundlaufs mit dem *Hörzeichen* **»st-e-e-h!«** angehalten werden. Gegebenenfalls muß sich der Ausbilder zuvor an dieser Stelle postieren, um das Stehen sicher durchzusetzen.

Jetzt ist Gelegenheit mit dem Hund an der Herde rechtsherum (*Hörzeichen:* **»rechts ran!«**) und entgegengesetztes Laufen (*Hörzeichen:* **»links raus!«**) zu üben. Wenn nach 2–3 Umläufen der Lehrling wieder hinter den Haufen strebt, begibt sich der Ausbilder so langsam in Richtung zum Koppeltor, daß ihm die Schafe folgen können. Es wird um so leichter gehen, je besseren Kontakt der Schäfer zum *Leitschaf* (s. Seite 169) hat. Dabei erlebt der Hund, daß sein Druck von der anderen Seite aus die Schafe in Bewegung setzt. Das für jeden *Abtrieb* erforderliche *»Bringen«* der Schafe zum Schafhalter lernt er so am leichtesten, wenn zu Beginn der Bewegung stets das Hörzeichen **»bring her!«** oder **»her damit!«** ertönt. Schon bei dieser Übung sollte man den Lehrling, zwischen den einzelnen Lektionsteilen, kurz vor die Schafe stellen, um ihn daran zu gewöhnen, daß er sie zu beobachten hat. Manche Schäfer ermuntern ihren Hund dazu mit dem *Zuruf* **»Augen auf!«** oder **»schau hin!«**. Er darf sich nicht erst angewöhnen, seinen Tieren den Schwanz zu zeigen, während er sich von anderen Dingen ablenken läßt. Wenn mehr gelobt als getadelt wird, hat der Hund nach ein paar Tagen schon begriffen, was wir von ihm erwarten. Mit jedem Erfolgserlebnis gewinnt er *Selbstvertrauen* (s. Seite 178) und ist bald bereit für die nächste Lektion.

Die Ausbildung zum **Einsammeln** und **Abtreiben** aller Schafe einer Weide beginnt mit dem **Suchlauf,** der den Hund über den Standort der Schafe orientiert und ihn mitten hinter sie bringen soll. Dabei darf es in der Koppel weder Unruhe noch Panik geben, die zur Flucht der Tiere in die hinterste Ecke der Weide führt. Deshalb muß der Hund seinen Lauf im nötigen Abstand zur Herde und mit entsprechend angepaßtem Tempo absolvieren, ehe er beginnt, vom Ende aus den Abmarsch zum Koppeltor *(Abtrieb)* in Gang zu setzen. Diese Situation entspricht im wesentlichen dem *Herausstellen* von Hütehunden im weiten Gehüt (s. Seite 193). Sein Weg hinter die Herde sollte sich entsprechend der, im Gegensatz zu den Verhältnissen in Schottland und überseeischen Gebieten, geringen Größe unserer Koppeln stets am Koppelzaun orientieren. Diese Grenze ist als *Furche* beim zukünftigen deutschen Koppelschafhund im Gedächtnis zu verankern, um zugleich Vorarbeit zum ebenfalls nur gelegentlich stattfindenden *Hüten* in der Gemarkung zu betreiben. Ausgiebiger Gebrauch von aufmunterndem Lob verbessert auch hier den Lernerfolg.

Dazu notwendige Übungen erfolgen am Weidezaun durch Führen an der Leine mit dem wiederholt gesprochenen *Hörzeichen* **»Furche!«,** wobei auf exakte Einhaltung der Grenzlinie von vornherein zu achten ist. Da der Koppelschafhund fast nur als Einzelhund zum Einsatz kommen wird, ist ihm die »Furche« gleich als längs- und anschließend querverlaufende Grenzlinie anzugewöhnen. Sobald der Lehrling im *Furchegehen* Sicherheit zeigt, wird, wie beim Hütehund, das *Herausstellen* geübt. Dazu ist er schrittweise, vom Koppelzaun her *(Querfurche)* an die Herde zu führen. Ehe die Schafe durch Bewegung reagieren, kommt das *Kommando* **»st-e-e-h!«** und nach wenigen Sekunden wird mit dem *Hörzeichen* **»geh weiter!«** bzw. **»geh bei!«** langsam auf die Herde zugegangen, um kurz darauf mit **»st-e-e-h!«** wieder anzuhalten (Abb. 105). Dies wird so lange fortgesetzt, bis die Weidegruppe die Freßrichtung ändert *(kippt)*. Mit zunehmendem Lernerfolg vergrößert sich der Abstand zum Ausbilder, und die Einführung von *Sichtzeichen* kann versucht werden.

Zum Zurücknehmen des Hundes wird das *Hörsignal* **»zu-u-rück!«** verwendet, der volle Rückweg an den Zaun beginnt aber nur über das *Kommando* **»Furche!«.** Dieser Lernabschnitt enthält auch das volle Programm für den Einsatz auf der *Hutweide,* für den Fall, daß die fressende Herde sich einer Grenze nähert. Wenn »Grenzfurchen« zu weit vom Haufen entfernt sind, kann der Hund auch mit **»voraus!«** und *Richtungssignalen* hinter die Schafe geschickt werden. Hierbei ist auf den weitausholenden Bogen seines Laufs (outrun – Seite 236) zu achten.

Beim *Koppeldienst* soll der vom Zaun aus hinter die Weidegruppe dirigierte Hund den Haufen ebenfalls erst vorsichtig in Richtung zum am Koppeltor stehenden Schäfer *kippen,* um ihn dann gleich nach dem *Zuruf* **»her damit!«,** zügig dorthin in Marsch zu setzen. Nach dem *Hörzeichen* **»geh bei!«,** das den Hund aus der »Furche« (hier der Koppelzaun) an den Trupp holt, folgen jetzt nur noch die Aufforderung zum *Bringen,* Anweisungen für rechts und links sowie zur Reduzierung der Geschwindigkeit der *Zuruf* **»la-angsa-am!«** Dabei kontrolliert der Einzelhund Marschrichtung und -tempo von den beiden Seiten aus, wobei er hinter dem Haufen her die Seite zur Richtungskontrolle wechselt, auch um zu verhindern, daß Einzelschafe abspringen. Der Ausbildungserfolg wird gesteigert, wenn während der Übungen jede richtige Ausführung mit aufmunterndem **»so ist brav«** Lob erhält, auch ausgiebiges Streicheln ist nicht zu vergessen. Zum Korrigieren einer Fehlreaktion steht das scharf gesprochene **»pfui!«** zur Verfügung. Oft ist es aber besser, mit dem *Hörsignal* **»Platz!«** eine Aktion abzubrechen (s. Tab. 8, S. 128), um statt seelischen Druck zu erzeugen, loben und dann mit dem ruhig liegenden Hund neu beginnen zu können.

Mit dem **Treiben** hat der Lehrling bereits, in Form des *Bringens* der eingesammelten Schafe zum Koppeltor, während der vorherigen Lektion erste Erfahrungen gemacht. Soll der Trieb aus dem Koppeltor heraus in die Nachbarweide *(Umtrieb)* oder auf den angrenzenden Weg *(Auskoppeln)* erfolgen, muß das Vorbeilaufen einzelner Schafe, am Zaun entlang, verhindert werden. Es ist lästig und zeitraubend, wenn Einzeltiere auf der falschen Zaunseite der Herde nachlaufen und den Weg zum Durchlaß nicht mehr finden, weil der Trupp gegenüber sich bereits von dort wegbewegt hat.

Wie beim *Auspferchen* (s. Seite 171) begibt sich auch der Koppelschäfer sinnvollerweise (Austin) an die Spitze des Trupps und lockt sein *Leitschaf.* Er setzt damit die bestehende Bewegung fort und leitet währenddessen seinen Hund mit dem *Hörzeichen* **»voraus!«** sowie Sichtzeichen für die Richtung an die gefährdete Seite des Koppeltores. Dort erhält der Lehrling mit dem *Zuruf* **»st-e-e-h!«** den Auftrag, durch Anwesenheit dem Vorbeilaufen und unnötiger Drängelei zu wehren *(passives Wehren im Stand).* Anfänglich sollte ein Helfer den ziehenden Haufen übernehmen, damit der Schäfer unter Benutzung der Hörzeichen den Lehrling an seinen Platz führen kann, um das Stehen zu kontrollieren. Sobald das letzte Schaf das Koppeltor passiert hat, wird der Hund, anfänglich noch an der Leine, mit dem *Hörzei-*

Tab. 14. Ausbildungsvorschläge für zukünftige Deutsche Koppelschafhunde.

Ausbildungserfolge sind nur erreichbar, wenn der Junghund zuvor eine schafhundgerechte Erziehung erhalten hat. Vor jeder Anweisung wird der Name des Hundes gerufen, richtige Reaktion immer gleich loben.

Ausbildungsthema	**Ausbildungsziel**	**Anweisungen** H: Hörzeichen; P: Pfiffe; S: Sichtsignale
Zusatzerziehung zu Rechts-links-Sicherheit	Richtungsgenaue Führbarkeit auf der Koppel und in der Gemarkung	H: **»rechts ran!«** oder **»mehr links!«** P: rechts –: – – oder links –: · · S: Arm- oder Schippenzeichen für die Richtung (f. R.)
und **Schafbeobachtung**	Verwertung von Schafreaktionen	H: **»st-e-e-h!«** u. **»Augen auf!«** oder »schau hin!«
Ausbildung im Einsammeln, **Suchlauf**	Ausholender Lauf hinter die Schafe	H: **»voraus!«; »Furche!«;** S: f. R.
Herausstellen, kippen	Umkehren des Trupps beim Rangehen	H: **»st-e-e-h!«; »geh bei!«;** S: f. R.
Anbewegen, bringen	Schafe sicher in Bewegung setzen und gradenwegs zum Schäfer bringen	H: **»geh weiter!«; »bring her!«,** »la-angsa-am!«, »zu-u-rück!«; S: f. R.
Passives Wehren aus dem **Stand** (Um- und Abtrieb)	Standfestes Abdrängen und Mäßigen von ziehenden Tieren am Koppeltor und an anderen Hindernissen.	H: »voraus!«; **»st-e-e-h!«;** »komm her!«; »voraus«; »rü-ü-ber!«
Passives Wehren aus der **Bewegung** (Treiben, Hüten)	Sicheres Flankieren ziehender bzw. im Feld weidender Kleinherden	H: **»voraus!«** bzw. **»Furche!«** oder P: r: – : – –, l: – : · · oder S: f. R.

Für die weiteren kombinierten Leistungen: **Einboxen, Einkoppeln** sowie Arbeiten **mit Lammschafen** und **im Schafhof** gelten vergleichbare Ausbildungsziele und die dabei benutzten Anweisungen.

chen **»voraus!«** entlang der Seite des Trupps nach vorne und wieder zurück geführt.

Dieser Übergang ist wichtig, damit der Lehrling von vornherein in Erfahrung bringt, daß jeder Auftrag zum Wehren aus dem Stand mit Vorbeiziehen des letzten Tieres in das *Flankieren* des Trupps übergeht. Diesbezüglich bestehen in der Ausbildung und Ausführung keine Unterschiede zum Hütehund, einerlei, ob es sich um *Verhalten im Verkehr,* an sonstigen *Hindernissen* oder beim *Richtungswechsel* handelt (s. Seiten 189 bis 191). Das hierbei angesprochene Verhalten bezieht sich jeweils nur auf die ganze Weidegruppe; Abtreiben von Einzeltieren und Kleinstgruppen bedarf der besonderten Übung ohnehin nur im Koppelbereich und ist Gegenstand der folgenden Lektion.

Abtrennen, Vereinzeln und **Abtreiben** von Einzelschafen oder Kleinstgruppen auf der Weide, z. B. zum Decken, Behandeln oder Schlachten, ist leichter und weniger beunruhigend als das Herausfangen aus der zusammengetriebenen Koppelherde. Klare Vorstellungen des »Meuteführers« über Ziel und Ablauf der Aktion sind die entscheidenden Voraussetzungen, um die Mitarbeit des Hundes als spürbare Hilfe nutzen zu können. Im übrigen ist dieser Arbeitsbereich nur befriedigend zu bewältigen, wenn sich die Zusammenarbeit zwischen Schäfer und Hund reibungslos eingespielt hat. Besondere Anweisungen sind dazu nicht erforderlich. Der Lehrling wird mit **»Augen auf!«** zum Beobachten und Abschätzen von Schafreaktionen sowie über die schon erlernten Hörsignale in die jeweils richtige Richtung dirigiert. Da auch hier wieder Erfolgserlebnisse des Lehrlings das Ausbildungsziel schneller und sicherer erreichen lassen, sind die Übungen entsprechend zu gestalten.

Hilfreich ist es, mit drei ruhigen Schafen in der kleinsten vorhandenen Koppel zu beginnen, wo der Hund sie ein paarmal am Zaun entlang treibt. Dabei braucht der Lehrling die Schafe nur von der Koppelseite her auf Kurs zu halten, beim Rückweg macht er die vergleichbare Erfahrung von der anderen Seite. Der Ausbilder steht währenddessen so nahe am Zaun, daß der Trieb erst auf ihn zu, an ihm vorbei und dann von ihm weg läuft. Besteht ausreichend Sicherheit im Trieb auch etwas größerer Gruppen, wird damit begonnen, jeweils drei Tiere am Rand des Trupps mit Hilfe des Hundes abzudrängen und ihn dann in die Lücke zu rufen, um die Abgetrennten wegzutreiben. Dies muß mit Geduld häufig geübt werden, da es das Kernstück der Koppelarbeit darstellt und den Partnern grundlegende Erfahrungen für die weitere Zusammenarbeit vermittelt. Mit zunehmendem Erfolg kann der Übergang zur nächsten Übung folgen.

Beim immer mal wieder dazwischen geschobenen Trieb am Zaun entlang stellt der Ausbilder seinen Fuß auf den zweiten Zaundraht von unten und läßt die Schafe unter seinem Knie durchtreiben. Eine quergestellte Hürde mit Durchlaß am Zaun erfüllt den selben Zweck. Der Hund muß jetzt lernen, daß er den Schafen hier nicht folgen darf, dazu wird er mit **»st-e-e-h!«** angehalten, sobald sich das letzte Tier anschickt, durchzulaufen. Damit soll verhindert werden, daß der Lehrling beim *Einboxen* den Tieren in die Absperrung nachfolgt und dort eine Panik verursacht. Wer das Loben wegen des Ärgers bei noch nicht perfekter Arbeit vergißt, darf sich nicht wundern, wenn der Lehrling gerade hier wenig Lust zur Übung zeigt.

Einboxen ebenso wie **Festlegen** von Schafen in Ecken oder vor Mauern bzw. Zäunen setzt voraus, daß die vorherige Lektion das Selbstvertrauen und die Geschicklichkeit des Lehrlings entscheidend gefördert hat. Er weiß jetzt schon, daß er den direkten Aufenthaltsbereich der Schafe zu meiden hat, wenn sie ihm nicht abspringen sollen. Die bisherige Übung wird fortgesetzt, nur jetzt mit dem Ziel, die abgetrennten Tiere in eine Ecke der Koppel zu bringen, um sie dort vom Lehrling für eine Weile festlegen zu lassen. Hat er die Schafe in der Ecke, wird er mit **»st-e-e-h!«** davorgestellt (nicht zu nahe), um sie dort festzuhalten. Erst wenn das zufriedenstellend klappt, endet der jeweilige *Abtrieb* in einem anfangs noch in der Ecke aufgestellten Kleinpferch (2,0 × 2,5 m).

Der Ausbilder unterstützt den Lehrling dabei, indem er die Verschlußhürde, eventuell mit einem 1 m langen Seil, trichterförmig aufhält. Solange der Trieb am Zaun entlang führt, braucht der Hund nur von einer Seite auf die Schafe einzuwirken, was ihm schneller zum Erfolgserlebnis verhilft. Mit zunehmender Übersicht und Sicherheit kann versucht werden, den Abtrieb von der Koppelmitte aus zu beginnen.

Erst später wird dann die Boxe in die Mitte einer Zaunseite umgestellt, ehe sie freistehend plaziert werden kann. Bringt der Lehrling auch da seinen kleinen Trupp sicher hinein, ist er schon ein recht erfahrener

Koppelschafhund, der sich viel Lob verdient hat. Außerdem ist er jetzt soweit vorangeschritten, daß versucht werden kann, ihn Einzeltiere in gleicher Weise handhaben zu lassen, um die Arbeit mit Lammschafen vorzubereiten.

Einsatz bei Lammschafen in der Koppel hat gegenüber den bisherigen Übungsthemen den Vorteil, daß für eine gewisse Zeit tagtäglich die gleiche Arbeit anfällt. Wenn das Training beginnen soll, muß aber sicher sein, daß der Lehrling die bisher geübten Kommandos unverzüglich und richtig befolgt. Besonderer Wert ist dabei auf seine Dirigierbarkeit zu und mit Einzelschafen sowie unmittelbare Reaktion bei den *Hörzeichen* **»st-e-e-h!«** und **»la-angsa-am!«** zu legen. An die hinzukommenden Lämmer wird der junge Koppelschafhund genauso gewöhnt wie der Hütehund (s. Seite 138). Wen der »Meuteführer« ins Rudel aufnimmt, den hat der Schafhund vorbehaltlos zu akzeptieren. Mit einem Koppelschaf, das sein totes Lamm bewacht, sollte man keinen Hund befassen, weil es bei derartig abwehrentschlossenen Tieren mit Sicherheit zum Mißerfolg kommt. Dies ist der Sonderfall auf der Ablammweide, wo der Schäfer besser selbst eingreift und das Schaf mit dem vorangetragenen Lamm sowie nachgeahmtem Blöken hinter sich her lockt, um es an den vorgesehenen Platz zu leiten.

Alles, was sich bewegen kann, die Einlingsmuttern oder die Mehrlinge Führenden kann ein gut ausgebildeter Hund aussortieren und in eine Ecke oder ans Koppeltor bringen. Zu Anfang wird es ratsam sein, dies gemeinsam mit dem angeleinten Lehrling ein paarmal in aller Ruhe durchzuführen, unter konsequenter Benutzung der jeweils erforderlichen Hörzeichen. Hunde kennen schon nach relativ kurzer Zeit **ihre** Schafe so gut, daß man ihnen für einige Wichtige die Namen oder Nummern beibringen kann, um sie sich z. B. mit der *Anweisung* **»such die Alma!«** oder **»such den 28!«** holen zu lassen. Sehr hilfreich kann das sein bei notwendigen Behandlungen oder länger erforderlichen Kontrollen; aber auch als einfachstes, tägliches *Trainingskonzept* für Hund und Herde *auf der Koppel.* Nimmt man in letzterem Fall eins der *Leitschafe,* um ihm einen Leckerbissen anzubieten, ist die Aktion doppelt wirksam. Durchgesetzt werden muß dabei immer wieder, daß der Anlauf zum Schaf in weitausholendem Bogen erfolgt und keine Unruhe beim Rest der Herde entsteht.

Sobald ein Lamm von seiner Mutter nicht angenommen wird oder sie verloren hat, ist günstige Gelegenheit, es unter Mithilfe des Hundes einer Amme *anzuhängen* (das sogen. *Unterstoßen*). Nachdem das Lamm einmal mit des Schäfers Hilfe am Euter der Amme getrunken hat, übernimmt der Hund die Ablenkung der Ersatzmutter, die vor allem versuchen wird, das verwaiste Tier vor ihm zu schützen. Der Vorgang sollte sich in einer Koppelecke oder vor einer Mauer abspielen. Unser Lehrling wird mit den *Hörsignalen* **»geh bei!«** oder **»zu-u-rück!«** und **»ste-e-h!«** gerade nur so nahe vor die beiden gestellt, daß die Amme in gewünschter Weise veranlaßt wird, das Lamm zu verteidigen.

Einsatz von Hunden im Schafhof kann nur dann zur Arbeitserleichterung beitragen, wenn die Betreuer in Mitteleuropa die Vorteile einer solchen Anlage überhaupt erst einmal entdeckt haben. Bisher besteht in der Masse unserer Schäfereien noch gar keine Vorstellung darüber, wie Erkenntnisse der angewandten Verhaltensforschung (Kilgour und Dalton 1983) nutzbringend, einmanngerecht in der Gestaltung von *Schafhöfen* verwirklicht werden können. Einzelheiten beschreibende Hinweise würden den Auftrag des Buches sprengen, deshalb nachfolgend nur einige wenige, grundsätzliche Erfordernisse:

1. Auf Vereinzelung von Schafen ist zu verzichten, das, wie auch immer, zu behandelnde Tier bleibt im Verband der dicht gestellten Gruppe. Zur Kennzeichnung, Entwurmung, Impfung usw. arbeitet sich

der Akteur durch die stehenden Schafe, ohne fangende oder haltende Helfer zu benötigen.

2. Dazu wird zentral ein an Rasse und Größe der Herde in der Länge angepaßter, vorn und hinten verschließbarer *Behandlungsgang* geschaffen, der in der Breite Platz für drei dicht nebeneinanderstehende Tiere bietet. Kleine Haltungen planen für 18 bis 24, große für 30 bis 45 Schafe, wobei rasseabhängige Rumpflängen die Ganglänge beeinflussen (4,0 bis 15,0 m).
3. Der Abstand der Seitenbretter des Behandlungsgangs und angrenzender Abteile (auch zum Sortieren geeignet), vor allem an den Stirnseiten, muß entsprechend rassegerecht so gewählt werden, daß die Mehrzahl der Schafe durchsehen können.
4. Bei größeren Schafzahlen wird der Behandlungsgang mehrmals durch Umtrieb beschickt und entleert. Je gleichmäßiger die jeweils übrigen Schafe um das »Zentrum« verteilt stehen, um so ruhiger sind die, an denen gerade gearbeitet wird.

Unter den Bedingungen der bei uns zu erwartenden Größe von *Schafhöfen,* sie werden platzsparend am besten neben einem Stall oder am Rand einer Koppel eingerichtet, hat der Hund nur begrenzte Aufgaben. Dazu gehören: *Wehren aus dem Stand* beim Eintrieb und Halten der Schafe bis zum Verschluß der Absperrung, *Nachtreiben* beim Umtrieb sowie *Flankieren (Wehren aus der Bewegung)* beim Ein- und Ausmarsch. Somit wird vom Lehrling nur bereits Bekanntes gefordert, zu dem er lediglich noch die Erfahrungen an anderer Örtlichkeit zu sammeln hat.

Das gelegentliche **Hüten** wird dem Lehrling nach der bereits geschilderten Ausbildung nicht schwerfallen, die Grundsätze entsprechen vollauf denen für Hütehunde gültigen. Wie schon erwähnt, sollte zur Vermeidung von Überraschungen an den ersten beiden Hütetagen wenigstens beim Marsch zur Hutfläche ein Helfer verfügbar sein.

Abb. 126. Richtig gestaltete Behandlungsgänge und gute Schafhunde sind wichtige Voraussetzungen für funktionsfähige Einmannbetriebe.

Dort auf der Weide geht man mit dem Hund zuerst die Grenzfurchen ohne Zaunmarkierung ab und wiederholt dabei immer wieder das *Hörzeichen:* **»Furche!«**. Da er die Anweisung schon mit einer Tätigkeit verknüpft hat, bedarf es keiner langen Übung. Ansonsten reicht das Repertoir der übrigen erlernten *Hörsignale,* um in jedem Fall mit dem Koppelschafhund und der Kleinherde auch in der offenen Gemarkung saubere Arbeit leisten zu können. Je mehr der Hund für Erfolge gelobt wird, um so williger wird er auch für diese Tätigkeit bei der Sache sein.

Haben Hund und Schafhalter gemeinsam dann gute Erfahrungen gemacht, ist es an der Zeit, sich für die Teilnahme an Wettbewerben zu interessieren. Sie fördern die Fortbildung für beide Teile des Teams und demonstrieren der Öffentlichkeit ein immer weniger bekanntes Feld beruflicher Arbeit, die mit einer der ältesten Mensch-Tier-Beziehungen verbunden ist.

Sport- und Berufswettbewerbe

Bereits 1873 fand der erste Wettbewerb in Wales statt, von dort aus begann die Aus-

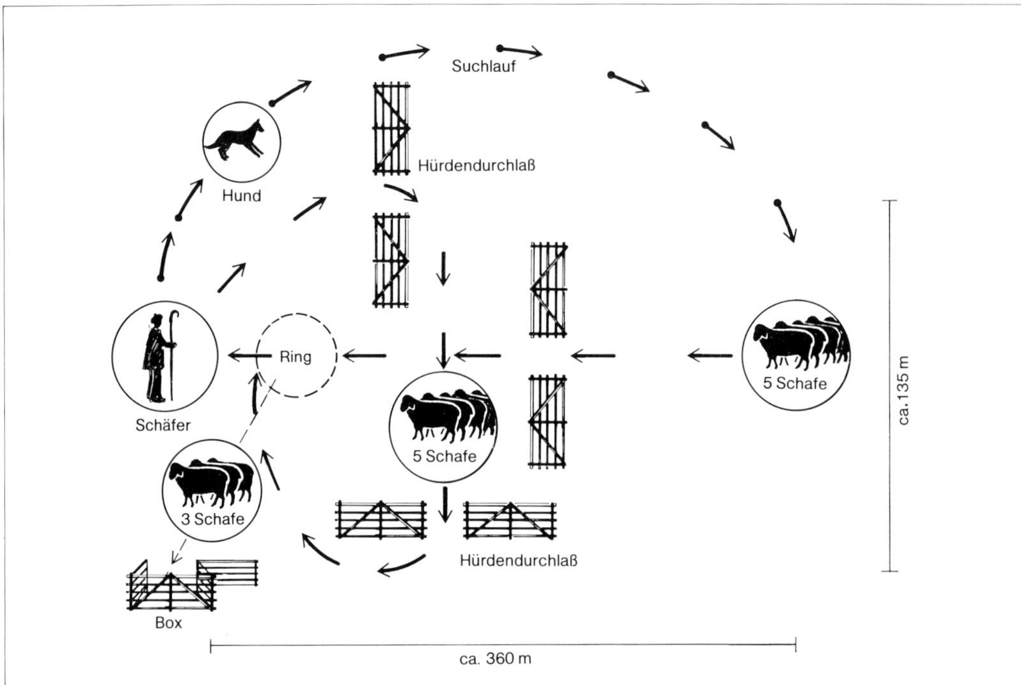
Suchlauf
Hund
Hürdendurchlaß
Ring
Schäfer
5 Schafe
5 Schafe
3 Schafe
Hürdendurchlaß
Box
ca. 360 m
ca.135 m

a

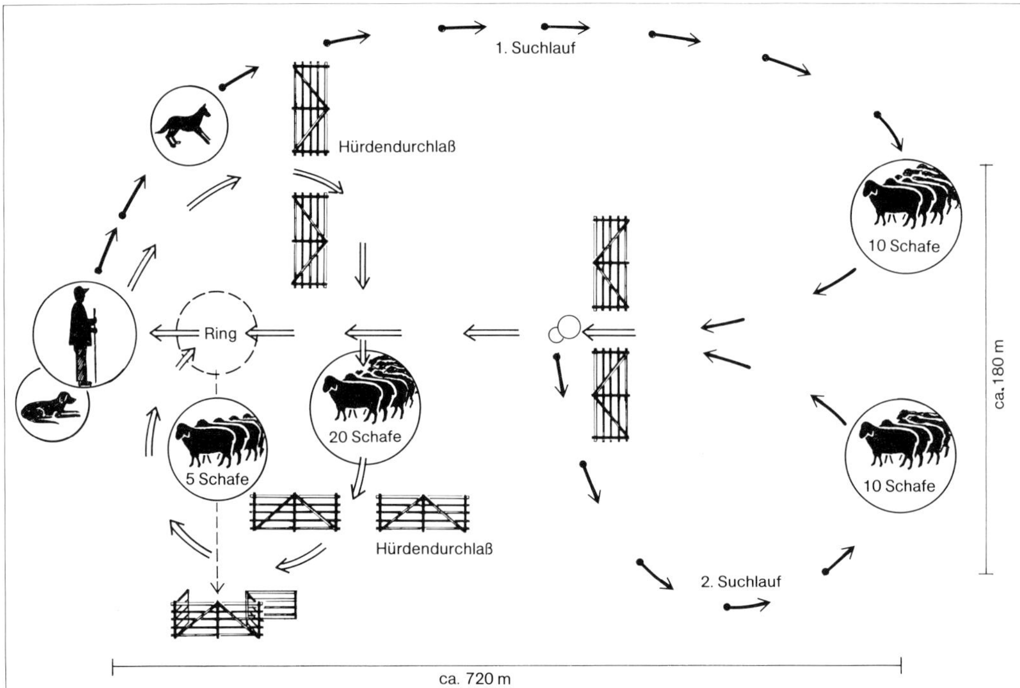
1. Suchlauf
Hürdendurchlaß
Ring
10 Schafe
20 Schafe
5 Schafe
10 Schafe
Hürdendurchlaß
2. Suchlauf
ca. 720 m
ca.180 m

b

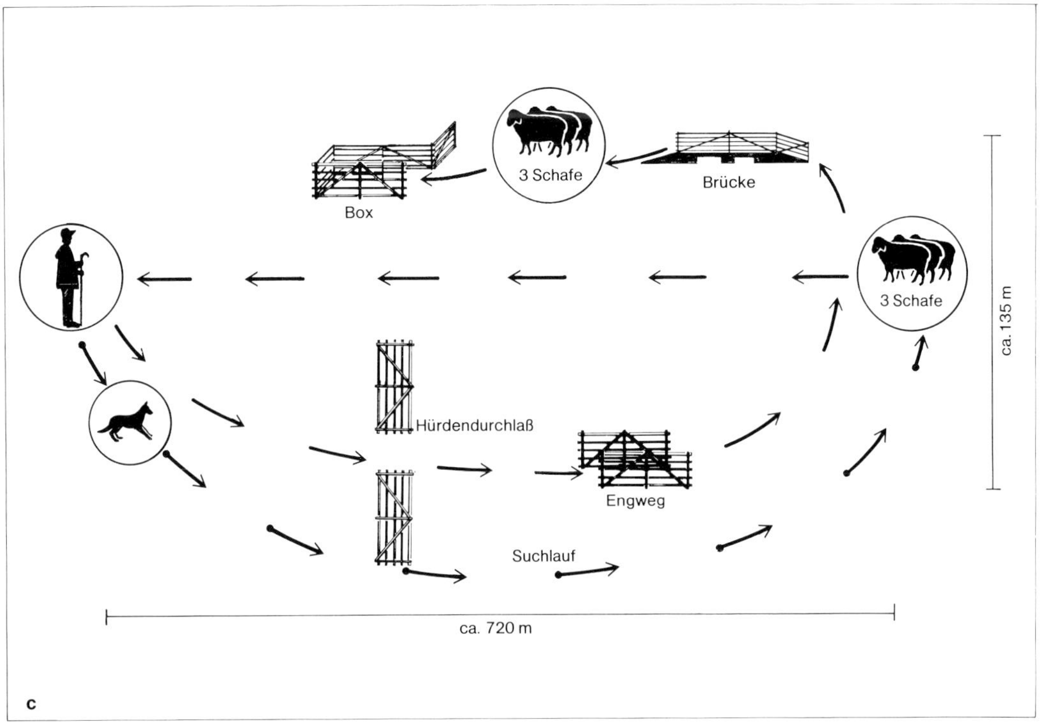

Abb. 127. Gestaltung der Wettkampfstrecken in England (a und b) und Australien (c).

breitung in Großbritannien. Einheitliche Regeln entstanden mit der von schottischen Schafhundfreunden ausgehenden Gründung (1906) der heute noch bestehenden *Internationalen Schafhund-Gesellschaft.* Mit der Führung eines Zuchtbuches, das sich nur an der Arbeitsfähigkeit der *Border-Collies* orientiert (jede Größe, Farbe und Fellart ist zugelassen), wurde die weltweite Ausbreitung der Arbeitsrasse und der Wettbewerbe stark gefördert.

Die Art der **angelsächsischen Wettbewerbe** kennt verschiedene Schwierigkeitsgrade und wird regional beeinflußt durch die jeweiligen, vorherrschenden Besonderheiten der Schafrassen und ihrer Haltungsbedingungen. Außerdem gibt es Konkurrenzen, die sowohl für einen als auch für zwei bewertete Hunde ausgetragen werden. Gemeinsam ist allen, daß ein kleiner, frei stehender Schaftrupp (3–20) am Ende der Kampfbahn vom Hund aufzusuchen ist, den er dann in direktem Weg dem 400 bis 700 m entfernt stehenden Schäfer zutreibt. Das häufigste Hindernis auf diesem Weg ist ein etwa 3 m breiter Durchlaß zwischen zwei querstehenden Hürden. In Australien und Neuseeland folgt danach eine schmale Brükke, bevor auch hier in einem Ring mit ca. 36,5 m Durchmesser ein einzelnes oder mehrere bestimmte Schafe vom Trupp abzutrennen sind. Hierbei hilft der Schäfer den Hunden.

Den mit Steinen oder Sägemehl im Gras markierten Ring darf vor Abtrieb der Abgetrennten kein Schaf verlassen. Der Resttrupp bleibt sich von da an selbst überlassen. Währenddessen durchlaufen die in Marsch Gesetzten eine weitere Hindernisstrecke mit schmalen Durchlässen oder einem sogen. Malteserkreuz, ehe sie in einen verschließbaren Kleinpferch (ca. 2 × 2 bis 2 × 3 m) zu treiben sind. In Neuseeland besteht der anfängliche Trupp aus 6 Schafen, die im Abtrennring geteilt werden, so daß am Ende jeder der dort zumeist im Paar konkurrierenden Hunde eine Kleingruppe einpfercht. In jedem Fall müßte das Wettkampfteam den ganzen Kurs in vorgegebener Zeit, ca. 10 bis 15 Minuten, absolvieren, um keine der im Bestfall erreichbaren 100 Punkte zu verlieren. Da Hundeführer und Hund auf den verschiedenen, gewerteten Stationen Fehler machen können, erfolgt getrennte Einzelbewertung mit Schlußaddition.

Eigene **deutsche Wettbewerbe** müssen erst entwickelt werden. Dabei ist von vornherein der großen Zahl sportlich interessierter Hundehalter mit geeigneten Rassen eine Chance einzuräumen. Wie bereits auf Seite 11 erwähnt, macht die Ausbildung an nicht mehr als 6 bis 10 Schafen sehr viel weniger Schwierigkeiten als dies für Hütehunde, die eine Herde brauchen, bisher der Fall war. Um den Anfang nicht durch Perfektion zu erschlagen, sollten die geforderten Leistungen sich zuerst einmal an einem Anfängerniveau orientieren. Höhere Schwierigkeitsgrade kann man bei Bedarf dann später immer noch einführen. Die kurzen Laufzeiten für den Parcour lassen größere Beteiligungszahlen zu und der begrenzte Platzbedarf ermöglicht eine Abhaltung der Wettbewerbe auch im Siedlungsbereich auf Sportplätzen oder anderen geeigneten Grasflächen.

Da bereits eine kleine Zahl geeigneter Hunde in unserem Land vorhanden ist, wäre der erste Schritt zur Ingangsetzung der vorgezeichneten Entwicklung die Organisation von Schauvorführungen. Eine erste derartige Veranstaltung, zugleich als Ausbildungslehrgang organisiert vom Ehepaar Kupka, Helenenhof, 6337 Leun 4, fand unter der Schirmherrschaft des Clubs für britische Hütehunde vom 28.–31. Mai 1987 in Wetzlar-Aßlar statt. Bemerkenswert ist, daß sich der Präsident der ISDS, Mr. Easton aus Großbritannien an der Kursleitung beteiligte. Der gleiche Weg war seinerzeit bei landwirtschaftlichen Ausstellungen im vorigen Jahrhundert Anstoß zur Einführung von Leistungswettbewerben für Hütehunde. Verbunden damit kam es auch zur Anregung der züchterischen Bearbeitung von bisher weniger beachteten Arbeitshunden.

Würden heute nur ¼ der mehr als vier Schafe haltenden 20752 Koppelschäfer Westdeutschlands den Einsatz eines Schafhundes anstreben und noch ein paar Hundesportler dazukommen, bestünde bereits ein Potential von ca. 6000 ansprechbaren Schafhundehaltern. Da inzwischen 96 % aller Schafhaltungen den Koppelschäfereien zuzurechnen sind, wird es höchste Zeit, im Sinne des zuvor Erörterten aktiv zu werden. Die DLG-Ausstellung »Tier und Technik« 1989 in Frankfurt am Main wäre dazu ein geeigneter Starttermin, um nach annähernd 100 Jahren erneut vorzuführen, daß sich auch die Handhabung von Schafen bei uns weiterentwickelt. Da Schäfer, Schafe und Hunde eine Einheit bilden, ist es nur logisch und der bisherigen Gepflogenheit entsprechend, wenn die Initiativen auch dazu von den Schafzüchterorganisationen ausgehen.

Vorschläge für ein abgestuftes Wettkampfsystem

Erste **Schauvorführungen** ebenso wie die dann hoffentlich bald folgenden **Anfänger-Lehrveranstaltungen** sowie erste **Kreiswettbewerbe** für Koppelschafhalter und Hundesportler werden zunächst nur mit einem Hund bestritten. Dazu genügen in jedem Fall drei bis fünf Schafe je Durchgang. Sie werden, in Anpassung an unsere beschränkte Platzverhältnisse, etwa 150 m vom Standplatz des Hundeführers entfernt in einem Netzpferch aufgestellt. Auf Zeichen des Schauleiters erfolgt die Freigabe der Schafgruppe durch Wegnahme des Pferchverschlusses. Mit dem gleich darauf folgenden Signal des Richters zum Anfang und zur Zeitnahme (8 Min.) schickt der Hundeführer seinen Wettkämpfer zum Suchlauf los.

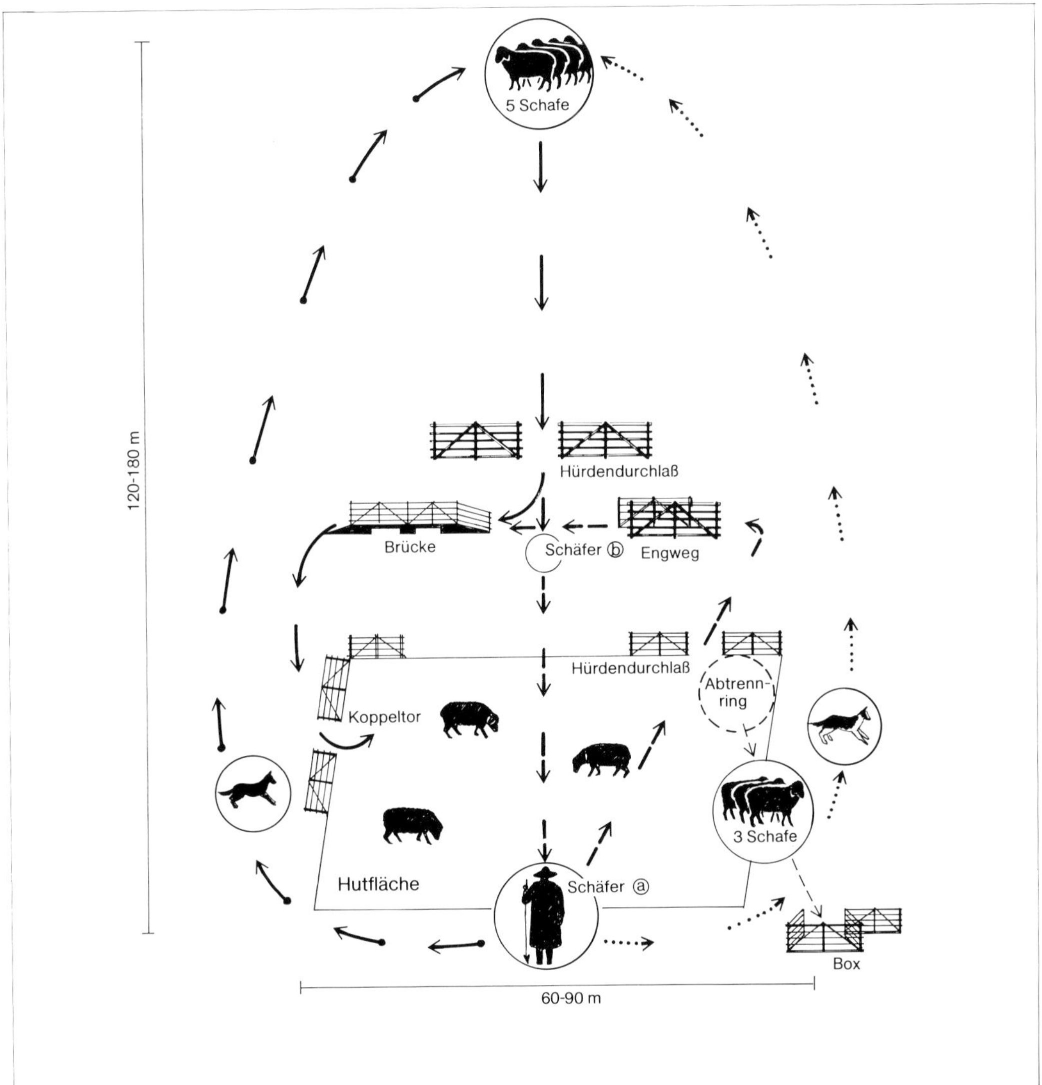

Abb. 128. Vorschläge zur Wettkampf- und Schaubahn für zukünftige deutsche Koppelschafhunde, die Möglichkeiten für Anfänger und Fortgeschrittene sowie einen oder zwei Hunde bieten. •⟶ = Suchlaufstrecken für 1. und ····➔ = 2. Hund; ➔ = abgekürzte und --➔ = zusätzlich verlängerte Wettkampfbahn; die Hutfläche wird als nicht eingezäuntes, enges Gehüt einbezogen; bei abgekürzter Bahn geht der Schäfer ⓐ nach Beginn des Suchlaufes nach ⓑ, in die Mitte des Wettkampffeldes.

Dabei wird vorausgesetzt, daß er, von Hörzeichen geleitet, seinen Weg unverzüglich und schnell, in weitem Bogen ausholend, bis mitten hinter die Schafe nimmt und dort, weit genug entfernt, stehend oder liegend Sichtkontakt zum Hundeführer sucht.

Auf Kommando werden die, den *herausgestellten Hund* meist ansehenden Schafe durch Heranführen *gekippt* und dann in geradeaus verlaufender Bahn auf den Schäfer zu in *Bewegung gesetzt.* In der Mitte des 25 m breiten *Triebweges* ist ein 2,70 m breiter *Hürdendurchlaß* zu überwinden, ohne daß ein Schaf vorbeiläuft. Nur der Hund darf um eine der Hürden herumgehen, wenn das letzte Schaf die Lücke passiert hat. Oft gelingt es mit diesem Trick, einen unerwünscht schnellen Lauf des Schaftrupps etwas abzubremsen. Die nächste zu erreichende Station ist der mit Sägemehl oder ausgelegten Steinen *markierte Ring* von 30 m Durchmesser. Die Schafe haben ihn genau gegenüber vom Standplatz des Hundeführers zu betreten und werden dort für mindestens 1,5 Min. vom Hund festgehalten.

Abgesehen von einer Anmeldefrist und vom 12monatigen Mindestalter für den Wettkampfhund sollten in den Anfangsjahren keine weiteren, einschränkenden Startvoraussetzungen gelten. Die Reihenfolge wird ausgelost, heiße Hündinnen haben keinen Zutritt. Nach Aufruf des Hundeführers darf dieser seinen Hund bis zur Startmarke noch an der Leine führen, muß ihn aber dort sogleich freilassen. Jeder Durchgang endet entweder mit Ablauf der Zeit (8. Min.) oder mit Erfüllung der letzten Aufgabe im Ring. Anspruchsvoller kann dieser Test gemacht werden durch Verlängerung des Triebweges auf 300 bzw. 600 m, bei entsprechender Heraufsetzung der Höchstzeit bis auf 10 Min. Die erreichbare Punktzahl beträgt 100, sie ist aufgeteilt in die Einzelvorgänge mit je 9 Punkten für *Suchlauf, Kippen, Anbewegen, 1. Trieb, Hindernis, 2. Trieb* und beim *Halten der Schafe im Ring.* Ebenfalls je neun Punkte sind zu erreichen für *Fleiß* und *Führigkeit* des Hundes. Die Höchstpunktzahl für den Hundeführer bei Einsatz und Führung seines Hundes beträgt 19 Punkte.

Punktabzüge (auch halbe) gibt es je nach Situation bei:

1. Ausreißen oder verzögerter Reaktion beim Startkommando und unkonzentriertem bzw. unterbrochenem *Suchlauf* sowie falscher Endposition;
2. Beunruhigung und In-Bewegung-Setzen der Schafe während des *Herausstehens* und *Kippens*;
3. nicht deutlicher Trennung zwischen dem *Kippen* und dem Beginn des *In-Bewegung-Setzens* sowie Unbeherrschtheit beim Anbewegen;
4. richtungslosem *Trieb,* beunruhigendem *Flankieren,* Drehen des Trupps oder Vorbeilaufen des Hundes bzw. Überqueren der Laufstrecke und gestörter Balance in der Gruppe, ebenso beim Verlassen der mit Stöcken markierten Triebbahn;
5. Verfehlen des Durchlasses durch einzelne oder alle Schafe der Gruppe (in diesem Fall muß mit erneut vollem Fehlerrisiko wiederholt werden);
6. *seitlichem Eintrieb* in den Ring, *fehlendem Stillstand* und beim *Drehen* der Schafe *im Ring* sowie bei vorzeitigem *Verlassen* des *Ringes* durch den Hundeführer bzw. einzelner oder aller Schafe (der Hund darf jederzeit raus).

Außerdem sind jeweils Punktabzüge fällig, wenn der Hund in die Gruppe *stößt, bellt,* die *Schafe verläßt,* die *Kontrolle verliert* bzw. ihnen den *Schwanz zukehrt.*

Bezirkswettbewerbe sind offen für alle Bewerber, die bei Kreiswettbewerben mindestens 60 Punkte erreicht haben. Entsprechend dem höheren Schwierigkeitsgrad bei dieser Veranstaltung gibt es für jeden Durchgang eine Vorgabe von 15 Min. Es empfiehlt sich, die Gesamttriebstrecke durch Abbiegen des Kurses zumindest auf 300 m zu verlängern. Zum in der ersten Stufe beschriebenen Ablauf kommt nach dem *Ring* neu hinzu ein *Engweg,* danach eine schmale, hohl gelegene *Holzbrücke* und am Ende eine verschließbare 2,0 × 2,5 m *Boxe* (Kleinpferch), in die die Gruppe einzutreiben ist. Bewertet werden dabei insgesamt die Stationen *Suchlauf, Kippen, In-Bewegung-Setzen, Treiben* und *Flankieren, Hürdendurchlaß, Halten im Ring, Engweg, Brücke* und *Einboxen* mit jeweils höchstens neun Punkten. Je fünf Punkte sind erreichbar für *Fleiß* und *Führigkeit* des Hundes, der Hundeführer erhält für seine *Einsatz-* und *Führungsleistung* maximal neun Punkte. Die

Fehlerbeurteilung richtet sich nach gleichen Grundsätzen wie beim *Kreiswettbewerb,* es wird aber mehr Selbständigkeit des Hundes erwartet.

Landes- und Bundeswettbewerb bedürfen einer gewissen Anlaufzeit, bis sich ein genügend großes Potential qualifizierter Schafhundführer an der Basis entwickelt hat. Das Prinzip abgestufter Schwierigkeitsgrade und entsprechend zuvor erreichter Qualifikationsstufen sollte auch hier bestimmend sein. Unbedingt muß auf dieser Ebene das *Abtrennen* von drei markierten bzw. nichtmarkierten Schafen oder auch *Vereinzeln* hinzukommen. Spätere Erfahrung wird lehren, ob diese Leistung nicht schon beim *Bezirkswettbewerb* zu fordern ist. Überlegt werden muß dann auch, welchen Stellenwert die *Hütebefähigung* im Rahmen der westdeutschen Koppelschafhaltung inzwischen erhalten hat. Bei entsprechender Nachfrage könnte eine Station *»Enges Gehüt«* dem Rechnung tragen. Zur Vermeidung einer Überfrachtung der Wettbewerbe wird in diesem Fall auf die für hiesige Koppelschafhaltungen weniger relevante *Brücke* zu verzichten sein. Für die Bewertung sollte die Orientierung an maximal 100 erreichbaren Punkten bestehen bleiben, nur muß bei diesem Ausbildungsniveau auf ausgeprägte Selbständigkeit Wert gelegt werden.

Die bisher angegebenen Zeiten für den jeweiligen Durchgang eines Teilnehmers entsprechen den langen Erfahrungen britischer und überseeischer Organisationen. Dabei spielt die Zahl zu erwartender Teilnehmer eine sehr zu beachtende Rolle. Um unter unseren Bedingungen eine Vorstellung vom Ausmaß möglichen Interesses zu erhalten, kann einstweilen nur von dem zuvor genannten Grundstock der ca. 6000 ansprechbaren Koppelschafhundehalter ausgegangen werden. Vielleicht kommen mit der Zeit auch noch einige Züchter der für diese Art des Hundeeinsatzes bei Schafen geeigneten Rassen dazu. Gegenüber der Zahl aller Hütehundehalter mit ausgebildeten Helfern (s. Seite 169) muß für in Frage kommende Koppelschafhundhalter etwa das Dreifache angesetzt werden. Deshalb sind die vorgeschlagenen Durchlaufzeiten für den einzelnen Teilnehmer zwischen 8 und maximal 12 Min. (auf Landes- und Bundeswettbewerben) auch für unsere Situation durchaus realistisch.

Zur **Förderung der Herdenhundezucht** besteht seit mehr als 50 Jahren die immer wieder bekräftigte Absicht, eine Vervollständigung der Einheit von Mensch, Hund und Schafen auch im Organisationsbereich der Schafzüchter nachzuvollziehen. Neben der Ergänzung der ohnehin organisierten, förderlichen Leistungswettbewerbe für die Herdenhunde bedarf es eigentlich nur noch einer länderweit abgesprochenen Registrierung der bei Schafen eingesetzten und zuchtgeeigneten Hunde. Die ohne Formalismus einzig erforderliche Selektionsempfehlung beruht dann auf den Angaben der schon immer erstellten Bewertungsprotokolle bei Hüteveranstaltungen. Nach Einzug der Computer in die Herdbuchführung scheint es mir jetzt eine günstige Gelegenheit zu sein, daran zu erinnern. Dies um so mehr, da die Öffentlichkeitswirkung und die wirtschaftlichen Erfolge, die britische Schafzüchter mit ihrer Internationalen Schafhund Gesellschaft (ISDS) erreichen konnten, vor allem auch im Weltmaßstab kaum noch zu übersehen sind.

Vielleicht bekommen dann endlich unsere bewährten, zählebigen *Altdeutschen Schäferhunde* mit 90jähriger Verspätung eine züchterische Heimat. Daraus sollte sich eigentlich auch ergeben, daß die Schafleute sich selbst jetzt und nicht erst in 50 oder 100 Jahren um die Entwicklung des **Deutschen Koppelschafhundes** ernstlich bemühen. Ihre Vorgänger in vielen Ländern haben dies oft bei geänderten Anforderungen in gleicher Weise und mit Erfolg getan, wie die zahlreichen Hirten-, Treib- und Hütehunderassen der Welt (s. Seite 21) unter Beweis stellen. Die noch vorhandenen Reste des *Westerwäl-*

der oder *Siegerländer Altdeutschen Hirtenhunds* (s. Seite 35) ließen sich sehr schnell zu einem *Deutschen Koppelschafhund* entwikkeln, wenn dabei ein bis zwei rote Farbe tragende *Border-Collies* oder *Kelpies* helfen würden.

Allen drei Rassen ist die Bewährung bei Rindern gemeinsam, und dies war auch schon bei Entwicklung der ersten Schläge zum späteren Typ des *Border-Collies* offensichtlich eine günstige Voraussetzung. Die Selektion sollte ganz konsequent, so wie es Schäfer zu allen Zeiten taten und die ISDS seit 1906 erfolgreich demonstriert, nur auf beste *Arbeitsbefähigung* und *Führigkeit* hin erfolgen. Mit zu intensivem Kriechen sollten wir nicht erst unerfreuliche Erfahrungen machen und uns deshalb gleich um stehende Hunde bemühen.

Weder Größe noch Felltyp oder Haarfarbe und Farbverteilung darf dabei eine Rolle spielen. Da unsere ehemaligen Kuhhunde im Harz als *Füchse* bezeichnet wurden, besteht Berechtigung, den neuen Deutschen Koppelhund unter dem leicht zu merkenden Markenzeichen **Deutscher Fuchs** herauszubringen. Mit der Anerkennung als Rasse sollte man sich Zeit lassen, die ISDS begann erst nach 70 Jahren derartige Bemühungen.

Herdenhunde bei anderen Tierarten

Fast alle Nutztierarten sind die meiste Zeit seit ihrer Domestikation je nach örtlichen Gegebenheiten eine mehr oder weniger lange Periode im Jahr auf der Weide ernährt worden. Am Rande der wichtigsten Domestikationsgebiete entstanden Beispiele besonderer Art. Zu nennen ist dazu der *Yak,* das Hochgebirgsrind Zentralasiens und das *Ren* als Haustier der Lappen ganz im Norden Eurasiens. Ihren Schutz und ihre Handhabung ermöglichen bis in unsere Tage Gebirgshunde vom Typ der *Tibetdogge* bzw. in den Tundren die *Lappenspitze.* Aus anderen Regionen ist bekannt, daß neben Ziegen und Schafen gleichfalls *Kamele* und *Esel* in Herden zu betreuen sind, wobei sich u. a. auch der *Kanaan-Hund* und seine Herkunftsschläge bewährt haben.

In der Alten Welt waren für die Kleinsten wie *Hühner, Enten* und *Kaninchen* die Hofnähe und manchen Orts der Hofhund dazu, ein gewisser, wenn auch nicht immer ausreichender Schutz. Alle größeren Nutztiere wurden zumeist, dort, wo noch keine eingefriedeten Weiden bestanden, gesammelt vom Dorf oder Gutshof aus auf die Hutungen getrieben. Dort übernahmen die Hirtenhunde bis in die Zeit kurz nach dem Dreißigjährigen Krieg den Schutz der Tiere, während eine Hirtengruppe sie dabei unterstützte und für den Zusammenhalt der Tiere sorgte. Erst später kam es zur Reduzierung der Hirtengruppen, weil die Hunde immer besser lernten, Tiere zusammenzuhalten, zu treiben und versprengte zu suchen.

Zu derartig betreuten Tierarten gehörten, außer Schafen: *Pferde, Esel, Rinder, Schweine, Ziegen* und *Gänse,* die, abgesehen vom Esel, in Mitteleuropa bis vor 35 Jahren, mit örtlichen Schwerpunkten immer

Abb. 129. Ob auf vier oder zwei Beinen, ein echter Koppelschafhund betreut alles, auch Enten.

Abb. 130. Auch hessische Jerseyrinder arrangieren sich mit dem Border-Collie.

noch auf einzelnen Gemeindehutungen anzutreffen waren. Wirtschaftliche und soziale Veränderungen, verbunden mit steigendem Wohlstand und zunehmendem Gespür für Sozialprestige sorgten hierzulande für die rasche Beendigung der alten Hirtentradition. Als erste gaben die Schweine-, Ziegen- und Gänsehirten auf, letztere beiden sicherlich auch wegen des Verbots von Kinderarbeit. Die Rinderhirten in unserem Land folgten erst später, der letzte Kuhhirte im Westerwald betreute seine Dorfherde noch bis 1980. Bereits in den 60er Jahren waren aber schon die von den Bauern selbst in einigen Gemarkungen an Wegrändern, gehüteten kleinen Kuhherden fast völlig verschwunden.

Abgesehen von der zuletzt geschilderten Form des »Hütens« mit drei bis vier aneinander geketteten Kühen oder Rindern, fand der Weidegang der übrigen Tierarten, einschließlich der Kühe, abseits vom beackerten Gemarkungsteil statt. Für die »handgehüteten« Kleinherden, wie sie im privatwirtschaftlichen Sektor Osteuropas noch immer existieren, war nicht allzuoft ein Hund als Helfer beteiligt, wohl aber bei den Dorf- und Gutsherden. Wo der Drahtzaun sich noch nicht so stark ausgebreitet hat, sind immer noch »gehütete« Rinderherden anzutreffen. Oft sieht man dort die gleichen Hundeschläge, wie sie auch als Helfer der Schäfer bekannt sind. Auf den Almen der Alpenregion haben sich die *Schweizer Sennenhunde* behauptet. Sie helfen den Sennern wie seit Jahrhunderten ihre Herden auf- und abzutreiben, sie beisammenzuhalten und zu den Melkzeiten zu sammeln.

Vergleichbares gilt auch für andere Länder, in denen die Nutzung der Hochgebirgsweiden erhalten blieb. Da, wo noch sehr viel mehr Platz ist als in Mitteleuropa, gibt es auch Rinderherden, die relativ standorttreu sind und von den Hunden dann nur zu den Melkzeiten nach Hause geholt werden. Skandinavische Herdenhunde, z. B. der *Norwegische Buhund* u. a., bewähren sich noch immer in diesem schon in der Wikingerzeit bekannten Arbeitsbereich. Die Arbeit erleichternde und sparende Funktion haben die geeigneten Hundschläge auch mit Ausbreitung der Einkoppelung von Weiden nicht verloren. Typische Beispiele dafür sind der *Border-Collie* und der mit ihm verwandte *Australische Rinderhund.*

Milchproduzierende Betriebe angelsächsischer Länder sind ohne die Border-Collies fast nicht denkbar. Oft entwickeln sie bei ihrer Arbeit ein erhebliches Maß an Selbständigkeit. Berichte von Farmern, daß ihre Hunde jedes Einzeltier kennen und beim Eintreiben zum Melken Trockenstehende auf der Koppel zurücklassen, sind keine Seltenheit. Sogar bei der Brunsterkennung wird ihre Hilfe mit einigem Erfolg in Anspruch genommen (Kilgour und Dalton 1983).

Treibende Herdenhunde müssen frühzeitig lernen, dem ausschlagenden Hinterbein von Rindern auszuweichen, geringere Körpergröße ist dabei vorteilhaflt. *Border-Collies* und andere bei Rindern tätige Rassen (z. B. *Welsh Corgies* u. a.) ducken sich rechtzeitig, nachdem sie die Fessel mit der Nase angestoßen oder mit dem Fang gegriffen haben.

Herdenhunde kommen in Mitteleuropa heute nur noch gelegentlich bei anderen Haustierarten als Schafen zum Einsatz. Einige Sportpferdehalter wissen z. B. die Hilfe ihrer *Islandhunde* und anderer zu schätzen. Auch einige Berufsmelker nehmen noch immer beim Weidebetrieb Hundehilfe in Anspruch. Weit über den Status der Liebhaberei hinaus wird derartiger Hundeeinsatz aber nicht mehr zu entwickeln sein. Ganz anders sieht da die Lage in den nördlichen, östlichen und südlichen Regionen Europas aus, wo nach wie vor ein beachtlicher Teil der Tierhalter auf die Mitarbeit von Herdenhunden verschiedenster Rassen und Schläge angewiesen bleibt.

Für die neu entstehenden Herdenhaltungen von Damwild und Rothirschen sind erste Berichte über die Bewährung der *Border-Collies* bei der Handhabung derartiger, eingekoppelter Tierbestände von Interesse. Sie betreffen in erster Linie Neuseeland, wo in nennenswertem Umfang Rothirsch-Koppeln bereits Anfang der 70er Jahre eingerichtet wurden. Angaben aus der UdSSR zu Folge sind *Collies,* wobei unklar bleibt, um welche der drei Rassen es sich handelt, bereits seit längerem bei Maralhirschen, einer Unterart der Rothirsche, mit Erfolg im Osten des Landes tätig.

Nachwort

Inzwischen stehen wir nach 60 Jahren wieder einmal in einer fast hoffnungslosen Notzeit der Landwirtschaft. Auch das ist ein Teil des Preises für künstliche Wohlstandsideologien, die immer mehr Selbstverwirklichung mit zunehmender Freizeit bei weniger Arbeit und Verantwortung versprechen. Warnungen, wie sie u. a. der Philosoph Karl Popper formulierte: »Der Versuch, das Paradies auf Erden zu verwirklichen, produziert fast immer die Hölle«, konnten die sich unfehlbar dünkenden »Ideologiepächter« bisher kaum beeindrucken.

Dem steht gegenüber das den meisten verborgene »Paradies« unserer Herdenhunde in der offenen Landschaft und Stille der Natur, einer Welt, in der Tierinstinkte herrschen.

Nur wer sich hier in die wortlose Kommunikation mit Augen, Ohren und offenem Gemüt einordnet, wird zum erfolgreichen Hirten, wie sie mit ihren Hunden seit vielen Jahrhunderten das Auf und Ab der Zeiten überlebt haben. Schon immer galt dabei der heutige Wahlspruch des französischen Schäfervereins und der Internationalen Schafhund Gesellschaft: »Es gibt keine gute Schafherde ohne guten Schäfer und keinen guten Schäfer ohne guten Hund.« Dafür, zum Wohle der Schafhaltung, Verständnis zu wecken, bleibt mein wichtigstes Anliegen.

Hinweise und Adressen

Da bisher nur wenige Koppelschafhalter in unserem Land schon Zugang zu Koppelschafhunden gefunden haben, werden nachstehend die bei der Arbeit mit Koppelschafen und bei Leistungswettbewerben gebräuchlichen Ausdrücke zusammengefaßt erläutert.

Die anschließende Liste der mit Hirten- und Hütehundrassen sowie mit Schafzucht und -haltung befaßten Organisationen nennt Anschriften nur da, wo ein ständiges Büro bekannt ist. Aktuelle Adressen der Rassehund-Vereine können den jeweils neuesten Ausgaben der Zeitschrift »Unser Rassehund« entnommen werden. Außerdem geben diesbezügliche Auskunft auch die Geschäftsstelle des VDH »Verband für das Deutsche Hundewesen« und die Redaktion »Info Hund«.

Überblick zu den Abschnitten der Schafhund-Wettkämpfe

Abholung, abholen (engl. fetch):
der 400 oder 750 m vom Hundeführer entfernt aufgestellten (grasenden) Schafgruppen, die durch das erste Hindernis zum Platz des Hundeführers oder einem markierten Ring (∅ 36,5 m) davor zu bringen sind.

Abtrennung, abtrennen (shedding):
von zwei oder drei ungezeichneten Schafen einer Fünfergruppe, durch den Hund, in einem markierten Ring von 36,5 m Durchmesser.

Abtriebsversammlung (mustering)
beim Räumen oder Wechsel einer Weide, z. B. Abtrieb zur Schur.

Anbewegen, in Bewegung bringen (lifting) von im Haufen (Kleingruppe) oder im Herdenverband stehenden Schafen (am Sammelplatz, vor Hindernissen, an Koppeltoren).

Anführen (heading)
einer Gruppe oder Herde auf dem Marsch (am Vorderende); im Gegensatz zum Treiben von hinten. Heading beinhaltet aber auch die vorsichtige Einwirkung der herausgestellten Hunde, vor Kopf der Gruppe, um sie zur Umkehr zu veranlassen (kippen).

Aufreiten (backing)
bei dicht stehenden Schafen im Schafhof oder Behandlungsgang, um die ersten in Bewegung zu setzen, eventuell durch angewiesenes Bellen.

Beobachter (Augenhund, eye-dog)
wird ein Hund genannt, der sich vornehmlich auf das Anstarren konzentriert und zumeist darüber seinen Auftrag vergißt. Beim Border-Collie angeblich durch Setter-Einkreuzung verstärkt. Augenhunde sind Zeitverschwender bei der Arbeit.

Bringen (bringing)
einer Kleingruppe oder Herde zum Standplatz des Schäfers.

Einboxen (pen)
einer Kleingruppe (3 bis 5 Schafe) in ein Pferchgehege, mit oder ohne Tür, wobei kein Tier weder von einer Hand noch vom Hund berührt werden darf.

Einsammeln (gather)
der zerstreut grasenden oder lagernden Schafe in einem kompakten Haufen.

Hindernisstrecke (race)
vom Hundeführerstandort über Hürdendurchlässe, gegebenenfalls sogenanntes Malteserkreuz, flache Brücke bis vor die Pferchbox oder in den Abtrennring.

Suchlauf (outrun, austr.: cast)
zur Auffindung des in 400 oder 750 m Entfernung aufgestellten Wettkampfhaufens oder aller Schafe einer mehr oder weniger übersichtlichen Weide mit dem Ziel, sie zu einem Sammelplatz zu bringen.

Suchlaufbahn (pear-shaped outrun)
der beste, in Birnenform angelegte, Weg des Hundes vom Hundeführer am »Stielende« bis hinter die Schafgruppe etwa am »Blumenende« am Schluß der Bahn.

Trieb, treiben (drive)
vom Hundeführer weg (über die Bahn), normalerweise in einem Dreieckskurs durch zwei Hindernisse.

Vereinzeln, auslesen (single)
eines gekennzeichneten Schafes einer Kleingruppe, das der Hund abseits des Haufens fixiert oder in eine Box treibt.

Kontaktadressen

Die aktuellen Adressen der einzelnen Spezialklubs sind bei der Geschäftsstelle des VDH zu erfragen.

a) *Hunde*

Fédération Cynologique International (FCI), B-6530 Thuin/Belgien

Verband für das Deutsche Hundwesen (VDH), D-4600 Dortmund 1, Postfach 13 90, Hoher Wall 20

Allgemeiner Chow-chow-Club e. V.

Allgemeiner Deutscher Rottweiler-Klub e. V.

Allgemeiner Klub für Polnische Hunderassen e. V.

Club Berger des Pyrénées e. V.

Club für Britische Hütehunde e. V.

Club für Französische Hirtenhunde e. V.

Club für Holländische Schäferhunde e. V.

Club für Molosser e. V.

Deutscher Bouvier-Club V. 1977 e. V.

Deutscher Club für Nordische Hunde e. V.

Deutscher Club für Belgische Schäferhunde e. V.

Info Hund, D-5210 Troisdorf 22, Schleidenerstr. 29

Internationaler Klub für Tibetische Hunderassen e. V.

Jugoslawischer Hirtenhund-Club der BRD e. V.

Kaukasischer Owtscharka-Club e. V.

Klub für Bouvier des Flandres e. V.

Klub für Kanaan-Hunde in Deutschland e. V.

Klub für Ungarische Hirtenhunde e. V.

Schweizer Sennenhund-Verein für Deutschland e. V.

Spezialclub für Tibet-Terrier und Lhasa-Apso e. V.

The Akbash Dog Association International, Inc., 725 Market Street, Wilmington, Delaware 19 801, USA

The Kangal Dog Club of America, P.O. Box 313, Granville, Ohio 43 023, USA

Verband Deutscher Kleinhundezüchter e. V.

Verein für Deutsche Schäferhunde e. V. (SV) D-8900 Augsburg 1, Beim Schnarrbrunnen 4/6

Verein für Deutsche Spitze e. V.

b) *Schafe*

Vereinigung Deutscher Landesschafzuchtverbände e. V. (VDL), D-5300 Bonn 2, Godesberger Allee 142

Hessischer Schafzuchtverband e. V., D-3500 Kassel, Kölnische Straße 48/50

Landesschafzuchtverband Baden-Württemberg e. V., D-7000 Stuttgart 1, Sophienstraße 21 B/IV

Landesschafzuchtverband Niedersachsen e. V., D-3000 Hannover, Johannesstraße 10

Landesschafzuchtverband Weser-Ems e. V., D-2900 Oldenburg i. O., Mars-la-Tour-Straße 13

Landesverband Bayerischer Schafhalter e. V. und Bayerische Herdbuchgesellschaft für Schafzucht e. V., D-8000 München 15, Haydnstraße 11

Landesverband der Schafhalter Rheinland-Pfalz e. V., D-6550 Bad Kreuznach, Planger Straße 36a

Landesverband der Schafzüchter im Saarland e. V., D-6600 Saarbrücken, Lessingstraße 14

Landesverband Schleswig-Holsteinischer Schafzüchter e. V., D-2300 Kiel-Steenbek, Steenbeker Weg 151

Landesverband Westfälischer Schafzüchter e. V., D-4790 Paderborn, Bleichstraße 41

Stader Schafzuchtverband e. V., D-2160 Stade, Hospitalstraße 1

Verband Lündeburger Heidschnuckenzüchter e. V., D-3110 Uelzen (Hann.), Wilhelm-Seedorf-Straße 3

Vereinigung Rheinischer Schafzüchter und -halter e. V., D-5300 Bonn, Endenicher Allee 60

Zuchtverband für Ostpreußische Skudden und rauhwollige Pommersche Landschafe e. V., D-7550 Rastatt-Ottersdorf, Nordstraße 6

Die wichtigsten Informationsquellen

Aldington, H. W.: s. Sieber und – · –.

Aristoteles: Historia animalum (350 v. d. Z.). In: Naturgeschichte der Tiere. Berlin, Langenscheidt.

Austin, P.: Working sheep with dogs. Canberra 1984, Polycop. Dept. Primery Industry.

Baumann, D.: Nordische Hunde: Nordische Jagdhunde, Japanische Spitze, Nordische Hüterassen, Schlittenhunde. Stuttgart 1984, Eugen Ulmer.

Beckmann, L.: Geschichte und Beschreibungen der Rassen des Hundes, II. Bd. Braunschweig 1885, F. Vieweg u. Sohn. Mürlenbach/Eifel: Nachdr. 1983. – H. Fleig.

Beer, J.: Infektionskrankheiten der Haustiere. Jena 1980, VEB Gustav Fischer.

Beuing, R.; Simianer, H.: Zuchtwertschätzung für die Disposition zur Hüftgelenksdysplasie beim Hund unter Berücksichtigung aller Verwandtschaften. Vorträge: Bonn, Sept. 1985, GfT/DGfZ-Tagung (mit Genehmigung der Autoren).

Bordeaux, E. S.; Nilson de Bordeaux, N.: Messengers from ancient civilizations, the fascinating story of canine archeology. San Diego, California 1974, Academy books publ.

Bossi, E.: Der belgische Schäferhund und seine Geschichte. Solothurn 1977, Erna Bossi.

Buffon, G. L. L. Graf von: Naturhistorie der vierfüßigen Tiere. Paris 1772.

Cavill, D.: All about the Spitz breeds. London 1978, Pelham Books.

Crescentius, P. de: New Feld und Ackerbaw. Straßburg 1494 (1. dt. Übers. a. d. Ital.).

Diener, H. O.: Süddeutsche Schäferfibel. München 1949, J. Gotteswinter.

Doehner, H.: Handbuch der Schafzucht und Schafhaltung, 2. und 3. Bd. Berlin 1941/1944, P. Parey.

Duckwitz, G.; Weber, F.: Die Kaukasischen Hirtenhunde. U. Rassehund, **32** (1986) 6, 84.

Fleming, H. F. v.: Der vollkommene teutsche Jäger. Leipzig 1724.

Fiorone, F. (Übers. Ruge, K.): Die große Hunde-Enzyklopädie. Hamburg 1980, Kristall.

Fleig, D.: Kampfhunde, 2. Bd. Mürlenbach/Eifel 1983, H. Fleig.

Freak, M. J.: Praktitioners' – breeders' approach to canine paturition. Vet. rec. **96** (1975) 303–308.

Gessner, K.: Historia Animalum. Frankfurt 1669.

Halsall, E.: Sheep dogs – My faithful friends. Cambridge 1981, Patrick Stephens.

Hartley, C. W. G.: The shepherd's dogs – A practical book on the training and management of sheepdogs. Christchurch, Sydney, London 1967/1981, Whitcoulls.

Heim, A.: Die Schweizer Sennenhunde. Zürich 1914, Albert Müller.

Herre, W.; Röhrs, M.: Haustiere, zoologisch gesehen. Stuttgart 1973, S. Fischer.

Hornberger, Th.: Der Schäfer. Stuttgart 1955, W. Kohlhammer.

Howe, Ch. E.: Training the Farm Dog, in Vidler, P. (Ed.): The Border-Collie in Australasia. Kellyville, AUS. 1983, Gotrah Enterprises.

Kelley, R. B.: Sheep dogs. Sydney, London 1970, Angus & Robertson.

Kilgour, R.; Dalton, C.: Livestock behaviour – A practical guide. London, Toronto, Sydney, New York 1983, Granada.

Kóvačová, A.: Rassehundezucht in Rumänien. Košice, Polykopie-Bericht an Info-Hund, 1984.

Longton, T.; Hart, E.: The sheep dog – Its work & training, 7. Auflage. London, North Pomfret-VT 1983, David & Charles.

Mégnin, P.: Nos Chiens. Le Dogue de Bordeaux Vinciennes. Aux Bureaux de l'Eleveur 1896. Paris 1923, I. B. Baillière et Fils.

Mégnin, P.; Sauret, H.: Nos Chiens de Berger. J. L'Eleveur (1898).

Meyer, H.: Ernährung des Hundes. Stuttgart 1983. Eugen Ulmer.
Mohr, E.: Ungarische Hirtenhunde. Wittenberg 1956, A. Ziemsen.
Mojžišová, B.: Die russischen Schäferhunde. Košice, Polykopie-Bericht an Info-Hund, 1984.
Naaktgeboren, C.: Die Geburt bei Haus- und Wildhunden. Wittenberg 1971, A. Ziemsen.
Nelson, J. N.; Nelson, D.: Die Hirtenhundrassen der Türkei. Hundewelt **57** (1985) 5, 115–118.
–II– Das ist ein Akbash-Hund. Hundewelt **57** (1985) 6, 152–156.
–II–Der Kangal-Hund der Türkei. Hundewelt **57** (1985) 9, 236–240.
Niemand, H. G.: Praktikum der Hundeklinik. Berlin,Hamburg 1984, P. Parey.
Nouč, H.: Himalaya-Mastiff-Schau in 3000 m Höhe. U. Rassehund **31** (1980) 9, 10–11; 10, 6–8; 11, 12–13.
Palfalvy, S.: The Ku-Assa Story. Kuvasz-Newsletters, USA (1967).
Röhrs, M.: Entwicklung der Haustiere. In: Comberg, G. I. (Hrsg): Tierzüchtungslehre, 3. Aufl. Stuttgart 1980, Eugen Ulmer.
Schmidt, F.: Abrichtung des Hütehundes. Radebeul, Berlin 1953, Neumann.
Schneider-Leyer, E.: Der Deutsche Schäferhund, 2. Aufl. Stuttgart 1974, Eugen Ulmer.
Sieber, I.; Aldington, H. W.: Hundezucht naturgemäß, mit Liebe und Verstand (Theorie und Praxis der Hundezucht). Weiden 1984, Gollwitzer.
Stephanitz-Grafrath, M. v.: Der deutsche Schäferhund in Wort und Bild, II. Teil. Augsburg 1914, Selbstverlag SV.
Strang, P. D.; Giffin, J. M.:The Complete Great Pyrenees. New York 1981, Howell.
Strebel, R.: Die Deutschen Hunde und ihre Abstammung. Frankfurt a. M. 1905, Kern und Birner, Mürlenbach/Eifel, Nachdruck 1986, Kynos – H. Fleig.
Studer, T.: Die prähistorischen Hunde in ihrer Beziehung zu den gegenwärtig lebenden Rassen. Abh. Schweiz. paläont. Ges. **28** (1901) 1–137.
Teubert, M.; Schleu, M.: Ungarische Hirtenhunde. München o. A., Selbstverlag Klub für ungarische Hirtenhunde e. V.
Tierzuchtgesetz: Novelle in der Fassung vom 18. August 1986. BGBl. S. 1319.
Trumler, E.: Meine wilden Freunde. Die Wildhundarten der Welt. München 1981, R. Piper & Co.
Trumler, E.: Ein Hund wird geboren. Der Ratgeber für Hundefreunde und Züchter. München 1982, R. Piper & Co.
Trumler, E.: Das Jahr des Hundes. Mürlenbach/Eifel 1984, Kynos, H. Fleig.
Vidler, P.: The Border Collie in Australasia. Kellyville N.S.W. 1983, Gotrah Enterprises.
Vom Hagen, A. Gräfin: Die Hunderassen. Potsdam 1935, Athenaion M. B. H.
Wegner, W.: Kleine Kynologie für Tierärzte und andere Tierfreunde (2. Aufl.). Konstanz 1979, Terra.
Willis, M. B. (Übers. Mücke, H.): Züchtung des Hundes. Stuttgart 1984, Eugen Ulmer.
Wolff, H. G.: Unsere Hunde gesund durch Homöopathie (5. Aufl.). Regensburg 1984, Johannes Sonntag.
Zavodčivov, P. A.; Kurbatov, V. V.; Mazover, A. P.; Nazarov, V. P.: Spravočnja kniga po sobakovodsto. (Handbuch der Hundezucht) Moskau, Leningrad 1960.
Zavodčivov, P. A.; Kurbatov, V. V.; Mazover, A. P.; Nazarov, V. P.: Služebnoe i ochotnič'e sobakovodstvo. (Dienst- und Jagdhundezucht) Moskau 1964.

Bildquellen

Archiv Deutsche Schafzucht: Abb. 19, 22, 95

Archiv Hessischer Schafzucht-Verband: Abb. 105, 120 c

Archiv Schneider-Leyer, E., nach einem Stich von Stella, 1667: Abb. 10

Beckmann, L.: Geschichte und Beschreibung der Rassen des Hundes. Vieweg, Braunschweig, 1895 (Reprint Verlag Helga Fleig, Mürlenbach/Eifel, o. J.): Abb. 23, 36, 37

Finger, K.-H., Linden-Leihgestern: Abb. 49, 119 b, 123 a, c, 124, 125, 126

Germanisches Nationalmuseum, Nürnberg: Abb. 11

Herzog, A., Gießen: Abb. 87

Info Hund/Krämer, Lohmar: Farbtafel 6, Abb. 6, 14, 21, 25 a–d, 26, 27, 29, 30, 31, 32, 33, 34, 35, 39, 42, 43, 44, 45, 46, 47, 48, 50, 51, 52, 53, 54, 55, 56 a–c, 57, 59, 60, 62, 63, 65, 66, 67, 69, 71, 72, 73, 74, 76, 80, 81, 82, 86, 123 b, d, 129, 130

Kupka, V., Helenenhof: Abb. 40

Mehlhorn, V., Freiburg: Abb. 79

Oelbermann, F., Ennepe: Abb. 58

Pazdan, M., Krakau: Abb. 94

Reed, A. H. und A. W., Wellington/NZ: Abb. 1

Reinhard, H., Heiligkreuzsteinach-Eiterbach: Frontispiz, Farbtafeln 1, 2, 3, 4, 5, 7, 8, Abb. 3, 12, 13, 16, 17, 22, 24, 38, 41, 68, 70, 75, 77, 78, 83, 84, 85, 92, 93, 101 a–c, 102, 108, 109, 112, 117 a–f, 118 b, c, 119 c, 120 a, b, d, 121 b, c, 122 a–d

Sammlung Dr. Fleig, Mürlenbach/Eifel, nach J. H. Ridinger: Abb. 8

Sammlung Waßmuth, Gießen, nach Ebling, M., 1880: Abb. 9

Scharnhölz, R., Eitorf-Rodder: Abb. 20, 96, 97, 98, 99, 100

Stahl, A., Ahrborn: Abb. 18

Stubendorff, U., Bartelsbusch: Abb. 61

Thomann, W., Würzburg: Abb. 110

Turczanski, A., Krakau: Abb. 64

Waßmuth, R., Gießen: Abb. 111, 118 a, 121 d–f

Wilke, E., Kassel: Abb. 119 a, 121 a

Die Zeichnungen fertigte Ena Lindenbaur, Stuttgart, nach Vorlagen des Autors.

Register

Mit * versehene Seitenzahlen verweisen auf Abbildungen

Hunde erziehen. Von → **Doris Baumann,** Bad Urach. 196 Seiten mit 41 Farbfotos, 36 Schwarzweißfotos und 6 Zeichnungen. Kt.→ **DM 32,-.** Die Autorin geht auf alle grundlegenden Fragen der Hundeerziehung ein. Die einzelnen Lektionen und Übungen werden ausführlich Schritt für Schritt erläutert und durch begleitende Bilder ergänzt.

Nordische Hunde. Nordische Jagdhunde, Japanische Spitze, Nordische Hüterassen, Schlittenhunde. Von → **Doris Baumann,** Bad Urach. 207 Seiten mit 40 Farbfotos, 9 SW-Fotos und 10 Zeichnungen. Kst. → **DM 46,-.**

Terrier. Von → **Karl Meinhardt,** Reken. 187 Seiten mit 30 Farbfotos un 33 SW-Fotos. Kst. → **DM 42,-.** Der Autor befaßt sich eingehend mit den verschiedenen Rassen, ihrer Herkunft, ihren Merkmalen und Besonderheiten bei Haltung und Zucht.

Schnauzer und Pinscher. Von → **Heinz Höller,** Alsdorf. 160 Seiten mit 21 Farbfotos, 62 Schwarzweißfotos und 6 Zeichnungen. Kst. → **DM 46,-.**

Mein Freund der Dachshund. Eine Rassenmonographie des Teckels. Von → **Dr. Erich Schneider-Leyer,** Schloß Scheer. 5., erg. Auflage. 184 Seiten mit 36 Abb. auf Tafeln und 24 Abb. im Text. Kst. → **DM 32,-.**

Der deutsche Schäferhund mit seinen belgischen und niederländischen Verwandten. Von → **Dr. Erich Schneider-Leyer,** Schloß Scheer. 2., verb. Auflage. 184 Seiten mit 69 Abb. Hln. → **DM 32,-.**

Windhunde. Von → **Walther Opitz,** †. 219 Seiten mit 16 Farbfotos, 29 Zeichnungen und SW-Fotos. Kst. → **DM 42,-.** Herkunft, Anatomie, Zucht, Pflege, Ausstellung und Rennsport der Windhunde.

Pudel. Von → **Annemarie Wolff-Talbot,** Prien. 176 Seiten mit 25 Farbfotos, 35 SW-Fotos und 45 Zeichnungen. Kst. → **DM 46,-.** Ein Leitfaden für Pudelfreunde.

Züchtung des Hundes. Ein Handbuch der genetischen Grundlagen. Von → **Malcolm B. Willis.** Aus dem Engl. von → **Dr. Helge Mücke,** Bramsche. 450 Seiten mit 78 Abb. und 98 Tab. Ln. → **DM 98,-.**

Ernährung des Hundes. Grundlagen und Praxis. Von → **Prof. Dr. Helmut Meyer.** 2. Auflage in Vorbereitung.

Erhältlich in Ihrer
Buch(Fach)handlung
oder beim **Verlag Eugen Ulmer**
Postfach 70 05 61, 7 Stuttgart 70

E.U.
VERLAG
EUGEN
ULMER